李嘉诚

全书

秦浦◎编著

中国华侨出版社
北京

图书在版编目(CIP)数据

李嘉诚全书：全新升级版 / 秦浦编著.—北京:中国华侨出版社，2014.9
（2018.9重印）

ISBN 978-7-5113-4842-5

Ⅰ.①李… Ⅱ.①秦… Ⅲ.①李嘉诚—人物研究 Ⅳ.①K825.38

中国版本图书馆CIP数据核字（2014）第218777号

李嘉诚全书：全新升级版

编　　著：秦　浦
出 版 人：方　鸣
责任编辑：落　羽
封面设计：施凌云
文字编辑：彭泽心
美术编辑：盛小云
经　　销：新华书店
开　　本：720mm×1020mm　1/16　印张：28　字数：486千字
印　　刷：北京鑫海达印刷有限公司
版　　次：2014年11月第1版　2018年9月第3次印刷
书　　号：ISBN 978-7-5113-4842-5
定　　价：68.00元

中国华侨出版社　北京市朝阳区静安里26号通成达大厦3层　邮编：100028
法律顾问：陈鹰律师事务所
发 行 部：（010）58815874　　　　传　　真：（010）58815857
网　　址：www.oveaschin.com　　E－m a i l：oveaschin@sina.com

如果发现印装质量问题，影响阅读，请与印刷厂联系调换。

前言

　　他连续多年稳居全球华人首富宝座，让几乎所有的华人企业家都心悦诚服；他是当代最成功、最杰出的商人之一，是无数渴望成功的人心目中的偶像；他是香港经济发展的晴雨表；他主导了香港半个世纪的地产风云；他经营着世界最大的港口，垄断着面向内地的输电线；他的公司被誉为"全球最赚钱的公司"；他是财富与成功的象征……他就是商界"超人"李嘉诚——华人的骄傲。

　　李嘉诚书写了一个让人惊叹的创业神话——14岁投身商界，22岁正式创业，30岁即成为千万富翁。他已经成为一个传奇、一种象征，他以自己雄厚的实力和庞大的商业帝国赢得了人们的尊敬，更为他赢得了"超人"的美誉。2014年《福布斯》杂志公布的全球富豪排名，李嘉诚的净资产总值高达310亿美元，蝉联亚洲首富，全球排行第20位。

　　但谁能想到，繁华背后，这位声震世界的亿万富豪竟有着辛酸的过往：他少小离乡，在战乱中颠沛流离；由于父亲的不幸早逝，他小小年纪便步入社会，担起了生活的重担，为一家的生计四处奔波。他当过要擅长察言观色的小伙计，做过受人白眼的商业推销员，直到他成为一个雄心勃勃的塑胶花工厂主，赢得"塑胶花大王"的美誉，才开始大展宏图。他涉足地产业，成立长江实业；之后进军世界，实现跨国跨地区投资；后辗转股市，成为屡战屡胜的大赢家；又涉足货运行业、网络传媒……如今，李嘉诚旗下长和系的业务已经遍及全球56个国家，涉及投资产业、地产、货柜码头、石油、电讯、网络科技、文化传媒、零售、航空等多个领域，这使他成为华人历史上横跨产业最多、国家最多的企业家。

　　美国权威财经杂志《福布斯》曾评价李嘉诚说："环顾亚洲甚至全球，仅有少数的企业家能够从贫苦的出身中战胜种种艰险，成功挑战，建立起一个业务多元化且遍布全球56个国家的庞大商业帝国。李嘉诚在香港素有'超人'的美誉。

事实上，全球各地商界翘楚均视其为拥有卓越能力、广阔视野与超凡成就的强人！"李嘉诚缔造的商业神话，早已不仅仅是一个人们津津乐道的话题，而成为众多创业人士和追求成功者反思、学习的典范。在仰望这位传奇富豪的同时，人们不禁好奇：一个没有学历、没有背景、没有金钱、没有人际关系的穷苦孩子，是如何成长为拥有庞大资产的亿万首富的？一个小伙计是运用怎样的智慧而成就万人瞩目的商业传奇的？本书就为你破解李嘉诚成为华人首富的秘密。

纵观李嘉诚的传奇人生会发现，李嘉诚的成功离不开他自强不息的奋斗精神、高人一筹的经营管理才能和高超的做人艺术。

2006 年 9 月，《福布斯》杂志集团执行董事长史蒂夫·福布斯将第一届"马康·福布斯终身成就奖"颁发给李嘉诚。史蒂夫·福布斯说："我祖父（《福布斯》杂志的创办者）以前常说，做生意的目的是制造快乐，而不是积累金钱。没有人比李嘉诚更符合我祖父的理念。他是一个商人，也是一个慈善家，他是我们这一代与后代人的好榜样。"如今，这位耄耋之年的华人巨商依然活跃在人们的视线里，他的影响力早已毋庸置疑。人们在感慨、钦佩这位传奇人物的同时，更希望从他身上学习成功的经验与智慧。本书的编写，正是意在为渴望成功的人士提供这样的借鉴。全书共分为上、中、下三篇，上篇讲述了李嘉诚的传奇人生，中篇阐述了李嘉诚的经商之道，下篇介绍了李嘉诚的做人处世哲学。本书通过对李嘉诚成长历程中的人生经历、经营之术及为人处世之道的详细阐述，将李嘉诚的成功智慧展示给读者，希望读者对李嘉诚的人生智慧有一个深入的了解，并将其吸纳、运用到自己的人生当中去，让它们成为自己的人生财富，成为自己实现目标和梦想的智慧资本，让自己能早日成为财富的拥有者，实现幸福人生。

目录

中篇
李嘉诚的商道

下篇

李嘉诚的处世哲学

上篇
李嘉诚的传奇人生

第一章

▼

生逢乱世

——逃难香港，自古雄才多磨难

书香世家走出"叛逆者"

谈到李嘉诚，很多人的第一印象便是他是地道的潮州人，是潮州最声名卓著的"全球华人首富"。这毫无疑问成为人们每每提到他时最熟悉的字眼。的确，李嘉诚生于潮州，奋斗一生成为华人世界的骄傲，堪称潮州人最典型的象征符号。然而，由李氏家谱追根溯源，我们却发现，李氏家族原来是由河南博爱迁至潮州的，世代为书香门第，几乎从不染指经商，更不要说富甲一方了。

李氏书香，在其家谱中有着辉煌的记录。李嘉诚直系先祖自李元祥起有职官（包括封赠）的有 21 世。其迁居白塘洋尾后的有 8 世。李氏宗亲宋代有进士 12 人，职官 49 人；明代有进士 10 人，举人 14 人，职官 39 人；清代有进士 7 人，职官 34 人。以下为部分家谱：

一世李元祥：贞观五年封许王，十一年徙封江王，任苏州等四州刺史，兵帅大都督，赠大司徒，谥曰安；二世皎：封武阳郡王，复州刺史，荆南四路大总管，大司空，蔡郡王，谥曰桓；五世楚珪：上元元年封云麾将军，左清道帅府上柱国，历左领卫将军，试光禄卿，陇西郡公，开国伯，银青光禄大夫，太常卿；十世岑：卢州司户参军；二十世若：庆元元年乙卯庆恩特奏名进士，迪功郎，吉州文学；三十世宗岳：官名元镇成化五年进士，授广东按察使司金事。

不能不说，在这个近乎走向没落的书香世家里，还坚持着不肯放弃读书应试的理想，是十分不宜的。也因此，李嘉诚的出现，在即将为其家族带来辉煌的腾飞的同时，也违背了祖辈的遗志，踏入了家族禁忌的领域，成为一名不折不扣的没有学业背景的经商"叛逆者"。"华人首富"与"书香世家",这种极其强烈的对比不能不说是莫大的奇观,是时势造英雄的佐证。

在时间的河流里,我们回溯到明朝末年转入大清初年的入冬时分,那个动荡不安的交接时代,去发现一个有关家族迁徙的重大节点。

有一天,潮州迎来了一位客人,他叫李怀功,字明山。李明山带着他已经疲乏的家人们,踏上了这座古城——潮州,落脚在距潮州不远的海阳县城内北门面线巷。正是这位读书人,为潮州的未来辉煌之路埋下了一颗闪光的种子。李明山,便是李嘉诚的先祖。

李明山原是一名地地道道的河南秀才,满腹才学。然而,天有不测,河南省遭遇了百年未遇的特大旱灾,李明山决定举家南迁福建莆田。在莆田,他开办了一个小私塾,凭着微薄的收入安定了下来。然而,在这个战乱不断的年代,莆田也难以幸免,频繁的战乱让李明山不得不再次跋涉迁徙。而这一次,他选择了浙江潮州。但不幸再次降临,长期跋涉严重损害了他的身体,就在落户潮州的当年冬天,李明山病死了。

不过,值得欣慰的是,其后辈们个个通书知理,在书香的熏陶下不忘读书修性,学问不逊祖辈,并渐渐在潮州扎下了根。

关于李氏家族的潮州世系,我们略知一二。在目前已有的关于李嘉诚传记类资料中,中国作家出版社曾出版发行过的《李嘉诚传奇》(夏萍著)一书中曾十分详细地描述了李嘉诚在潮州的世系:

李氏家族自一世祖李明山起在这块土地(粤东潮州府海阳县)上居住了约有十代,其中经历了二世祖李朝客、三世祖李子坤、四世祖李仲联、五世祖李世馨、六世祖李克任、七世祖李鹏万、八世祖李起英及李晓帆,传至九世有李嘉诚伯父李云章、父亲李云经、叔父李云松,直至李嘉诚恰居第十世。

李嘉诚的曾祖父李鹏万曾经是清朝每12年选拔一次的文官八贡之一,一时传为佳话。李氏祖居门前用于插贡旗的碑座,就是明证。至大清光绪三十三年(公元1907年),也就是晚清将要结束的前一年,八世祖,即仅17岁的李晓帆不负父望,考上秀才,堪称当时潮州城的奇闻。李鹏万去世以后,李晓帆在潮州附近的澄海县开办了一家民办学校。他是粤东地区最早废除八股、提倡白话文的贤明之士之一。同时,李晓帆还积极声援支持学生集会,是李氏家族有史以来第一个走出书斋参与社会运动的知识分子。晚年的李晓帆以读书和治学为其最大的乐趣,同时仍然关心时事,勉励学生运动。到父亲李云经这一代,李氏依然以读书为正业。

李云经走的正是李氏家族很多人走过的执教之路。

关于李氏家族，曾有人赞道，李氏数百年来人文鼎盛，民风淳朴，英才辈出，真可称为簪缨世家，文采风流。这话是有几分道理的。

时势造就"叛逆者"

在书香世家，读书毫无疑问是唯一的正途。李氏家族的一名名成员正是在这种熏陶里，世世代代都遵守着祖制，走着亘古不变的路。随着时间的流逝，李家人恪守着这个信条，哪怕再穷，家庭再困难，也要以书明志。直到民国时期的到来，李家悄然蜕变出一个革新者。

1905年，一个令国人兴奋的消息在中国大地传遍开来：中国正式废除了已实行了一千三百年的科举制度。千年古制，一朝改废，不知有多少人欢喜，有多少人茫然。当"废科举，立新学"成为中国文化史上最重要的分水岭时，身在潮州的李氏家族却并没有受到太大的冲击，除了一两个人。

此时，李嘉诚的祖父李晓帆即使奔走疾呼，却依然没有忘记以读书授学为主业。另一个人，却在几十年后即将为李氏家族带来另外一束光明，他就是李嘉诚的伯父，留日博士李云章。这位李氏家族里第一次涉商也是家族走出的第一个"叛逆者"，可以说给了李嘉诚最初的萌芽教育。

李云章，李鹏万长子李起英的大儿子，李嘉诚的伯父。民国年间入校读书，这是潮州当时唯一的一所公办小学。后升入广州一所中学，也是公办学校。在传统教育与新式教育的争执不休中，李云章选择接受了与其世世代代完全不同的新式教育，学习当时在中国南方刚刚流行的日语。李云章是睿智的，他用自己的判断力撇弃旧的教育模式，正是一种明智之举。

但是，这种大胆让他的父亲实在难以接受。有一段话印证了李起英的迷惑和矛盾："云章，你为什么要学外国人的语言呢？要知道中国语言是一大宝库，你就是一辈子钻进里面去，相信也是读不完的。我真不明白，日本话有什么好呢？"彼时，李起英已经重病卧床，留在这个世上的时间不多了。依照传统礼法，百善孝为先，既然父亲不允，就把心收回去吧。但李云章选择了袒露自己的想法。他告诉年迈的父亲："现在已经是民国了，再不是从前的晚清时代。日本虽是一个弹丸之地，但它是东亚的先进国家。我们中国人如果想振兴自己的国家，就必须学习外国人的先进经验。这也是我为什么要学习日语的原因。"接下来的路便顺理成章了。李云章没有因为父亲的斥责而止步，而是选择东渡扶桑，开始了自己崭新的留学生涯。

数年后，李云章满载而归，除了一纸博士文凭，还有满腹的新式思想。回到李氏生根发芽的潮州，李云章第一个挂起了经商的招牌，为李氏家族开创了一片新的天地。这位精明强干、在商海中浮沉大半生的经商博士，正是因其没有陷入当时"经商无异于自暴自弃，甘入下流"的保守思维，才开创了一生的事业。这种精神与行动，不但在一定程度上影响了他的弟弟李云经，更深深影响了他的后辈——李嘉诚。也因此，改变了一个世家的命运。李嘉诚曾说，伯父李云章，是他后来经商的楷模，也是他行事为人用以借鉴的一面镜子。

李嘉诚，李云章的弟弟李云经的儿子，自幼聪颖好学，成绩名列前茅。但因日本侵华爆发，李嘉诚一家被迫逃亡香港。不想1943年，父亲李云经病逝。为了养活母亲和三个弟妹，李嘉诚被迫辍学走上社会谋生。即便如此，李嘉诚依然没有放弃学习，哪怕此生再难进入学校读书。就是这样一个不情愿但被迫成为又一个"叛逆者"的人，在日后的奋斗中逐渐成长为一名商界奇人。

时势造英雄，李嘉诚在经过艰苦打工拼搏后，终于用自己的微薄积蓄开了一家"山寨"塑胶厂"长江"，正式走向经商的行列。1972年，"长江实业"上市，其股票被超额认购65倍。到20世纪70年代末期，他在同辈大亨中已排众而出。1979年，李嘉诚入主"和记黄埔"，成为首位收购英资商行的华人。1986年，李嘉诚进军加拿大与全球数十个国家，一跃成为全球华人首富。

时势造英雄，李嘉诚由被迫走上反叛的道路，到主动进取成为华人首富，几十年商海征战，有时势的因素，更是因为其自身的优良品质在推动。无论世界如何变幻，唯有内心有一颗坚毅的种子，并且持之以恒地进取，才会最终成就传奇人生。

"大头诚"的幸福童年

1928年，正是军阀割据混战的末期，中国历经了晚清以来的无数战乱，世界经济正处于大萧条时期，人们饱尝艰辛。在这个动荡的年代，潮州人却是幸运的，偏安一隅，依旧祥和，过着自己的小日子。这一切对于一个人来说十分重要，他，就是李嘉诚。

1928年7月29日（农历六月十三），在这个看似平凡的日子里，李氏家族里又诞生了一个婴儿，取名李嘉诚。当然那时谁也不会想到，就是这个小小的婴儿，将要在日后的几十年里叱咤商海，创造一个世界华人的传奇人生。

婴儿时的李嘉诚生得额头高高，身子小小，一副聪明孩子的模样。因而在家族里得了一个亲切有趣的乳名——"大头诚"。也许是这个听了让人忍俊不禁的小名给童年的李嘉诚带来了难得的好运。总之，儿时的李嘉诚是幸福的。

由于当时的潮州相比较大城市而言，没有受到急剧的战争冲击，李嘉诚得以在一种平和的环境里度过了一段甜蜜的孩提时光。正常的童年，并在父母亲的用心浇灌下接受一种良好的教育和对于人性、自然的认知，这并不是每一个那时候出生的孩子都能够拥有的。

在《李嘉诚少年与青年的成长经历》中，有这样一个以父亲李云经为视角描述的温馨场景，很是感染人心：

天真无邪的幼儿的憨态是最能让人忘记劳累与烦恼的，与儿子逗乐就是每天从学校回来的李云经的最爱。从娇妻手里急不可待又小心翼翼地接过小嘉诚，这是上天赐予李家的一份神圣的厚礼呀！每次抚爱儿子，小嘉诚那高高隆起的前庭总是惹得李云经情不自禁地喃喃自语："大头诚哦……大头诚！"这个时候，是李云经最幸福的时光，一天的劳累早已跑得无影无踪了。就是备课、读书和写字的时候，李云经也舍不得将小嘉诚放下一刻。或是自己抱在怀里，或是让妻子坐在自己旁边。

温情的写意洋溢着一家人对于小嘉诚到来的幸福之情，让人不由艳羡。这种温馨在当时来说是十分难得的，假如李嘉诚的父母是面朝黄土背朝天、迫于生计而不得不终日奔波的普通农民，也许会在家庭落魄时对不合时宜到来的孩子报以不耐烦的颜色。

或许就如有人曾分析的那样：马克思曾称赞希腊文明，比喻它们是正常的儿童，其创造的文化有一种高贵的品质、健康的心态。其实，出生于小知识分子家庭的孩子也是健康的，他们聪敏、灵气、良善、温情，不走极端。是的，就算是日后李嘉诚经历了众多的困顿，他也依然是儒雅的。他稳健发展，看清时事再行动，而不是极端地获取和求索。

1930年初，小李嘉诚近两岁了。他刚刚过了牙牙学语的婴儿时期，开始好奇地观望这个世界。此时李云经已经返校教书，负责三年级小学的国语。这无疑为李嘉诚的幼儿教育做了铺垫。

李嘉诚是聪颖好学的，一点儿不输其祖父李晓帆，3岁就能咏《三字经》、《千家诗》等文。正是在这些读物中，小小的李嘉诚开始接受正规的中国传统式教育，熏陶在传统文化的氛围之中。在很多传记里，都提到过咏诗诵文，似乎可以说是李嘉诚童稚时代的最佳娱乐，或许有些夸辞，但不能不说，李嘉诚从小就是很热衷学习的。而这，也是李嘉诚在一生中都保持的一种十分优秀的习惯，更是成就其人生的重要因素。

1933 年，李嘉诚 5 岁。在潮州有着一个十分传统的习俗，那就是入学要拜孔子，即"进孔门"仪式。于是，5 岁的李嘉诚在父亲的引导下，庄重地行了拜师礼，正式进入潮北门观海寺小学念书。

随着环境的变迁，李嘉诚跟随父亲不时更换学校，学习和生活环境并不安定。1935 年春，李云经开始任宏安小学校长，进入其教育事业的高峰期。不久，李嘉诚随父亲转入宏安小学就读。

此时，李嘉诚随父亲寄宿在学校，生活是清苦的。但是对于读书，李嘉诚始终怀抱着无尽的热情，并且品学兼优，与同学关系也十分友善。

很多人对于李嘉诚的为人有着极好的评价，这在很大程度上离不开父母的教育。而关于称李嘉诚为"儒商"之说，或许正源于其从父辈那里继承而来的中庸仁爱思想和儒家风范的为人行事原则。

与此同时，李家的家境也有所好转，然而，年幼的李嘉诚并不因此而流连玩要享受。极强的求知欲让小小的李嘉诚四处寻找知识的尾巴，于是，书香世家的魅力终于凸显了。

在李氏家族的古宅里，有一间珍藏图书的藏书阁，不算大，但珍藏了先辈们积累下来的众多好书。藏书阁同时也是父亲的书房，小李嘉诚每天放学回家的第一件事，便是泡在这间藏书阁书房里，如饥似渴地阅读诗文知识。

诗文优美而富有韵律，意境悠远而让人遐想。每字每句，李嘉诚都能烂熟于心，并且体会深刻。有时候，父亲也会花费时间来给自己心爱的儿子讲解一些难懂的内容，诸如岳飞、文天祥等历代爱国志士的诗文，并掺杂着对现实的理解。他涉猎甚广，主要有《诗经》、《离骚》等诗词，上古历史、小说等学校的教授课程。更为广泛的阅读培养了李嘉诚对于传统文化的热爱和深厚的爱国情愫。他开始更加刻苦，经常点灯夜读。

李家兄妹众多，都各有成就。李嘉诚的一位终生从事教育事业的堂兄李嘉来这样说起李嘉诚的刻苦："嘉诚要小我十多岁，却异常懂事。他读书非常刻苦自觉，我见过很多次，他在书房里点煤油灯读书，一直到深夜很晚。"

比李嘉诚大4岁的堂兄李嘉智也曾回忆道："嘉诚那时就像书虫，见书就会入迷，天生是读书的料。他去香港，办实业成为巨富，我们都感到吃惊。"

如此刻苦用功，让身为父亲的李云经十分欣慰。

李嘉诚确实是幸运的。相对安宁快乐的童年，良好的家教环境使得他有机会徜徉在浓厚的文化氛围中。更重要的是父亲李云经的殷殷父爱与言传身教，对于李嘉诚的一生都始终有着重要作用。

李云经，这个旧式知识分子，从小聪颖好学，勤奋刻苦。4岁时就能背诵唐诗，5岁时便能写汉字小楷，到了七八岁，李云经已能阅读清人袁枚的《随园五记》了。进入私塾之后，李云经更是刻苦，每次考试总是名列前茅。后来，父亲去世，李云经便挑起了家庭的重担。他曾一度经商，也做过店员、出纳、司库，辗转在商界和教育界之间，不过最终李云经还是走上了教书育人的道路。而这对于小嘉诚的幼年教育起着极其重要的作用。

父亲李云经对儿子李嘉诚的影响，可以说是一生的。在数十年后，有人曾经问过李嘉诚心中的偶像是谁呢？他的答案是：父亲李云经。李嘉诚说："我爸爸是非常典型的中国人，有中国人的气节。"

年少时的李嘉诚读书一直都保持了自觉刻苦的习惯，就是在这样孜孜不倦的求学求知中，李嘉诚接近小学毕业，也基本完成了对他一生都有深刻影响的基础知识的汲取，为其日后的事业和人生的发展奠定了宝贵的基础。

举家逃难香港

生逢乱世，是很多名人传记里常会提到的一句话。是的，生逢乱世，多遭坎坷，然而也往往是乱世才真正能造就英雄，李嘉诚的一生正印证了这一点。从幼年开始便历经动荡环境，少年丧父，一人独挑大梁，商海中沉浮数十载，换来今日家业辉煌。

1937年7月7日，卢沟桥事变发生，日军发动了全面侵华战争，抗日战争爆发。尽管近代以来的局势早已预示着不可避免的大战，但对于绝大多数人来说战争来的还是太突然，泱泱神州一时几乎无以应敌，不到半年时间，"弹丸小国"日本靠着坚船利炮竟侵占了中国几近半壁的疆土。国破家难安，潮州的百年宁静被撕裂，灾难在即。

战争何其残酷，而在中华大地上爆发的中日战争，其百姓所遭受的苦难何其悲烈。战争突发，举国激愤，有志之士振臂呐喊。而当时在潮州，李嘉诚的父亲李云经，一直就是支持学生运动的知识分子典型。根据窦应泰先生的著述，早在东北发生"九一八"事变时，李云经就在潮州参加过学生运动，抵制日货并散发传单。

在一次演讲中，李云经曾这样说："同学们，如果说'九一八'只是日本侵略中国的开始，那么如今日本已把战火烧到我们的眼前了。如果我们这些手握笔杆的人还不觉醒，那么鬼子有一天就会来到咱们的家门口了！是可忍孰不可忍！"

李云经的爱国情怀一直深深影响着李嘉诚。而李嘉诚无疑秉承了父志，尽管他们走的是截然不同的两条路，但在内心本质上李氏父子殊途同归，那就是一颗华人的爱国心。

随着战争形势每况愈下，宁静的学校也早已是阴霾笼罩。1939 年 6 月 21 日，日军飞机对汕头市进行大规模轰炸，随后海陆军队悉数出动，汕头沦陷。教育科终于沉痛宣布，所有学校即刻停课。这一年李嘉诚已念到小学六年级，最后一课李嘉诚始终记忆犹新，是国文老师慷慨激昂讲解岳飞的《满江红》。最后，师生含着悲愤的热泪，高唱《义勇军进行曲》。

面对以不可阻挡之势直向潮州扑来的日军，面对潮州所辖的庵埠已陷敌手的消息，李云经做了最艰难的抉择：全家撤离潮州。彼时，李云经的老母亲，李嘉诚最慈爱的奶奶正卧病在床，脉若游丝。

局势不容迟疑，李云经全家冒险转移到了后沟，见到了同为教师的弟弟李奕一家。由于长途跋涉，更加上老人病情严重、惊吓过度，虽然全力调治，依旧难以回生。不久这位一生清贫持家、坚强耐劳的老人便去世了。两兄弟含泪把母亲安葬在了后沟的半山墓地里。

李嘉诚在后来回忆时说，14 岁，当他还是个穷小子的时候，他还经常会记起祖母的感叹："阿诚，我们什么时候能像潮州城中某某人那么富有？"祖母一句朴素非常的话，却成了李嘉诚幼年困顿时的激励。这不能不让人钦佩李嘉诚本性中那一种执着与奋争的精神。

不久，潮州彻底沦陷，不忍长期打扰胞弟的李云经在一番彻底分析之后明白，不出任伪职，而让全家有一条活路的唯一办法，便是全家搬离沦陷地。此时，温婉的妻子庄碧琴劝他："如果在内地实在无法生活，不如就投奔家兄去吧？"妻子的兄长庄静庵便是香港钟表业著名的殷商。李云经思量很久后终于决定：逃难香港。

当年冬季，李云经辞别胞弟，带着家小，出澄海到揭阳，经惠来到陆丰，经临近香港的宝安县到最后抵达香港。一路上，李云经打工度日，小嘉诚也力所能及地帮衬着照顾弟妹。据陆敏珠讲述，"当时只有11岁的嘉诚已俨然像个大人了，不但帮母亲照顾弟妹，还到野地里去挖点儿野菜来给家人充饥。……在一家人逃难的途中，只有十一二岁的他却表现出超人的坚强和忍耐力。"

就这样，他们在1940年2月中旬上路，一直走到7月才辗转来到香港，找到了庄静庵先生，临时安顿了下来。

年弱单薄的李嘉诚对香港这片繁荣之地充满着好奇，当他奔跑眺望的时候，他绝对不会想到后面会有更艰难的挑战在等着他。

陆敏珠评价道："不可否认，环境的改变为成就李嘉诚的事业创造了重要的条件。"

的确，在李嘉诚的一生里，"坚忍"的品质不可忽视。困苦磨砺坚强，逆境塑造成功，这句话在李嘉诚的身上得到了验证。

不过，不可否认的是，踏入香港，让李嘉诚进入了一生中最为艰辛但也最为重要的转折时代。

"啃"英语的时光

本以为，进入香港这片富庶之地，李云经一家便可休养生息，重整旗鼓。不曾料想的是，一路辛苦的跋涉，似乎让他落下了一个咳嗽的病根。而这，将如蚁穴溃堤般地侵蚀着他正当壮年的身体。而更加令人窘困的是，想尽快在繁荣的香港找个教书工作的李云经，面对当时在香港尚无专教国语的学校的情况，愿望也很快破灭了。于是辗转再三，终于在庄静庵的帮助下找到了一份商行记账的工作。同时，全家也借租了一间位于九龙的民房，生活渐渐有所起色。与此同时，李云经对儿子的教育也大有改变，要求李嘉诚"学做香港人"。

于是，少年李嘉诚也开始进入香港中学，继续他的初中学业，同时抓紧时间熟悉香港。

关于李嘉诚所就读的中学，目前市面上几乎没有相应的材料，祝春亭与辛磊先生曾就此进行过翔实的研究，并且揣测道：李嘉诚在香港念过中学，念的是一所不出名的中学，并且这所中学已经消失，极有可能是内地教育界人士逃至香港避难，专为内地难民的子女办的中学。如果这种假设成立的话，即使是内地人士办的学校，也必须向香港教育体系看齐。能够熟读中国古代诗文的李嘉诚不再是学校的骄子，李嘉诚深知自己的不足，心底泛出难言的自卑。

的确如此。无论是当时的环境，抑或是李嘉诚对自身的要求严格，总之英语成为他当时最大的难题，而他，又无从求教国文老师出身的家父。

与此同时，李嘉诚结识了比自己小4岁的庄静庵的女儿庄月明，面对伶俐可爱的正读小学的月明，他十分开心。青梅竹马的李嘉诚和庄月明，也正是在这个时候一起度过了一段快乐的童年时光。他们最直接的接触，原来是源于广东话和英语。

李嘉诚把广东话当一件大事对待，而表妹庄月明也不时调皮地指正李嘉诚的乡音，很快李嘉诚就学会了一口流利的广东话。

当时的香港处于英国殖民统治之下，对英语的重视程度远远超过中国文化。在香港，不懂英语就相当于在内地不懂国语一样，寸步难行。因为香港的中学大部分是英文中学，即使是中文中学，英文教材也占半数以上。也正是如此，熟读百家书的李嘉诚一进入香港中学居然毫无用"武"之地，好强的他面对"惨淡"的英语成绩十分苦恼。

此时，出身名门的庄月明则与表哥完全不同，她不但已经进入英文书院读了半年书，而且上学前其父庄静庵也提前为她请了家庭教师学习英语，在这种情况下，小月明自然毫不客气地当了表哥的"家庭教师"，帮助他尽快掌握英语知识。

为了感谢表妹的帮助，李嘉诚也尽可能地为她补习国文等知识。他的博学与洒脱很快赢得了表妹的芳心。

然而，好景不长，只断断续续读了几个月中学的李嘉诚及其一家再一次被命运推到风口浪尖。

父亲病逝，全家一肩扛

世界上，有何事大过举家迁徙，寸步难行？有何事大过少年丧父，穷困难当？又有何事大过国难当头，经济萧条下养活全家？是的，这就是年仅15岁的李嘉诚所经历的。而面对如此困境，李嘉诚坚强地扛了起来，并且扛得很出色。

在日军侵占香港以后，香港局势动荡，人心惶惶。面对国难家愁，久病的李经云更是痛心疾首，禁不住叹道："真没有想到，我们躲到了香港，日本军队竟也会紧追到香港来了。"

就在日军占领香港翌日清早，李云经悲愤交加中病情突然转重，而李嘉诚一家生活原本就困难，日寇的掠夺使得生活愈加困难。李云经为了一家人的生活，还有李嘉诚的学费，一直坚持不去医院诊治，根据窦应泰先生的叙述，"（李云经）没想到这无休止的咳嗽原来可以危及自身的性命，严重的时候，甚至可让他不时咯出血来，最为严重的一次，竟然吐出了大半盆鲜血。原来李云经是得了严重的肺病"。

在当时的中国，肺病曾经被称为肺痨，一般被视为难以医愈的绝症。即便是发达的英国教会医院，也对此无能为力。李嘉诚心如刀绞。

1943年冬，李云经已经进入弥留状态，15岁的李嘉诚竭力忍住哭泣，装出一副可以挑住大梁的样子。李云经无限爱怜地看着儿子，用他那干瘦的手轻轻抚摸儿子，好一阵才说："阿诚，爸对不起你了，把这个家就交给你了，你要把它维持下去啊！"

当天深夜，李云经怅然而逝，走完了他年轻而坎坷的一生，被安葬在香港罗湖边上的沙岭坟场。李嘉诚再也无法强忍悲伤，泪如雨下。他心里清楚地知道，从此，他就是这个家的顶梁柱了。

从李嘉诚多年以后多次谈及父亲的嘱咐看，父亲及其行为已成为一种象征，成为李嘉诚一生中最有力的支撑。有学者这样提到，德国大诗人歌德有句广为人颂的诗句：我年轻时领略过一种高尚的情操，我至今不能忘掉，这是我的烦恼。对李嘉诚亦如是。领受过，就起作用，成为生命的一部分。

的确如此。对于已经懂得民族苦难、生活艰辛的少年李嘉诚来说，当务之急便是放下学业，独自担起照顾家人的责任。从此走上了与他的理想、家族的期望以及与表妹庄月明完全不同的人生之路。

第一份工：堂仔？学徒？

关于李嘉诚进入社会的第一份工，各方有着不同的说法，其中最经典的说法是，李嘉诚曾在春茗茶楼做煲茶的堂仔。据传，作者祝春亭与辛磊先生在写就后经"长实"转李嘉诚先生核审，否认了在茶楼的工作传闻。但毫无疑问的是，关于这个茶楼版本，似乎更能表现李嘉诚身上最本质的东西。故而，在此我们将其收录书中，以便佐助读者了解少年时的李嘉诚。

独挑大梁版本一

在李嘉诚丧父后，由于家中困顿且无度日来源，李嘉诚不得不告别他钟爱的读书生活，选择辍学寻找工作。但当时战乱频繁，香港百业萧条，加上他还是个身材纤弱的孩子，不仅是外来移民，还是一个只有小学文化的并不体壮灵活的少年。可以想象，求职的路是饱受辛酸和沮丧的。在如此艰苦的环境下，李嘉诚却拒绝了舅舅当时想让他进入自己公司工作的邀请，他希望能够自立，也不想给本身也很忙碌的舅舅添麻烦。

李嘉诚的舅舅也是一位白手起家的商人，10 岁就外出打工，又漂到香港，几经周折才攒下这份家业。他很赞成李嘉诚出外打工谋生，也很赞许他独立自主的个性。

幸而，苍天不负有心人，李嘉诚终于找到了自己的第一份工作，在香港西营盘的春茗茶楼做煲茶的堂仔。

更值得庆幸的是，李嘉诚遇到的这个茶楼老板居然同是潮州人，而且认识自己的父亲李云经。老板为李嘉诚不幸的遭遇而感慨，为李嘉诚儒雅的气质而动容，于是收下了李嘉诚做茶楼伙计。并用心教导他："你在茶楼做事，千万要做到'二勤一少'才行。一是要手勤，二是要脚勤，三是要没用的废话切勿多说。你若在我这儿做事，首先是客人第一，如果得罪了客人，那么一切就无从说起了。"

至此，李嘉诚终于有了第一份工作，虽然薪水微薄，但多少能补贴些家用。母亲庄碧琴也十分欣慰。窦应泰曾用很细腻的笔调写道："小小的谋职成功带给他和家人的喜悦，在他心底留下了温馨甜美的印象。"

然而，工作对于一个初出茅庐的小伙子来说并不容易，在有可以补贴家用的薪水的同时，李嘉诚也感到前途有些茫然。春茗茶楼虽好，但如终此一生都窝在这里，又有什么人生的意义呢？于是，与其他堂仔不同的是，李嘉诚一得一丝空闲，便手捧书本加紧自习。在后来的其他工作上，李嘉诚亦是如此。

在后来的香港电台访问上，李嘉诚笃定地说："在逆境的时候，你要问自己是否有足够的条件。当我自己处于逆境的时候，我认为我够！因为我勤奋、节俭、有毅力，我肯求知及肯建立信誉。"

是的，勤奋、肯求知，这让李嘉诚的一生都从未停止过进步，这也是他必然会成功的明证。

在茶馆的经历中，有几件事情很值得一提，一是李嘉诚的时间观念。广东人习惯喝早晚茶，大清早就有茶客上门。故茶楼规定必须在早上 5 时赶到茶楼，为客人准备茶水茶点。李嘉诚用舅舅送给他的小闹钟保证时间，与人们通常的准时闹钟不同，他的闹钟总是调快 10 分钟响铃，这样，每天他都是最早一个赶到茶楼。

李嘉诚"调快时间"的习惯一直保持着，这也让他随时走在了人们的最前面。

二是李嘉诚的用心观察。人人都说，茶楼就是个小社会，尤其在香港这样的富庶之地，三教九流，什么样的人都有。也正是因此，李嘉诚接触了他幼年时从未接触的社会一面，他能在极短的时间里，记住客人的姓名与习惯，揣测出其籍贯、职业、性格、财富等基本情况。故而客人在接受他熟络的服务时都感到惊讶和欢喜。这种用心观察人的习惯就像一个聚宝盆，在每一次接触中都为他储备了下一步的行动，无论是对他日后从事推销工作，还是雄战商海、谈判买卖都大有裨益。

三是李嘉诚面对过失，接受教训。当时的李嘉诚毕竟还很年轻。有一次，李嘉诚听茶客谈天听得太入迷，竟忘了侍候客人茶水。当他慌慌张张拎茶壶为叫嚷的客人冲开水时，竟不小心将水洒到其中一位茶客的裤脚上了。李嘉诚顿时呆若木鸡，手足无措，因为这个错误实在太严重了，有可能毁了茶楼的生意。幸而李嘉诚平时表现良好，茶客居然善意开脱，这才让李嘉诚免丢饭碗。老板告诉李嘉诚，以后做事千万得小心。万一有什么错失，要赶快向客人赔礼，说不准就能大事化了。李嘉诚诚心地接受了。

四是李嘉诚被看相之说。据说有一天，当李嘉诚正在招呼客人时，一位老人拉住他要给他看看面相，李嘉诚既不想上班时间违反规定与客人闲聊，却又不忍拂逆老人的意思，于是顺从了老人的吩咐。而老人的话则让他大吃一惊："你如今是困在水中不得施展的龙呀。"

一语惊醒梦中人。在经过一番抉择之后，李嘉诚决定辞去现在的工作，他诚心诚意地向自己最困难时好心收留他的老板解释离开的原因，并感谢老板这段日子对他的关心和照顾。老板接受了他离开的决定。自此，李嘉诚便以更为广阔的视野行走于世，终于有所成就。

独挑大梁版本二

关于李嘉诚第一份工作的另一个版本，是李嘉诚并未去过茶馆做工，而是在找工作连连碰壁之后接受了舅舅的好意留在钟表店里当学徒。而找工作，也是舅舅对小嘉诚的一次磨砺，告诉他要好好珍惜每一个工作机会。

其实，舅舅庄静庵对少年时的李嘉诚就有很好的印象，他回忆少年李嘉诚时说："阿诚的阿爷谢世太早，故阿诚少年老成，他的许多想法做法，就像大人。"

的确如此，李嘉诚的少年时代是坎坷的，然而李嘉诚又是幸运的，"天将降大任于斯人也，必先苦其心志，劳其筋骨，饿其体肤，空乏其身，行拂乱其所为，所以动心忍性，曾益其所不能。"正是因为这种苦难，一点点地让李嘉诚完成了一个从集父母千般宠爱的宠儿到一个家庭的顶梁柱的艰巨蜕变。而这，必将成为他日后人生走向成功的重要经验。

踏入舅舅的钟表店，成为李嘉诚走向主动的一个标志。此后他先后几次跳槽，先是进入舅舅的钟表店当学徒，后又转做推销，每次跳槽都有更高的飞跃，都体现了他越来越成熟的思维和对社会经济等各方面的清醒认识。

进入舅舅的中南表店的一家分店，李嘉诚才发现，要学的事情实在是太多了，于是他很快便为自己订立了一个目标，即在最短的时间里学会装配修理钟表。然而，庄静庵常年来在业界打拼已经形成了按部就班的传授方式，并不因为李嘉诚是他的亲外甥而放开条件。即任何学徒在刚刚踏入钟表业的时候都要从打扫店内的卫生、开店门、倒水、跑腿、收小票等琐碎至极的小事开始。他解释给小嘉诚说：“人家老板总是先要试一试你的忍耐力，才肯实实在在教你手艺的呀。”李嘉诚没有丝毫办法。

然而，李嘉诚善于观察，很快地，他便能利用打杂的空隙，在旁学习师傅们的手艺，从而暗自记下，回去反复演练。仅半年时间，李嘉诚就学会了各种型号的钟表装配及修理工作。庄静庵的心里也十分高兴。然而，谨慎的舅舅并不当面夸奖他，不让李嘉诚有骄傲的机会。

一段时间以后，李嘉诚的试用期结束，已经可以正式学艺了。庄静庵把他安排到了高升分店。高升分店比他试用期时的店近多了，他终于不用起大早徒步几小时去上班了。李嘉诚也十分高兴。然而由于庄静庵有“凡是新学徒不经三年时间不能修表”的店规，本来他以为到高升店就会成为一个地道的学徒，可却被分配当了进口钟表推销员，这让他非常苦闷。

好消息终于来了，1945 年 8 月 15 日，全国都沸腾了，日本宣布无条件投降！李嘉诚为这来之不易的一天喜极而泣，父亲终于可以泉下安息了。

然而，香港的殖民地地位并没有发生变化。为了恢复经济，港英政府也积极采取一系列措施，保障市民供给、住房问题、燃料问题等，数十万逃亡的人短短几个月便回到香港。

这为庄静庵带来了潜在的机遇。他预见香港经济将有超常的发展，便扩大店容，大量吸收调整可用人员。而李嘉诚，则仿佛又回到了当初找工作时的四处奔走生涯。不过，幸运的是，在这种不断奔波中，他重新认识了香港的方方面面，从而开始有了全局意识。同时，频繁地与各阶层打交道使他更加贴近生活，他很快便能熟练地运用俚语了。只是，由于李嘉诚后来学的英语几乎全部来自自学，在交流中很快就暴露出了弱点，这让他把学英语当成了头等大事。

曾与李嘉诚同在高升钟表店共事的老店员这样介绍当时的情况："嘉诚来高升店，是年纪最小的店员。开始谁都不把他当一回事，但不久都对他刮目相看。他对钟表很熟悉，知识很全，像吃钟表饭多年的人，谁都不敢相信，他学师才几个月。当时我们都认为他会成为一个能工巧匠，也许能做个出色的钟表商，真没想到他今后会那么显赫。"

李嘉诚成了"行街仔"

人总会有奇遇，只有抓住机遇，才能走向另一种人生。李嘉诚就是这样的人。

1946 年底，18 岁的李嘉诚在做了数月的钟表店学徒后，终于做了一个让所有人都吃惊的决定：离开势头极佳的中南公司，重新谋职。

起初，在一次外出推销钟表的途中，正在彷徨未来走向的李嘉诚在九龙的半岛酒店遇到了一个叫李嘉茂的人，就是这个名字竟与他有几分相像的中年人，让李嘉诚对自己未来的人生重新进行了思考。李嘉茂，广东惠州人，也是战前从惠州逃亡来港的难民，当时已经自己成立了一个小厂，推销日用产品，如镀锌铁桶等。

惠州与潮州，乃是毗邻而居，李嘉诚听到后十分兴奋。两人一见之下无话不谈，竟然相见恨晚。

李嘉诚回去后思绪翻江倒海，面对日复一日的钟表业工作和前途未卜但潜力巨大的新行业，李嘉诚再三思考。在李嘉茂的"忽悠"下，终于，他选择了后者，因为，他喜欢做充满挑战的事。

然而，要亲口告诉舅舅离开钟表店对他来说难免有些困扰，于是，李嘉诚先跟母亲表明了意向，而李嘉茂则自告奋勇去庄静庵那儿"打前阵"了。

当李嘉诚跟母亲说了自己的打算后，母亲庄碧琴对儿子的再次"跳槽"另谋前程表示担心。李嘉诚却说："与其这样为了生计让我在表店里混日子，倒不如让我放开手脚，到外边去做我自己喜欢的事。"没有谁比庄碧琴更了解自己的儿子了，她知道李嘉诚尽管才刚刚成年，但绝不是一个没有理想、轻率行事、三心二意的年轻人，于是也就默认了。

李嘉茂的拜访让庄静庵意识到李嘉诚的不同寻常，他有些后悔因为自己的因循守旧让李嘉诚对钟表业失去信心。然而，庄静庵终究也是一步步走过来的，他十分清楚李嘉诚总有一天会走出去，自己闯一番事业的。于是，在新年之初，李嘉诚提出辞职的时候，庄静庵甚为冷静地同意了。李嘉诚对舅舅十分感激。

庄静庵虽然心中不悦，但他知道，李嘉诚并不是一个简单的孩子。他见解独到，并且不甘于谋小生。庄静庵说："万一将来你谋生并不如意，还想回到我的中南表店，只要你说句话，我随时都双手欢迎。"

1946年年初，李嘉诚进了李嘉茂小小的名不见经传的五金厂，做了行街仔（推销员）。

进入新公司，进入新行业，挑战又接踵而来。首先是行街推销。李嘉诚生性腼腆、内向而不喜主动交谈，即便是数十年后的今天，李嘉诚每当出席高贵场合，仍不是个滔滔不绝、谈锋犀利的人，而会刻意避开展示自己的机会。然而，年幼且读书出身的李嘉诚却要行街向不知谁买，甚至不知谁有意向要买的人们推销，这不能不说是一件窘迫为难的事情。

然而，李嘉诚坚持下来了，并且主动出击寻找客户，主动寻求合作，激发合作意向。他说，他一生最好的经商锻炼，是做推销员。

但是不可否认，在最初接触行销时，李嘉诚并没有自己想象中那么轻松，而是十分紧张。为了缓解这种紧张情绪，李嘉诚不得不做最充足的准备，他总是事先了解好有关推销的所有知识，等十分熟悉推销的产品后，还要在出门前或者路上时提前把要说的话都统统准备好，准备充分，并且想象合适的情景加以应对解说，关注顾客最细微的心理神态反应，还反复练了又练。就这样，李嘉诚渐渐适应了这种职业。

在五金厂，李嘉茂给了李嘉诚这样一个奇特的规定：根据你每月推销多少产品最后决定你的薪水。推销得越多，给你提成就越多。如果你每月能推销500只以上，我还要在固定薪水之外，再奖励你一定数额的钱。

这种新奇的模式让李嘉诚十分佩服。既能保证厂子的基本营业量，又能调动推销员的积极性，还能用多劳多得来达到厂子与员工的共赢，真可谓一举数得啊。正因为如此，李嘉诚前所未有地为自己的销售开动脑子，工作的劲头格外地大。与此同时，他的推销也开始渐渐自信十足了，他用自己独特的敏锐观察力和分析力发现了"第一桶金"。

由于五金厂是日用出品厂，如镀锌铁桶这一项，最理想的客户就是卖日杂货的店铺。在当时，由于还没有兴起超市等大型集中市场，只能通过无数小散户来卖产品。在这种形势下，所有的销售员都拼足了去争取，竞争自然激烈。

李嘉诚却并没有急于进去争一杯羹，他想："如果我想在五金厂立稳脚跟，就必须做几单大生意。"而这种拼客户的模式只能形成恶性竞争，根本没有办法从中获取丰厚的利润。

而放大视野一看，李嘉诚便发现，店铺在卖这些镀锌铁桶时还会加价卖给顾客，那么，为什么不能由李嘉诚自己直接跟顾客接触呢？既可以适当减少卖出价来引来更多的客户，又能避开销售竞争对手，岂不一举两得？这一举动，便是李嘉诚绕开代销线路，向用户直销的先锋艺术，开启了销售业的崭新销售模式。

决定直销铁桶后，他首先看中了香港几家大酒店。在繁荣的香港，酒店林立，而且据多次调查，他发现这些酒店的客房中均需要这类小铁桶，只是，由于五金厂的名声太小，酒店并不曾放在眼里，甚至会对来推销的人当场下驱客令。他们毫无疑问会选择知名度高的厂家的产品。

面对这种不利情况，李嘉诚并没有气馁，他稳重的个性这时又发挥了优秀的作用。李嘉诚选择了首先了解市场同类销售及产品的情况，他有了一个欣喜的发现：李嘉茂的产品居然是质优价廉。

于是，他再一次来到了君悦大酒店的前门，这是一家大酒店，而且常年与同样生产镀锌铁桶的名厂凯腾合作进货。李嘉诚设法进入了酒店，通过好心的女秘书见到了酒店老板。李嘉诚的诚恳打动了酒店老板，他们终于得以交谈。

李嘉诚直接表明了凯腾的弱点，用随身携带的自己的镀锌铁桶做了实物展示。酒店老板在经过实际分析后发现，这位温雅的小伙子的确说出了实情。就这样，这位老板立刻就订下了 500 只小铁桶的订单。李嘉诚一炮而成。与此同时，李嘉诚也没有放弃小的家庭客户，他采取了上门服务、免费宣传的方式。

家庭用户都是散户，每户家庭通常只要一两只。高级住宅区的家庭，早就使用上铝桶。李嘉诚来到中下层居民区，专门向老太太们推销镀锌铁桶。李嘉诚的分析很是为他帮了大忙：因为老太太不上班闲居在家，喜欢串门唠叨，自然而然地可以为李嘉诚的镀锌铁桶说上两句话，真可谓成了李嘉诚的"义务推销员"。只要卖动一个，就等于能卖出一批，非常节省人力。

在这种销售模式下，只经过短短的一年，李嘉诚便已经为小铁桶的推销打开了一条顺畅的销售渠道。

然而，就在李嘉诚的销售业绩如日中天、五金厂也蒸蒸日上的时候，李嘉诚却再次辞职了！这一次，李嘉茂同样没能阻止他。李嘉诚诚心感谢李嘉茂，并表示，不会抢他的客户。

于是，李嘉诚再一次腾飞了。

从推销到推销：铁桶换塑胶

跳槽塑胶业，业绩依旧斐然。这一次"跳槽"，李嘉诚是被万和塑胶裤带公司"挖"过去的。而说服李嘉诚的，不是对方的口才，而是李嘉诚那"慧眼识珠"的见识。塑胶公司的老板十分看重已经小有名气的李嘉诚，"如果能把李嘉诚给我请来，我敢保证咱们厂的塑料裤带的销量肯定会成倍翻番。"

1949 年，李嘉诚走进位于尖沙咀的万和塑胶裤带有限公司，一间小小的"山寨"式工厂，临靠香港外港海域。

而事实上促使李嘉诚下定决心的，是一份杂志。因为他从长期阅读的英文书刊最近一版中发现，有一些版块正在介绍新知识——最新化工产品和塑料制品，这是在 1948 年的香港，尚属大多数市民还未充分认识到的全新领域啊。这本杂志预言说，在不久的将来塑料制品很可能代替一切铁制品。这让李嘉诚眼前一亮，他敏感地意识到，塑料品一定会大卖的。

这里有一段资料，能十分清楚地说明：20 世纪 40 年代中期，塑胶工业在欧美发达国家兴起。香港作为全方位开放的世界自由贸易港，市面上很快就出现从欧美输入的塑胶料制品。塑胶制品易成型、质量轻，色彩丰富，美观适用，能够替代众多的木质或金属制品。虽然塑胶有易老化、含毒性等缺点，但这些缺点，被趋赶时髦的人们所忽略。时至今日，塑胶制品仍大行其道。

进入塑胶公司，李嘉诚立刻有一种踌躇满志的情怀。因为公司总经理王东山一下子便把自己公司的 8 名出色老销售员全部交给李嘉诚，让他做总指挥。

然而，销售"领班"并不是那么好当的。由于塑料产品在香港还是一个新兴产业，很多人对它还不了解，要推销出去并不容易。同时，那 8 个推销员已经是老销售员了，业绩不错，自己若要在短时间超过他们，实在是比登天还难。

但有人说，李嘉诚是一个冒险者。李嘉诚说，我冒险，但不盲目。的确，每当困境来临时，他总能在岌岌可危中杀出一条路来，直上琼天。

据《李嘉诚家族全传》中描述，坚尼地城在港岛的西北角，而客户，多在港岛中区和隔海的九龙半岛。李嘉诚每天都要背一个装有样品的大包出发，乘巴士或坐渡轮，然后马不停蹄地走街串巷。李嘉诚说："别人做 8 个小时，我就做 16 个小时，开初别无他法，只能以勤补拙。"

有一次，李嘉诚在推销公司的新型产品——塑胶洒水器时，走了几家都无人问津。然而李嘉诚并不气馁，他继续他的行程。突然，李嘉诚看到清洁工正在一家公司门前打扫卫生，就灵机一动，自告奋勇拿洒水器帮清洁工洒水。效果果然如预期一样，引来了职员观看，赞不绝口。于是，李嘉诚很顺利就达到目的了，卖出去了好几个塑料洒水器。让产品自己说话，这比一个推销员夸夸其谈地讲产品的用途、优点，可信得多。

然而，大部分时间里，这样的忙碌收效甚微。李嘉诚知道，短时间的赶上与超越必须依靠客户的大量批发。一旦打开批发行的门槛，便能延续在五金厂的辉煌业绩，甚至更辉煌。于是，李嘉诚想到了九龙最大的商货批发行——九龙太平洋商行。

同上次一样，商行老板青睐从欧洲国家或新加坡等国进货。虽然货价较高，但是老板认为外国的塑胶产品质量过关。只不过，这一次所不同的是，李嘉诚并没有打动老板，"你可以走了，因为我们商行和外国的订单是不会因为你们公司而修改的。"

狼狈中退出，李嘉诚感到十分沮丧，而连续数日的毫无所获也让公司及员工怀疑李嘉诚是不是徒有虚名。李嘉诚更加焦虑了。这时，李嘉诚的远见、勤奋与坚忍帮助了他。他突然想起了在他拜访商行老板时，旁边那个哭闹要看赛马的小孩子来。经打听，原来竟然是那位老板的宝贝儿子，因为爸爸太忙，儿子被冷落了。于是，"曲径通幽"的妙招来了。

李嘉诚开始忙碌了，不是为了工作，而是为了一个活泼的小男孩。两个人一大一小经常出现在赛马场观看惊险的比赛。小男孩高兴得像春天的花朵一样。经过一个多月的交往，老板儿子已把李嘉诚当成老朋友了。当老板知道李嘉诚默默做的一切后，不由得感动了。后来，李嘉诚又把公司生产的造型精美的塑料喷壶带进了老板的视线，这让老板终于下定了决心。当天上午，老板便派人把一份数额相当可观的订货单主动送到了万和塑胶公司。

李嘉诚的脸上终于露出了欣慰的笑容。这一战的胜利，彻底改变了他在这家塑胶公司的地位。李嘉诚以慢功软化强手的营销策略也渐渐传为美谈。

"高级打工仔"

随着时日的增加，李嘉诚的销售经验越来越丰富了，他深谙：一个推销员，在推销产品之时，也在推销自己，并且更应注重后者。所谓推销自己，事实上就是注重自我信誉，良好的自我形象可以帮助事业走向腾飞。日后李嘉诚的一生也基本上是这一理念的注脚。

另外，李嘉诚也十分注重情感交流。他有意识去结交朋友，建立友谊，而不是一味地推销自己的产品，不顾别人的态度。其实，反过来想一想，友谊长在，做生意自然就不成问题了。

有些人在生意场结交朋友就是为了能做好生意，其实，这样只能引起人们的反感罢了。

李嘉诚却不是如此，他结交朋友，不全是以客户为选择标准。他深信，今天成不了客户，或许将来会是客户；他自己做不了客户，可能会引荐给其他的客户。即使促成不了生意，帮着出出点子，叙叙友情，也是一件好事。

同时，李嘉诚把推销当事业对待。对于有些人为了混口饭吃的心态，李嘉诚是不欣赏的。他认为只有投入其中，才能做成大事。

这就很明显地袒露出李嘉诚做人和做生意的几个原则来，那就是：以诚相见、和睦相处、友情为先、注重自我形象、热爱职业。另外，由于李嘉诚一直不辍自学，他广博的学识也别有一番独特的魅力，使人们乐意与他交友。如此情形，让他在推销这一行，如鱼得水。

加盟塑胶公司，仅一年工夫，李嘉诚就实现了他的预定目标，远超那些经验丰富的销售老手。据说，老板拿出财务的统计结果，连李嘉诚都大吃一惊——他的销售额是第二名的 7 倍，真是后生可畏啊！

辞职不再为跳槽——我要单飞

"年轻时我表面谦虚，其实我内心骄傲。为什么骄傲呢？因为同事们去玩的时候，我去求学问；他们每天保持原状，而自己的学问日渐提高。"

李嘉诚的销售业绩蒸蒸日上，在这样的势头下，18 岁的李嘉诚便被提拔为部门经理，统管产品销售。两年后又晋升为总经理，全盘负责日常事务。

他已熟稔推销工作，可也深知生产及管理是他的薄弱之处。李嘉诚是勤奋的，他并不曾因为这不是他目前的工作而放弃学习，而是一点一滴地渗透进了销售的本质。他每日除了处理好总经理应该做的事情外，总是蹲在工作现场，身着工装，同工人一道工作，实验每道工序的具体操作过程。

其中，有一个小插曲很值得一提：

在学习的过程中，虽然不再像以前刚出来打工那样辛劳了。然而，工作却也不是一帆风顺的。有一次，李嘉诚站在操作台上割塑胶裤带，竟然不慎把手指割破，鲜血直流。性格倔强的李嘉诚并没有吭声，而是暗地里迅速缠上胶布，又继续操作。不想，事后伤口发炎，很是严重。他这才到诊所去看医生，幸好没有落下后遗症。

据说，许多年后这件事被一位记者知道了，这位记者向李嘉诚提及这事，幽默地说："你的经验，是以血的代价换得的。"李嘉诚微笑道："大概不好这么说，那都是我愿做的事，只要你愿做某件事情，就不会在乎其他的。"

就这样，李嘉诚以自己的勤奋和聪颖，很快就掌握了生产的各个环节。掌握各个环节的好处就是：庞大的销售网络被李嘉诚缜密地建立起来了，销售及生产势头开始因为协调连贯而变得日臻完善。许多大额生意，不再像以前一样经历很长的周期才能操作了，他可以通过电话迅速完成，然后派发给擅长的推销员。推销员们的销量也是一路攀升，整个公司洋溢着活力与喜悦。

李嘉诚的的确确成为了塑胶公司的台柱，堪称如今看来高收入的"打工皇帝"，同龄人中的杰出者、佼佼者。二十出头的他，就爬到打工族的最高位置，做出了令人羡慕的业绩。

面对这样的业绩，李嘉诚应该心满意足。然而，在他的人生字典中没有"满足"两字。这一次，关于离开，李嘉诚并没有特别挣扎，他已经对自己充满信心了。

当李嘉诚说出辞职的话时我们很难想象老板的态度。不过，老板终究是智慧的，他并没有指责李嘉诚"羽毛丰满，不记栽培器重之恩"，而是约李嘉诚到酒楼，设宴为他辞工饯行，这令李嘉诚十分感动。李嘉诚告诉老板："我离开你的塑胶公司，是打算自己也办一间塑胶厂。我难免会使用在你手下学到的技术，也大概会开发一些同样的产品。现在塑胶厂遍地开花，我不这样做，别人也会这样做。不过，我绝不会把客户带走，用你的销售网推销我的产品，我会另外开辟销售线路。"

李嘉诚怀着愧疚之情离开塑胶裤带公司。他不得不走这一步，这是他人生中一次重大转折，从此李嘉诚迈上充满艰辛与希望的创业之路，他决心以自己的聪明才智，开始新的人生搏击。

第二章
▼

艰难创业

——绝处逢生，成一代"塑胶花王"

风风火火建"山寨厂"

1950 年夏天，22 岁的李嘉诚终于辞去总经理一职，尝试创业。

有一分耕耘便会有一分收获，经过几年的努力打工和勤俭节约，以及母亲在操持家务的同时积攒下来的钱，李嘉诚认为条件已经基本成熟了。他向叔父李奕及堂弟李澍霖借了 4 万多元，再加上自己与母亲的积蓄，总共用 5 万余港元资本，走进了香港的筲箕湾。

为了找到一个便宜的能够进行塑胶生产的厂房，他几乎跑遍了整个香港，最后才找到这个地理位置偏僻、有一组无法遮风挡雨的破旧厂房的地方。这座厂房原来是一家仓储公司的备用仓库，是许多年前兴建的简易房子，墙破瓦裂，被人们称作"山寨厂"。但李嘉诚已经相当满意，他立刻决定，要在这里开办一家工厂。

后来，关于他建厂时积攒的钱，他是这样说的："我之所以能拿出一笔钱创业，是母亲勤俭节省的结果。我每赚一笔钱，除日常必用的那部分，剩下的全部交给母亲，是母亲精打细算维持全家的生活。我能够顺利创业，首先得感谢母亲，其次要感谢那些帮助过我的人。"

李嘉诚，就是用这样低调的感恩品质一步步建立起了自己辉煌的前景。

当时，中华人民共和国成立不久，百废待兴。香港也逐渐摆脱经济低迷状态，开始随着世界经济的起步复苏。到 1950 年，香港人口激增，转眼便接近 200 万了。而当时香港有关当局制定出新的产业政策，也使香港经济从此由转口贸易型转向加工贸易型。这毫无疑问给香港带来大量的资金、技术、劳力，也使香港本地市场的容量扩大了许多。

李嘉诚为自己亲手创立的厂子起名"长江"，取"长江不择细流，故能浩荡万里"的含义。他选择的是塑胶业。那时，塑料用具、塑料玩具在欧美和香港很有市场，产品几乎是供不应求，再加上塑料厂投资少，见效快，很适合小本经营，而且，李嘉诚已经拥有了全套的塑胶技术，可以毫不费力地进行重组发展。事实证明，他的创业选择是正确的。

在李嘉诚创业成功的因素中，除了他的勤奋实干和胆识，以及敏锐的商机洞察力之外，还有一点极为重要，那就是他独特的人格魅力。在李嘉诚的一生里，几乎所有人都对其人品风度表示了极大的崇敬。而这正是李嘉诚"一诺千金"的诚信宣言。窦应泰先生曾讲过这样一个小故事：

一天上午，有人来到筲箕湾的"长江厂"来寻访李嘉诚，穿着破旧的工装在车间里和工人们调试一台新机器的李嘉诚接待了这位来客。这身打扮让对方十分惊讶。然而李嘉诚坦然而笑说道："唉哟，原来是我的老朋友来了！"像从前当推销员时那样，李嘉诚对待来访的客人都是以礼相待。

他把来客请进自己的临时办公室，热情招待，然后与来客闲聊起来。客人见了桌上的新产品，于是有些兴奋地说道："李先生，我就是前来找您商量进货的。刚才我到了您从前供职的万和塑胶公司，才知道您如今已经自己当厂长了，那么就更好了，从今以后，我们索性就不再到万和公司进货了，还是找您李先生进货方便可靠，因为朋友还是老的好嘛！"

李嘉诚听了，心里顿时沉甸甸的。他记起临离开万和塑胶公司前曾经对王东山拍胸发过的誓言："我绝不会抢贵公司的客户，我的产品必须要靠重新开发的新销售渠道来进行销售。"

虽然目前厂子情况艰苦，很需要一位客户来帮助渡过难关。然而李嘉诚从小受到的良好教育，使他决定——不能因为眼前的蝇头小利而破坏了自己做人的准则。

于是他委婉地谢绝了前来订货的老朋友，并解释道："我的长江厂毕竟是刚刚试生产，产品质量肯定无法和已有多年生产经验的万和公司相比，所以，今天我不能把我的货卖给你，请老朋友谅解吧。"

李嘉诚如此恪守为人准则，讲求信誉和保证让这位客人大为感动。自此，李嘉诚诚信之名渐渐在行内传开了，而他的厂子也真正开始风风火火地建设起来了。

工作"流水账"

由于资金有限，李嘉诚选择了最简便的方式：设备利用其他塑胶厂淘汰的旧机器进行复修改造，人员选择当时人工薪金比较低廉的打工者，技术则由自己亲自教授，然后再由他们具体操作练习。

为了省下每一分钱，李嘉诚从不坐出租车，路途近的，就步行前往，稍远一点的距离，就乘公交车；在工厂里，李嘉诚身兼数职，既做设计、财务、销售，又做生产、后勤，企业的所有工作，没有他不做的，每天工作十几个小时。不过，仍有他不会的，譬如做账。他并没有选择简单的方式——请人来做，而是决定抽时间看有关书籍自己学。

李嘉诚说："当时做好后，就问审计员我的账做得对不对，他说我做得很好，可以上报给政府了。我听了很高兴。我没有经验，但我通过阅读会计书自己学习。如果你想看懂资本负债表，就需要懂一点儿会计知识，我很多事情都是自己亲自动手，因此公司的管理费用非常低。"

对这样的艰苦环境，李嘉诚表示"我并没有什么比别人强的地方，只不过我比别人更能吃苦，更努力"。他对自己的厂子充满信心。

曾有文章这样复原李嘉诚每日的工作：

他每天大清晨就外出推销或采购，赶到办事的地方，别人正好上班。他从不乘出租车，距离远就乘公共巴士，路途近就双脚行走。他是那种温和持稳、不急不躁之人，他行走起来却快步如风。因为他的时间太紧了，既要省出租车费，又要讲究效率，这是环境造就的。

看有关汕头大学的报道我们就会发现，李嘉诚60多岁，仍保持疾步的习惯。据汕头大学的教师称，李嘉诚在他捐赠兴建的汕大视察，上楼穿堂，步履矫健快速，陪同他的中年教师都气喘吁吁，颇感吃力。这不能不让人联系到这种习惯是他早年创业留下的。

中午时，李嘉诚赶回筲箕湾，先检查工人上午的工作，然后跟工人一道吃简单的工作餐。没有餐桌，大家蹲在地上，或七零八落地找地方坐。晚上，李嘉诚仍有做不完的事，他要做账；要记录推销的情况，规划产品市场区域；还要设计新产品的模型图，安排明天的生产。业余自学，是不可间断的，塑胶业发展急速，日新月异，新原料、新设备、新制品、新款式源源不断被开发出来，他总觉得时间不够用。

那时，李嘉诚住在厂里，每星期回一次家，看望母亲和弟妹。规模稍扩大后，他在新蒲岗租了一幢破旧的小阁楼，既是长江厂的写字间，又是成品仓库，还是他的栖身处。那时的李嘉诚，把自己"埋"进了长江厂。

等到第一次看到产品从压塑机模型中取出来，李嘉诚异常兴奋。自己手把手教的第一批"门外汉"工人，居然可以自己造出塑胶产品。一贯省俭的李嘉诚破例奢侈一番，带工人一道到小酒家聚餐庆贺。

后来，每每想到这时的情景，李嘉诚便会说自己是个悭吝之人。其实，他的部下都说，他是个"悭己不悭人"的人。后来，长江厂一有盈利，李嘉诚就抽钱出来，尽量改善伙食质量和就餐条件。草创时期的长江厂条件异常艰苦，却鲜有工人跳槽，足见李嘉诚在待人上实在是无话可说的。

遭遇灭顶危机——退货

正当李嘉诚斗志昂扬的时候，不幸的事情发生了。

李嘉诚有很多睿智的言语，让人很受启发："人生自有其沉浮，每个人都应该学会忍受生活中属于自己的一份悲伤。只有这样，你才能体会到什么叫作成功，什么叫作真正的幸福。"

的确，李嘉诚本人也是历经无数挫败艰难才走到今天的，回视以前的那些艰苦岁月，他明白其中蕴藏的真理。

在最初的日子里，由于李嘉诚对推销轻车熟路，第一批产品很顺利就卖出去了。他开始收到不停飞来的订单，第二批、第三批、第四批……就这样，资金也开始回笼，他继续招聘工人，经过短暂的培训就单独上岗。实行三班倒工作制，开足马力，昼夜不停出货。

然而，埋藏的危险因素也开始一步步显现出来。老化的设备终究很难生产出质地优良的精致产品，再加上李嘉诚能够生产的产品只有儿童玩具和塑胶水壶、水桶，然而当时的香港市场已经有西方进口的更精致的塑胶玩具等精美制品。而且，李嘉诚麾下的工人多为农民出身，一般都不能掌握先进的技术，所有这些不利的因素，在李嘉诚建厂初期无疑会拖后腿。

但是，李嘉诚毕竟还是个年轻的小伙子，创业之初的小小成功使他并没有充分意识到这些问题，同时他也小看了商战中的变幻莫测的暗礁。危机正在一步步迫近，一家客户宣布他的塑胶制品质量粗劣，要求退货。意外的打击给了春风得意的李嘉诚一记当头棒喝，他不得不冷静下来，处理质量问题。

然而，似乎为时过晚。生产线继续运转，而产品质量也愈来愈粗劣，手中攥着订单，催货的电话不断。李嘉诚骑虎难下，延误交货就要罚款，连老本都要贴进去，无奈之下他亲自蹲在机器旁监督质量。他心里清楚，他太急躁了，一味追求数量，而忽视了质量问题。

结果不仅是延误了交货时间，推销员还带回了更为糟糕的消息——客户拒收产品，还要长江厂赔偿损失！连串的退货与赔偿要求让工厂顿时陷入困境，加上原料商纷纷上门要求结账还钱，银行又不断催还贷款，而竞争日益激烈的塑胶制品早已过了"皇帝女儿不愁嫁"的好年景，粗劣的产品必然会被逐出市场，"长江"被逼到了破产的边缘。

慈母醍醐灌顶的启示

李嘉诚自从投身商海，无论在何种行业中谋生，他都以诚信和稳健获得好评，即便他刚踏入香港这畸形繁华的社会时，虽处处坎坷，但也很少发生遭人否定的难堪。然而他万万没有想到，这次他倾尽家中的全部积蓄办厂，竟然因为一个他从未意识到的错误而让厂子跻于破产倒闭的边缘。

危机之中的李嘉诚，似乎又回到了当年初出茅庐时的彷徨无措。更为严重的是，这次失误，却是他自己造成的。背负的债务无法偿还，还有数名工人的工资也毫无着落！这一重击，足以将他彻底摧毁！那些日子里，李嘉诚的脾气不免暴躁，动辄训斥手下的员工，全厂士气低落，人心浮动。

李嘉诚失魂落魄的样子，母亲庄碧琴看在眼里，她知道，刚刚建成的厂子，也许就要面临着顷刻间分崩离析的结局。但庄碧琴并没有被击倒，她羸弱的身体下面有着更加顽强的意志。她劝李嘉诚道："产品不能贪多，也不能马马虎虎，如果我们是顾客，到市场上去选购商品，也是要挑挑选选。阿诚，如果你要花钱去买一件玩具，摆在面前有十几种，甚至几十种同类产品，你会随便掏钱去买这种粗劣的玩具吗？"李嘉诚更加难过了。笃信佛教的庄碧琴温言说道："阿诚，你现在才22岁，失败一次并不是坏事。也许这正是你爬起来再干的开始啊！男子汉大丈夫，要紧的是能不能再爬起来。"母亲不懂经营，但懂得为人处世的常理，她用虔诚的佛教故事来舒解儿子心中的郁结。

母亲给他讲善有善报，恶有恶报的因果报应学说，告诫他诚实做人、老实做事是取得一切成功的不二法门。同时，告诉他佛的宽宏和海量，只要自己诚实待人，诚心改过，就会峰回路转。母亲的一番劝诫和教导，使李嘉诚如醍醐灌顶，很快他就决定，必须尽快行动，才能在不可收拾之前减缓这种趋势，甚至扭转形势。

一个"诚"字渡难关

他立刻赶回工厂，制订危机处理计划。有人将企业的主人比作一船之长并不是没有道理。只有船长正确航行，才能力避风险到达彼岸。即便是出现失误，只要能尽早改正，便能尽早走上正轨。

面对产品积压，没有进账，原料商仍按契约上门催交原料货款的情况，李嘉诚心急火燎，但只能诚恳地赔罪，保证尽快付清货款。然而原料商似乎并不相信李嘉诚真的能扭转局势，要不出欠款，便扬言要停止供应原料，并要到同业中张扬李嘉诚"赖货款的丑闻"。这无疑是一道绝命杀手锏。李嘉诚明白，如果这样，他就再也无力回天了。

与此同时，银行得知长江陷入危机的消息，便派职员来催贷款。已经焦头烂额的李嘉诚不得不赔笑接待，恳求银行放宽限期。因为银行掌握企业的生杀大权，长江面临遭清盘的危机。

在这种情况下，李嘉诚咬牙坚持，仔细察看产品后归类，发现长江厂只剩下半数产品品种尚未出现质量问题，于是决定暂时裁减员工。李嘉诚召集员工开会，他坦诚了自己经营错误，不仅拖垮了工厂，损害了工厂的信誉，还连累了员工。他向这些天被他无端训斥的员工赔礼道歉，并表示，经营一有转机，辞退的员工都可回来上班，如果找到更好的去处，也不勉强。从今后，保证与员工同舟共济，绝不只顾保全自己，而损及员工的利益。

紧接着，李嘉诚一一拜访银行、原料商、客户，向他们认错道歉，并保证在放宽的限期内一定偿还欠款，对该赔偿的罚款，一定如数付账。李嘉诚毫不隐瞒工厂面临的随时都有可能倒闭的危机，恳切地向对方请教拯救的对策。

李嘉诚的诚恳，得到他们中的大多数人的谅解，银行不再发放新贷款，但表示可以放宽偿还贷款的期限。原料商同样放宽付货款的期限，对方提出，长江厂需要再进原料，必须先付70%的货款。而那些依旧埋怨指责"长江"的客户，最终也都被李嘉诚的诚意打动，表示可以谅解。

这些措施让李嘉诚终于抢得了一些时间，十分有限的回旋余地也仍然让他看到了希望。李嘉诚半刻不懈怠地抽调员工，对积压产品进行了彻底严肃的普查。对于质量不合格或款式过时的一部分进行返厂重造，对于质量一般的，基本可以做正品推销的产品，全部以极低廉的价格，卖给专营旧货次品的批发商，或者自己外出亲自向散户推销。这样一方面不会再损害长江的信誉，另一方面可以暂时回收一部分资金以偿还部分债务。这样，在资金逐步回笼中，李嘉诚的长江塑胶厂终于出现转机，"封厂"危机解除了。

后来，李嘉诚在谈到这次危机时表示："人们过誉称我是'超人'，其实我并非天生就是优秀的经营者，到现在我只敢说经营得还可以。我是经历过很多挫折和磨难，才悟出一些经营的要诀的。"此话不虚。

复苏的长江

在长江厂完全渡过难关之后，当初被裁减的员工又都被李嘉诚请了回来，还补发了这部分工人离厂阶段的工薪。这一举动令长江的所有员工打心底对这位老板充满了感激和敬佩。

当李嘉诚的长江厂可以继续生产的时候，李嘉诚很是感慨，他意识到，要想能长久立足，诚信与质量保证必不可少。与此同时，只有改进才有机会与香港经济齐头并进，而不是举步不前。李嘉诚开始耐心考察香港市场的塑胶产品，他要设计出具有长江自己独特风格的新产品来。

李嘉诚与工人们一起，把从前被客户退回的玩具进行了回炉，模具重新或局部修改，出品后进行细致打磨。经过他对旧产品的重新改造和再次投放市场，新机遇来临了。

由于当时李嘉诚选择的新市场是经济较为滞后的周边地区，譬如台湾地区当时尚未有塑胶产品面市，尤其是塑胶儿童玩具十分鲜见。李嘉诚亲自带人去台湾推销，并且主动把这批玩具的售价压低到最低限度，物美价廉的塑胶玩具让儿童们爱不释手，市场的销路十分看好，结算时竟然取得了意想不到的效益。

有了这些陆续回笼的钱款，到了1954年秋天，李嘉诚几乎还清了绝大多数从私人手中借用的钱款，从前的声誉回来了，李嘉诚一度丧失的信心又重新树立起来，当初那些陈旧的机器经过几年的精心修理和更换零部件，如今可以达到先进水平了。新的产销局面，鼓舞着他。

新型的塑胶模具是李嘉诚在两年中对比香港近三百家塑胶公司最新上市产品所进行的全新设计，据行业人士观测，这些设计精美、格调清新的模具，明显要比香港市场上正在畅销的同类产品高出一筹。例如他设计的儿童手枪型玩具，不但样式独特，有右轮枪、驳壳枪、撸子枪，同时还有当时在香港极为少见的卡宾长枪、坦克车类玩具枪。

与此同时，教训依然在李嘉诚心里挥之不去，他诚心地接受了前次失败和退货的惨痛教训，这一次做得谨慎而成熟：稳妥出击，少量生产，先行上市，造成影响。他明白，刚刚初创的企业必须保持稳健的经营态度，留有足够的现金盈余，保证自己不管面对多少风浪都能活下来。

宝贵的经验和用心血设计出来的新产品终于带来了新的丰收，长江的产品在香港市场上成了抢手货。

1954 年冬天到 1955 年秋天，是李嘉诚的长江厂冲出低谷的复苏时期。历经五年的磨砺，让李嘉诚真正成熟起来。他的急功近利的心态已经消失得无影无踪，并且在日后几十年的时间里都没有改变。

长江厂开始进入初创时的辉煌，产品由于物美价低，很快就在三百多家互相竞争的塑胶厂中脱颖而出，成为香港塑胶产品市场中的佼佼者，并且一路直上。

也是这一年冬天到来的时候，长江厂里洋溢了前所未有的欢庆气息。因为年终结账，李嘉诚不但偿还了包括香港两家银行在内的所有贷款，而且还有了可观的盈余，他终于变成了真正意义上的"老板"。

日夜祈祷的庄碧琴看到儿子多年紧锁的眉宇终于舒展开来，心里有说不出的高兴。但多年的经验告诉庄碧琴，愈是成功，愈要冷静。庄碧琴提醒李嘉诚："阿诚，你千万不要兴高采烈，更不要趾高气扬，要记住，你到任何时候都还是一个普通人。"

李嘉诚的舅舅庄静庵老人则大为不同。当他在旧历新年的晚上与外甥同桌同饮时，脸上绽放出灿烂的笑容，庄静庵对李嘉诚说："阿诚，从前我小看你了。从今以后，我会把你当成一个大人看。你将来，会比我强啊！"

此时，李嘉诚心中感慨万千。舅舅的事业如日中天，有的中南表店已经开始自己研制新式手表，而钟表业经过最近几年的拼搏和开发，也早已进入钟表工厂生产的正常轨道。当初他离开时的一句建议"舅舅为什么就不能自己生产钟表呢"终于没有白费，也算是报答了老人对他们家的一片恩情。

李嘉诚自己，也没有放弃寻求新的机遇与发展的途径。他除了每天工作十多个小时外，还会自修功课。临睡前，作为最后一个功课——翻杂志，李嘉诚也认真到无以复加的程度。无数个夜里，他从这些中英杂志中汲取了大量的知识和信息。

转眼间，勤奋便让李嘉诚与机遇迎头而遇了。

发现"塑胶花"

长江厂在腾飞，然而，具有远见，并不甘于做平庸之辈的李嘉诚很快便意识到：长江厂只不过是香港三百多家塑胶及玩具厂中的一员罢了。经营状况良好，但虽经改进却仍然缺乏鲜明的特色。如果只靠着香港工资低廉，而让产品廉价的话，那什么时候港产货才能以质优款新而称雄国际市场？他渴望有个新突破，让自己和长江脱颖而出，叫响国际市场。

1957 年初的一天，李嘉诚在阅读新一期的英文版《塑胶》杂志时，忽然眼睛一亮，他发现有一个栏目竟然是整整一版意大利最新塑胶制品的介绍，彩页上登载的几乎都是五彩缤纷的塑料花，如果不仔细观察，还以为是真正的鲜花呢！有雪白的月季、鲜丽夺目的郁金香、马蹄莲、蝴蝶兰和各种碧绿的草本植物，简直让人叹为观止。

李嘉诚大开眼界，新闻说意大利一家公司利用塑胶原料制造塑胶花，全面倾销欧美市场，这给了李嘉诚很大灵感。一直苦苦寻找突破口的李嘉诚，如迷途的夜行人看到亮光，兴奋不已。他敏锐地意识到，这类价廉物美的装饰品有着极大的市场潜力，而香港有大量廉价的劳工正好用来从事塑胶花生产，他预测塑胶花也会在香港流行。于是，为了先机而胜，李嘉诚马不停蹄开始奔走了。

兴奋的李嘉诚第一个告诉了母亲。他这样问母亲道："娘，在咱们香港，有多少人家在养花草，您老人家知道吗？您老人家是否注意到，都是什么样的人家喜欢养花呢？"

庄碧琴怀着疑惑望着兴奋的儿子，凭直觉说出了自己的看法。这样一来，李嘉诚就更胸有成竹了，他卖了个关子说："如果有一种花，既不需要浇水，也不需要松土，而且每天摆在房间里，不管气候如何，它始终都那么艳丽地开放着，家里经常没有人的家庭，会不会喜欢这种花呢？"庄碧琴嗔怪地对儿子笑了。李嘉诚却正儿八经地对母亲说："是真的！娘，我们长江厂这次要彻底翻身了啊！我们要制成像真的鲜花一样的塑胶花，投放市场！"

　　然而，当李嘉诚把这个消息带到厂里的时候，事情并没有像想象中那样顺利进行。李嘉诚新请来的资深塑胶工人摇着头对他说，我们根本制不成这样的花，因为我们的技术只够做一些基础的硬塑料产品。

　　李嘉诚不是不懂技术，他知道，自己太兴奋了，以至于忘记了这些基础的问题。不过，他并未因此气馁。因为并不是没人能造出这种花来啊，既然他们能造出来，那么我们也可以学过来啊。

　　翌日，他登上飞机，飞向了一个对他一生来说至关重要的地方。

取"真经"，暗度陈仓

　　1988 年 4 期香港《星岛经济纵横》评论道："李嘉诚发迹的经过，其实是一个典型青年奋斗成功的励志式故事，一个年轻小伙子，赤手空拳，凭着一股干劲勤俭好学，刻苦而劳，创立出自己的事业王国。他常言：追求理想是驱使人不断努力的最主要因素。"

　　李嘉诚所飞往的城市，就是塑胶花盛开的地方——意大利。这是他第一次坐飞机，也是一次非常有价值的飞机旅行。

　　1957 年的春天，李嘉诚踏上了意大利的大地。走出机场候机大厅时，米兰弥漫在一派迷蒙的朝雾中，就像他的这次冒险一样。但他清醒地知道，若要捷足先登抓住这一商机，就必须尽快掌握生产塑胶花的技术。

　　李嘉诚在一间低档旅社安下身，便急不可待地去寻访米兰的维斯孔蒂塑胶厂地址。然而他突然意识到，关于新技术，厂家一定有着非常严格的措施来保守与戒备，并非能轻而易举地学会的。而自己的厂子虽然有起色，但比起一大笔昂贵的购买技术专利的费用来说，实在是杯水车薪。而且，即便是买到了，也会因为其要在充分占领市场，赚得盘满钵满之后才肯卖给自己。而自己只能亦步亦趋，何谈成为塑胶业的佼佼者？这一层思考让李嘉诚出了一身汗。他一夜难眠，只好决定，在参观完塑胶厂之后就回国，因为，在意大利这样的大城市逗留，无异于浪费金钱。

　　第二天，李嘉诚以香港经销商的身份，进入这家公司，参观了琳琅满目的塑胶花。李嘉诚一面询问有关塑胶花的知识，一面暗自下定决心克服万难获取技术。

　　也是天助，就在李嘉诚等候购买回程机票的时候，他在购票窗口见到了一张招工广告，上写：本公司现缺勤杂工三名，供料工两人。凡米兰常住人口，或者外国人均可报名应试。录用者试用期一个月，转正后发给所有正式工人应有的劳保待遇，并增加工薪……署名，正是李嘉诚梦寐已久的塑胶厂。

于是，一个大胆的决定产生了，李嘉诚要打工学艺。便如同在原来的塑胶厂那样，学到全盘技术。就这样，李嘉诚进入了这家公司的塑胶厂，根据招工启事上的要求，凡是年满20岁的本土人或外国人均可报名，李嘉诚被派往车间做打杂的工人。据说，由于老板贪利，才把本不能打工的李嘉诚招了进来，只给他不及同类工人一半的工薪。然而，李嘉诚已经太满足了。

李嘉诚当时负责清除废品废料，在工作中，李嘉诚勤奋而机警，如同"国际间谍"般全面观察每个工作流程。收工后便把所观察到的一切记录在笔记本上。

假日里，李嘉诚便大方地邀请数位新结识的工作朋友到餐馆吃饭，这些朋友都是某一工序的技术工人，李嘉诚十分虔诚地向他们请教有关技术，他们对于这位勤奋的工友十分有好感，把自己知道的不吝啬地告诉了他。这样，李嘉诚很快便逐渐掌握了塑胶花的技术。

站在今日的角度，我们可能会感到李嘉诚的行为有悖商业道德。的确，他未经允许便暗自取得了别人研制的专利，并且自主生产销售。然而在专利法还不健全的20世纪50年代，李嘉诚的举动其实是可以理解的。

关于这个"取经"版本，后来李嘉诚先生曾做过解释，说并未去过意大利，是全厂在取得很多知识后研发出的。由于一带而过的描述无法让人知其详情，我们暂且不一而述。

总之，李嘉诚便是在这样一个塑胶花新产品的契机前取得了包括技术在内的一切，顺利返回了香港。

李嘉诚满载而归。随机到达的还有几大箱塑胶花样品和资料。不过，这一系列动作，却是暗地进行的，秘而不宣的策略是李嘉诚面对绝地反攻契机时的冷静之举。

回港后，李嘉诚立刻兼程回到长江塑胶厂。他不动声色，只是把几个部门负责人和技术骨干召集到他的办公室，把带来的样品展示给大家看。众人为这样千姿百态、栩栩如生的塑胶花拍案叫绝。

在长江厂简陋的车间深处，他组成了一个攻坚小组，专门研制新型塑胶花的工艺，以便尽早上市，并准备在一炮打响以后马上进行批量生产。与此同时，李嘉诚知道，若想让外来花卉开遍香港，必须进行本土化，他要求技术人员们顺应本港和国际大众消费者的喜好，设计出全新的款式，不拘泥植物花卉的原有模式。

当时，李嘉诚四处寻访，重酬聘请塑胶人才。李嘉诚把样品交给他们研究，要求他们着眼于三处：一是配方调色；二是成型组合；三是款式品种。他还给所有参与此事的攻坚小组下了一条死命令，在塑胶花正式生产之前，任何人也不得向外泄露这一秘密，因为，一人泄露，便意味着可能要全盘皆输。

终于，技术人员经过反复试验，已把配方调色研定到最佳水准。昼夜奋斗带来了奇效，李嘉诚与技术人员们做出不同色泽款式的"蜡样"，走访了不同消费层次的家庭，竟一致获得了好评。于是，大好时机来了！

"塑胶花王"一夜名满天下

1957年10月11日，"塑胶花总进攻日"——李嘉诚在香港发起塑胶花促销大战的第一天来临了。

为了这一天，李嘉诚的塑料厂员工夜以继日地工作，加班生产。他要在第一天便全面占领市场，造成盛大的轰动态势，同时，让其他企业没有喘息的时间，跟风抢占市场。所以在此之前，他和全厂员工都是共同遵守秘密，对外也一律守口如瓶。

然而就在长江厂塑胶花上市的前两天，李嘉诚忽然获悉一个让他胆战心惊的信息：香港最有名气的英资百货公司——莲卡佛国际有限公司已与意大利的"维斯孔蒂"塑胶厂签订了首销塑胶花5000束的协议，并且要在10月15日在该公司所有的连锁店里同时展销。

李嘉诚获悉此信后，马上在香港提前进行盛大展销。李嘉诚想到了一点：价格。自然，填补空白的产品市场很容易卖高价，即便是意大利进军香港，同是高价位竞争，自己也不见得输。

但李嘉诚不是一个贪心的人，他认为：价格昂贵，必少有人问津，必然难以尽快打开市场。他希望以"物美价廉"立足香港。由于李嘉诚的塑胶厂是批量生产的塑胶花，成本并不高，李嘉诚在经过成本预算后，大胆做了一个决定："低价位，多销点"的经商策略——卖得快，必产得多，"以销促产"比"居奇为贵"更符合商界规则。这一决定得到了厂内骨干的鼎力支持。

塑胶花以中低档价格一面世，立刻便显现出了它特有的优势。

当天，在李嘉诚暴风骤雨般的攻势前，香港媒体哗然。

等到香港英资公司莲卡佛的连锁店推出意大利的原版塑胶花时，市场已经被长江厂占领了。两相对比，差异巨大：意大利塑胶花走的是高档路线，作为奢侈品价格不菲，只有少数洋人和华人富有家庭购买。而李嘉诚的塑料花则走的是大众路线，价格适中，成为大众蜂拥抢购的新货种。同时，意大利的塑胶花虽然质量较好，但因为花样口味并不适合香港文化；而李嘉诚的塑胶花却是尽显本地风光，故而，一推出便博了个头彩。

这一次转型给长江带来了滚滚财源，全厂上下情绪高昂。

客户蜂拥而至，为物美价廉的塑胶花更添一份喜庆。他们爽快地按李嘉诚的报价签订供销合约。有的为了买断权益，甚至主动提出预付 50% 订金。李嘉诚细致地梳理了经销商的销售网络及销售情况，尽可能达到人货匹配供给最大化，很快塑胶花就风行香港了。老一辈港人记忆犹新，几乎是在数周之间，香港大街小巷的花卉店，摆满了长江出品的塑胶花。寻常百姓家、大小公司的写字楼，甚至汽车驾驶室，都能看到塑胶花的倩影。长江塑胶厂蜚声香港业界。

然而自古花开一家的好事都不会持续太久，等待长江厂的，是后来居上的同业公平而无情的竞争。李嘉诚这次并没有沉浸在首战告捷的喜气中忘乎所以，他果断地进行了市场加固和设施、资金、租赁厂房等更新工作。在陈美华和辛磊的著作里，提到了李嘉诚的迅速成长与学习：他看好股份制企业，决定分两步走。第一步，组建合伙性的有限公司；第二步，发展到相当规模时，申请上市，成为公众性的有限公司。

但是李嘉诚没有料到的是，这一次进攻塑胶厂的，不是市场产品，而是借媒体炒作。对手十分聪慧。

这一天，李嘉诚的秘书将一份《商报》放到了他的办公桌前。李嘉诚一看不由心惊，原来有人发表文章攻击李嘉诚：《且看长江公司的真面目！》文章写道："休看李嘉诚现在呼风唤雨，到处以他的塑胶花哗众取宠，招摇过市。其实他并不是一个真正的企业家，也从来不是什么精通塑胶制品的技术权威。如果翻开他的历史就会让人大吃一惊……"

"李嘉诚所谓的公司，其实不过就是一个大杂院。不但所有厂房都是破烂陈旧的，就是生产塑胶花的设备，也没有一台是货真价实的，都是一些塑胶厂淘汰下来的废旧机器，被他买到手以后，修修补补，勉强维持生产。我们真为那些购买长江公司产品的顾客捏一把冷汗，他们根本不知道，像李嘉诚那样破破烂烂的厂房和家当，又怎么能够生产出敢与意大利名牌产品相抗衡的塑胶花呢？……"

这看似是一件小小的攻击事件，实则会给市场造成惊天大浪。李嘉诚即刻起身，亲自背上一口袋沉甸甸的塑胶花前往香港中环的这家报馆。接待他的，正是报纸主编。

李嘉诚虽然心底震怒，但还是温文尔雅地告知主编，在未经查证之前写出十分偏颇的稿件上报是十分不妥的。他诚挚邀请总编和各位编辑："我很希望各位全面了解一下我的长江公司。"

面对那些五彩缤纷的塑胶花，总编羞愧了。他立刻派有关人员记者全方位进行了解，并且配发了一条全新醒目的通栏标题：《请看李嘉诚创造的奇迹——简陋的厂房设备，优质超群的产品，当今香港工业之翘楚的诞生》。

记者写道："李嘉诚在筲箕湾的公司确实十分简陋，设备也无法与先进工厂的新式机器同日而语。可是，值得读者们先睹为快并为之敬佩的是，李嘉诚在这简陋的条件下生产的优质塑胶花，几乎可与国外最为先进的米兰塑胶产品媲美。这就是李嘉诚的奇迹，长江工业有限公司的奇迹，也是我们香港的奇迹……"

这一役，李嘉诚同样做得漂亮利落。而且，令人欣慰的是，《商报》上的图片和新闻，非但把第一次的恶意评说打压了下去，无疑也起到了普通商品广告所难以起到的宣传作用。

1957 年年末，李嘉诚的工厂迎来了新日子——长江塑胶改名为长江工业有限公司，公司总部也搬到了北角，李嘉诚任董事长兼总经理。厂房分为两处，一处仍生产塑胶玩具；另一处则生产作为长江公司重点产品的塑胶花。

联手外商，"塑胶花"走出国门

"我二十七八岁的时候，那个时候我可以说'贫穷，我永远不会再见你了'，也就是说以后都不需要做事了，可以退休了。但是骤然间你发现，财富在一路给你增加，可你有什么特别快乐的地方？没有。"

李嘉诚的事业又上了一个台阶，但他并不由此而满足。李嘉诚感到，他的雄心壮志终于可以提上日程了。

当时，香港的对外贸易基本上为洋行垄断，而华人商行的优势，在中国内地与东南亚的华人社会。李嘉诚决定把他们的产品打到东南亚各国去。公司销售科增加了十几位推销员，李嘉诚派他们分头到泰国、马来西亚和新加坡去，这些推销员也像李嘉诚当年一样，人人背上长江公司的塑胶花样品，到各国去游说推销，悄悄占据各国的商场。

由于李嘉诚公司的产品越来越好，而价格也愈来愈走低，所以不但上述各国购进量可观，而菲律宾、印度尼西亚、斯里兰卡、不丹、越南甚至印度等国也纷纷有订单飞到香港的长江公司销售科。

彼时，世界最大的消费市场在欧美，欧洲、北美，占世界消费量的一半以上。李嘉诚无时不渴望将产品打入欧美市场。当时进入欧美市场，只有通过本港的洋行，他们在欧美设有分支机构，拥有稳固的客户，双方建有多年的信用。

李嘉诚本人不甚满意这种交易方式，他希望自己能全方位了解到塑胶花具体的销售情况。李嘉诚对包销也兴趣不大，他清楚地意识到，绕过香港洋行这个中间环节，将会为企业注入新的生命力。李嘉诚的全力运作在一定程度上改变了这种格局。

然而有改变并不等于完全改变。与此同时，资金问题也开始困扰他，担心陷于前几年的被动局面，故而李嘉诚对资金控制问题的把控十分严格，不敢放手接受订单，也不敢轻易接受银行许可的小额贷款。这样，因为资金有限，设备不足，严重地阻碍生产规模的扩大。李嘉诚陷入了苦恼之中。

就在此时，一个意想不到的机遇来到他的面前。

1959 年夏，一架从北美洲远航而来的波音客机，降落在香港启德机场上。在一批外国客人中有加拿大一个商贸采购团，为首者名叫特鲁多，他是一家商贸财团的总裁。信息灵敏的欧洲批发商特鲁多早就听说了李嘉诚，一个白手起家，依靠简陋旧厂房生产出精美艳丽的塑胶花的年轻人。

第二天，特鲁多就在维多利亚海湾附近的湾仔大厦见到了应邀前来洽谈生意的李嘉诚。彼时，特鲁多已经预先考察了香港市场，再与北美同类产品价格进行反复对照以后，才决定飞到香港来的。李嘉诚温文尔雅的态度让特鲁多十分敬佩，他决定，即刻去参观李嘉诚在北角的长江公司并看看样品。

"比意大利产的还好。我在香港跑了几家，就数你们的款式齐全，质优美观！"特鲁多对长江公司塑胶花赞不绝口，很爽快地说："李先生，您的产品当然无可厚非，价格我也不想继续深谈。只要李先生依从我们买主的两个条件，我们就能在合同上签字。"

特鲁多开出的条件是：

"第一，按国际上的惯例，我们在签约之前，需要由李先生这方提出一位有相当资质的担保单位。

"第二，我希望在决定购买贵公司生产的大批塑胶花产品之前，首先要对贵公司现状进行一次实地考察。这也是国际上的惯例之一。"

李嘉诚很高兴地说："只要我能做到的，当然要满足先生。"

面对特鲁多的条件，李嘉诚感到了前所未有的压力。若要达到他进军欧美两洲的宏图远略，就必须让特鲁多满意，而两个条件都并不简单。

特鲁多之所以看好自己的塑胶花，是因为它物美价廉，所以他必然是大量订购，全面倾销的。这必然要求李嘉诚的厂房设备、人员技术等的规模，而刚刚处于发展期的李嘉诚是无论如何都难以在短时间内完成的。但很快地，特鲁多就表示，如果我们能合作，那么我可以先行做生意，边做边扩大，这样，李嘉诚才微微松了一口气。

于是，他加紧寻找实力雄厚的公司或担保人。所谓担保人，即被担保人一旦无法履行合同，或者丧失偿还债务能力时，担保人必须替被担保人承担一切风险和过失。

当时，作为已经有一定实力的李嘉诚来说，寻找担保人看起来不难，他在香港商界的朋友多得很，但是，如果寻找实力雄厚的担保人却并不是那么容易。

当时的港界，有相当实力的实业公司和企业人也不乏数家，比如李嘉诚的舅舅庄静庵的中南公司，其时已经在德辅道设立了总装大楼，并在湾仔拥有中南大厦。1955年，又取得了瑞士乐都表和得共利是表的经销权，经销网遍及本港、东南亚、韩国等地，营业额在本港首屈一指。然而李嘉诚似乎并没有获得什么担保，至于他是否曾向自己的舅舅寻求帮助，我们不得而知。后来祝春亭与辛磊先生曾经这样叙述过一段话：李嘉诚一贯抱善意待人待事，在往后的岁月，他总是回避求殷富担保之事。然而没有寻到担保者，李嘉诚下一步该如何以待？

也许此时的李嘉诚身上，那股坚韧、自信的品质已经牢牢根植，他没有因此而气馁，更不会因为厂房旧而选择弄虚作假，只是照例派员工把厂区打扫得干干净净。李嘉诚决定用事实来说服特鲁多，实在不行好聚好散，争取下一次再合作。他和几位核心技术人员连夜赶制出9款精心设计的样品，默默地放他面前。

特鲁多没有说什么，看着李嘉诚熬得通红的双眼，猜想这个年轻人大概通宵未眠。他太满意这些样品了；同时更欣赏这年轻人的办事作风及效率，不到一天时间，就拿出9款别具一格的极佳样品。

特鲁多请李嘉诚带他转了整个厂。李嘉诚不卑不亢地把加拿大客人带进了车间，所到之处特鲁多见到的都是陈旧的机器和紧张操作的工人。在参观完了工厂之后，特鲁多简洁地说了这样一句话："李先生，现在我更加放心了，我们的合约可以马上签署了！"

李嘉诚有些意外，并且有些拘谨地说尚未找到担保人。不料特鲁多竟仰面哈哈大笑："李先生，我看就不需要再找什么担保人了，因为我已经从你的眼睛里看到了诚信，这难道不比一个保人更重要吗？"

谈判在轻松的气氛中进行，很快签了第一单购销合同。按协议，批发商提前交付货款，基本解决了李嘉诚扩大再生产的资金问题。

临走时，李嘉诚很感激特鲁多，他紧握着特鲁多的手说："请相信我的信誉和能力，我是一个白手起家的小业主，在同行和关系企业中有着较好的信誉，我是靠自己的拼搏精神和同仁朋友的帮助，才发展到现在这规模的。先生您已考察过我的公司和工厂，大概不会怀疑本公司的生产管理及产品质量。因此，我真诚地希望我们能够建立合伙关系，并且是长期合作。尽管目前本公司的生产规模还满足不了您的要求，但我会尽最大的努力扩大生产规模。至于价格，我保证会是香港最优惠的，我的原则是做长生意，做大生意，薄利多销，互利互惠。"

这笔生意签约之后，特鲁多一行就飞回多伦多。一月后他在加拿大收到了李嘉诚如期运去的第一批塑胶花，质量甚至比特鲁多在香港见到的还要好。

从此，长江公司的塑胶花逐渐占领了欧洲市场，营业额及利润也成倍增长，李嘉诚的事业真正进入第一个腾飞期。

塑胶花王种"花"遍世界

李嘉诚的塑胶业进入了一个辉煌时期。他为公司设定了下一个目标：进军北美。李嘉诚主动出击，设计印制精美的产品广告画册分寄出去。很快，美方就与李嘉诚联络了，表示希望能走访香港几家同行业塑胶厂。李嘉诚答应了。

这家公司是北美最大的生活用品贸易公司，李嘉诚意识到，又一次"鹿死谁手"的竞争即将拉开帷幕。为此，李嘉诚做了一个近乎冒险的决定：建新厂、扩规模。他不想再次重历与欧洲批发商做交易时的窘境了。给予李嘉诚的时间只有短暂的一周，计划一宣布，全公司不禁哗然。

其实，远在前两年，李嘉诚就已经在准备扩建，彼时，他正在北角筹建一座工业大厦，原计划建成后，留两套标准厂房自用。现在，情势紧急，只能租房。大额贷款下，在最后一天李嘉诚等终于全厂迁厂成功、新设备购置成功、新聘工人培训上岗……其中，李嘉诚全局掌控日程安排，缜密处理每一件事情。机器进行试行，表现良好。

这是李嘉诚一生中最大最仓促的冒险。任何一道环节出问题，都有可能使整个计划前功尽弃，但他孤注一掷。因为他明白，这一次，他别无选择，要么彻底放弃，要么全力搏命。

人们都说李嘉诚一生作风稳健，然而，李嘉诚为此冒险，足见他把机遇看作何等大事。

美调查团下飞机直奔工厂。后来，这样一席话印证了一个事实：

"李先生，我在动身前认真看了你的宣传画册，知道你有一家不小的厂和较先进的设备，没想到规模这么大，这么现代化，生产管理是这么井井有条。我并不想恭维你，你的厂，完全可以与欧美的同类厂媲美。

"好，我们现在就可签合同，不用看其他公司了，你来做我们的独家供应商。"

这家北美公司成了长江工业公司的大客户，每年来的订单都数以百万美元计。并且，通过这家公司，李嘉诚获得加拿大帝国商业银行的信任，并发展为合作伙伴关系，进而为李嘉诚进军海外架起了一道彩虹桥。

也是在这一年秋天，李嘉诚在香港北角建设的长江工业有限公司新厂房建成投产，塑胶花从此有了批量生产线的基地。塑胶花为李嘉诚赢得平生的第一桶金，也赢得了"塑胶花大王"的美名，蜚声世界。

1960 年李嘉诚又在香港柴湾建成另一座工业大厦，在这里专门生产其他塑胶产品。

有报道印证了李嘉诚的事业："目前世界塑胶花贸易，香港占 80%。香港成为最大的供应来源，且已获得价廉物美之好感。除美国之外，近时日本、西德、澳洲去货均已增多。"

后来，李嘉诚在回首这段岁月时说："当我最初打工的时候，我有很大的压力。打工的时候，尤其是最初一两年，要求知，又要交学费，自己俭到不得了，还要供弟妹读中小学以至大学，颇为辛苦。开始做生意的最初几年，只有极少的资金，的确要面对很多问题，很多艰辛。但慢慢地，你想通了，以这样的勤力，肯去求知，肯常常去想创新的意念，悭俭自己，对人慷慨，交朋友，有义气，又肯帮人，自己做得到的，尽力去做。如果按这条路走，迟早会有成就，至少是生活无忧。"

在风云跌宕的商界，李嘉诚抓住了机遇，欧美销路从此打开，于是一朵花苑奇葩走出国门，开遍世界。

第三章

▼

纵横地产

——雄韬伟略，成就"地产大亨"

涉足地产，不丢塑胶

踏入一个新行业——地产业，是李嘉诚经过深思熟虑后的举措。回顾自己十几年的奋斗历程，李嘉诚说，他感到了前所未有的困惑。"1957年、1958年初，我赚到很多钱，人生是否有钱便真的会快乐？那时候开始感到迷惘，觉得不一定。后来终于想通了，事业上应该多赚钱，有机会便用钱，这样一生赚钱才有意义。"此时，经营塑胶花的成功，也在一定程度上滋长并坚定了他建立伟业的雄心。

塑胶业蒸蒸日上，有着"塑胶花大王"美誉的李嘉诚是不是可以缓一口气，歇一歇？李嘉诚的答案是否定的。对塑胶业，他有着十分清晰的认识。

由于李嘉诚在塑胶业的实力及声誉，他被推选为香港潮联塑胶制造业商会主席。

1973年，因中东战争引发的石油危机席卷全球，全球经济都受到不同程度的影响，全部依赖进口的香港塑胶原料价格暴涨，塑胶制造业一片恐慌。

在这场关系到香港塑胶业生死存亡的危机中，身为潮联塑胶业商会主席的李嘉诚，挺身而出，挂帅救业。由联合塑胶原料公司出面，购进原料，再分配给各厂家。多方努力下，笼罩全港塑胶业两年之久的原料危机很快烟消云散。

李嘉诚在救业大行动中表现出了极大的热情。在危难之中，受李嘉诚帮助的厂家达几百家之多。

与此同时，香港已出现过几次塑胶花积压，原因一是生产过滥，二是欧美市场萎缩。这引起李嘉诚高度重视。他不再加资塑胶业，而是在发展塑胶业的同时，开始把目光投入当前市场的其他领域。这时，一个契机出现了。

　　李嘉诚的长江厂房租金剧涨。当时，李嘉诚所租用的厂房签的是短期租约。由于李嘉诚的生意红火，业主肆意长租金，意图狠狠宰李嘉诚一刀。这让李嘉诚很不满，他思前想后，认为要独立，就要自建地产做业主，而且，自己建造厂房远比租赁来得便宜、实惠。也因此，李嘉诚的眼光逐渐开阔起来。

　　当时，有数据显示：随着香港渐趋稳定，外迁人口回流与日俱增。1951年，香港人口才过200万，20世纪50年代末，却已逼近300万。

　　李嘉诚敏锐地意识到，目前，较为稳定的香港社会正在迎来其工业大发展的新阶段，伴随居民暴增、商贸业迅速发展，土地、住宅、物业将成为香港非常火爆的产业。香港房荒之势迫在眉睫，有许多土地却还亟待开发。面对寸土寸金的地产业，李嘉诚果断决定，不再加资塑胶业，而是利用手中积聚的一亿港元问津地产，涉足地产业。

　　这岂不是"丢西瓜捡芝麻"的事？因为在20世纪五六十年代，因时局动荡，地产不过是千百行业中一支并不起眼的"跌股"，随时可能因战事陨灭。然而，李嘉诚并不这么认为，他笃定地产业潜力无穷。认为这一举措不但不会扯塑胶后腿，反能刺激长江的发展，在当今塑胶厂林立的困境中形成突围局势，以原始积累蓄养潜力产业。

　　于是，就有了1958年和1960年在繁盛工业区和新兴工业区先后兴起的实验点兼塑胶生产基地：在北角和柴湾兴建两座工业大厦，总面积共达16万平方英尺，半租半用。随即，1963年后，他又在新界元朗大兴工程，筹建第三间分厂。

　　这一系列重大举措，不仅彻底改变了长江的单一模式，同时也彻底改变了李嘉诚的人生轨迹。

　　李嘉诚所料无误。1964年，香港市场塑胶花工业一片低迷，许多跟风小厂叫苦连天。李嘉诚立刻改变策略方针，果断投产塑胶玩具这一相对具有市场稳定性的产业。

　　为了继续保持其领先，长江及时引进一系列新式生产设备及高水平设计、制模人员，使之能够保证整个生产流程工序及品质。一手操办的产业链较之10年前已不可同日而语，李嘉诚的又一次塑胶事业转型看起来得心应手。

　　与此同时，李嘉诚沿用塑胶花推广模式，不断更新、扩大广告宣传，有效利用自己的海外资源，全方位出击建立"玩具制造"名气。其时，产品畅销欧、美、澳、非洲等地数十个国家，出口额每年高达1000万美元之巨。长江工业毫无悬念地跻身国际市场，成为塑胶玩具出口的"大哥大"。

以物业慢回笼

不再为钱发愁，是不是就意味着李嘉诚可以随意大笔花钱？答案是否定的。

彼时，香港政府为保证香港稳定，出台大量修改条例，刺激地产、建筑业的发展。众多小地产商瞅准时机，大肆购地。借用"卖楼花"模式，试图大赚油水。"卖楼花"式楼宇建设模式是1954年霍英东的首创，即在楼宇尚未兴建之前，就将其分层分单位（单元）预售，得到预付款，即可动工兴建。卖家用买家的钱建，地产商还可拿地皮和未成的物业拿到银行按揭（抵押贷款），一石二鸟。

银行也从中斡旋，为楼宇提供按揭，甚至用户只要付得起楼价的10%或20%的首期，就可把所买的楼宇向银行按揭。银行接受该楼宇做抵押，将楼价余下的未付部分付给地产商，然后，收取买楼宇者在未来若干年内按月向该银行付还贷款的本息。香港地产业由此呈现出一片轰轰烈烈的景象。

不可否认，这种加快资金回收的模式极大地启发了20世纪60年代的炒房家，直奔地产而来的李嘉诚焉肯放过？

令人意外的是，李嘉诚选择了"肯"。其稳健作风再一次发扬光大，李嘉诚面对畸形增长的炒房热，并不急于"大胃口"抢地囤地，而是始终坚持求合适地皮，不按揭贷款；只租不卖，以物业慢收金。这一举措，使李嘉诚被很多人戏称为"保守的新地主"。李嘉诚并不因此而有动摇。他认为，物极必反，且与银行过分地捆绑风险巨大，一损俱损。而以物业收租，虽不可像发展物业（建楼卖楼）那样牟取暴利，却有稳定的租金收入。而且，以物业增值算，时间愈久，租金飙升的总趋势将愈加明显，其效益也必然愈加稳定呈现。

的确如此。1961年6月，"西环地产之王"、潮籍银行家廖宝珊的廖创兴银行发生挤提风潮，存户存款几乎全部用来发展地产的形势令廖宝珊在情急之中突发脑溢血猝亡。这并没有引起相关炒房者的警惕。然而，这并不是一次偶然事件，迅疾而来的地产牛市很快暴跌。

1965年前后，香港多家银行出现挤提现象。先是本埠小银行"明德银号"宣布破产，随之广东"信托银行"倒闭，历史悠久的"恒生银行"也面临被清盘的厄运，幸而出卖股权给"汇丰银行"才勉强自保……而"汇丰银行"也并非未受波及。

银行危机一直持续了一年有余，在香港有关当局果断采取紧急措施补救的情况下，挤提风潮终于有所遏制。但大部分银行早已元气大伤，房地产市场更是因此一落千丈，破产者不计其数。而由于李嘉诚采取的稳健措施，挤提风暴只是导致其暂时的物业租金下调，收入部分减少而已，其根基依然坚实。

后来，李嘉诚谈到，在任何领域，跟风生成的东西，也许会流行一时，但生命都不会长久。一语中的。

人弃我取，大购廉价地皮

《全球商业》曾采访李嘉诚道："你相当强调风险，不过外人注意到的却是长江集团屡屡在危机入市，包含20世纪60年代后期掌握时机从塑料跨到地产……你的大胆之举为何都未招来致命风险？"是的。为何李嘉诚逆势而行，不输反赢？

经过近一年的"疗伤期"，银行及房地产业开始缓步回升。正当人们有所期待时，一场浩劫又悄无声息地袭来。

1966年，处于英殖民统治下的香港，民众的反英情绪日渐高涨。英方恐惧剧增，采取暴力镇压，触发"左派"掀起"五月风暴"。动荡的局势加重了人们的恐慌，四处流传战事将起，于是引发了自"二战"后香港第一次大规模移民潮。人心波动，抛售套现造成地产市场有价无市，狂跌不止。

众多企业家、商号等有钱阶层，纷纷低价卖产，争相抛售，跑到外国另谋发展。但是同样忧心忡忡的李嘉诚却并没有选择立即放弃，他以自己独到的政治眼光时刻关注着局势的发展。

1966年8月，李嘉诚渐渐地从不同渠道获得来自内地的消息，他果断判断："五月风暴"不会持续太久，香港是内地对外贸易的唯一通道，香港的现状会趋向缓和，动乱是暂时的，港人"弃船而去"，正是"人弃我取"、发展事业的大好机会。

故而，在同行们面对局势还一筹莫展之际，李嘉诚镇定地冒"有把握"之险，集中了主要资金和主要力量，做出惊人之举：采取"人弃我取，趁低吸纳"的策略，趁机抢占市场，低价大量收购廉价地皮、楼宇，并在观塘、柴湾等地兴建大厦，全部用来出租。积极积聚力量，等待发展时机。

众人冷眼旁观，以为李嘉诚毫无疑问会栽一个大跟头。然而，另众人瞠目结舌的是，李嘉诚的判断再一次一语中的。

这次战后最大的地产危机，一直延续到了1969年。1969年，曙光突显，局势开始好转，危机平息，社会秩序恢复，经济开始复苏。当年离港人群再次回流，重新抬高地产、物业价格。香港百业复兴，地产更是炙手可热。

1971 年，中国内地政治气候转晴，社会环境得到了极大的安定。1972 年尼克松访华，更是极大地改善了中国与国际关系的大环境，为香港创造了繁荣的最佳时机。此时，善于谋划的李嘉诚拥有的收租物业已从 12 万平方英尺发展到 630 万平方英尺的规模。每年租金收入近 400 万港元，真正成就了"一个跟头翻上天"的神话。

其时，香港民众已经开始恢复信心，政府也竭力发展新区，使之成为新兴工业区……李嘉诚认为，此刻无论是地盘、资金，抑或是环境、政策都已十分成熟，决定全面进军地产业。

1971 年 6 月，李嘉诚成立了长江置业有限公司，集中物力、财力、精力发展房地产业。1972 年 7 月 31 日，李嘉诚将其更名为长江实业（集团）有限公司，任董事长兼总经理。自此，李嘉诚开始了他长达数十年的地产征程。

历史往往如此，大起大落，反复跌宕。身在其中，不由自主、随波逐流者多；而唯有能够洞察时世、审时度势而非侥幸豪赌者，才能真正涅槃而生。

目标远大，意指置地

连续多年稳居全球华人首富宝座的李嘉诚，他的名字已是"成功"与"奇迹"的代名词。在他统领的这个遍及各行各业、资产逾万亿的跨国商业帝国中，房地产业无疑是其主要利润来源之一。

1971 年以后，内地政治气候趋向好转；不久中美邦交开始正常化。无论是从国际大环境还是中国内地大趋势来看，一个香港社会经济的大繁荣时代无疑正在酝酿之中。

李嘉诚看准并抓住了这一个大好时机，他认识到，他所要发展、经营的地产业，也即当今世界认定的"第三产业"，是一个能够产生无形效益、创造巨大财富的产业部门。

从 20 世纪 70 年代起，有评论家指出：香港经济由工业化阶段转入多元化经济阶段。地产再次纳入众商视线。李嘉诚的关注点却并不在此，他意指置地！

香港置地有限公司，香港地产界"称帝"、"称王"的龙头老大。1889 年由英国商人保罗·遮打与怡和洋行杰姆·凯瑟克合资创办，当时注册资本达 500 万港元，是全港最大的公司。半个多世纪以来，置地的发展相当可观，已然排在全球三大地产公司行列，在港内绝对处于霸主的地位。此外，置地业务同时涉及食品销售、酒店餐饮等，以香港为主，业务遍布亚太 14 个国家和地区。

当李嘉诚刚亮出目标牌，股东席上响起一片嘘声，其中一位站起来质疑："与置地等地产公司比，长江还只能算小型公司，如何竞争得过地产'巨无霸'？"

李嘉诚并非夜郎自大，空说大话。他很耐心地解释道，世界上任何一家大型公司，都是由小到大、从弱到强的。赫赫大名的遮打爵士当初来香港时，也只是个默默无闻的贫寒之士，他是靠着勤勉、精明和机遇而有今日的发达，创九仓（九龙仓）、建置地、办港灯（香港电灯公司）。我们做任何事，都应有一番雄心大志，立下远大目标，才有压力和动力。

李嘉诚深深明白，久盛必衰。他对在座的各位侃侃而谈："记得先父生前曾与我谈久盛必衰的道理，我常常以此话去验证世间发生的事，多是如此。久居香港地产巨无霸的置地，近 10 年来，发展业绩并非尽如人意，势头远不及地产后起之秀太古洋行。我们长江，草创时寄人篱下栖身，连借来的资金合计才 5 万元。物业从无到有，达 35 万平方（英）尺。现在我们集中发展房地产，增长速度将会更快。因此，超越置地，是完全有可能的。"

然而，这席有理有据的话却并未收到十分满意的效果，在座各位依然疑窦满满。李嘉诚明白，短时间内让他们充满信心并不是一件容易的事，因为长江和置地，两者的差距委实太大了，他要想实现其目标，还需要进行不懈的努力和细致的筹划。

他的对策是，第一，目前长江的实力，远不可与置地同日而语。所以先学习屹立半个多世纪不倒的置地的成功经营经验。即以收物业为主、发展物业为次；不求近利，注重长期投资。李嘉诚是这么想的，后来也是这么做的，此后很长一段时间，李嘉诚都以收租物业为主，避过了许多大风险。

第二，置地的核心地盘在中区，而中区的物业已发展到极限。故而不必浪费精力再去求寸土寸金。既然硬碰硬不可，那就边缘化。即可以去发展前景大、地价处于较低水平的市区边缘和新兴市镇拓展。待资金雄厚了，再与置地正面交锋。

第三，寻求对比机会。务求一击而中，在地产业闯出名号。

尽管有了如此多的举措和发展方式，李嘉诚仍觉得发展太慢，深感资金不足。面对当前蓬勃发展的地产高潮形势，为了能让自己争得一席之地，在现有的地盘上大兴土木，甚至加速买地，只有两个可行办法。一是借东补西，楼宇未等建成就发布信息，让用户上门求租。他获得租金后，又继续投入兴建楼宇；二便是将公司上市，使之成为公众持股的有限公司，利用股市大规模筹集社会游散资金。这才是最为快捷而有效的途径。

经过与妻子庄月明的商讨，李嘉诚决定，将长江上市。这是一个十分关键的决策，由此，长江正式进入正轨。

长江上市，财富狂飙不成问题

1972年，香港股市一派兴旺，李嘉诚认准时机，将长江地产改为长江实业（集团）有限公司，骑牛上市。从此，他便与地产和股市结下了不解之缘。

由于当时内地政治趋于安定，香港经济经大动荡后恢复并开始起飞，亟待筹资的企业纷纷触发上市的需求。这与1969年前香港股市规模停滞不前有了巨大的差别。那时，由于时局震荡中的香港也是摇摆不定，而且1961年以后，银行业的激烈竞争，相对削弱了股票的吸引力。加上当时香港所有股票买卖活动均通过香港证券交易所（俗称香港会）进行。这在一定程度上限制了普通华人，把上市公司局限为外资大银行，股市对于香港本地企业集资而言并未发挥多大作用。

1969年，这种垄断形式被打破了。12月17日，由李福兆为首的华人财经人士组成的"远东交易所"开始营业。由于远东会放宽了公司上市条件，交易允许使用广东话，这一举措开辟了香港证券业新纪元。其后，金钱证券交易所（金银会）、九龙证券交易所（九龙会）相继成立，逐渐形成四足鼎立的格局。

而如今形势大好，稳定中的香港开始全力发展经济，各行业的竞争相对体现在寻求发展上，这在一定程度上又促进了经济的发展。李嘉诚的这一构想，正是在公司自身发展与香港股市发展两大需求下的必然决策。

1972年7月31日，李嘉诚将公司改名长江实业后即刻委托财务顾问拟定上市申请书，准备公司章程、招股章程、公司实绩、各项账目等附件，准备申请股票上市。到了当年11月1日，李嘉诚终于获得批准挂牌，法定股本为两亿港元，实收资本为8400万港元，分为4200万股，面额每股两元，溢价1元。包销商是宝源财务公司和获多利财务公司，分别在香港、远东、金银等三间交易所向公众发售。

有消息称，长江实业上市后不到24小时，股票就升值一倍多，认购额竟超过发行额的65.4倍。这个消息实在振奋人心，因为它意味着公司市值增幅一倍多，意味着上市这个举措的正确性。如此下去，长江财富狂飙绝对不成问题。然而，已经成熟的李嘉诚这次却并没有表现出太多的兴奋。他吸取了第一次踏入塑胶业的教训，认真考虑当前的诸多因素，以有备无患。

李嘉诚的担忧不是没有道理的。因为他很清楚，他之所以有第一天的丰收，在很大程度上是依赖大市的兴旺所致，而非众人对长江实业的清醒认知。要使投资者真正信任并宠爱"长实"股，最终还是要看"长实"的未来实绩，以及股东们的既得利益。而且，物极必反，大旺之下必有大亏。而股市的风险早有耳闻，若不及时察觉，结局很可能是一败涂地，再难东方再起。

目标已经很明确，他不但要超越置地，还要寻求海外上市机会。风险也已经很确凿，股市起伏不定，不知何时翻船。整个过程都在李嘉诚的控制中，他的行动由此多了很多从容。短时间内，李嘉诚同时在本港和海外股市集资，为长江的拓展提供了厚实的资金基础，而稳扎稳打也为即将来临的一个凶险对抗做好了充足的准备。

大股灾不请自来

宇宙中，始终有一些非常朴素的法则规律，比如说物极必反。李嘉诚似乎深谙此道。回顾李嘉诚走过的历程，我们会发现他的行为轨迹是如此地慎重，也如此地从容。他能够自觉地从中吸纳经验，避过沼泽。他不冒进，不畏缩，而是在一种精神的指引下，从容前进。

在"炒风刮得港人醉"的疯狂时期，当不少房地产商不顾后果地将用户缴纳的首期款项、贷款之类全额投放到股市，大炒股票，以求牟取比房地产更优厚的利润时；当普通民众不惜变卖首饰、出卖祖业，携资入市炒股时，李嘉诚，这个手握重金的人却没有轻易放过任何一个疏漏，没有放任自己做任何一项超额投入，而是稳健地选择物业、房地产作为事业的支点，攻克一个个难题。

一如2008年的次贷危机，1972年，汇丰银行大班桑达士"目前股价已升到极不合理的地步，务请投资者持谨慎态度"的严厉警告被许多人抛掷脑后。当恒生指数年升幅5.3倍，飙升到1774.96的历史高峰时，所有人都对那些谨慎的人们嗤之以鼻。香港股市，进入了前所未有的癫狂之中。

物极必反。1973年3月9日是许多人回思之时的扼腕一刻。自当日起，恒生指数由1774.96点，迅速滑落到4月底收市的816.39点。下半年，雪上加霜，又遇世界性石油危机，直接影响到香港的加工贸易业。1973年年底，恒生指数再跌至433.7点；1974年12月10日，跌破1970以来的新低点——150.11点。

当时，很多人对伪造股票一事耿耿于怀。原来，在恒生指数疯长时，一些人出于暴利的驱使，伪造股票。后来事情败露，这才触发股民抛售，致使股市一泻千里。不过，远东会的证券分析员分析认为：假股事件还只是导火索，"牛退熊出"的根本原因在于大量投资者的盲目入市，导致公司股票价格上升的幅度远远超出了公司盈利，最终恒指攀升到脱离实际的高位。

在众多投资者铩羽而归之时，李嘉诚却因为谨慎行事，稳居其位。毫无疑问，李嘉诚是这次大股灾中的"幸运儿"，"长实"上市时将25%股份公开发售，集得资金3150万港元。"长实"的损失，仅仅是市值随大市暴跌，而实际资产并未受损。相反，李嘉诚利用股市，取得了比预期更好的实绩。这笔巨资，也加速了"长实"的物业建设及与其他地产商的合作。到第一个财政年度核算时，李嘉诚惊讶地发现"长实"的年纯利为4370万港元，竟是预计盈利额1250万港元的3倍多，成为"华资地产五虎将"中最瞩目的一位（华资地产五虎将分别为新鸿基地产、合和实业、长江实业、恒隆地产、新世界发展）。

有关"华资地产五虎将"，这里补句后话。其实，当时的"长实"，无论怎样衡量，其实力都是无法跟另"四虎"相抗衡。新鸿基地产，为地产三剑客郭得胜、冯景禧、李兆基所创。上市时预定集资1亿，实集10亿，而"长实"的集资额实难望其项背；新世界的集资额也远胜于"长实"的集资额……这里不再赘述。但"长实"虽略逊于四虎将，却因为李嘉诚的数次正确举措，从20世纪70年代后期起迅速崛起，到20世纪80年代中期，成为五虎将中的虎帅。时至今日，"长实系"仍是香港首席财阀，不能不说是李嘉诚的功劳。如果李嘉诚不将"长实"上市，未充分借助股市的作用，这一天的到来恐怕将会延时很多。

在20世纪70年代之后，香港经济出现了一种十分独特的现象，即所谓的"股拉地扯"。而这个时候的李嘉诚对香港经济的起伏发展规律已经有了比较深刻的认识，事实上经济往往是呈波浪式的发展，若干年周期循环一次。股市地产低潮，地盘价格偏低，物业市值亦偏低，正是拓展的有利时机，而低潮之后，又必定是新一轮的高潮。当然李嘉诚很清楚，如果不是借此时机，都市地产发生财政危机，自己是不可能如此轻而易举地得手。也因此，在日后的数年里，李嘉诚都多次借股市出位。后来，有评论称"长实"自从上市那天起，股市便成了李嘉诚重要的活动领域，他日后的许多震惊香港的大事，都是借助股市进行的。纵观李嘉诚的商路经历，不得不承认这句话说得很贴切。

1974年～1975年间，李嘉诚两次发行新股集资约1.8亿港元。充裕的现金让李嘉诚如鱼得水，他趁低潮时地价偏低，大量购入地盘。为加速资金回笼，一反过去只租不卖的做法。到了楼宇发展中后期，正值地产复苏，成交转旺，李嘉诚发展的楼宇全部销售一空，获利6000万港元。

之后，李嘉诚又与新鸿基、恒隆、周大福等公司合作，集资买下了湾仔海滨高士打道英美烟草公司的旧址，建成伊丽莎白大厦和洛克大厦。竣工后以平均每平方英尺400港元的价格出售楼宇，盈利总计合1亿港元。"长实"占35%的权益，获利3500万港元。传媒称当时为"中小地产公司的长江实业，初试啼声，已是不凡"。

第四章

▼

收购大战

——巧妙收购，"李超人"善意始终

李嘉诚看上九龙仓

李嘉诚一直把置地当成竞争对手，九龙仓之所以能引起他的注意，是因为九龙仓的"挪窝"。

九龙仓是怡和系的大洋行，如今这块旧址即将成为九龙地王。李嘉诚赞叹九龙仓的创始人以极廉的价格获得这块风水宝地，如今水涨船高，身价百倍。但九龙仓股票如今却大大被低估，假若能合理开发，其前景必定辉煌。包玉刚清楚这一点，李嘉诚亦清楚；包氏欲得，李氏欲购。于是一场轰动当时的九龙仓角逐大战蓄势待发。

角逐结果，李嘉诚成全船王。一石三鸟，各取所需。

严格意义上说九龙仓不算是仓库，而是香港最大的货运港，拥有露天货场、深水码头和货运仓库。自从1886年起，保罗·遮打第一个在九龙设立码头仓库，怡和洋行就一直是其大股东之一。

其实李嘉诚之所以会看好九仓股票，主要原因在于该集团不善经营而造成股价偏低。李嘉诚也不止一次地设想过，如果由他来主持九龙仓旧址地产的开发，绝不会陷于如此困境。李嘉诚精于地产股票，他曾细算过一笔账：从1977年年末到次年年初，九仓股市价在13～14港元之间，而九龙仓发行的股票不到1亿股，就是说它的股票总市值还不到14亿港元。九龙仓所在地点是九龙最繁华的黄金地段，当时的同档次官方地段拍卖落槌价是每平方英尺以6000～7000港元，若按这个价格计算，九龙仓股的实际价值应该是50港元每股。所以说，若能合理开发九龙仓旧址地盘，将来价值一定不菲。李嘉诚很清楚，即便是以高于时价的 5 倍价钱买下九仓股，也是一笔很划算的买卖。因此，李嘉诚不动声色，逐渐从散户手中买下了约 2000 万股的九仓股。

周祖贵先生有一文曾记录了这段往事，1977 年 12 月中旬，敏感的财经评论家对九龙仓进行分析，以《九龙仓业务开始蜕变》为题，分析认为九龙仓集团若能充分利用自己的土地资源，在未来的 10 年里完全可以出现年增长 20% 的大好势头。另外，该评论家还预测，当时时价为 13.5 元的九仓股，很有可能会成为 1978 年的热门股。

当时来看，在九龙仓问题上这位评论家与李嘉诚可谓英雄所见略同，只不过李嘉诚没有大鸣大放，公开议论，他只是在暗处，埋头实干，暗度陈仓。

"长实"上市之后，李嘉诚在兴建楼宇"售"与"租"的问题上，更加奉行谨慎灵活的原则。当楼市不景气、楼价偏低，或者手头资金较宽裕时，最好是保留来做出租物业；而如果楼市景气楼价炒高，又急需资金回流，加快建房的速度，那么就选择售楼业务。

从不打无准备的仗是李嘉诚的做事风格，他通过渠道得悉，一贯被称为"怡和两翼"的九龙仓，和兄弟公司置地在控股结构上并不是完全平等的关系。怡和控置地，置地控九龙仓，置地不过拥有不到 20% 的九龙仓股权。

李嘉诚对九仓股的吸纳，采取的是分散户头暗购的方式。到现在为止，李嘉诚手中的九仓股，已经约占到九仓总股数的 20%。这个数字暗示着，不久九龙仓的最大股东将不再是怡和的凯瑟克家族，而是李嘉诚。这一进展，为李嘉诚最终能购得九龙仓，从而与怡和展开一番较量铺平了前路。但是最重要的结果应该是，一旦购得九龙仓无疑意味着"长实"的老对手置地将如同断臂折翼。

但是，世事总不是如人意般顺利，九仓股成交额与日俱升，引起不少证券分析员的关注，并且导致嗅觉敏锐的职业炒家不断介入，九仓股一时间便被炒高。大户小户纷纷出马，加上股市流言四起，到 1978 年 3 月，九仓股急速蹿到 46 元每股的历史最高水平。而这已经相当接近九仓股的每股实际估值了。无奈之下，李嘉诚筹股回落，以稍低的价格增持九仓股到 20% 的水平。

按照《公司法》的规定，股东对公司的所谓的绝对控制权，是指其控有的股份须在 50% 以上。否则一旦被收购方反收购，便会导致收购计划前功尽弃。而现在九仓股价已经被炒得很高，李嘉诚如果一意要想增购到 51%，恐非其能力能及。

九龙仓的老板迅速反击，开始布置反收购，到市面上高价收购散户所持的九仓股，以巩固自己对九龙仓的控股能力。但是今日之怡和，不似昔日之怡和要风得风，要雨得雨。数十年来，怡和向来奉行的是"赚钱在香港，发展在海外"的政策。由于在海外投资的战线过长，而投资回报率又十分低，遂而使得怡和背上了沉重的财政包袱，此时已经处在进退维谷的两难境地。现在后院起火，怡和倾资扑救——高价增购九龙仓股票，以保"江山无缺"。但坦言讲，怡和目前的现金储备实不足以增购到绝对安全的水平。于是慌乱之中，怡和向港岛第一大财团——汇丰银行伸出求救之手。

此时传出小道消息：汇丰大班沈弼亲自出面斡旋，奉劝李嘉诚放弃对九龙仓的收购。李嘉诚审时度势，认识到如果同时树怡和和汇丰两个强敌，对将来自己的发展着实不利。因为长江的发展，还必须得倚靠汇丰的支持。即便是眼下，一旦一意孤行，不但拂了汇丰的面子，最终也会导致汇丰贷款支持怡和，而九龙仓之战也将落得个竹篮打水一场空。此时的李嘉诚手中已经持有了将近 2000 万股的九龙仓股，由于怡和一方未透露增购后的持股数，所以李嘉诚自己也摸不透，这个数字是否已经是九龙仓的最大股东。不过李嘉诚一番审慎考虑之后，很快答应沈弼，停止收购，鸣金收兵。

李嘉诚的偃旗息鼓，引来四方强手介入角逐，其中最显眼的一位，就是赫赫有名的船王包玉刚。

九龙仓大战，一石三鸟

包玉刚，世界十大船王之首，财力雄厚。他拥有 50 艘油轮，一艘油轮的价值就相当于一座大厦。根据 1977 年吉普逊船舶经纪公司的记录，当年世界十大船王排行榜，包玉刚稳坐第一把交椅，其船运载重总额达 1347 万吨；而香港的另一位老牌船王董浩云则以总载重 452 万吨排在第 7 位；名气颇大的希腊船王奥纳西斯则屈居第 8 位。即便是到了 20 世纪 80 年代中期，坐上香港首席富豪宝座的李嘉诚依然难以与包玉刚抗衡（根据海外传媒，包爵士是香港第一富豪）。此外，包玉刚还是商界与世界政要交往最多的一位，小至各界名人，大至国家元首、政府首脑，都交往密切。

包玉刚对九龙仓收购大战的介入同样并非一时冲动。由于油轮是包氏船队的主力，1973 年的石油危机，促使英国开发北海油田，美国重新开发本土油田，同时，亚洲拉美都有油田相继投入开采。这样，世界对中东石油的依赖将减少，到 20 世纪 70 年代后期，越来越多的油轮闲置。包玉刚敏锐地意识到，一场空前的航运低潮将会来临。于是他决定，减船登陆，套取现金投资新产业，他瞄准的产业，就是房地产。

身为商界老手的李嘉诚虽然不明白包玉刚吸纳九仓股究竟是作为一般性的长期投资，还是有意控得九龙仓，但他可以肯定的是包玉刚会对九龙仓感兴趣。世界航运业领头人船王包玉刚怎么可能不会想到九龙仓新建的码头气势更宏伟、设备更现代化呢？又何尝不愿拥有与其航运相配套的港务业？李嘉诚权衡利弊，已然胸有成竹，一石三鸟之计就此成形。

1978 年 8 月底的一天下午，李嘉诚与包玉刚相会了。李嘉诚的秘密约见，令包玉刚心中打鼓。照理，已捷足先登的李嘉诚和自己是对手，九龙仓对包玉刚来说，简直太重要了。不过李嘉诚并没有让包玉刚疑惑太久，经过简短的寒暄，他就开门见山地说明了来意，想把手中所持九龙仓的 1000 万股股票转让给包玉刚。包玉刚大惑不解，但是稍加思索，便突然明白了李嘉诚此行的用意——这是双赢啊。

的确，站在包玉刚立场上来看，他从李嘉诚手中一次接手 1000 万股九龙仓的股票，加上他原来所持有的部分，包玉刚已经足以与怡和洋行进行公开竞购。一旦收购成功，他就可以稳稳地将资产雄厚的九龙仓控制在手中。

而从李嘉诚方面来看，当初他以 10 ~ 30 元的市价买进九龙仓股票，而此时以 30 多元脱手转给包玉刚，一下子就是数千万元的获利。更为重要的一点是，通过包玉刚搭桥，他就更有希望从汇丰银行那里承接 9000 万股和记黄埔的股票。假若达到目的，和记黄埔的董事会主席则非李嘉诚莫属。

由此，两个同样精明的商人一拍即合，李嘉诚把手中的 1000 万股九龙仓股票以 3 亿多的价钱，转让给包玉刚；包玉刚协助李嘉诚从汇丰银行承接和记黄埔的 9000 万股股票。

1978 年 9 月 5 日，包玉刚正式宣布他本人及家族已经持有了九龙仓约 20% 的股票。在此情势下，怡和与九龙仓现任大班纽璧坚，不得不吸收包玉刚以及包的女婿吴光正加入九龙仓董事局。包玉刚初战告捷，李嘉诚功不可没。不过，我们应该看清楚的是，李嘉诚又跨出了飞跃的一步，即成功收购了英资洋行和记黄埔。

有人曾玩笑似的说，最终结果，他们都如愿以偿坐上英资洋行大班的宝座，果真是皆大丰收。而对于李嘉诚而言，他的退出却得了个名副其实的满载而归。先是卖了汇丰一个人情，又将这个暂无法消化的山芋转给包玉刚，自己坐获 5900 万港币大利，无疑同时又卖了包玉刚一个人情，从而促成了李氏顺利收购并入主和记黄埔。一石三鸟之计，高明之极。

"蛇吞大象"——李嘉诚入主和记黄埔

香港的和记黄埔在组成上包括和记洋行和黄埔船坞两大部分，拥有资产60多亿港元，是当时港岛第二大英资洋行，又是香港十大财阀所控的最大上市公司。

其中和记洋行成立于1860年，以从事英产棉毛织品、印度棉花以及中国茶叶等进出口贸易为主，也涉及本港零售业。初时规模和名气并不大，远远不能与置地、怡和、太古、邓普等洋行相比。到"二战"前，和记已经发展为有20家下属公司的规模。而黄埔船坞有限公司的历史，则可以追溯到1843年，当年林蒙船长在铜锣湾怡和码头造木船，后来船坞几经迁址，又经过数次充资合并和易手，逐渐成为一家公众公司。到了20世纪初，黄埔船坞与海军船坞以及太古船坞被并称为香港三大船坞，并具有了集维修与建造万吨级轮船为一体的能力。此外，黄埔船坞同时还经营着码头仓储。

而彼时的"长实"还仅是一家资产还不到7亿的中小型公司。但李嘉诚却成功控得了"和黄"，而且兵不血刃。"和黄"一役，"李超人"究竟有哪些高明之处？

答案依然是知己知彼，百战不殆。

"二战"后，和记洋行归入祈德尊家族。在当时，祈德尊家族与怡和凯瑟克家族、会德丰马登家族以及太古施怀雅家族并列为香港四大英资家族。从20世纪60年代末起，祈德尊就野心勃勃，立意欲成为怡和第二。1969～1973年，他趁牛市冲天之际，展开了一连串令人应接不暇的收购大战。

但是，祈德尊固然雄心壮志，但事实上却是个"食欲过盛、消化不良"的商界"大鲨"。由于他本人并不善长于打理公司，结果致使不少公司经营状况不良，甚至效益负增长，祈德尊由此背上了不小的债务负担。不过幸运的是，祈德尊趁股市大旺，大量从事股票投机生意，不过期以暂时弥补财政赤字。

然而，幸运不常有，1973年，股灾不请自来，紧接着便是世界性的石油危机，随后香港地产大滑坡。由于战线过长、投资过速，早就背负了沉重包袱的和记集团终于陷入财政泥潭，接连两个财政年度亏损近2亿元。1975年8月，汇丰银行以和记出让33.65%的股权为条件，注资1.5亿港元解救，于是汇丰成为和记集团的最大股东，黄埔公司也由此而脱离和记集团。

汇丰控得和记洋行，收益并不大，主要原因在于汇丰物色了韦理来主政。虽然韦理在当时有"公司医生"之称，但集团亏空太大，又兼他做惯了智囊高参，一时间要他主政一家巨型企业显得有些难以驾驭，所以"公司医生"也未能妙手回春，和记黄埔并没有如之前预想得那般起色。

根据公司法、银行法的规定，银行不能从事非金融性业务。债权银行可以接管已经丧失偿债能力的工商企业，但是当该企业走上正常经营轨道之后，必须将其出售给原产权所有人或者是其他的企业，而不能长期控有该企业。在这种情况下，李嘉诚决定乘虚而入。因为李嘉诚很清楚，汇丰控制"和黄"不会太久，这是个很精明的判断。

很快，李嘉诚就如愿以偿，汇丰大班沈弼暗地里放出风声：待和记黄埔财政好转之后，汇丰银行会选择适当的时机和适当的对象，将所持"和黄"股份的大部分转让出去，并且汇丰不是意图售股套利，而是希望放手后的"和黄"能够恢复到良好的经营状态。

李嘉诚相当聪明，因为他之前先是卖了汇丰一份人情，又卖了包玉刚一份人情。李嘉诚此番拉上包玉刚，以出让 1000 万股九仓股为条件，轻而易举换取了包氏的成全。最终包玉刚从中斡旋，很快促成了汇丰将 9000 万股和黄股转让给自己。李嘉诚一石三鸟，着实高明得令人拍案。

长江实业的资产当时不过才 6.93 亿港元，而"和黄"集团市值则高达 62 亿港元。李嘉诚蛇吞大象，如何下咽？放眼港岛商界，垂涎这块肥肉的大有人在，只不过因为"和黄"当时还处在本港第一财团汇丰掌控之中，故而都暂时按兵不动而已。

1979 年 9 月 25 日夜，在华人行 21 楼长江总部会议室，李嘉诚万分激动地宣布："在不影响长江实业原有业务基础上，本公司已经有了更大的突破——长江实业以每股 7.1 元的价格，购买汇丰银行手中持占 22.4% 的 9000 万普通股的老牌英资财团和记黄埔有限公司股权。"

1981 年 1 月 1 日，李嘉诚被选为和记黄埔有限公司董事局主席，成为香港第一位入主英资洋行的华人大班，而"和黄"集团也正式成为了李嘉诚长江集团旗下的子公司。

李嘉诚以小博大，以弱制强。长江实业实际资产仅 6.93 亿港元，却成功地控制了市价 62 亿港元的巨型集团和记黄埔，着实上演了一幕蛇吞大象的惊险大戏。

如何消化，"李超人"有良方

古人云，"前车之鉴，后人之师"。李嘉诚的"前车"便是和记黄埔的前大班祈德尊。起初，祈德尊以风卷残云之势收购企业，但是迅速扩张，却不善于管理庞大企业，难以消化，结果集团拖垮，痛失庞大的家业，令人唏嘘不已。

李嘉诚是否会重蹈祈德尊的覆辙，是否有能力带领和黄走出困境，这也正是人们所顾虑的。有人认为，李嘉诚是依托汇丰的支持，而轻而易举购得"和黄"的，但是"创业容易守业难"，对于和黄这家庞大的老牌洋行，他不一定就有能力管理好。当他开始出任"和黄"执行董事时，便在与董事局主席韦理与众董事的交谈中，感受到了他们的顾虑。对此，李嘉诚很坦然，他相信，事实胜于雄辩，在不久之后实绩会证明自己的能力。

李嘉诚作为控股权最大的股东，初入"和黄"也完全有权力行使自己所控的股权，点起新官上任的三把火。但是，他做事极为低调、谦恭，在韦理面前从来没有流露出"大股东"的傲慢。他的谦让得到了众董事与管理层的敬重。在股东大会上，众股东推选李嘉诚出任董事局主席。李嘉诚做事一向光明磊落，不肯占公司一点儿便宜。遇到因"和黄"的公事出差考察、待客应酬，他从未在公司财务上报账，而是自掏腰包。李嘉诚的处世风格受到了公司从股东到普通员工的尊重。

不久之后的业绩也证明了李嘉诚超凡的商业头脑和经营管理能力。他未加入"和黄"时，1978 年和黄集团财政年度，年综合纯利为 2.31 亿港元；1979 年他加入后"和黄"利润上升为 3.32 亿港元；到 1983 年，李嘉诚加入的 4 年后，"和黄"纯利润达 11.67 亿港元，是未加入前的 5 倍多；1989 年，"和黄"经济性盈利为 30.3 亿港元，非经济性盈利则达 30.5 亿港元，仅纯利就达到了 10 年前的 10 倍多。滚滚的财源、丰厚的经济利润，自然赢得了"和黄"上下的高度赞赏。

有人对李嘉诚在"和黄"的表现评价道，李嘉诚小利全让，大利不放，精明至极。所谓大利，是李嘉诚作为公司最大的股东，公司业绩好，他的红利自然也非常可观。此外，他对"大利"紧抓不放，还表现在他不断增购"和黄"股份。然而，他吞并"和黄"的"野心"，"老和黄洋行"竟全然未曾抵触，令人不得不叹绝。之后，有人看了李嘉诚收购"和黄"的文章，感慨万分，并写下一副对联：高人高手高招，超人超智超福。这副对联自然不算工整，然而其中的"超人"之称，则在民间不胫而走，李嘉诚遂被人们冠以"李超人"的名号。

欲擒故纵买"港灯"

李嘉诚求胜之策，胜在不动声色，静待机遇。

1889 年 1 月 24 日，在香港宝地上成立了一家其后产生巨大影响的公司——

香港电灯有限公司，也就是我们熟知的"港灯"。1890 年 12 月起，它开始全面向港岛供电。当时的"港灯"，是香港十大英资上市公司之一，也就是说，它的股东当属各英资洋行。在漫长的 90 多年间，"港灯"都一直是独立的公众持股公司。

直到 1980 年 11 月，"长实"与"港灯"集团合组上市，开始了对"港灯"位于港岛的电厂零散旧址地盘的开发。

"港灯"在那时当属众人觊觎的一大块肥肉。它盈利稳定，已成长为香港第二大电力集团，又有香港有关当局"鼓励用电"收费制即将出台，"港灯"的供电量的大幅增长是完全可预见的，必然也少不了盈利的迅猛递增趋势。供电这一业务，是地区发展不可或缺的要求，因而不管经济如何波动，它之于电业的影响都是微乎其微的，这对于投资家自然具备了巨大的吸引力。

1981 到 1982 年间，怡和、长江、佳宁这些集团都对"港灯"产生了极大的兴趣，尤其怡和系置地因海外投资不顺而转回到香港，大肆扩张业务，购入了"港灯"公司的公用股份。

李嘉诚自然也是看到了"港灯"的价值和前景，各集团的争夺趋势他都看在眼里，置地的举动自然也引起了他的关注，但他并未采取任何举措，倒是静观其变，反而让他将局势分析得更加透彻。

1982 年 4 月，市面上已开始流传置地即将拟订收购"港灯"计划的消息。4 月 26 日开市时，上周收市时还是 5.13 元价格的代表置地做经纪的怡富公司，就以高出 1 元多的价格（时价每股 6.3～6.35 元），收购了 2.22 亿股"港灯"股份，同时以 9.40 元的价位买入"港灯"认股证 1200 万股，占认股证总发行量的 20%。就这样，置地以高于市价 31% 的条件，顺利收购了"港灯"。但同时它又让自己陷入了万难的尴尬境地——急速扩张的投资过分庞大，以至于除了耗尽了现金之外，还欠下大笔贷款，负债高达 160 亿港元。

与此同时，当时有名的文章《"港灯"易手时移势转》有言论道：

"本来大举负债不是问题，只要地产市道尚佳，经济前景'争气'，资本雄厚，坐拥中区地王的怡置系不愁没钱赚，可惜戴卓尔（撒切尔）夫人在北京摔一摔，摔掉了港人的信心。"

恰那时又逢世道不顺。岛内，港岛民众庞大的移民潮撼动了整个市场，向外涌出的民众连同资金一同转出，疯狂抛出港币以套取外币，直接导致了汇率的大幅跌落。国际上，又有欧美以及日本的经济日渐衰退，使得香港的工商界遭遇了严峻的凄迷之势。随之而来的，便是地产市道的滑落。楼盘崛起却丝毫得不到市场，高投资的兴建如同海市蜃楼，大量的楼宇由销转滞，使得地产大户纷纷捶胸顿足，悔不当初。置地的形势便可想而知——不仅欠款难还，更是有高额利息的亏空，这足以令他们陷入极其尴尬的境地。

于是，到 1983 年，随着地产的全面崩溃，置地的欠款已高达 13 亿，这种情况，已经足以将它的公司拖垮。果然，母公司怡和的同期财政年度盈利额立即暴跌 80%，同时引得怡和内部人员马上有了巨大的变动。任职 8 年的置地大班纽璧坚在大股东凯瑟克家族的责备中默然离开了服务 30 年的怡和。

这样一来，置地的大班继承人成了西门·凯瑟克。对此，社会舆论众多，各大媒体大幅报道和预测怡和未来发展趋势。面对社会舆论的各种说法，李嘉诚仔细研读各类报道，静坐分析怡和的情况。潜在的竞争必然会始终存在，作为有力的竞争对手，坐怀不乱着实是李嘉诚令人钦佩的素质。他了解了关于凯瑟克家族的大量信息，对于不久之后将和怡和展开的竞争的现况和未来发展，已早有盘算。

当时李嘉诚已与尚未正式加盟和黄的马世民有了密切的接触，在收购"港灯"问题上，两人不谋而合。曾在怡和有 14 年工作经历的马世民很清楚，怡和的致命弱点，正是高层的"恐共症"。正所谓英雄所见略同，在置地陷入困境时，两人都看到了从其手中夺过"港灯"的可能性。但此时的李嘉诚是清醒的，他知道可能性事件自然有其发展趋势的必然性，主张以温和的谈判来取胜，毕竟，已经可以预见，怡和出售"港灯"是早晚的事。加之纽璧坚任大班时李嘉诚已曾表过态有意收购"港灯"，剩下的就是等待时机成熟了。

李嘉诚在这一时期也针对凯瑟克反复研读了许多相关报道，初步构思已有所把握。但此时的李嘉诚仍旧不做任何表示，按兵不动，等待事态的自然发展。

到了 1984 年，和黄收购了 Davenham 公司，李嘉诚委任马世民为董事行政总裁，即和黄第二把手，马世民正式加盟"长实系"。他的加入使得"长实"的盈利额又进入一个空前辉煌的阶段。

这时，西门·凯瑟克为缓解怡和的财务紧张状况，出台了一系列计划，欲出售部分海外资产及在港非核心业务。而置地作为怡和的核心业务，其旗舰地位无论如何要保住。但在当时，汇丰银行已开始穷追不舍地向置地要债，使得西门无措，不得不舍弃"港灯"以减轻债务。

既有此打算，首先考虑的出售对象必然是财大气粗的李嘉诚。李嘉诚向纽璧坚表达对"港灯"的觊觎之意时，凯瑟克当时恰也在场，深知此人有能力出理想的价钱，也确信此人有意收购"港灯"。但令人费解的是，一年来李嘉诚丝毫没有任何音信，凯瑟克疑惑万分。前景十足看好的"港灯"，他岂会弃之不取？

　　然而李嘉诚仍旧静待时机，耐心坐观局势，最终凯瑟克还是按捺不住了，主动派人员前往李嘉诚办公室讨论转让"港灯"股权的问题。约16个小时之后，和黄正式决定斥资29亿港元现金从置地收购34.6%的"港灯"股权，成为中英会谈后港市首次的大规模收购。同时，6.4元的折让价使这次收购为和黄省下了多达4.5亿港元。和黄全面掌控了"港灯"。一时全港哗然，有人分析，李嘉诚闪电完成收购，实则"蓄谋已久"。李嘉诚以静制动，看似不动声色，实际上他是做足了功课，对于"港灯"最终归入"长实"，李嘉诚早已胸有成竹，只是他比别人更善于忍耐，或者说更懂得欲擒故纵，所以他能够在最佳时机以最合理的代价完成收购。就如同李嘉诚自己所言："我们不像买古董，没有非买不可的心理。"当然，李嘉诚的每一次收购都没有"血战沙场"的味道，事实上他更奉行互惠原则，他说："我一直奉行互惠精神，当然，大家在一方天空下发展，竞争兼并，不可避免，即使这样，也不能抛掉以和为贵的态度。"

　　同年3月，包玉刚完成对英资洋行会德丰的收购。至此，英资四大洋行中——和记黄埔和会德丰先后归入华资。当时，这在港内算得上是惊天动地的大事。包、李二人据此更是声名大振。

　　李嘉诚这次斥巨资收购"港灯"，作为华资进军英资四大战役中的一役，对恢复港人的信心起到了显著的作用，直到20世纪90年代，马世民仍就此事对李嘉诚称道："一共花了16个小时，而其中8个小时是花在研究建议方面。"可见策略之于李嘉诚，才是取胜的关键。他自己也曾说："假如我不是很久以前存着这个意念和没有透彻研究'港灯'整家公司，试问又怎能在两次会议内达成一项总值达29亿港元的现金交易呢？"确实，李嘉诚对形势判断精确，才使得这位出色的商人能够在商业前锋不断胜出。难怪马世民如此诚挚地赞叹他——"李嘉诚综合了中式和欧美经商方面的优点，一如欧美商人，李嘉诚全面分析了收购目标，然后握一握手就落实了交易，这是东方式的经商方式，干脆利落。"更有经济评论家高度肯定："不必把商业行为太往政治上扯，别忘了他们是商人，当然是出色的商人。"

潮起潮落，携手众商合战置地

　　李嘉诚曾经在1972年长江实业上市时，提出赶超置地的远大目标。当时置地在市场上实力强大，是香港民间第一大地主。世人言，"撼山易，撼置地难"，可见其地位之牢固。所以李嘉诚的海口遭到了很多人的怀疑。的确二者实力相差悬殊，仅就地盘物业比，"长实"仅有35万平方英尺，而置地拥有千余万平方英尺，事实能够证明一切。到1979年，"长实"的地盘物业迅速增至1450万平方英尺，置地则仅有1300万平方英尺。"长实"实现了赶超置地的目标，拥有的地盘物业首次超过置地。20世纪80年代，"长实"的四大屋村，规模庞大，成绩不俗，令人刮目。《信报》在1986年初次刊出香港十大财阀榜，"长实"位居首位，李嘉诚兑现了自己当初赶超置地的宏愿！

尽管"长实"实现了赶超置地的目标，但是华人财团与置地的商战却愈演愈烈，硝烟弥漫，引起了香港社会的广泛关注。

置地拥有怡和旗下的最大的资产。"未有香港，先有怡和"从这句足见怡和在香港的重要地位。1832年，怡和洋行在广州成立。在百余年的发展中，怡和形成了庞大的商业系统。怡和系囊括了怡和、置地、牛奶国际、文华东方等一批大型公司，涉足物业、酒店、超市、连锁店等领域。凯瑟克家族作为第一大股东，掌握着怡和10%～15%的股权。基于此，怡和被视为凯瑟克家族的基业。

20世纪70年代，怡和因海外投资战线过长、资金周转困难等多种原因，逐渐失去了昔日的风采。20世纪80年代初，置地在香港巨额投资，负债达100亿的天文数字，债台高筑，陷入困境。当时的香港市场低迷，致使原本实力雄厚的置地也偿债无力。在银行逼债情况下，凯瑟克亦无力扭转乾坤，无奈之下只能将其持有的港灯及电话公司的股份相继出售给"长实系"和黄和英国大东电报局。1984年间，怡和、置地更是举步维艰，元气大伤，债台高筑也大大打击了投资者的信心，股价滑落。当时，怡和市值仅有30亿左右；置地也才仅有100亿港元。

而此时华资财团逐渐崛起，趁势急剧扩张，先后收购了九龙仓、和记黄埔、会德丰、港灯集团等大型英资企业。如今，置地面临困境，华人财团会不会趁势将其吞并呢？

此时，香港许多实力雄厚的华商翘楚，无不虎视眈眈、跃跃欲试，欲将吞并置地这头昔日雄狮。民间传言，当时的股市狙击手刘銮雄兄弟，也有意出击置地。因刘氏向怡置大班提出拟以16元/股的价格收购怡和控有的25%的置地股权，结果遭到了西门·凯瑟克的断然拒绝。同时，也有很多公司相继与凯瑟克接洽。凯瑟克使出的招数也是故弄玄虚，既吊足大佬们的胃口，也不轻易出手。以李嘉诚为首的华资新财团与置地的商战到底鹿死谁手？

以李嘉诚为首的华资财团此时也在待机出马。李嘉诚久负盛名，凯瑟克也非常谨慎。李嘉诚提出愿意以 17 元 / 股的价格收购 25% 的置地股权。比起置地当时 10 元多的市价，李嘉诚的报价高出 6 元多。即使如此，西门·凯瑟克仍不满意。双方分歧较大，只能等待下次谈判。

商场如战场，风云变幻。受华尔街大股灾的冲击，一路飙升的香港恒指，骤然下跌。1987 年 10 月 19 日，恒指暴跌 420 多点。无奈停市数天后，26 日重新开市，恒指再泻 1120 多点。港商则战战兢兢、如履薄冰，自保成为首要任务，不敢再有收购的非分之想。凯瑟克更是焦虑不安，置地股票跌幅约 4 成，前途难料。

李嘉诚在危急中提出"百亿救市"的策略，外界纷纷猜测，庞大的资金是否能指向收购置地之用。

1987 年末，一泻千里的恒指开始回攀，地产行情逐渐好转。

传言，李嘉诚等华商在 1988 年二三月间，多次与西门·凯瑟克及其高参包伟士接触。李超人为何在大股灾中按兵不动，反而在股市好转时动手呢？这样的话，岂不置自身于不利地位吗？事实上，依据收购及合并条例，收购方重提收购价，必须高于或者等于收购方在 6 个月内购入被收购方公司股票的价值。所以，李嘉诚此时重提的收购价，不得低于 6 个月前的提价。而 6 个月期满后，就不受这条限制了。

股灾发生 6 个月后的 4 月中旬，置地股从谷底回升后，徘徊在 8 元左右，但仍低于股灾前的水平，此时有利于收购方收购。

李嘉诚在 4 月初首次向舆论透露"长实"持有置地股份，目的是做长期投资，并不打算出任置地董事参与管理。此言一出，华商翘楚"吞并"置地的传言纷纷扬扬。4 月底，华资新财团由于合持股权已直逼置地的控股公司怡和，而底气十足致函置地，要求置地在 6 月 6 日的股东年会上，增加一项议案，即委任新世界主席郑裕彤、恒基兆业主席李兆基为董事。消息一出，置地股价犹如被注射了强心剂飙升到 8.9 元，出现了股灾之后，日升幅最大的一天。

凯瑟克与包伟士见此情景，也毫不示弱，以反收购策略应对。4 月底，怡和策略持有所控的文华东方股权从略低于 35% 增至 41%。此举就表明，怡和之后将会实施一连串的反收购措施。

事态发展对华商很不利，李嘉诚、郑裕彤、李兆基，荣智健等人再次与西门·凯瑟克、包伟士谈判。但是，双方的谈判互不相让，充满了浓浓的火药味。置地收购战在难以达成共识的情况下，只能在市场上较量。

1988 年 5 月 6 日，怡和宣布购入长江实业、新世界发展、恒基兆业及香港中信所持的置地股份，价格是每股 8.95 元，共占置地发行总股份的 8.2%，所涉资金 18.34 亿港元。怡和所持的置地股权，从略过 25% 攀升至 33% 多。怡和牢牢抓住控股权，协议中有个附带条款，长江实业等华资财团在 7 年之内，除象征性股份外，不得再购入怡和系任何一家上市公司的股份。

收购的结局令社会各界大失所望，甚至一些报刊将这次收购视为"一场不成功的收购"、"华商滑铁卢"。令外界感到不解的是，以李嘉诚为首的华资财团，为何不背水一战，决出胜负就偃旗息鼓呢？

不得否认，李嘉诚毕竟是个商人，要从商业利益的角度考虑问题。李嘉诚成功收购过多家企业，善于伺机而动，极富睿智、耐心，经常上演以"弱小"胜"强大"的结局。但是，他始终秉承着"善意"原则。收购对方的企业，也是充分尊重对方，通过心平气和的谈判达成共识。一旦遇到对方坚决反对，他也会理智地放弃，他不会以一些条件作为"要挟"，陷对方于不利境地，更不可能逼迫对方达成收购的目的。当时的置地虽然身陷困境，但是实力尚在，一味穷追猛打，反倒适得其反，于己于人都不利。正如林世明所言，李嘉诚的收购是一种善意收购。正是李嘉诚在冷酷无情的商场上所表现出来的这种"善意"，常常使得更多的人甚至是对手愿意在后来的合作中选择李嘉诚。

第五章

▼

全球出击

——投资有方，从中环走向世界

"迁册"横遭非议，实际行动说明问题

1982年，世界性经济衰退，香港出口量减少，经济显示出其敏感而脆弱的一面。出口量下滑，企业开工不足，失业率不断攀升。

同年9月22日，撒切尔夫人访华，就香港问题的中英谈判拉开帷幕。如众人所预料，谈判过程一波三折，前后迁延逾两年。香港的未来走势如何，香港人摸不着底。一时舆论纷扰，人心惶惶，于是在香港逐渐刮起一股"迁册"之风。不少大公司、大企业，纷纷动心欲迁册海外。

中英9月谈判的消息传来，素来作为政治经济晴雨表的香港股市随即发生动荡，持续滑落，到年底，恒指跌幅670多点。一时间各种不同的舆论频出，致使香港人躁动不安，人心惶惶。不少人移民去外国，移民潮涌动起来。从官方的一些统计数据来看，在20世纪80年代期间，香港每年大概有2～3万人移民国外；到20世纪90年代初期，移民潮加剧，大概每年以6万人的速度前往海外。从移民的职业来看，工商业人士和专业人才占了绝大部分的比例。

而当时有很多国家对香港移民都给出了优惠的条件，希望借此网络资本和优秀人力资源。为了迎合香港移民的迫切需求，代办移民护照的机构和律师随处可见。甚至美国的黑市护照都涨到了50万美元的高价。据统计，当时香港拥有外国护照的人数已逾10万。汹涌的移民潮对香港的动荡局势更是推波助澜。

1984年3月28日怡和董事局对外声明：基于香港的前途问题考虑，该集团迁往百慕大；同时，要其股票在伦敦、新加坡、澳大利亚挂牌上市。此消息一经

传出，便引发了香港工商界的地震，自此迁册风潮甚嚣尘上。

而此时的香港首富李嘉诚，此刻的行动更是引人瞩目。李嘉诚的"长实系"集团在香港上市公司总市值超过10%，同时，"长实系"在加拿大等国也有大量投资。外界对此猜测纷纭。而李嘉诚根据自己对大陆的认识以及从当时国内外的舆论分析，11月20日在香港报刊上发表声明，表示对香港未来的前途看好，其旗下的企业不打算迁册。李嘉诚这个举重若轻的商界巨子，他的言论对坚定港商的信心无疑起到了正面作用。

然而事态并不总是朝着人们期盼的那样发展。据香港《明报》、《东方日报》在1990年12月18日的报道，截止到1990年11月，"香港已有77家上市公司迁册海外，占香港上市公司总数的1/3"，"现时在香港四大财团中，只有李嘉诚的'长实系'集团和施怀雅的太古洋行集团尚在香港注册"。

此时，香港最大财团汇丰银行也在考虑借助于收购英国米特兰银行的契机迁册伦敦。汇丰在香港占据着重要的地位，举手投足都受到社会公众的瞩目。李嘉诚再三建议汇丰银行打消迁册的念头，均未被采纳。汇丰的合并及迁册花费了两年的时间，1992年4月2日，汇丰对外宣布，李嘉诚将在5月份辞去汇丰控股及汇丰银行副主席一职。

消息一经公布，立即引来了外界的种种猜测。李嘉诚召开记者招待会，说明他离职的原因是由于他希望能有更多的时间来发展个人的业务，而且自己早在两年前就提出了辞职的要求，只是拖了两年才被接受。但当时有舆论认为，李嘉诚的辞职是在汇丰完成迁册后不久就对外宣布的，原因则应该归结为他极力劝说汇丰取消迁册，但是没有得到董事局的采纳，才引发了辞职的结局。

固然，李嘉诚以一己之力无法扭转风起云涌的迁册浪潮，并且李嘉诚留驻香港也是出于精明的商业运作的考虑。然而，不得不承认在迁册风席卷而来之时，李嘉诚镇定冷静，通过对局势发展的洞悉明解，坚定不迁册海外的立场。当然这并不意味着他放弃对海外的投资，其卓越的商业头脑和大胆的投资意识促使他在20年代80年代中期就开始了大举进军海外市场的步伐。其实，在李嘉诚更早些的经历中也可发现，他在屈指可数的几年中，以个人或以公司的名义，拥有了北美的28幢物业。

其中，1977年，李嘉诚初次在加拿大温哥华购置物业；1981年，李嘉诚豪掷2亿多港元在美国休斯敦收购商业大厦；也是在1981年，他还以6亿多港元的数额收购加拿大多伦多希尔顿酒店。李嘉诚受到了加拿大驻香港官员和商人的推崇，曾有官员把他形象地称为"我们加拿大的赵公菩萨"。

加拿大记者杜蒙特与范劳尔曾经专程赴港实地走访，发现加拿大的商务官员和商人对李嘉诚的推崇程度异乎寻常，甚至将办公室也搬进了距离李嘉诚较近的华人行。杜蒙特与范劳尔在其著作中写道："一位加拿大商务官对李嘉诚简直是着了迷。他有一幅李氏的肖像（杂志封面），挂在办事处内。此人提到李嘉诚便赞不绝口，说道：'那是我的英雄人物！'"

李嘉诚也确实为加拿大带来了丰厚的经济回报。不仅他个人为加拿大带来了巨额的资金，而且李嘉诚强大的社会影响力带动了诸如郑裕彤、李兆基等巨富携带滚滚财源纷至沓来。加拿大从中获得了很大的经济收益，对香港的重要地位更加看重。

时任和记黄埔行政总裁的马世民也极力主张进行海外扩张，并为李嘉诚多方奔走，穿针引线。1986年，李嘉诚家族成功收购加拿大赫斯基石油公司52%的股权。在之后经历数年不断增购后，在1991年李嘉诚股权增至95%。同年，李嘉诚以6亿港元的价格购入英国皮尔逊公司近5%的股权。之后，由于皮尔逊公司唯恐李嘉诚进一步加大对公司的控制，极力反对收购。

李嘉诚急流勇退，6个月后抛售股票，将1.2亿港元的收益收入囊中。1987年，李嘉诚斥资3.72亿美元，买进英国电报无线电公司5%的股权。由于公司高层出于防范的心理，阻碍其进入董事局。李嘉诚在1990年抛售股票，获得纯利润将近1亿美元。1989年，李嘉诚与马世民共同努力，顺利收购了英国Quadrant集团的蜂窝式流动电话业务，这就为和黄通讯拓展欧美市场搭建了平台。

李嘉诚曾在美国有过一笔世人看来再划算不过的投资。北美地产大王李察明以4亿多港元的低价将纽约曼哈顿一座大厦49%的股权拱手相让。原来，李嘉诚与北美地产大王李察明交情匪浅。当时李察明困于资金困境，需要经济实力雄厚的商人来相助渡过难关。李嘉诚愿意共渡难关的诚意感动李察明，并与他结下长期合作伙伴关系。

在亚洲，李嘉诚应邀在新加坡万邦航运主席牵头成立的新达城市公司占有10%的股权。日本地产界也有李嘉诚的介入，李嘉诚与香港另一位商界巨头郭鹤年在香港八佰伴超市集团主席和田一夫的协助下，斥资60亿港元投资日本札幌地产领域。这一举动，曾引发了日本商界的一时热议。

当然，李嘉诚大举海外扩张的举动招来了众多非议，各种言论都有，李嘉诚也被冠以多种名号，诸如"走资派"、"隐形迁册"，等等。对此，李嘉诚在接受记者采访时，阐明了自己的观点，说道："正像日本商人觉得本国太小，需要为资金寻找新出路一样，香港的商人也有这种感觉。一句大家都明白的道理，根据投资的法则，不要把所有的鸡蛋放在一只篮子里。"李嘉诚雄厚的经济实力、卓越的商业头脑，注定他不会仅抱着香港这块"弹丸之地"，海外投资才是必然要走的道路。李嘉诚用实际行动向世人证明他的"长实系"的跨国化发展，是着眼全球的长线投资策略，而不是走资。

"橙"买卖，"吃"得真甜

1999年10月21日，李嘉诚向外界宣布，经过一周的谈判，和黄与德国电信公司曼内斯曼（Mannesmann）双方终于达成协议，曼内斯曼以价值1130亿港元的价格购得橙（Orange）电讯公司44.81%的股份，而曼内斯曼将以现金、票据和1184万股曼内斯曼新股形式支付。

通过成功卖"橙"，李嘉诚再次谱写了一段成功的投资神话。和黄从与曼内斯曼的交易中，收获颇丰，不仅持有曼内斯曼的股权，成为该公司单一最大股东，而且套现220亿港元的现金、价值220亿港元的欧元3年期票据。

此外，在合并完成后，和黄还能间接控制市值7000多亿港元的曼内斯曼股票。交易完成后，李嘉诚的和黄集团成为该公司最大的单一股东，同时也成为欧洲最大的GSM电讯经营商。在接受记者访问时，李嘉诚激动地说："这是我最骄傲的交易。"

橙电讯公司原本是英国Rabbit电讯公司。1989年，李嘉诚斥资84亿港元收购了这家英国电讯服务公司，开始进军英国的电讯市场。20世纪90年代初，和黄对其投资一直处于亏损状态，在欧洲电讯市场拓展业务一开始并不顺利，仅1993年就导致和黄损失了14亿港元。就在外界看来该项业务的前景暗淡的时候，李嘉诚则公开表示，将继续支持和黄在英国的电讯事业。那么，这项业务以后的发展如何？外界也在拭目以待。李嘉诚果然对这项英国电讯业务进行了一系列包装。先是在1994年，将电讯业务重新包装，并冠名"橙"（Orange），推出GSM流动电话服务业务。之后又有一系列的动作，实现了转亏为盈的目标。1996年4月和黄在英国将"橙"分拆上市，从上市的股权转让中盈利41亿港元。1999年，和黄又从出售"橙"4%的股权中获取50亿港元现金。事实胜于雄辩，业绩也验证了李嘉诚对"橙"寄予的厚望变为现实。因为，当时的和黄成绩显著，和黄从数次的交易中套现近百亿港元，不仅收回了全部投资，同时把"橙"发展成网络覆盖全国98％人口、拥有250万用户的英国第三大移动电信运营商。

"橙"的不俗业绩也吸引了很多同行的极大关注，其中就有德国最大的无线电话业务商曼内斯曼。1999年10月中旬，海外媒体率先透露德国工业界巨头曼内斯曼正在谈判收购和黄旗下电讯公司"橙"的消息。就在外界纷纷猜测的时候，李嘉诚在21日的记者招待会上证实了这个消息。谈判过程也较为顺利，仅通过6天的磋商，双方就达成一致，成就了这项引起全球电讯领域广泛关注的巨额交易。

这项巨额交易，使得双方皆大欢喜。李嘉诚通过"橙买卖"的巨额盈利，一举扭转了1997年亚洲金融危机期间的利润下滑的局面。而曼内斯曼凭借"橙"一跃成为欧洲最大的电讯公司，市值达7000港元，而且为曼内斯曼今后的发展拓展了更为宽广的领域。

和黄从中赚得盆满钵满，李嘉诚是善于借势投资，低买高卖是他的看家本领，"买橙神话"更是将此演绎得让人称绝。在"橙"市场前景暗淡之时，李嘉诚敏锐地看到其中的商机，果断投资，短短几年实现扭亏为盈，将"橙"成功孵化成一只金蛋。但显然李嘉诚的用意并不再仅仅满足于这只金蛋，就在一路看好之时，他又果断出售，套现巨额现金，并一举加固了和黄在欧洲电讯业的地位。用一只金蛋换取了一只会下金蛋的鸡。就像李嘉诚自己说的那样，"如果出售一部分业务可以改善我们的战略地位，我们会考虑这一步骤。除了考虑获取合理的利润以外，更重要的是在取得利润之后，能否在相同的经营领域中让我们的投资更上一层楼。"

商场风云变幻莫测。就在"橙"的成功余热还未散去之时，另一场收购大战蓄势待发。1999年的11月，英国沃达丰电讯公司宣布，将以超过1万亿港元（129亿美元）收购德国曼内斯曼公司52.8％的股权。对此，曼内斯曼高层非常愤怒，坚决抵抗沃达丰的恶意收购行动。沃达丰与曼内斯曼公司双方展开了激烈的角逐。李嘉诚因为在出售"橙"的交易中，获取了曼内斯曼一成股权，且是最大的单一股东，因此李嘉诚成为这场震惊全球的最大收购案中的关键人物，双方都在竭尽所能地争取李嘉诚的支持。

李嘉诚究竟持何种态度，维持哪一方的利益呢？当然，也有人认为，此次收购案中，沃达丰、曼内斯曼两方都不会成为最大的赢家，反倒是李嘉诚有可能坐收渔翁之利，成为最大的赢家。就在人们议论纷纷，认定精明的李嘉诚必定不会舍弃这绝好的机会之时，李嘉诚却做出了一个让很多人诧异的决定。11月23日晚，英国一个组织为李嘉诚颁发"杰出人士奖章"，李嘉诚借此机会公开表明立场，表示坚决支持德国曼内斯曼，反对沃达丰的恶意收购。对此，李嘉诚解释了持此态度的理由在于和黄与曼内斯曼一起发展对和黄股东有利，并且沃达丰提出的收购价没有吸引力。

业界对此事也非常关注，纷纷猜测李嘉诚此举的真正用意。一些人认为，和黄董事局的这一表态证明李嘉诚非常注重欧洲市场，绝不会轻易放弃欧洲市场的策略；也有人认为李嘉诚之所以这么做，是基于李嘉诚与曼内斯曼先前的协议，出售"橙"获得的10.2％的曼内斯曼股权在18个月内不能出售，李嘉诚只是放弃眼前的经济利益，换取的是以后能够在曼内斯曼发挥更大的作用。

李嘉诚做的这笔"橙"买卖，前后仅用了5年的时间，从刚开始的亏损状态到后来取得的惊人回报，无不令外界叹为观止。李嘉诚一贯善于做长线投资，低买高卖，借势生钱，他从不把精力和财力全部放在一个行业里，只是放眼世界，永远循着商机前行。从这一点上来说，李嘉诚更是一个投资商人，一个具备惊人洞察力和运作能力的投资者。

操控赫斯基：他是下一个"石油大王"吗

20世纪70年代爆发了两次石油危机，油价陷入低潮，人们对于石油的投资开始纷纷撤退。此时，李嘉诚却独具慧眼、审时度势，成功收购赫斯基石油公司，开始了进军石油工业，实现了其所谓的"一生中最伟大的投资"。

赫斯基石油有限公司是当时加拿大一家主要的独立能源公司，其业务主要是生产和经营石油及天然气。当时的赫斯基能源拥有极其强大的经济实力，获得了5000余口石油及天然气生产井的开采权，其中约40％由该公司拥有。同时，还占有重油精炼厂26.67％的股权以及343间汽油站。但是，由于国内外多种因素导致其出现经营不善，资金周转困难的窘境，处于亏损状态。为扭转不利局势，赫斯基只好求助于外来资本的介入，并得到了加拿大政府的支持。

1986年12月，经加拿大帝国商业银行从中牵线，李嘉诚通过家族公司、和黄，斥资32亿港元收购赫斯基石油公司52％的股权，赢得了控股地位。其中，43％的股权被和黄与嘉宏国际合组的联营公司Union Faith购入，9％的股权则由李嘉诚的长子李泽钜占有。此外，李嘉诚拥有9％股权的加拿大帝国商业银行也购入赫斯基5％的股权。

当时，正处于石油价格低迷，人们对石油投资的信心低迷，唯恐避之而不及。

李嘉诚的大手笔使其在加拿大迅速名声大噪，香港工商界也为之瞠目结舌。对于收购之初的想法，李嘉诚曾经谈到，"80年代时中东国家和美国有分歧，石油供应紧张。那时（我）就想：加拿大有石油，政治环境相当稳定，就趁赫斯基亏蚀的时候把它买过来。"令人不得不佩服李嘉诚的独到的商业头脑。与此同时，此次收购也掺杂了个人感情，李嘉诚对加拿大有着独特的感情，也驱动了他对加拿大的投资，而与赫斯基原总裁的交情匪浅也坚定了他对此次收购的信心。在收购的过程中，也有段小插曲。李嘉诚长子李泽钜的国籍意外地也为其收购排除了制度上的障碍。当时的加拿大的商务法则规定，外国人不能购买"财政状况健全"的能源公司。而当时的赫斯基，仅仅处于资金周转的困境中，并没有出现债务危机。而李泽钜于1983年已加入加拿大国籍，绕过了制度上针对外国人的投资限制，为此次收购提供了便利。

自李嘉诚成功收购赫斯基能源后，对石油领域的投资便一发而不可收。1988年6月，李嘉诚又有大动作，以3.75亿加元的价格全面收购加拿大另一家石油公司Canterra Energy Ltd.。收购后，赫斯基能源的资产值比原来的20亿加元扩大一倍。1991年10月，赫斯基能源的另一名大股东Nova集团的撤出，李嘉诚家族以17.2亿港元将Nova集团所持的43%的股权收购，从而占据了赫斯基能源的绝对控制权。当时，李嘉诚对赫斯基石油股权已经增至95%，总投资数额高达80亿港元，其中李嘉诚个人拥有46%，李嘉诚属下的"和黄"、"嘉宏"两公司共拥有49%。

李嘉诚在收购之初，曾经预言道："世界石油价格短期内不会有太大升幅，长远来说可以看好。"多年之后的事实也证明了李嘉诚的预言准确。经过李嘉诚多年的苦心经营，赫斯基早已扭亏为盈，并于2000年8月赫斯基能源在加拿大多伦多证券交易所上市，其业务涉足上中下游的勘探生产原油、精炼合成原油，以及分销汽油等，也为李嘉诚带来了滚滚财源。

据报道，当时李嘉诚已经从中获利65亿港元。此后，国际油价的不断飙升证明了李嘉诚的投资异常明智。外界也在纷纷猜测李嘉诚的投资原则，对此，李嘉诚曾经在接受英国《金融时报》采访时谈道："在决定优先（投资）场所时，有几个标准对我很重要：法律法规、能保证投资的政治稳定性、宽松的生意环境以及良好的税收结构，这些都是重要特征。"

2004年，关于中石油、中海油、中石化打算收购赫斯基能源控股权的传闻兴起。据称，双方经过多次接洽后，难以达成共识，收购搁浅。李嘉诚对此没有给出明确的回应，只是隐晦地表示他经常检讨赫斯基的运营，努力使其沿着对股东有利的方向发展。在传闻不绝于耳之时，赫斯基能源却实现了其"华丽转身"，开始争取将加拿大的油砂提炼成石油。油砂是一种混合物，成分包含沥青、沙石、水和黏土，经过萃取才能分离出沥青，加工成品质好的"合成原油"。因此，油砂的开采成本很高，一桶合成原油需要大概两顿油砂。在开采和炼化技术落后的年代，开采油砂几乎无利可图。2004 年末，国际油价首次突破 40 美元一桶，油砂的经济价值引起了人们的高度关注。

从相关的资料来看，赫斯基在加拿大的德加与旭日区有两个油砂项目，分别于 2006 年前后开始生产石油。德加油砂项目预期生产期长达 35 年，每天最高产量超过 3 万桶。旭日区项目则拥有 40 年的生产年期，可生产 32 亿桶沥青。据测算，赫斯基能源油砂的开采及生产成本大约在每桶 10.7 美元到 12.59 美元之间，提炼成本大约在 2.52 美元至 2.94 美元之间浮动。因此，油价只要高于每桶 20 美元，就有盈利空间。近年来，油价不断飙升，赫斯基的盈利可想而知。在 2008 年上半年，赫斯基能源为和黄贡献了 85.4 亿港元的盈利，占和黄固有业务盈利的比例上升至 28%，赫斯基俨然成为了和黄的中流砥柱。赫斯基能源 65 岁主席兼行政总裁刘钱崧的总收入也成为其雄厚经济实力的证明。据悉，刘钱崧的个人收入 2006 年为 420 万美元（约 3270 万港元），到 2007 年跳升至 2600 多万美元。

为了扩展资源，提升综合生产能力，2007 年 12 月，赫斯基与英国石油（BP）达成协议，以各占 50% 的权益实现了并购，成立针对油砂开采及下游炼化的合营企业。而赫斯基能源 50% 的权益的出售，也为其获得了 31.2 亿港元利润。

今天，赫斯基能源公司已经成为李嘉诚家族的"盈利老虎"。当初赫斯基能源公司的成功收购曾被誉为"李嘉诚一生中最伟大的投资之一"，为他之后的海外并购奠定了坚实的基础。

助李泽钜豪吞"万博豪园"

李泽钜一向以沉稳内敛形象示人，与弟弟李泽楷相比起来，似乎李泽钜要显得光芒暗淡了许多。但是万博豪园一役，却令李泽钜锋芒显露。

1986 年，备受世人瞩目的世界博览会在温哥华闭幕。而各国的临时展厅也将完成其使命，采取拆卸、废弃等方式处理。世博会旧址处于毗邻大海的长形地带，地皮属于卑诗省的公产，将以较优惠的价格出售。

李泽钜曾经获得了土木工程学士、结构工程硕士、建筑管理硕士三项学位，拥有丰富、扎实的地产理论功底，再加上多年在温哥华的生活经历，让李泽钜非常看好这块地皮将发展成为综合性商业住宅区的潜能。随后，他向父亲建议开发这块地皮，原因在于世博会的开发使得这块地附近的交通等基础设施开发较好，便于往返市区和郊区之间，并且地理位置相当优越，毗邻大海，风景秀丽，再加上香港移民非常倾向于加拿大，这块地既没有远离市区的不便，同时又远离了市区的喧闹拥挤，将具有很大的开发潜力。

李嘉诚很快同意了儿子的投资建议。但是在许多人看来，这多少有些不可思议，原因是，这块地皮占地达82公顷，大概是温哥华市区面积的1/5，面积非常大，致使很多港商望而却步，就连加拿大本国的地产商也不敢问津。此外，巨额投资也不是"长实"能够负担的。但李嘉诚并不这么认为，他非常认同李泽钜提出的这块地在吸引香港移民方面的商业价值。

当然，李嘉诚对此项浩大的工程也做出了铺垫。李嘉诚本人及集团拥有50%的股权，其余50%则由李嘉诚邀请加入的香港富豪李兆基、郑裕彤以及李嘉诚占10%的股权的加拿大帝国商业银行旗下的太平协和公司共同占有。工程的决策自然由各大股东按其股权来共同决策，具体操作实施则交给李泽钜。李泽钜在人们或信任、或怀疑的眼光中开始在这项庞大而复杂的工程中展示自己的才华和能力。

此后，在两年的时间里，李泽钜为这项工程的策划付出了常人无法想象的心血，仅公听会总共就有200多个，与超过2万人进行过面谈。

1988年，李嘉诚为首的香港财团为了"万博豪园"项目的开发而专门成立了太平洋协和发展公司。太平协和以3.2亿加币中标温哥华世博会旧址发展权，巨额的投资被人们惊呼为"加拿大有史以来最大的一个地产发展项目"。

正当一切都按计划顺利进行时，出现了一些意外事件。1989年3月，一张题为《告同胞书》，内容充满强烈排外意味的告示赫然出现在平整地盘的施工地段。这使早年就加入加拿大国籍的李泽钜感到非常气愤和无奈。有人估计，当地人之所以出现极端的排外情绪，还与太平协和签约开发世博会旧址后，李泽钜将另一家公司的200多个新公寓直接在香港出售有关。经过当地传媒大肆渲染后，招致了温哥华本地人的强烈不满，向省政府质疑：照此下去，世博会旧址开发后，再次出售给香港人，温哥华是否会遍布华人？

为了尽快平息民怨，时任省督的林思齐博士也给太平协和施加压力，要求其将来在这块地皮上兴建的物业优先出售给当地人，不会只在海外发售。而众所周知，温哥华当地房产价格低廉，太平协和将要失去在香港盈利的机会。

这件事发生后，引发了社会上的广泛关注。人们猜想，涉世尚浅的李泽钜很难解决，只有等久经商场的李嘉诚以及其他股东出面。但是李嘉诚并未出面，而麦理思、马世民也没有露面，仍然交由具体操作的李泽钜解决。不难想象，李嘉诚的用意是在考验儿子处理危机事件的决策能力和沟通能力。

李泽钜在事件发生后，随即奔赴温哥华，以太平协和董事的身份求见省督林思齐。尽管从外貌上看，他还是给人留下了初出茅庐的学生气质，但是他一语中的地向省督林思齐发难，道："如果世博会发展搁浅，你会明白意味着什么。"

林思齐对李嘉诚在香港的影响力非常了解，也意识到此事继续僵持将会导致流入加国的地产投资缩减至2/3，也会影响到原本从香港移民潮中受益的卑诗省，失去很多利益。于是，在李泽钜高超的谈判沟通能力的压力下，省督说服省议会，同意将来发售世博会物业能够同时在香港和温市发售，而实际上主要是向港民发售。省议会也借助于传媒声明李泽钜华裔移民的身份，并晓以利害，呼吁市民善待他们。

而李泽钜也不失时机地在公开场合表示："6年来我的最大收获，就是加入了加拿大籍。"以此来争取温市市民的支持。

李泽钜依靠个人的能力单枪匹马地平息了此次风波，工程得以继续进行。此事的处理深得父亲的赏识。在董事的一致要求下，李嘉诚也同意吸收李泽钜任"长实"集团董事。

由于世博会又叫万国博览会，后来这个庞大商业住宅群项目定名为"万博豪园"。李泽钜初挑大梁，从项目的投标到施工，非常繁杂，同时，也不可避免地出现意外和困难，但是他始终都事无巨细，不遗余力地投入其中。在两年的时间里，他不辞辛苦地频繁穿梭于中国香港和加拿大之间，仅1989年一年就往返港加两地26次之多，成为了名副其实的"空中飞人"。他本人也曾经说过，"由于万博家园这个计划实在太大，自己肩负重任，因此无时无刻不在想着计划的发展。在飞机上，即使看书，都以城市规划以及居住环境的书本为主。"的确，李泽钜亲自设计的万博豪园的亮点就在于辟出50英亩作为区间公园，保留了原有湖光山色之天然美，成为人们居家休闲之首选之地。

从万博豪园的设计、施工，一直到出售前的广告都进行了精心的准备。1990年，万博豪园嘉汇苑公寓在香港发售前，"长实"集团公关部特意安排李泽钜接受两本杂志的采访，用意在让社会认识李泽钜本人与其一手打造的万博豪园。当时反响甚佳。万博豪园第一期嘉汇苑，以平均每平方英尺230加元（约1540港元）的价格出售，比香港很多地区都便宜。而香港移民赴加拿大移民的浪潮也促使万博豪园的销售前景异常火爆。李泽钜一手打造的"万博豪园"一面世就引发了轰动效应，创下两个小时卖掉一幢大楼的纪录。

万博豪园使人们见识了李泽钜开发地产的独到眼光和沉稳的处事能力和沟通能力。但是，也有很多媒体质疑李嘉诚让他优秀的儿子们过于低调。当然李嘉诚经常告诫儿子"凡事要低调"。但他也会选择适当的机会，为儿子铺路搭桥。香港证券界泰斗人物冯景禧在1985年为其执掌的最后一家公司"天安中国"举行开幕酒会，李嘉诚就携带李泽钜出席，介绍儿子认识香港商界翘楚。

1998年底，李泽钜被父亲李嘉诚宣布将在1999年1月1日升任为香港长江实业集团董事局副主席兼董事、总经理，意味着除了涉及重大收购行为、出售整幢大厦之外，整个庞大的长江实业集团的具体事务将由李泽钜来负责。人们据此也纷纷猜测，李泽钜最终接手长江实业集团也只是时间的问题。

投资有方，全球拓展电讯业务

目前，"和黄"已经跻身全球电讯业主力军的行列，其拥有的电讯公司及互联网基建已经遍布中国香港、东南亚、中东、澳大利亚、欧洲以及美洲等国家和地区，服务项目包括移动电话、集群通讯、固网、互联网、光纤宽频网络及电台广播。和黄自进军电讯业以来，拓展迅速，发展态势一路看好。

1985年和黄初入电信领域，行业内就由像摩托罗拉这样的老牌实力派占据大部分电信市场。它们不仅拥有雄厚的资金优势，最主要的是它们拥有蜂窝移动电话领域的技术优势。李嘉诚看中后，当即决定，与摩托罗拉合作，建立合资公司，在港岛正式推出蜂窝式移动电话。

一项业务技术支持的满足必然会逐渐发展为市场主导的经济效应需求。电信运营进入到以市场为主导的发展阶段后，和记电讯马上又由此入手，聚焦强于市场开发的日本电话电报公司（NTT），对其出售了19%的股份，并与之合作，形成战略联盟，共同开发市场。

紧接着和黄打入各国市场扩大业务。1989年在澳大利亚和黄与当地某运营商合资，成立和记电讯澳大利亚公司，进入澳大利亚移动电讯市场，从而发展为澳大利亚电讯的主要经营方，建成为5万用户服务的传呼网络。1994年，它于印度成立Hutchison Max Telecom公司，进入印度市场，1998年，又在以色列合资建立Partner通讯公司，打入以色列市场，和黄这番扩张可谓势头高涨，来势汹汹。

其中值得一提的是和黄在英国创立的业绩。

和记通讯英国有限公司，自从 1990 年起，就已经发展成为英国四大蜂窝式无线电话服务公司之一，用户量已达 8 万户以上。

1990 年，它与英国大东电报局及中信集团成立合资公司——亚洲卫星通讯，成功发射亚洲首枚通讯卫星"亚洲卫星一号"之后，又趁热打铁，继而收购了持有 CT2 牌照的 BYPS 集团，为向 CT2 电讯市场进军做足了准备。不久，合资公司成立公用流动资讯服务附属公司，并建立了一个全国性的网络，在伦敦提供公用流动无线电话服务。

创新的多元化业务及以服务性为根本宗旨的各项投资，使得和黄集团在英国日新月异的电讯业中占据一席之地，其发展速度确实惊人。

从当初李嘉诚踏足电讯业，一路走来，似乎驾轻就熟，并没有初入新行业的慌乱和莽撞，究其原因，我们发现李嘉诚高妙的投资策略，即每涉足一个新领域，常常会采取与当地企业或者行业内的知名企业合作，通过建立合资公司的方式谋求发展。这在一方面免去了不少进入陌生行业之初的阻碍，可以直接利用合作伙伴的成熟的技术、管理经验和客户群等资源；另一方面，也可以节省资金投入，减轻风险负担。

2001 年，在进入第三代移动通信领域，即 3G 领域时，李嘉诚决定，仍旧采用建立合资企业的方法，与摩托罗拉公司合作。摩托罗拉公司是无线通信业的先锋，有自身的设备，再加上摩托罗拉的设备支持，3G 的普及很快就能实现，和黄定能在此次合作中获得高额利润。更长远地看，将来的全球 3G 市场，也定能有和黄的立足之地。

与此同时，对于摩托罗拉公司来说，也是利大于弊。该公司个人通信事业部总裁 Mike Zafirovski 就此发表观点："摩托罗拉公司与和记黄埔集团签订的协议，无论是在财政上还是对整个业界来说都是非常重要的。在 2002 年把 3G 推向市场是一场挑战，这个挑战需要基础设备供应商和解决方案开发商之间进行前所未有的合作，包括像和记黄埔与摩托罗拉之间这样的合作。""无线通信行业的传统商业模式必须改变以适应这一挑战。我们相信，这一协议是朝这一方向迈出的重要的一步。基于摩托罗拉在技术上的领先地位、和记黄埔公司出众的服务及对消费者的深刻了解以及与和记黄埔公司基础设施和解决方案供应商的密切合作，我们相信，我们为把 3G 服务推向市场找到了正确的途径。"

摩托罗拉能够予以提供 3G 移动电话，不仅支持第三方开发的应用程序，还能够运行于 GSM、GPRS 等无线网络，具有即时联网功能，为消费者提供随时随地不间断的网络保障。同时，对于普通消费者，它具备将声音、数据和图像融于一体的多媒体功能，包括即时新闻广播、音乐、网络游戏、多媒体信息、本地信息获取等，实现真正的即时通讯。除此之外，更能利用 3G 定位功能，搜索附近的自动取款机、餐厅、旅店、药店等。在生活质量日益提高的过程中，3G 的实现将为人们的旅游出行、远程操控提供更便捷的服务。

3G 的未来可获得的利润十分可观，李嘉诚看中这一发展趋势，经过再三考量和同摩托罗拉公司的多方交流，终于，2001 年 7 月 10 日，摩托罗拉公司与和黄集团签署了涉及总金额高于 7 亿美元的第三代（3G）移动电话供货合同，和黄终于又稳健踏入了 3G 领域，以更富张力的姿态继续发展。

攻守无勇必会败北，商界无谋必失良机。李嘉诚在几十年商海上沉淀出来的许多投资策略，是智慧，也是经验，或者更应该说是两者的结合吧。

"小超人"力撼吴光正，抢夺卫视

1990 年 12 月，李嘉诚的卫星电视正式获得营业执照，同时附带着两个苛刻的条件：一是不可播放粤语节目，二是不得向用户收取费用。这两个条件在当时火热的电视大战中正充分体现了局面紧张的僵持状态。

当年的香港人还完全听不懂国语，不放粤语节目，无疑是置卫视于死地。加之不能收取费用，一个企业就有如一副空皮囊。

一场围绕第二电讯网络经营权的"电视大战"，正在酝酿之中。

和黄的"卫视"成立时，香港已存在两家电视台，即"无线台"和"亚视台"。随着西方有线电视的发展，香港政府 1988 年正式批准设立第二电讯网络的计划，即提供有线电视和移动电话等非专利电讯服务。和黄早已拥有专利电讯业务的服务，李嘉诚又很是看好有线电视的广阔前景，因而未等其他集团开始行动，和黄便迅速与英国大东电报局、香港中信公司等集团组成新财团，为争夺第二电讯网经营权做好十足的准备。有线电视向用户收费的制度，以及免于与免费无线台冲突的特性，着实对企业有极大的吸引力。

于是，1988 年 2 月 24 日，和黄、中信、大东合组的新财团正式成立为亚洲卫星公司，并宣布将利用长征三号运载火箭将投资发射的第一枚人造卫星送入东南亚上空同步轨道。这也是第一枚专为亚洲提供电讯服务的人造卫星。

可见，李嘉诚两面准备一同发展，一边雄心勃勃欲夺第二电讯网，一边送上卫星覆盖亚洲，可谓用心良苦，志在必得。

此番努力众目可睹，到 1989 年初，和黄不出意料地被香港有关当局初步选定为第二电讯网的经营者。但是同时，另一个由包玉刚的九龙仓与郭得胜的新鸿基地产合组的新财团，也在虎视眈眈地注视这次的经营权。当时，香港有关当局决定，取得经营牌照，投资最低额为 55 亿港元，而和黄集团的首脑，恰对于是否在港重点投资这一问题，迟迟达不成一致，错失了时机。趁这空档，九龙仓有线传播公司得到了有线电视的牌照。李嘉诚万万没有料想到，香港政府会转手卖得如此迅速，这个项目的落空，让他倍感挫败。但是，李嘉诚对于他想要得到的东西，绝不会轻易服输。

正所谓"亡羊补牢，为时未晚"，亚洲卫星投资发射的"亚洲卫星一号"于 1990 年 4 月 7 日成功发射上天之后，根据与中国航天部的原有协议，其原用途应主要涉及由和记通讯负责经营的电话服务。它有 24 个转发器，但目前的使用率却还很低。由此李嘉诚想到，既然物不能尽其用，何不取一部分，改用到刚刚起步的电视发展计划上呢？说干便干，李氏家族与和记黄埔各持一半股权，成立了"卫星广播有限公司"，开拓了卫星电视的新领域。李嘉诚的声名，在电视领域雄起了。而后来在电讯业同样声名显赫的李嘉诚次子李泽楷，因对卫星电视颇有兴趣，被和黄主席马世民任命为卫视董事兼行政负责人之一。父子俩开始并肩作战。

1990 年 8 月，香港有关当局有关条例规定：若使用碟型天线收看卫星电视讯号，只要不涉及商业用途（指向用户收费等）或再行转播（指向无线台、有线台有偿提供服务），便无须申请批准及领取牌照。条例又规定，只接一部电视机的独立卫星碟型天线可豁免领牌；若一座大厦共有卫星碟型天线及室内系统，则需持牌公司安装及操作。

符合安装卫星天线标准的大厦，全港至少有 15 万座，对九龙仓的有线电视直接造成了巨大的威胁。事情发生变化，九龙仓有线董事局主席吴光正立即跳出来，阻止安装卫星天线的持牌公司进入其家族所控大厦安装碟型天线及室内系统。为此，李泽楷便以牙还牙，禁止九龙仓进入"长实系"兴建管理的屋村楼宇安装有线电视。剑拔弩张，针锋相对，局面立即进入僵持状态。

因而有了卫视正式拿到营业执照时的两个苛刻条件，正是无线、亚视、有线三家电视台向香港有关当局施压的结果，其手段简直是要将卫视"赶尽杀绝"，丝毫不留余地。

对此，李嘉诚、李泽楷必然不服，父子联手，两人频频出入香港有关当局，要求收回禁播粤语节目的规定。李嘉诚一改平常以和为贵的态度，与儿子并肩作战，借助传媒，直接指责香港有关当局条例的不合理。同时他兼具理智，委托某公关公司在民间做了一次民意调查。调查结果显示：赞成粤语节目播放的用户比例几乎百分之百。以民心压倒非正义条例，很是聪明。李泽楷将民意调查的结果呈交至香港有关当局广播事务管理所，要求"作为参考"，实际上已给香港有关当局强加了压力，使其不得不考虑条例的修改。

同时，李泽楷对九龙仓采取穷追猛打策略，颇有当年李嘉诚逼迫置地的威严。九龙仓越是以放弃有线电视计划威胁香港有关当局，李泽楷就越是继续强硬，既要香港有关当局解除禁播粤语节目的条例，还要求准许向用户收取费用。

而香港有关当局实在叫苦不迭，这"电视大战"对立的两方，后台都是香港顶尖华资财团，投资皆高达几十亿港元。香港有关当局两边都不能得罪，为能尽可能和平解决，只得遵循中庸之道，放宽对粤语节目的限制，只维持一家收费电视。

这样一来，李泽楷预期的初步目的就已经达到了。对此，有评论家说道："李泽楷采取的是进尺得寸的战术，欲借五百，则开口一千，否则借五百都要打折扣。"

对于香港有关当局荒谬的禁播粤语节目的规定条例，李嘉诚知道，以民心所至来应对。父亲的策略结合儿子的魄力，终于，1991 年 3 月，卫星电视公司成立。李嘉诚任主席，马世民、李泽楷任副主席，大权由李泽楷主揽。

李泽楷主管经营卫视后，以少量的现金加一份比例分红的方式，向国际著名的广播电视公司 BBC 和 MTV 等买片，尽量购进廉价节目、大量可看性强的过时剧集。结果看来，播映情况良好，虽收视率不及无线、亚视，但论收视面，卫视则可 24 小时不间断地向 40 多个国家和地区播送节目。自 1991 年底全面开播到 1993 年转让，不到 20 个月的时间，李泽楷就为卫视赢得广告收入 3.6 亿美元。而维持 5 个频道的年费用仅为 0.8 亿美元，利润颇丰。

与此同时，他仍未放弃为敦促香港有关当局打破条例限制而努力。直到 1992 年 7 月 2 日，香港有关当局宣布：卫视自 1993 年 10 月底起，可开播粤语节目，并可透过收费电视，即九龙仓有线电视的频道，经营收费的卫视节目。李泽楷这才开始真正地大展拳脚，使得卫视的经营愈具腾飞之势，被人称作"小超人"。

然而此时，李泽楷又做出了让众人震惊的新决定：出售来之不易经营有序的卫视股份。

1993 年 5 月，仅在一名私人顾问的陪同下，李泽楷在加拿大的一艘游艇上，结束一场谈判，售出64%卫视股份予新闻集团主席默多克，坐收4亿港元的出价。全港为之轰动。

仔细分析李泽楷这一行为，他见好就收，默多克是对中国市场颇有兴趣的传媒大王，既能出得起高价，何必不售？更何况，卖给一个传媒的行家，兴许能为和黄谋得更大利益，一方求购，一方求售，正好两方达成和谐一致。

交易成功后，李氏家族仍拥有36.4%的股权，也就是说，李氏财团仍旧源源不断获得新创造的更大利益。

小超人力撼吴光正，一转手又卖给默多克，坐获大利。这两役，已然显现出李泽楷超强的商业头脑和精当的策略定位，借钱生钱，倒是颇具父亲李嘉诚风范。而李家的超人传奇似乎也在传承之中。

第六章

▼

强势登陆

——盘踞香港，全面投资内地

与首钢并肩作战

李嘉诚从 1990 年年初，辅佐中信收购泰富起，香港中资和内地的一些国企，就纷纷想借李嘉诚的势头，购壳上市，合组联营公司。利用李嘉诚的强势力量，打开内地的局势，将生意做得更大。

看到众多企业对他伸出橄榄枝，李嘉诚只是选择了首钢。首钢，首都钢铁企业总公司，是中国特大型四大钢铁基地之一，经营多元化，包括钢铁、采矿、电子、建筑、航运、金融等 18 个行业；在国内拥有百多家大中型工厂和 70 家联营公司；在海外拥有独资、合资企业 18 家，员工人数高达 27 万，是一个实力强大的大企业。

不过，李嘉诚选择首钢作为合作伙伴，一方面是对首钢实力的考察，另一方面是机遇问题。

这话要从头说起了，在香港有一家经销钢铁为主的公司，叫作"东荣钢铁"，是一家上市公司，实力也很雄厚。1990 年，光钢筋一项就进口 33 万吨，占本港同年市场的 1/3。这家公司是由李明治的联合系集团所控。

李明治是何人，有人说他是香港股市著名的"魔术师"，因为他可以不停地将全系各上市公司的股份倒来倒去，将投资市场搞得云来雾去，幕后操作者和买者其实都是他一手操控的。很多小股东在他的运作下，不知所措，提心吊胆，害怕自己哪一天就被玩儿得倾家荡产了。

正是因为如此，李明治涉嫌触犯证券条例，招致证监会等机构的大调查。如果证据确凿成立的话，那么他和他的集团将会受到严厉处罚。在这样的条件下，李明治选择了三十六计走为上计，他将旗下上市公司做壳出售。

这个时机，正与首钢的入港发展方向相吻合，东荣钢铁既可消化首钢的钢铁，还能够将一部分钢铁销往海外。

也正是因为如此，李嘉诚看到了这个机遇，他觉得这是一个发展商机的好机会。后来果然也是如此。

1992年10月23日，首都钢铁、长江实业、怡东财务、东荣钢铁在北京签订有关收购东荣的协议，收购价0.928元/股，涉资2.34亿港元。收购方的股权分配是，首钢51%，"长实"21%，怡东3%，一共为75%东荣股权。收购停牌前，东荣市价为0.92元/股。

和首钢的第一次合作便获利丰厚，令东荣逐渐发展为大型的中资企业。而第二次合作，则是收购三泰实业。

1993年，李明治的联合系进一步斩缆，将旗下的上市公司出售。4月2日，首钢、"长实"、怡东又一次联手，收购联合系的三泰实业67.8%的股权，每股作价1.69元，共涉资金3.14亿港元。

三泰实业是一间生产电子产品的上市公司，收购后，三家的股权分配是首钢46%，"长实"19%，怡东2.7%。5月，东荣从"长实"和怡东手中购回三泰股份。

同月，东荣正式改名为首长国际。大股东仍是首钢、"长实"、怡东三家，三泰实业则挂在首长国际旗下。

1993年5月18日，首长国际收购开达投资，经重整后，将其改名为首长四方。

1993年8月12日，收购建筑公司海成集团，斥资1.74亿港元。

1993年9月12日，首长国际全面收购宝佳集团，涉及资金11亿港元，是首长国际金额最大的一次收购。宝佳的业务以黑色金属为主。

经过了这5次收购后，首长国际在香港站稳脚跟，实力大增，于是，调头向内地进军。与内地政府及企业任命的投资项目，累计资金达百亿以上。

在此期间，与首钢联手，李嘉诚在北京的首钢已经拥有了近51%的股份。李嘉诚进军内地市场大获全胜。

"二李"售楼"死磕"

美丽华集团是20世纪50年代时由何善衡、何添、杨志云、冼为坚等人共同建立的。美丽华集团发展得很顺利，旗下众多酒店和大厦，由于设施精良、服务优质，很快就得到了社会的认可。

例如建于 20 世纪 50 年代的美丽华大酒店，位于尖沙咀弥敦道地段。酒店毗邻大厦、商场以及戏院，地段繁华热闹，而酒店本身有 500 个房间，占地面积为 12 万平方英尺，建筑面积达到 160 万平方英尺，是香港为数不多的豪华酒店之一。

美丽华集团除了拥有弥敦道的酒店以外，还在金巴利道有一座可以供出租的大厦，同样是位于香港的黄金地带，这座美丽华大厦租金昂贵，为美丽华集团带来了丰厚的利润。除了香港之外，美丽华集团在上海、广州和蛇口都拥有楼盘和酒店。

美丽华集团的规模十分可观。这个在 1970 年便得以顺利上市的集团在 1983 年，何善衡退居二线后，由持股份最多的杨志云出任董事局主席兼总经理。1985 年时，杨志云去世，其长子杨秉正接替父亲出任总经理一职，主席则由何添担任。

因为杨志云和李兆基的私人关系很好，所以，当杨秉正决定出售美丽华酒店的时候，便向李兆基抛出了暗示，因为他不希望父亲生前创建的产业落入外人之手，李兆基是父亲生前的好友，由他收购是最好不过了。

李兆基也是这样想，收购昔日好友的产业，也当作是一种缅怀。但同样想收购美丽华酒店的还有李嘉诚，不过李嘉诚并不喜欢硬拼，他曾经说过："收购就像买古董，并不是非买不可。"李嘉诚在香港的商界中一向是以善意收购而出名的。既然李兆基是为生前好友做一些事情，李嘉诚自然也会理解。

李嘉诚不会为了逞一时之快，而做出伤害别人感情的事情，在后来的收购行动中，李嘉诚表现出了一个商人的决心、耐心还有对对手的宽容和理解。在整个谈判的过程中，他也表现得十分冷静和理智。李嘉诚处处为他人着想，他并没有抱着非要收购美丽华的态度，所以，最后，虽然酒店被李兆基收购，但李嘉诚也赢得了对手的尊重。

李嘉诚虽然是一个商人，但他并没有为利益做出不择手段的事，李嘉诚对人与人之间的感情还是看得很重的。后来在新界马鞍山售楼大比拼中，李嘉诚和李兆基再次狭路相逢了。

当时香港房价飞涨使得大量的新兴建筑公司投入到造楼大军中，地产业进入了买方市场，谁家的房产好，业主们当然会踊跃购买。同是做地产生意的，李嘉诚和李兆基自然是不会放过挣钱的机会，他们在马鞍山大比拼中出尽奇招、怪招进行推销。

当然，这样的竞争是公平比对，良性竞争，谁做得好，谁就挣得多。这两个商业巨头，在楼市的生意中"死磕"到底。马鞍山比拼跨越了一年多的长度，场面十分激烈，"二李"在这个过程中，不免会使用一些伤感情的招数，但是生意场如战场，总是难免的。

挥巨资，一波三折建东方广场

在李嘉诚所进行的长线投资内地的一系列举措中，投建北京王府井东方广场是其中不得不提的一个大项目。对建设规模宏大的东方广场，李嘉诚的态度十分坚定，他指出："建筑要现代化，但不应破坏古都的风貌。如果单为赚钱而损害名誉，这我不做。"

1993 年 4 月 2 日，东方海外与李嘉诚的旗舰长江实业合作成立了汇贤投资有限公司，并且和北京东方文化经济发展公司签订一项合作协议，在北京市中心最繁华的王府井建造东方广场。

这个宏伟的计划并没能马上实施，而是一直拖延了 18 个月才开始动工。这个启动缓慢的项目，在 1995 年的 3 月，开始兴建，当时预算的投资额为 15 亿美元。作为进军内地市场的重头戏，李嘉诚最初向北京政府提出这项投资时，得到了赞同，因为广场兴建起来，对北京的发展很有利。

兴建这个规模庞大的广场，将会是一次建筑史上的壮举。本想能够按照计划进行，但是事与愿违，因为种种原因，这项工程一拖再拖。首先就是因为在兴建广场的占地范围内，包括有北京历史悠久的"新华书店"及号称面积是"世界之最"的"麦当劳快餐店"，引起"拆与不拆"的连番纷争。

然后还有承建这个工程的公司展开的实际施工规模，被政府认为超出原定计划，故不准施工。再加上其他的许多原因，工期延误得很厉害，而带起的连锁反应就是投资额不断上升，东方广场的兴建，便成为了国内外关注的焦点。

但由于李嘉诚的坚持和耐心，东方广场最终还是兴建成功，东方广场占地 10 万平方米，总建筑面积达 80 万平方米，这座亚洲最大的商业建筑群之一的广场雄踞于北京市中心，坐落于东长安街 1 号的绝佳位置，是真正的"城中之城"。

这座广场不但享受着全北京最佳的地理位置带来的便利，还有着各种完善的设施和服务，这座东方广场拥有 8 幢甲级写字楼，云集了众多财富 500 强企业与各行业龙头公司，东方豪庭公寓拥有 2 幢豪华服务式公寓。这些设施和建筑，都使得东方广场名副其实地成为了一个生活新焦点、商贸新纪元。

谋深圳盐田港计划

盐田港位于深圳市东部，毗邻香港，背靠中国最大的出口加工基地珠江三角洲，地理位置优越。

由于盐田港具备了海面宽阔、水深浪小、淤泥少的天然优势，能停靠全球最大型集装箱船舶，是发展集装箱码头的理想之所，其优越的自然条件和重要的战略意义很早就被李嘉诚所看重。1992年初，邓小平南行深圳讲话，更加坚定了李嘉诚对内地改革开放的信心，也坚定了要投资深圳盐田港的决心。

起初，李嘉诚在提出投资盐田港的计划时，曾经遭到了很大的阻力。其中，马世民就持反对意见，认为香港的货柜码头已经很成熟了，在1997年香港回归后，在与香港毗邻的深圳搞货柜码头，就造成内部之间的竞争。李嘉诚则从更长远的角度出发，认为，盐田港地处深港间的天然深水港，即使自己不抢先，也肯定会有人竞相开发的。事实证明，李嘉诚在这个问题上很有远见卓识，抢先一步占领了市场先机。通过对深圳盐田港的投资，李嘉诚旗下的企业在香港、内地口岸都有投资，即使在市场行情不景气的情况下，两地往往也会出现此消彼长的局面，对整体的盈利来讲是十分有利的。

黄诚在李嘉诚的坚持下，1992年的10月份开始实施盐田港计划。1992年10月5日，和黄集团与深圳东鹏实业在北京签署深圳盐田港发展合同。其中，和黄集团共占7成股权，取得了控股权。双方对今后盐田港的发展进行了协商。从盐田港投资上，使内地人也开始关注李嘉诚。一时间，李嘉诚威名远扬。

1993年10月，李嘉诚旗下的和记黄埔与盐田港集团合作成立了盐田国际，开发、经营深圳盐田港一、二期集装箱码头。投资为60亿元，其中和记黄埔作为第一大股东持有50%，盐田港集团持有27%，中远和马士基持有其余的23%。

此后，双方在盐田国际的管理上优势互补，港区集装箱吞吐量出现了突飞猛进的增长。和黄具有先进的管理经验，在海外市场上有很大的影响力等优势，都为新组建的盐田国际增加了市场竞争力。

在市场前景看好的情况下，李嘉诚旗下的和黄在2001年末，与盐田港集团共同投资60亿港元建设盐田港三期集装箱码头。这次的股权分配为，和黄65%，盐田港集团35%。

随后，2002年初盐田港三期工程就开始动工。工期进展非常顺利，2003年，第一个 10 万吨级泊位投入运营。到 2004 年 9 月，全面完成了三期工程 4 个泊位的建设。这期工程完成以后，将盐田港区集装箱年处理能力提升到 500 万标准箱。

2005 年 11 月 8 日，在深圳港盐田港区集装箱码头三期扩建工程的签约仪式上，近年来很少露面的李嘉诚也神采奕奕地亲自现身，足可见"李超人"对这个项目的重视程度。和黄与盐田港集团合资共同经营盐田港三期扩建工程，双方共同斥资 114.8 亿元人民币。其中，和黄占有 65% 的股份，另一方则占有 35% 的股份。此次工程占地总面积 136 万平方米，岸线长 3297 米，建设 5 个 7～10 万吨级集装箱泊位，1 个 3 万吨级集装箱泊位，平均每年可吞吐 370 万标准箱、停靠 10000 标箱以上超大型集装箱船舶，全面工程要在 2010 年竣工。

从深圳的港口物流现有的格局来看，出现了三大专业集装箱码头：盐田国际集装箱码头、蛇口集装箱码头、赤湾集装箱码头三足鼎立的局势。从所处的地理位置来看，蛇口集装箱码头和赤湾集装箱码头位居深圳西岸，属于招商局控制，而李嘉诚控股的盐田港则占领了深圳东岸，所有从海上进入深圳的货物都必须要经过东西两个口岸。

深圳市港务局 2004 年统计数据表明，截至 2004 年 12 月 15 日，蛇口集装箱码头、赤湾集装箱码头集装箱吞吐量超过东部的盐田港，占整个深圳港吞吐量的 54%，盐田港居于第二位。

2005 年深圳市港务局 1 月至 9 月份统计数据表明，三大专业集装箱码头吞吐量发生了惊人的逆转，盐田国际居深圳港口物流业的首位。其中，盐田国际集装箱码头 538.1 万标准箱；蛇口集装箱码头 179.8 万标准箱；赤湾集装箱码头 235.5 万标准箱，东部盐田港的吞吐量比蛇口集装箱码头、赤湾集装箱码头合计的还要超出 122.8 万标准箱。

盐田港一跃成为深圳港口物流业的龙头老大，并没有使他满足。继前三期工程的投资后，李嘉诚 2007 年底斥资 71 亿元，用于盐田港的扩建工程。消息一出，在社会上引起了很大的关注。盐田港是不是在为迈向国际大港铺路呢？

其实，深圳港口近几年突飞猛进的飞速发展再次证明了李嘉诚当年投资深港的远见卓识。虽然深圳港区在吞吐量上与香港有些差距，但是就每年总吞吐量增长速度而言，深圳已经大大超过香港。早在 2004 年，深圳在世界集装箱港排名已经跃升到第四位。而深圳港基础设施建设的相继完成，以及李嘉诚斥巨资用于盐田三期扩建等工程大大提升了深圳港的硬件建设。而挂靠深圳港的国际班轮周班航也在不断增多，也增加了人们对深圳港区的发展前景的信心。而香港港口在硬件、软件方面均没有明显的改善。此外相比起深圳港口的发展来讲，昔日香港港口的优势在不断削弱。表现在香港港口收费大大高于深圳港口收费，价格差距也使货物相继从香港流失到深圳港口。因此，甚至有业内人士预测，深圳港口吞吐量将会超过香港，并有可能取代香港国际航运中心的地位。

和黄也在逐步减持对香港码头的股权，转而增加对深圳港口的投资。2007年6月，和黄通过出售在香港港口的核心资产"国际货柜码头"（HIT）20%的股权与"中远—国际货柜码头"（COSCO-HIT）的10%股权，盈利72.12亿港元。而2007年年底，又斥资71亿元扩建盐田港也表明李嘉诚把码头发展重心从香港转移到深圳。扩建后，深圳港口15个泊位已经从数目上超过了其在香港的14个泊位。

不难想象，今后港口行业的竞争日益趋向白热化，但是和黄作为世界一流码头管理企业仍然显示出了难以比拟的优势。在2005年，盐田就占据了深圳港80%的新增航线。此外，和黄多年在港口行业积累的管理经验以及市场的知名度等优势都大大提升了市场竞争力，甚至有业内人士认为盐田港是目前国内最有竞争力的港口。

驾轻就熟，全面出击内地房地产

李嘉诚在内地进行了一系列长线投资之后，仍然是对地产行业情有独钟，将房地产作为他旗下的"长实"公司的首要业务。李嘉诚发现在内地，楼房造价与土地价格的比例通常是10∶1，而香港很多地段则恰恰与之相反。他敏锐地意识到，港方进军大陆的优势在于雄厚的资金，内地的优势则在于土地使用权、审批权，谋求双方合作的基础是互补互利。于是，李嘉诚采取优势互补的策略，利用地区间的差别，不遗余力地挖掘自身的资金优势。当然，李嘉诚在房产投资领域积累了丰富的经验，运作起来游刃有余。他昔日就是凭借地产行业而飞黄腾达，而且，房产也是他众多投资领域中最内行的核心产业，在他旗下公司中占据举足轻重的地位，创造了不菲的盈利。

1992年，李嘉诚签署第一份内地合资合同，开始进军内地房地产市场。此后，相继在北京、天津、长春、西安、青岛、上海、重庆、成都、武汉、长沙、广州、深圳、东莞与珠海等地开发项目。

2002年10月，李嘉诚开始瞄准上海的房地产。李嘉诚信心百倍，他手下的员工也满怀信心。和记的一位经理曾表示：上海拥有极优厚的潜力，在城市规划、商贸、金融等方面的发展一日千里，这带动了市场对优质方地产的需求，和记对上海房地产充满信心。事实也证明，李嘉诚建成的建筑先后成为上海标志性的建筑。独具北美风情的别墅及连体别墅，毗邻世纪公园，住户体验到了不同的文化、自然享受；一批高档住宅及商铺在古北地区建成后，遂成为这一地区的亮点及地标性建筑。住宅"汇贤居"及甲级商厦"The Center"，更是体现出了独特的创意理念，受到人们的推崇。"长实"在这个项目上，煞费苦心，聘请了3家世界建筑名师精心设计，独具匠心。落成后，外立面由透明玻璃与金属面板巧妙组合而成，令人眼前一亮，为之倾心。

2004年4月，继北京、广州、深圳、上海等八大城市房地产开发后，李嘉诚进军四川成都房地产市场。他旗下的和记投资公司与另一外资企业共同斥资数百万美元，正式成立了和记黄埔地产（成都）有限公司。这家公司将经营范围锁定在房地产及配套设施的开发、销售、出租和物业管理领域。

李嘉诚多年来，在房地产行业投资注重构建立体式、全方位的投资模式，不仅创造了惊人的业绩，也展示给世人独特的创意、巧妙的构思，无疑已成为推动内地房地产行业发展的一支劲旅。

捷足先登新城市

李嘉诚于2001年春节过后，带领人员到西安、新疆乌鲁木齐、伊犁、塔城和阿勒泰等地进行了一番考察后，随即便奔赴到了成都。他此次行程主要是考察房地产业，在重庆的时候，他还看中了一块位于重庆江南岸的南坪镇杨家山的土地，面积约为100万平方米。

开发这里的市场，在李嘉诚看来是势在必行，虽然当时的重庆地区，已经是高楼林立，楼盘众多了，但李嘉诚依然觉得可以继续开发，这里的潜力还是十分巨大的。

回到香港后，李嘉诚便将这次考察之行，拟定成文，做成了一份书面报告，提交给了"长实"集团的董事局。李嘉诚在这份报告中，详细地介绍了他的设想和构造，也为将来开发那里的地皮做了一个蓝图。董事局非常重视李嘉诚的这份报告，他们希望李嘉诚能够将计划做得再翔实一些，好让他们能够进一步地讨论下一步的部署。

　　经过反复的考证、考察，终于在 2002 年的春天，一份关于大西北的投资方案应运出炉。李嘉诚批准了这份可行性较强的方案，然后便派人去四川实施。李嘉诚花了 21.35 亿元在成都购下了南城一块总面积为 1036 亩的土地，用于兴建新楼。

　　随后他还派人在成都兴建了南城都汇、天府丽都和喜来登大饭店等物业，在成都的这些壮举不过是李嘉诚打的前站，重要的大手笔则是在重庆地区，李嘉诚在去重庆之前，其实就已经派人去重庆考察过了。

　　当时的人给李嘉诚的回馈是："我们先到重庆试一试水深水浅，然后再决定是否把投资的重心放在这个刚刚直辖的城市。"做这个调查的是"和记黄埔"公司的一支人马，他们希望能够在重庆有所作为。

　　而后的事实证明，重庆的确有地皮发展的潜力，虽然山城重庆给李嘉诚的感觉是陈旧破败，但一点儿也不影响李嘉诚开发重庆地产的决心。而更是加深李嘉诚决心的一件事情，则是在之前几年，"和记黄埔"在重庆开发的第一个项目：高品质大型综合性商业大都会广场的面世，李嘉诚由此看到了开发重庆地产的曙光。

　　这个坐落在重庆闹市解放碑步行街的大都会广场，占地面积为 18717 平方米，总面积为 23 万平方米，成为了当时重庆的标志性建筑。这个广场由现代综合性购物商场、高智能甲级写字楼大都会商厦、国际五星级酒店海逸酒店三部分组成。建筑宏伟，商机深远，李嘉诚觉得重庆开发地皮的事情，值得一做。

　　从 2003 年开始，李嘉诚逐步加大他在重庆的投资比重。当年李嘉诚看中的那块地皮，被他以 24.53 亿元一举拿下。之后不久，他又授意"长实"和和黄在重庆南岸区再购一幅土地，与此次收购的土地相距 3 千米。频频出手，李嘉诚开发重庆地产，势在必行。

　　李嘉诚对香港记者说："中国西部是一个巨大的潜力场。如果哪一位香港商人轻视了内地的西部，他就要犯极大的错误！"

　　在李嘉诚的影响下，香港众多地产商越来越多地进入了重庆。除李嘉诚的"和记黄埔"之外，还有瑞安集团、香江高科和庆隆物业等著名房地产集团。

第七章

▼

迎战金融

——不惧风暴，稳住阵脚逆势上扬

李嘉诚的"危机致富力"

出生于 1928 年的李嘉诚已逾 80 高龄，一生在商场上叱咤风云，经历了多次经济危机的浪潮，几乎每次都毅然挺立，甚至数次在危机中实现了财富暴涨。

在 1996 年的《福布斯》全球富豪排行榜中，李嘉诚以 106 亿美元的身家位居香港富豪第三位，排名前两位的是李兆基家族和新鸿基郭氏兄弟。1997 年亚洲金融危机爆发，来势汹汹，致使很多富豪的财富人间蒸发。李嘉诚则以其敏锐的判断、冷静的分析，身价反倒逆市上升，财富反而在两年内迅速暴涨，在 1999 年首次登上了香港富豪的榜首。

2007 年，《福布斯》杂志公布了该年度的全球亿万富豪排行榜，李嘉诚以 230 亿美元的财富位居香港首富，居全球第九位，相比上年提升一位。他此时的财富相比位居第二的李兆基的 170 亿美元多出 50 亿美元。《福布斯》在 2010 年初公布了 2009 年的香港富豪排行榜，李嘉诚仍以 162 亿美元的身家位居榜首。

在数次经济危机的冲击下，相比那些在经济危机中惨败的人士来讲，几乎每次遭遇危机时，李嘉诚都能运筹帷幄，力挽狂澜，令人在被李氏的超凡智慧所折服的同时，也不禁心生疑问，李氏在危机中的致富良方到底是什么？李嘉诚危机中实现财富暴涨的秘籍并不深奥。相反，他仅仅是采用了看起来是朴素的、简单的策略。而这些策略被运用得炉火纯青，总能使得李嘉诚在经济危机袭来时化险为夷，始终屹立不倒。

现金为王

李嘉诚在经济危机中一直信奉"现金为王"的信条。尽管李嘉诚旗下的企业资产庞大，横跨多个行业，但是他始终遵循"高现金、低负债"的策略，以保有资金来应对瞬息万变的市场行情。

他的高明之处就在于以不变应万变，往往会在市场没有出现明显的下降趋势的时候就通过多种渠道快速回笼资金，尤其是对那些有可能贬值的资产要迅速清仓变为现金。一旦遇到市场行情变坏，就不会为无法套现而陷入窘境。李嘉诚对现金流的高度重视，业内流传甚广。他经常说的一句话是："一家公司即使有盈利，也可以破产，但一家公司的现金流是正数的话，便不容易倒闭。"

在李嘉诚提倡的"高现金、低负债"的财务政策下，他的企业资产负债率仅保持在12%左右。他的此项经营策略在"长实"的经营管理中也体现得淋漓尽致。"长实"为防地产业务风险扩散，一直非常注重保持全部负债一定要小于流动资产，因此，"长实"对外长期投资等非流动资产占其总资产的75%以上。早在1997年亚洲金融风暴之前，非流动资产的比例更高达85%以上。虽然李嘉诚实力雄厚、资产庞大，但是一直坚持保守的理念，曾经表明自己的投资理念："在开拓业务方面，保持现金储备多于负债，要求收入与支出平衡，甚至要有盈利，我想求的是稳健与进取中取得平衡。"

1997年，亚洲金融风暴爆发之前，香港经济出现多年连续高速增长，楼市价格也一路飙升。对此，香港也推出一系列抑制楼价攀升的措施，从1994年4月到1995年7月、8月份期间，受到美国连续7次调高息率等因素的影响，香港楼市价格有所下降，住宅楼价下跌有三成左右，楼市进入调整阶段。李嘉诚旗下的"长实"主要从事的就是地产开发，为了应对外界的不利影响，在当年大幅降低了长期贷款，提高资产周转率，保证流动资产足以覆盖全部负债。1996年，香港经济形势好转，房价和股市都行情看好，"长实"的流动资产净值也随之大幅增长，而长期负债仍保持着先前的线性增长速度。1997年下半年亚洲金融危机爆发时，香港很多地产商身处困境，受困于现金流的断裂，动弹不得。而"长实"流动资产仍然大于全部负债，得以独善其身。

此外，在遭遇到经济危机时，李嘉诚注重自己旗下企业的相互支持，共渡难关。1997年，正值地产业市场高涨时期，和黄以现金55.68亿港元及发行2.54亿股普通股，获得了"长实"持有的 70.66% 的长江基建股权。对于"长实"来讲，和黄此举无异于雪中送炭，得以摆脱资金匮乏的困境。当然，通过这次调整，"长实"持有和黄的权益增加了大概 3.6%。

从能用于地产开发的现金流上看，"长实"的现金流并不宽裕，甚至有些紧张。在两次金融危机的冲击下，"长实"持有的现金应对一年内到期的债务并非绰绰有余。因为如果扣除流动资产中物业存货的部分，"长实"的流动资产净值分别在 1998 年和 2007 年两个年份出现由正转负的拐点。

即使如此，"长实"仍然不愿意采取增加负债解决资金周转紧张的难题。其资产负债率一直没有超过 15%。原因在于，李嘉诚对地产行业有着自己独到的分析，他认为香港的地产公司非常依赖于从快速的楼房成交中回笼资金。一旦楼市的成交量萎缩，企业不能快速地回收资金，就会处于被动的境地。因此，"长实"的运作也受到"现金流"的制约。也正是介于这个缘故，即使遇到楼市低迷的市场行情，"长实"也往往采取低于竞争对手价格的策略加快资金回笼。

此外，李嘉诚对债务的控制还坚持把握总负债仅与地产业务的流动资产相匹配的原则，以便在公司能力可控的情况下承担风险，规避风险扩散到其他业务。正是基于李嘉诚的资金使用理念，"长实"经受住了亚洲金融风暴的冲击。当时银行对一般客户收紧信贷，但是"长实"仍成功筹措到银团贷款并发行被超额认购的票据，摆脱了资金困境。

2008 年全球性金融危机再次来临，李嘉诚仍然是遵循他"现金为王"的投资理念。当李嘉诚敏锐地意识到市场行情开始走下坡路时，便展开了一系列的冻结资产、抛售地产和股票等策略快速回笼资金。

和黄应对经济危机的策略也非常谨慎、保守。提早偿还约 142 亿港元的债务，并在 2009 年 6 月底前，对其全部的投资项目进行审视，对于尚未落实的投资项目采取冻结的方法应对。

在冻结投资的同时，李嘉诚又采取大幅降价、抛售房产的方式来套现，以保证有稳健的财政状况。2007 年就大幅度减持手中的股份，套现至少上百亿港元；2008 年，在楼市低迷的市场行情下，李嘉诚旗下公司又几次密集抛售在上海、北京等地的地产，先是以 44.38 亿元价格出售了上海的世纪商贸广场的写字楼物业，之后又以均价下跌超万元的价格抛售御翠豪庭的高档公寓，同时在颇有些惋惜之声的情况下卖掉了位于黄金城道上的商铺；在 2008 年 11 月期间，李嘉诚在北京投资的首个别墅项目——"誉天下"，也采取实行"一口价"，以最低 5.7 折甩卖，加快套现。在 2008 年 11 月上旬，李嘉诚又短期迅速抛掉了中国远洋、中海集运及南方航空等 H 股的股份，减持的 3 只 H 股，套现资金达 40 亿港元。

"现金为王"的理念是李嘉诚能够在经济危机时，保证资金流动和企业正常运转的有力保障。从某种程度上也可以说，是否持有现金是关乎企业在经济危机时的关键因素。因此，李嘉诚非常清楚、明智地意识到了这点，往往会采取多种方式加快套现。

虽然是迫于金融风暴而采取的抛售，但李嘉诚并没有亏本，只是利润空间缩小而已。以上海的两处楼盘为例，李嘉诚旗下的香港上市公司"和记港陆"在 2008 年 5 月，以 44.38 亿元人民币出售上海长乐路的"世纪商贸广场"写字楼物业给美国投资基金亚太置地，获利达 21 亿港元；御翠豪庭中地理位置欠佳的两栋楼房也仍是以 3.5 万元单价出售。下半年，上海房地产市场的行情就开始下滑，李嘉诚在行情转折之前，成功地将丰厚的利润收入囊中。对于房地产这个特殊的行业来讲，在预测到行情即将开始出现转折的情况下，就应该果断抛掉，不仅能够赚取大量的价格剪刀差，实现利润最大化，同时也能通过套现增加抵御外部风险的能力，防御可能出现的来自其他企业的资金挤压风险。此外，通过套现还能够有足够的资金支持以后抢占更大的行业份额。毕竟，一旦现金流被截断，其负面的影响就不仅仅是盈利减少，而是牵一发而动全身，甚至会影响到企业的生死存亡。

李嘉诚对旗下公司的经营理念也是坚持策略地保持稳健的财务状况，公司的负债率与业内其他公司相比，均处于低水平的负债状况。"长实"从 1977 年开始，非常注重降低企业的负债比率。经过多年努力，"长实"近年平稳地维持 0.2 ~ 0.3 的负债比率。与同行业相比，负债比率是比较低的。和黄的负债比率稍高，处于 0.4 ~ 0.6。而与同行相比，也是处于明显的低负债率状态。正是得益于稳健的财务状况，不仅使得李氏的集团各子公司能够从容地应对经济危机的困境，而且保证有充足的资金提升市场的竞争力，抢先一步占领市场先机。

李嘉诚对自己的秘诀并不避讳，他曾经谈到，"用各种各样的办法创造稳定的现金流是一些企业多年积累的成功经验"。他旗下的公司一般都呈现出了稳健的财政状况以及低负债率的特点。李嘉诚在经济危机中密集套现的理由就是信奉"现金为王"的制胜法宝。

精简投资，全方位抛售房地产

2008 年金融风暴再次席卷全球，受美国次贷危机引发的冲击影响，世界经济发展速度放缓、市场疲软，消费信心低迷，市场陷入不景气的状态。面对金融危机的迅速蔓延，李嘉诚果断行动，精简投资，保持实力，以便蓄势待发；同时，率先降价抛售地产，快速回笼资金，保障企业财务状况的稳健运行。

为了应对投资环境的变化，2008 年 10 月间，和记黄埔继续施行"持盈保泰"策略，运用保守的理财方法来保全自身。首先暂时叫停全球业务的新投资。当时持有的 221 亿美元（约 1724 亿港元）资金，将高达 69%——大概相当于 1190 亿港元以现金来持有，其余的则投资在最稳妥的政府债券上，风险较大的股票投资仅占有非常小的比重，投资企业债券、结构性投资工具和累计期权产品完全没有。同时，计划到 2009 年上半年之前，将冻结所有未落实或未做承担的开支。

然后，全面清理投资计划，检讨全部投资项目。李嘉诚在 2007 年之后，就意识到了投资内地楼市存在的风险，采取了抛售新楼盘、谨慎选择新的投资项目的策略，逐步从内地市场的投资中撤出。"长实"原本在 2007 年年底经过商务部外资项目批准开发上海普陀区真如镇的项目，但是在金融危机的影响下，即使该项目已经全面启动开发，也仍然停止了开发计划。

精简投资并不意味着李嘉诚的投资陷入停滞阶段，他仅仅是改变了投资的策略，放弃了投资周期长、项目风险大的项目，转而侧重于选择了投资回报周期短、资金回报率高的业务。亚洲金融危机对于"长实"来说是把双刃剑，缩减了"长实"的盈利，同时也为"长实"开拓多元化的投资模式提供了契机。

和黄在亚洲金融危机后，增加对物业出租的投入以及在市价跌入谷底时拿地就是两大举措。

"长实"逐步撤出市场波动较大的行业，开始逐步形成了一系列提供稳定性收益的商业链条。1998 年"长实"的举措也印证了李嘉诚的说法。李嘉诚当时已经看好了出租物业的市场前景。相比住宅地产来说，市场对商业物业、写字楼和工业物业市场的需求量更大且需求相对稳定，这样租金收益也是非常可观的。香港房地产行业经过多年的商海洗礼，逐渐形成了一套"地产开发 + 地产投资（物业出租）"的独特风险管理模式。香港的黄金地段都被一些老牌的英资洋行诸如怡和、太古等所把持，后来新兴的地产商能够开拓的空间也很有限。因此，"长实"能够投资的地产地理位置并不是十分优越，多选择在地价较低的区域，诸如市区边缘、新兴市镇等地。为了增强市场竞争力，这些地段的交通就颇为重要，集中于新修的地铁站附近。"长实"在亚洲金融危机前的销售收入主要来源于房地产开发。1997 年物业销售为"长实"带来了大部分的盈利，占其经常性利润的84.61%，销售收入的 79.88%。

因此，"长实"原本主攻住宅地产，当年也开始增加了对出租物业的投资，并先后在年内相继落成了出租的物业，促使当年的固定资产比上一年激增423%。李嘉诚在当年给股东的信中说："集团的优质楼面面积将于未来一两年间显著上升，使集团的经常性盈利基础更趋雄厚。"

另外，"长实"在亚洲金融危机后也开始涉足酒店和套房服务业务，同时撤出了基建业务。从 2007 年"长实"的盈利构成来看，物业租赁占 16.41%，酒店和套房服务占 7.27%，物业销售已减少到只占"长实"经常性利润的 75.06%。这样，物业销售不稳定对"长实"盈利的影响就大大降低了。

由于受到亚洲金融危机的冲击，当时香港很多原本实力雄厚的企业利润也大幅缩水，尚处于调整时期。李嘉诚旗下的"长实"趁机竞标拿地，轻而易举地成为大赢家。1998 年，李嘉诚通过中标的方式以极低的价格轻松拍下了位于沙田马鞍山的一块酒店用地和位于广东道前警察宿舍的住宅用地，不经意间居然成为香港拍卖史的经典例子。

在精简投资的同时，李嘉诚率先降价抛售房地产。

1997 年亚洲金融风暴席卷而来，香港的经济受到很大冲击，银行紧缩信贷，股市行情急转直下，消费信心低迷，经济陷入了萧条的困顿之中。

在市场非常低迷的情况下，"长实"采取了积极的应对策略，在同行业内最先开始施行降价销售，促进消费，所以都获取了较好的营业额。第四季度推出的两个项目鹿茵山庄及听涛雅苑二期项目都力挫群雄，取得了不俗的业绩。听涛雅苑二期甚至获得了高达 3 倍的超额认购。

"长实"推出的鹿茵山庄首次开售，恰好处于 1997 年 10 月股灾之后，当时的香港楼市低迷，市场前景反应冷淡。起初，"长实"出售的价格较高，以分层单位、独立洋房的价格分别是约 12000 港元 / 平方英尺、约 16000 港元 / 平方英。推出后，内部认购冷淡。"长实"见此情景，决定推迟 4 天公开发售。为刺激市场消费，提出降价两成来吸引消费者认购。"长实"宣布鹿茵山庄促销的消息后，引发了连锁反应，其他楼盘也不得不降价销售。之后，"长实"的听涛雅苑二期项目也要在市场上开售，李嘉诚果断采取大幅度降价的措施刺激楼市。听涛雅苑二期开价平均每平方英尺 5181 港元，最低价甚至低于 4700 港元。同时，"长实"还采取多种策略来促销，例如为促销天水围嘉湖山庄美湖居剩余单位就推出"110%信心计划付款方法"的活动，采用"包升值"的方式刺激市场。李嘉诚采取的促销方式被香港媒体称为"为市场之震撼价"。

香港各地产开发商在"长实"率先低价促销后，也纷纷采取降价销售的策略。从 1998 年 1 月香港的住宅价格比 1997 年第二季度的价格下降了逾 3 成的幅度，与 1996 初的价格几乎持平。香港房地产商为了尽快抛售手中的囤积房屋，竞相采取更加优惠的价格出售。新鸿基地产（简称"新地"）在 1998 年 5 月以每平方英尺 4280 元的售价推出了青衣晓峰园 160 多个单位。为了抢占市场，"长实"也毫不示弱，随即以每平方英尺 4147 元的售价促销青衣地铁站上盖盈翠半岛。"长实"的价格比当时的市价低两成，立即在市场上引发了抢购的狂潮，开盘当天 1300 个单位就被抢购一空。与此相比，新地的晓峰园由于价格优势不明显，仅售 80 个单位，迫于市场行情，也随即展开降价的策略应对，下降了一成七，同时交给地产代理采取大范围内促销的方式来出售。

在市场低迷的境况下，"长实"采取低价销售的方式最先降价，引发了其他地产商的降价潮。对此，同期摩根士丹利的相关研究报告对"长实"的策略进行了深入分析，认为："'长实'相比竞争对手更愿意采用低价策略来加快销售。香港住宅市场自 1997 年 6 月以后持续下滑的形势，证明这是一个恰当的策略。"长实"对降价如此随意，也是因为它的收入来源比其他开发商更加多元化。"

2008 年次贷危机，李嘉诚又一次大规模密集抛售房产，先后出售上海世纪商贸广场写字楼物业、御翠豪庭、黄金城道上的商铺。即使抛售，李嘉诚的盈利也不菲，以上海世纪商贸广场写字楼物业来说，这个物业是在 2005 年以 23 亿元左右的价格购入，出售价格为 44.38 亿元，盈利 21 亿元。而黄金城道商铺是顶级的商业步行街，其地理位置非常优越，升值的潜力巨大，原本是李嘉诚计划自己持有用来出租的，但是随着市场环境的恶化，李嘉诚果断做出了"转租为售"的策略，大约有 40 个铺位共 2 万多平方米用来出售，均价以每平方米 10 万元。相比周围的商铺成交市场价约在 7 ~ 8 万元 / 平方米，李嘉诚仍然是盈利可观的。

当时，"长实"在北京投资的首个别墅项目——誉天下颇受关注。在 2008 年 11 月上旬，楼市市场行情不景气，誉天下别墅项目面向市场推出联排以 17296 元 / 平方米、双拼 18275 元 / 平方米的优惠价格，相比之前两种户型拟定的预售价格 30000 元 / 平方米和 35000 元 / 平方米的价格有了近乎五成的下跌。尽管不少人对李嘉诚的密集抛售以套现持迟疑态度，但在李嘉诚看来，金融危机袭来之时回笼资金以保存实力永远是第一位的，低价套现总比被低迷市场套牢要好。所以此次"长实"报出了令人大跌眼镜的最低 5.7 折超低价格，其降幅确实惊人。

高沽低买，巧借股市融资

香港的股市与楼市之间有着高度的相互性，经常会出现所谓的"股地拉扯"现象，即房地产商圈地的资金往往来源于以上市的方式到股市融资，导致地价飞涨，继而也带动房屋价格的高涨，房地产商获取暴利，然后再继续在股市上融资，推动股价高涨。这已经是行业内公开的秘密。但是，李嘉诚的"长实"只在 1987 年曾参与"长和系"供股计划，之后一般不采取股本融资的方式。

1996 年底，香港恒生指数大幅攀升至 13203 点，与 1995 年初的 6967 点相比，涨幅高达 89.5%。与之相应的是香港的地产市道也一路走高，在 1995 年第四季度之后，房价也一直飙升，1997 年 7 月中原地产指数升至 100 点，比起 1996 年 7 月的 66 点，在一年内升幅超过 50%。

在股价和房价节节攀升的情况下，"长实"在 1996 年进行了 1987 年首次融资之后的再次股本融资。融资前"长实"的现金流出净额高达 88.88 亿港元，融资后 1996 年净现金流入由负数转为正数。此次"长实"通过股本融资募集资金 51.54 亿港元。除此之外，"长实"还募集资金 41.78 亿元，也是通过附属子公司向少数股东大量发行股份的方式获取的。这次融资有助于"长实"摆脱了在亚洲金融风暴冲击期间，银行收缩贷款的资金困境，持有大量的资金为选择性投资提供了可能。

在 2008 年爆发金融危机之前，李嘉诚也已经意识到了有可能面临的风险。于是，他很善于未雨绸缪，采取了多种策略应对危机，减持中资股就是其中的策略之一。自 2007 年 9 月起，李嘉诚果断减持南航、中国远洋和中海集运的股份，套现总共逾 90 亿港元。其中，李嘉诚从减持中国远洋股份，套现 51.67 亿港元；减持中海集运，套现大概 24.04 亿港元。紧接着，李嘉诚基金会在 2009 年 1 月 7 日配售其持有的中国银行 20 亿股股份，每股价格在 1.98 港元到 2.03 港元之间浮动，套现达 40.6 亿元。据测算，此次减持净获利高达 18 亿元。

同时，李嘉诚的另一个举动就是在股市低迷时先后多次大幅增持"长和系"

股份。他在 2008 年 4 月 11 日至 7 月 16 日的 3 个月期间，前后 10 次共计以 5.8 亿港元增持"长实"；在 9 月 29 日至 10 月 8 日不到 10 天时间，又继续斥资约 3525 万港元增持"长实"42.8 万股。在 10 月下旬又 4 次增持和记电讯国际股份，持股量从 2 月底的 66% 上升到 10 月 30 日的 67.03%。11 月 14 日，李嘉诚在 2006 年 5 月以来首次增持和黄股份，以每股均价 37.225 港元的价格斥资 1116.8 万元增持和黄 30 万股，持股比例上升至 51.38%。2009 年 2 月 3 日，李嘉诚又以每股均价 67.14 元价格斥资 335.7 万元首次增持"长实"5 万股普通股。此后不到 3 天时间，李嘉诚再次以 64.575 万港元买进 1 万股"长实"股份，每股均价 64.575 港元。

李嘉诚大举增持自家股份的举动也引来了外界的纷纷议论。有人认为，李嘉诚再三增持表明股市已经跌至谷底，此外他也希望此举能够为低迷的市场增添投资信心。当然，从李嘉诚一贯的投资策略来看，他将高沽低买的策略运用得炉火纯青，在股市跌至谷底时以低价买入，然后，等待将来经济复苏时期再高价卖出，从而获取高额的利润。

李嘉诚投资善于把握时机，往往对未来市场的趋势能够准确预测，然后果断出手。当然，李嘉诚的大手笔除了其超凡的智慧外，也都是建立在多年在商场上摸爬滚打积累起来的经验上的。正如李嘉诚所说："好景时，我们绝不过分乐观；不好景时，也不必过度悲观，这一直是我们集团经营的原则。在衰退期间，我们总会大量投资。我们主要的衡量标准是，从长远角度看该项资产是否有盈利潜力，而不是该项资产当时是否便宜，或者是否有人对它感兴趣。我们历来只做长线投资。"

逆市扩张，迎战危机

亚洲金融危机之后，李嘉诚对其旗下的和黄的经营策略有了大幅的调整。从和黄这家从事多元化经营的企业更能体现出李嘉诚的迎战危机的智慧。

经过和黄长期以来多元化的发展，"长实"形成了以港口、地产、零售和制造、电讯、能源和金融为主的业务范围，相应的其盈利的组成也是多元化的。这使得和黄在受到亚洲金融危机冲击的初期，受到的影响并不大。但是，随着经济危机的影响日益加深，香港整体的经济都出现了衰退的趋势，1998 年和黄的地产零售等业务也开始出现萎缩。其中，地产业务，在不计算巨额的特殊拨备的情况下，税前盈利已经比上一年减少 23%，零售、制造和其他服务部门该年的经常性息税前盈利同比减少 37%，其中，零售部门的百佳超市和屈臣氏大药房在内地出现亏损，香港丰泽电子器材连锁店盈利持续疲弱。

在受到亚洲金融危机袭击的时候，和黄通过出售部分公司的股权获取大量资金收益，平滑业绩，脱离了困境。当时，李嘉诚的和黄出售了宝洁和记有限公司的部分权益。此外，还出售了其持有的亚洲卫星通讯 54% 的股权，获得净利润 23.99 亿港元。1998 年，和黄通过出售和记西港码头 10% 的股权获得收益 4 亿港元。从和黄连续三年的业绩来看，1997 年净利润比 1996 年增长 2.05%，1998 年净利润比 1997 年下滑 29.02%。正是得益于和黄及时出售三宗股权，获取了利润，才保证了正常的运营，防止了危机的蔓延，平滑了业绩波动。同时，资产出售的利润，为和黄在资金匮乏时期大举投资其他行业提供了可能。

2008 年金融危机时，李嘉诚再次展现出了应对危机的高超水平。2007 年，李嘉诚在股市高涨时抛售了多只中资股套现，在 2008 年内多次增持旗下公司股份，略微摊低了持股成本。正是由于李嘉诚未雨绸缪，采取多种策略的应对使得他在由于受到"长实"与和黄的股价大幅下跌甚至逾 40% 的拖累，个人财富在 2008 年大幅缩水的情况下，大大降低了损失，最大程度上扭转了资金缩水的局面。

亚洲金融危机的爆发也为和黄逆势扩张、拓展多元化业务提供了契机。1998 年，"长实"就从住宅地产扩展到出租物业等方面，多元化的市场需求较为稳定，盈利也相当可观。

和黄在 20 世纪 90 年代以来，逐步形成了依靠一系列能产生稳定现金流的业务，为投资回报周期长、资本密集型的新兴行业提供强大的现金流支持的模式。这些新业务通常称之为"准垄断"行业。不同业务优势和黄采取了一种独特的商业模式：亚洲金融危机为和黄大举进入这些行业提供了机会。李嘉诚在遭遇到亚洲金融危机中，不但经受住了考验，而且善于把握时机，反而逆市扩张。

在 20 世纪 90 年代的亚洲金融危机之后，李嘉诚就成就了一段低谷拿地，继而被业内奉为经典的案例。1998 年 1 月，香港政府采取招标的方式先后出售两处地产，分别是位于沙田马鞍山的一块酒店用地和位于广东道前警察宿舍的住宅用地。按照惯例，政府不对以招标方式出售的土地限定底价，只对公开拍卖的土地限定底价。之所以选择投标方式的原因是最高投标价通常比次高投标价高出很多，而最高拍卖价往往只比次高拍卖价高出一个价位，再加上当时的地产市场已经非常不景气，竞标者有可能并不多，很难拍卖出好价钱。事实上，由于没有准确地对形势做出判断，地政总署仅仅收到了两份标书。之后，"长实"轻松中标，给出的最高投标价为 1.2 亿港元，仅仅相当于楼面价 2150 港元 / 平方米。而在招标前，香港地政总署对马鞍山土地的估价则为 10.56 亿港元。这起竞标案成为香港地产拍卖史上的经典。同样，"长实"在竞标广东道前警察宿舍土地上仍然所向披靡。以"长实"为首的财团以 28.93 亿港元中价，楼面地价仅为 2840 元 / 平方英尺。而政府出售前对该地估价总值超过 40 亿港元，地价大概为 4000 港元 / 平方英尺。

和黄在亚洲金融危机期间开始大举进军海外市场，在全球范围内大量收购港口，一举成为全球最大的港口公司之一。1997 年，李嘉诚增持了仰光柜货柜港权益至 80%；同时，还进一步拓展了英国的港口业务，不仅购入了泰晤士货柜港，而且签订了收购哈里奇国际港口的协议；另外，还取得了巴拿马运河两端的巴尔博亚港及克里斯托瓦尔港的经营权，掌握了两个港口 72% 的实益权益，并且收购了大巴哈马机场公司 50% 的权益。1998 年，他一连在三个月内都有新的收购行动，先是在 2 月，和黄收购刚刚竣工的英国泰晤士港货柜港；紧接着在 3 月，和黄对香港国际货柜码头有限公司的权益从 85% 增至 88%；在盐田港的实益权益由 47.75% 增至 49.95%；4 月，收购哈尔威治国际港 90% 的权益。

在大举收购港口的同时，李嘉诚还瞄准了电信行业。为拓展在美国的移动电话业务，和黄在 1997 年收购美国西部无线公司（Western Wireless, Inc）5% 的权益及西部个人通讯服务公司（Western PCS Corporation）19.9% 的权益。第二年，和黄对印度 Hutchison Max 电讯公司的股权从 29.4% 增持至 49.5%，并认购了这家公司一名大股东发行的优先股；与以色列一家运营商合资建立 Partner 电讯公司，开辟了以色列市场；这一年，和记电讯还进军比利时市场，与荷兰皇家电信公司移动通信部门（KPN Mobile）成立合资公司。此外，和记电讯还于 1998 年在加纳收购一家拥有全国移动电话牌照的公司 80% 的股权。

1999 年全球电信企业的股票市值一路攀升，市场前景看好。李嘉诚在这一年完成了他所谓的"最骄傲的交易"，即出售"橙股份"，赚取了超千亿的巨额利润。"橙"出售分两次完成，首次是在 2 月份同构出售约"橙"股份的 4%，套现 50 亿港元；接着在 10 月份，全部出售"橙"其余的约 45% 的股权给德国电信商曼内斯曼，套现 1130 亿港元。出售完成后，和黄的 2G 业务从欧洲移动市场上撤出。和黄将卖掉"橙"的资产用于和黄进军 3G 业务的资金支持，在全球竞投 3G 牌照。然而，和黄 3G 业务的经营并不理想，连续出现了不断扩大的亏损状态。2002 年，亏损 20.7 亿港元；2003 年，亏损扩大到 183 亿港元，2004 年亏损高达 370 亿港元。并且，受到 3G 业务的影响，和黄的股价大幅下跌。到 2004 年底，对 3G 业务投入累计高达 2000 亿港元。

　　尽管如此，和黄仍然没有放弃 3G 业务，李嘉诚面对危机，采取了零散出售、分拆上市的办法。和记电讯澳大利亚公司（HTA）于 1999 年 8 月在澳大利亚公开招股，并上市交易。11 月，和黄通过将以色列的子公司 Partner 电讯在纳斯达克和伦敦证交所 IPO，取得 13.92 亿港元的利润。2000 年 2 月，和记电讯把持有的 10.2% 的曼内斯曼股权转换为 5% 的沃达丰电讯股权，获得利润 500 亿港元，随后又通过出售沃达丰电讯约 1.5% 的股份，获得利润 16 亿港元；2001 年 5 月，和记电讯以 300 亿港元盈利出售其在 Voice Stream Wireless 中持有的股份；2002 年 4 月，通过出售香港和记电话有限公司 19% 的股权给日本 NTT DoCoMo 公司，获得盈利 22 亿港元。

　　到 2004 年，3G 后续资金存在很大漏洞，为了最大程度上缩小 3G 业务的影响，李嘉诚选择了分拆旗下主要的电信资产上市的办法，最终解决 3G 的困扰。首先分拆香港的固定电话业务上市。2004 年 1 月 28 日，和黄宣布将香港的固定电话业务注入中联系统控股有限公司，借中联系统上市。第二天，中联系统复牌后股价攀升 40%，效果显著。3 月 5 日，中联系统改名为和记环球电讯控股有限公司。

　　其次是分拆 2G 业务。和黄通过分拆中国香港和中国澳门、印度、以色列、泰国、斯里兰卡、巴拉圭及加纳等八地电信资产上市，获得 41 亿港元的盈利。

　　第三步是由和记电讯国际"私有化"和记环球。2005 年 5 月 3 日，和记电讯国际与和记环球对外声明，双方以签订协议方式实现和记环球私有化。这个举措的成功就在于市场行情看好的时候配售，行情暗淡的时候回购，能够获取盈利。

　　最后，进一步分拆 3G 业务。2004 年 12 月，和黄透露有意出售 25% 意大利 3G 业务的股权并将该业务在当地上市。但是，由于市场形势的变化，和黄的 IPO 计划始终未能实施，于 2006 年宣布无限期搁置。

　　分拆上市，是和黄在特定情况下的战略选择。由于新业务要经过一定时间的运作才能盈利，而零散出售资产难以在短时间内满足资金需求的情况下，将项目分拆上市能够减轻资金压力，同时各项目独立运作后，项目的潜力被充分挖掘，也能够提升和黄的股价。

　　李嘉诚在商战上具有超人的胆识和魄力，即使在遭遇到经济危机的情况下，他也不会退缩，甚至非常善于以进军新领域、逆市扩张的办法，使他不仅摆脱危机，而且能够拓投资领域。

　　李嘉诚一向对创新技术保持着极大的兴趣。在亚洲金融危机爆发前期的

1996～1997 年，他旗下的"长和系"开始进军互联网行业。此后在 1999 年 1 月，"长实"、和黄与李嘉诚之子李泽楷合资设立 Tom.com；2000 年，"长实"、和黄与香港两家最大的银行——汇丰、恒生银行合资成立汇网集团有限公司，共同开发网络领域。

在 2008 年金融危机爆发之前的 2007 年 5 月，李嘉诚斥资大概 4500 万美元支持全球第一个提供高清网上电视服务的 Joost 网站。这次注资是通过旗下信托基金，与国际著名风险投资机构红杉资本等共同合作，支持 Joost 加快新技术的研发，并推动拓展全球市场。而在此之前，在微软宣布投资 2.4 亿美元获得 Facebook 公司 1.6% 的股权之后不久，李嘉诚信托基金也向 Facebook 投资 6000 万美元获得该网站 0.4% 的股权。

此外，李嘉诚还进军中医药行业。早在 1998 年，李嘉诚就与香港新世界集团联手打造香港"中药港"。2000 年，和黄成为同仁堂科技第二大股东。此后和黄通过进一步与同仁堂的合资，在 2003 年 12 月，和黄的附属公司和记中药，与同仁堂集团总部合作成立北京同仁堂和记医药投资有限公司，占有 49% 的股份。通过合资，和黄在同仁堂的一些项目上，内地开设药店、药品或药材生产以及同仁堂海外开店等都可以发挥自身的影响力。2001 年 8 月，和黄出资 1.1 亿元与上海药材公司合资成立上海和黄药业，双方各占 50% 的股份。2004 年 5 月底，和黄斥资 10 亿元与广州白云山股份有限公司合作，以白云山中药厂为基础成立合资公司——白云山和记中药有限公司。

在经济危机时期，为了增加公司的盈利，同时也为了降低风险，李嘉诚往往选择行业内实力雄厚的企业，要么共同控股，要么进行少量投资，实现逆市扩张。

全球多元化的"御冬术"

李嘉诚从白手起家到蝉联香港首富之位，经历了商场上无数次的风雨洗礼，即使是在受到经济危机冲击的情况下，也总能化险为夷，有惊无险。回顾李嘉诚的经典"御冬"法则，我们可以发现目前和黄所走的全球多元化道路，是李嘉诚有效防范金融风暴冲击的重要策略。

首先，投资多元化的领域和行业能够有效地分散风险。从李嘉诚旗下企业的发展轨迹来看，李氏的业务逐步跨越多个行业，业务也已扩展至全球。自 20 世纪 80 年代后期，李嘉诚旗下的长和系就开始将香港作为大本营，大举进军中国内地、亚太其他地区、北美、欧洲等市场。同时，也非常注重扩展包括能源、地产、电讯、零售和货柜码头等多元化的领域，逐渐形成了业务范围庞大、地区分布广泛的经营模式。长和系经营模式的优势不仅在于获取更多的经济利润，更重要的是大大增加了其经营的灵活性，更大程度上分散了其投资风险。

从李嘉诚的"长实"架构来看，李嘉诚在1997年亚洲金融风暴前就调整了"长实"的企业架构。1997年李嘉诚对"和黄"、"长江基建"和"香港电灯"的重组，重新搭建调整企业的组织架构，以防范有可能发生的风险。重组前，以地产开发作为主要经济支柱的"长实"直接持有和黄45.4%的股份和长江基建70.7%的股份，从事基础建设的长江基建，其核心业务是在内地投资注入道路、桥梁等基础设施建设，资金投入数额庞大，而回报周期又较长，盈利波动性较大。"长实"公司和长江基建在业务上存在较多的交叉，具有高度的相关性，容易影响到"长实"的盈利。重组前的和黄持有"香港电灯"34.6%的股份。而和黄自身的业务范围就比较多元化，又分布在分散的地区经营，其经济效益也较为稳定。港灯由于对香港对电力一直有稳定的需求，因此，经济回报也处于较为平稳的态势。

重组之后，各公司在架构上的风险得以分散，平滑盈利的效果明显。"长实"减少了持有的"长江基建"的股份，业绩大起大落的可能性大大降低；而"长实"、和黄对于"香港电灯"持有的股份并不出现明显的减少；长江基建控股港灯。重组后，"长江基建"和"香港电灯"的新组合，优势就在于二者业务性质相关较低，相互牵制的可能性很低，能够分散风险，降低盈利波动幅度，防止市场大起大落造成的影响。同时长江基建本身的回报期长、盈利波动大的特点，则与港灯稳定经济收益的优势达到优势互补的效果。"长江基建"在1997年收购"香港电灯"后，经济盈利比以前有了大幅度的增加，仅1997年就比上年度增加16.35亿港元，此后每年都稳步增长。截止到2001年底，"长江基建"最大的收入来源仍然是"香港电灯"。2002年上半年，"长江基建"52%的收入仍然是来自"香港电灯"。

李嘉诚抓住最佳切入点，把核心业务相关性不强的企业重组在一起，这是他应对风险的重要管理策略之一。不仅注重业务的低相关，还要从地域的分散分布来降低风险。重组后的优势非常明显，不同的业务回报期在投资量、回报周期、盈利的波动性等方面都存在很大的差异。重组后，不同业务的风险较为分散。

其次，就是注重整合差异化较大的全球市场。李嘉诚善于未雨绸缪、深思远虑，从长和系进军海外以来，业务范围已经从香港延伸到中国内地、亚太其他地区、欧洲以及北美等地，几乎遍布全球各地，业务范围也得到极大拓展，目前已囊括能源、地产、电讯、零售和货柜码头等领域。将业务拓展至全球的优势就在于，市场的发展程度不可能是同步的，对产品的需求层次也存在很大的差异。因此，全球化市场能够充分整合资源，实现利益最大化。一旦遇到某一地区市场不好的情况下，就可以转移到其他地区，以保证整体的市场不受影响。

和黄一直是李嘉诚全球多元化经营的经典范本。

和记黄埔成立于1977年，最初的运作是从该公司的旗舰公司"香港国际货柜码头"开始的。因此，和黄成立后的很长一段时间主要从事货柜码头的业务。进入20世纪90年代后，货柜码头业务开始向海外进军，开启了全球化经营的新思路。全球化拓展的第一步便是在1991年收购英国的港口菲力斯杜港。此后，和黄开始在中国内地、东南亚，以及中东、非洲、欧洲和美洲的15个国家与地区大举收购港口。收购的策略之一就是注重其货柜码头业务在全球的地理位置。正是由于港口业务分布较为广泛，因此各港口在同一时期面临的经济形势等外在环境不尽相同，便于盈利好的港口能够支持盈利状况不良的港口，而整个和黄的货柜码头业务的盈利基本不受或受很小的不利影响。和黄的财务数据也显示，"和黄"货柜码头业务1995年～2001年间的盈利是处于稳步增长的态势。

和黄的电讯业务也同样在沿用全球多元化的策略经营。当前，和黄的电讯业务遍布中国香港、东南亚、中东、澳大利亚、欧洲、美洲等国家和地区。在这些地方均拥有并经营电讯、互联网基建，提供的服务范围也是多元化的，诸如移动电话（话音及数据）、传呼服务、集群通讯服务、固网服务、互联网服务、光纤宽频网络及电台广播服务等。

和黄电讯业务全球化的优势植根于电讯业务自身的发展特点。众所周知，由于信息技术的更新换代速度很快，只有不断创新，经常开发新产品、新技术才能在市场上占据优势。而研发新产品、新技术的时候，往往需要一些市场进行试运行。全球化的业务开展就可以有很大的市场选择空间。试验成功后，可以进行全球范围的推广。一旦实验不成功，其带来的负面影响也是局限在试验市场中，这样就可以降低风险。

研发出来的新产品的竞争异常激烈，经常出现斥巨资研发的新技术尚未收回成本，就很快被更先进的技术淘汰，这就给开发商带来了很大的压力。因此，和黄把市场遍布世界各地，不同的国家和地区在经济、技术等方面的发展程度不可能处于同步阶段，即使一些新产品在发达国家被淘汰，但是在不发达的国家和地区市场的销量还是很好。

利用这种区域差异，能够在更大范围内调整业务，而整体的盈利还能够保持可观的状态。可观的盈利还能够保持美洲、欧洲以及"和黄"的移动电话业务在不同地区的销售的成功。

当和黄的第二代移动电话技术 GSM 在中国香港、澳大利亚市场已经处于饱和状态，销量 5 年来呈持续下滑趋势的时候，与之成对比的是，同样产品在印度、以色列的市场上却深受欢迎，销量猛增。不同地区对产品的需求程度存在很大的差异，能够消化、吸收不同水平的技术产品。

不同的市场在经济周期影响、行业竞争程度、市场发展阶段都会存在很大的差异，全球化业务开展的优势很大程度上就在于能够充分利用不同地域的差异来增加其投资的灵活性并降低所承受的风险，确保整体回报的状况良好。

李嘉诚的警告：绝不借钱投资

李嘉诚应对危机的大手笔固然令人感慨万千，但是也无一例外是经过缜密的分析、准确的判断作出的决策。他也表现出了保守、谨慎的一面。

李嘉诚作为华人首富，在香港享有较高的知名度，他发表的观点总能受到人们的高度关注。凡是李嘉诚出席的公开场合，他往往成为媒体追逐的焦点，记者总是抛出一些关于经济发展走向预测的问题，希望李嘉诚能够透漏出一些李氏投资秘诀来。而李嘉诚每次都是神采奕奕地出现，给人留下和蔼可亲的印象，其回答问题的方式充满了睿智和幽默，也深受媒体的欢迎。

尤其是 2007 年起，李嘉诚出现的每次重大媒体发布会，他几乎都会呼吁投资者要谨慎投资，量力而行。2007 年上半年，内地的炒股非常热，人们纷纷加入了炒股的行列。李嘉诚对此也给出善意的忠告。李嘉诚在 5 月间就曾经表示，内地股市已经出现泡沫，呼吁股民炒股要谨慎，一定要量力而行。到 8 月份，他再次忠告股民，即使目前内地、港股都在高位的态势，但是一定要谨慎，无论是长线投资，还是短线投机都要小心，警惕有可能出现的风险。之后的 2008 年 3 月 27 日，李嘉诚认为香港股市仍处于调整期，尚未达到合理的水平，提醒内地投资者要量力而行。当时，内地的股市大跌，由于受到内地救市传言的影响，2008 年 8 月 20 日香港及内地股市攀升，此时李嘉诚再三提醒股民投资谨慎应对。

在 2009 年 8 月期间，李嘉诚在长和系 2009 年中期业绩发布会上，被问到对当前经济发展趋势的看法时，认为全球经济最坏时间已过，但是也不能就此认为经济已转好，不可能很快出现 V 形反弹。而对"年底经济会转好"的说法并不认同，认为经济的复苏是需要一个过程的。李嘉诚对香港经济的发展前景很看好。同时也认为，中国内地经济长远增长前景及多项特别优惠政策能够为香港经济发展提供很大支持，其中也包括个人旅游刺激香港本地消费及中央政府对香港金融体系的支持。

在面对经济形势的好转，港股已冲上 20000 点的情况下，一向投资保守的李嘉诚再度告诫散户投资者要量力而行，要坚持着"千万不要借钱买股票"的底线。他解释说，如果大家仅仅依靠炒股就能维持生活的话，就没有必要辛苦工作了。但是，他也表明要视情况而定，表示："我不会说现在肯定不买入股票，但如某股票的市盈率高，回报低，我一定不买。但长江、和黄我很有可能会买，多年来我只买不卖，那是值得的投资。"

从李嘉诚的言谈中，大家也能体察到李氏的投资策略，对于香港政府发行的官债回报不理想，一般不愿购买。他最看重的就是股票的市盈率，他旗下的基金会往往也是量力而行，认购市盈率低及息率高、赚钱能力较强的股票。

李嘉诚曾经有段话非常形象地阐释了自己不主张借钱炒股的理念："这么多年来，1950 年到今天，个人（资产）来讲，从来没有一年比去年少。要做到这样，第一原则就是不要有负债。我在 1956、1957 年以后，个人没有欠过一个债，我的负债是这个（边桌上有两只金属制大、小北极熊雕像，指着小北极熊说），我的现金是这样大（指着大北极熊）。"所以，李嘉诚一直致力于保持稳健的财政状况，他认为只有这样，才能保持充足的实力，一旦遭遇经济危机，也能防范财政风险。可见，李嘉诚忠告股民谨慎投资，不要借钱炒股的警示良言也是他本人多年来一直奉行的信条。

第八章
▼

投身公益

——公益事业，建立新的大同世界

独资筹建汕头大学

教书育人一直是李嘉诚从小到大的理想，几十年后的李嘉诚受到周遭环境的影响而成为了华人世界第一首富，他是名副其实的商业奇才，但从小的理想他一直没有忘却，他曾在汕头独资筹建了一所现代化的大学，为此在资金方面他倾注了将近 9 亿港币。

20 世纪 20 年代，潮汕与厦门相隔毗邻，很多学子与商人互相往来潮汕厦门两地，当陈嘉庚捐资创立厦门大学伊始，很多潮州人也曾有振兴家园、创办潮汕大学的梦想，但在当时因种种外界原因，一直到 20 世纪 80 年代都未能如愿。

随后，创办大学的梦想一直被搁置，直到粉碎"四人帮"后恢复了高考制度，潮汕的学子都以能进厦门大学为荣耀，除了厦门大学是声誉颇好的全国重点大学，还有一个原因就是厦门是离潮汕最近的城市。

在本地创办大学的呼声越来越高，莘莘学子的热情越来越高涨，"我们潮汕在海外的华侨和同胞，不比厦门的少，为什么他们 60 年前能办成的事，我们潮汕今天都办不成？""在港澳和东南亚，数我们潮汕的富商最多！"拥护者多为潮汕的干部群众和潮汕在海外的学者商人，直到 1979 年，一次机遇，改变了潮汕大学的历史。

正值当时，邓小平、廖承志等国家领导人，在接见外籍华侨团体时，传达了潮汕人民想创办大学的想法，并希望得到华侨团体的支持，一时间创办潮汕大学的新闻铺天盖地地袭来，在等待和期待中，等到的不是外籍华商巨富，而正是一位来自香港的潮汕商人，此人正是——李嘉诚。

1979 年的秋天，李嘉诚找到当时发起香港商界支持办学的主管人，也是当时香港南洋商业银行董事长庄世平先生，向他表达了自己想资助办学的愿望："现在中国政府顺应民心，实行开放政策，使旅居各国华侨、港澳同胞更感报国有门。"然后他接着提到："关于创办汕头大学的事，刻不容缓。就让我先带个头吧，相信以后会有人跟着来的！"庄世平听后，对李嘉诚的行为感到颇为惊叹并加以赞扬。当李嘉诚询问到创办资金需要多少时，庄世平微笑道："这当然是需要很多投资的，也许会是个无底洞！钱越多越可以把事情办好。"结果不假思索的李嘉诚爽快地捐出了 3000 万港币。而事实上，原本想带个好头的李嘉诚，却没曾想，就是这 3000 万港币的注入，让他成为名副其实的独资筹建。

饱尝人世辛酸的李嘉诚深刻地认识到教育对国人的意义，对一个国家发展的重要意义是从目睹战后迅速发展的国家地区开始，他们的兴衰都取决于教育。试想如果没有他的"兴学育才"，没有他对教育事业的执着，汕头大学的创办不知会不会再推迟 50 年。

李嘉诚最大的心愿在 1983 年的秋天达成了，汕头大学首期工程的开工仪式上，李嘉诚在会上发表了自己的看法："我认为汕大的创办，是合乎民意，深得人心的。千方百计以破釜沉舟精神，务必使之建成办好，这就是我的最大心愿。"同年 12 月，汕头大学正式开始招生第一批学生。在此，汕头大学举行过多次典礼和剪裁活动，李嘉诚一时间备受关注，在接受记者采访时，他很坚定地说："创建汕头大学是一个国民应尽的天职。支持国家，报效桑梓，乃是我抱定的宗旨！"

从不计较名利的李嘉诚为汕头大学的创办倾心竭力，有关部门领导曾多次想征求李嘉诚的同意，将大学的名字以他或者他父亲的名字命名，但却遭到李嘉诚的坚决反对，最后有人以北京大学的"未名湖"为例，可以称汕头大学大礼堂为"未名堂"，聪明的李嘉诚一下就识破了对方的"小伎俩"，并微笑地回应道："本来就是大礼堂，这样不是很好吗？"正如当年陈嘉庚先生创办厦门大学时，陈嘉庚也拒绝以自己的名字来命名大学的名字，并反对在校园内为自己树碑立传。像他们这种高尚的情操和气度，在每个人的心目中其实早就铸好了一块丰碑，对他们的崇拜与敬仰也为中国教育史添光添彩。

"彩带丰碑"是广东省委书记林若在 1990 年时对李嘉诚创办汕头大学的行动予以的最高的评价，同年 2 月 8 日，汕头大学举行隆重的落成典礼，林书记在典礼仪式上解释了"彩带丰碑"的意义，"彩带"即联系全世界华人之纽带；"丰碑"毫无疑问指的是李嘉诚的丰功伟绩和个人魅力。

　　汕头大学时任校长在《答谢词》中提到，李嘉诚不仅捐下巨资创办汕头大学，同时在创办过程中，李嘉诚曾亲自参与策划，解决了当时汕大的诸多问题，保证汕大的顺利完工，他称李嘉诚此举为捐资兴学、育才强国之义举。另外汕头大学校董会主席吴南生，撰写了《汕头大学建校纪略》，镌刻在大理石石碑上，该文记述了建校的全部过程，并对李嘉诚先生和中央省市各级领导，以及海内外各方人士表示感谢。碑石立于校园中心广场的中央。同日庆典，李嘉诚携李泽钜、李泽楷及长江实业集团高级助手参加典礼。

集优秀教师，培养栋梁之才

　　汕头大学终于克服了种种困难，顺利建成。李嘉诚作为捐助人也备感开心，与其说他捐助的是一所大学，不如说他捐助的是自己的一腔热血，他的真实意图是要真正地让汕头大学成为全国顶尖优秀的大学，培养一批批莘莘学子。

　　创办汕头大学，是为了给国家培养更高端的人才，有句话说得好——先进的科学技术和机器，也要有优秀的人才去操纵和控制，汕头大学的创办宗旨就是要立志为国家四化和潮汕地区培养人才。陈衍俊先生在其著作中曾这样叙述道："尽管当时李嘉诚面对的是香港经济的严重困难时期，但是为了汕大的事业，他除了自己要付出许多时间关心汕大的工作外，在香港公司内，还组织了一个专门负责汕大事务的工作班子。经常派出工作人员来校了解情况，解决问题和困难。派出专家和建筑师，到建校工地进行具体现场指导，严格要求建校工程质量上乘。多方收集世界先进国家名牌高等学府的有关教学、科研、行政、管理的先进经验及资料，送给汕头图书馆供教职工学习、参考、借鉴。

　　"在繁忙的商务活动中，总要安排时间会晤到香港的世界知名学者、专家、教授，倾听他们关于如何办好汕头大学的意见。每次到外国进行商务活动，也总要安排出一定时间，去访问一所有影响有名气的大学，去获取经验，去取得感性认识。还积极为汕大聘请外籍教师，为汕大教师出国深造、访问、讲学，争取参加有关国际性学术会议等创造了许多有利条件，提供了许多方便……"

　　当时的汕大校园建筑特色汇集了中西优点，教学设施建设也相当先进，但是校园建筑这个硬件是上去了，可还有一些软件不尽如人意。这不是有钱就能做到的，必须依靠政府——并且不是省市政府全能解决的。李嘉诚向邓小平写了一封信，决定求助国家最高领导人。

1986年6月20日，邓小平在人民大会堂会见了李嘉诚，对于李嘉诚捐办汕头大学的爱国行为，邓小平表示赞扬。邓小平说："创办汕头大学，这是一件好事！汕头大学要办，就一定要办好。在全国，要调一批好的教员到那里去，把汕大办好！汕大应该办得更开放些，办成全国重点大学。"这段话是对李嘉诚说的，也是对当时陪同会见的国家教委主任李铁映说的。领导人的话，给了李嘉诚建设汕大很好的支持，之后在政府有关部门的关怀与帮助下，汕头大学的建设逐步走上正轨。今天，汕大已经日益被建成我国的重点大学院校之一。

情系残疾人

李嘉诚作为华人首富，正如古语所言"达则兼济天下"，他积极参与慈善，关注社会弱势群体，尤其是对残疾人也倾注了自己的一片爱心。

李嘉诚曾经在1991年，捐给中国残疾人联合会1亿元，用于捐助农村的白内障患者重见光明。他非常清楚一双眼睛对于每个人的重要程度，对中国内地很多农民缺乏白内障治疗的知识很是焦虑，他决心帮助这些人摆脱白内障的困扰。

1991年8月9日，中国残疾人联合会主席邓朴方率中国残疾人展能团和艺术团访港。期间在香港与李嘉诚会晤，李嘉诚捐款资助残疾人事业。邓朴方对李嘉诚说："我们把捐款作为'种子钱'，每拿出1元钱，就会带动各方面拿出7倍以上的配套基金，一并投入残疾人最急需的项目……"

这一次与邓朴方的见面，还有邓朴方的一席话使他很受感动，同时触动了他要为残疾人多做点事的想法。之后，他提出看看邓朴方率领的中国残疾人艺术团的演出的请求。几天后，李嘉诚先生与邓朴方先生再次见面时，说出了自己宏大的设想："我和两个孩子经过考虑，再捐1亿港元，也作为一个种子，通过各方面的共同努力，5年内把内地490多万白内障患者全部治好。我挣钱，你为残疾人办事。"

对于李嘉诚的诚意，中国残疾人联合会非常重视，进行了调研和反复论证。而邓朴方与李嘉诚也多次通过相互致函沟通意见。为了能够深入地沟通，李嘉诚12月初特意委托李泽楷等专程赶赴北京了解具体情况。在多次沟通之后，双方达成了共识，决定将1亿元港币捐款从最初仅用于治疗白内障患者扩大使用范围至白内障复明手术、低视力残疾者配用助视器、聋儿听力语言训练、小儿麻痹后遗症矫治、智力残疾预防与康复，以及兴建 30 所省级残疾人综合服务设施等内容。为了能够将捐款的运用更加规范化，制定了《李嘉诚先生专项捐款管理办法》，保证项目的规范运行。此项目开展以来，成效显著，使得庞大的残疾人群体从中受益匪浅。

李嘉诚对家乡怀有深深的眷恋，对家乡的残疾人生活疾苦更是关注。他在潮州西湖公园旁捐资兴建了"潮州市残疾人活动中心"。这个活动中心 1995 年 11 月 9 日落成，占地 12 亩，建筑面积 4428 平方米，能够为残疾人提供康复医疗、特殊教育、文娱体育活动。如今，潮州的残疾人事业也没有辜负李嘉诚的期望，被列为全国推进残疾人事业发展的示范点，这也使李嘉诚感到由衷的欣慰。

慈善是一种做人方式

"我成长在乱世中，回想过往，与贫穷及命运进行角力的滋味是何等深刻，一切实在是好不容易的历程。从 12 岁开始，一瞬间已工作 66 载。我的一生充满了挑战，蒙上天的眷顾和凭仗努力，我得到了很多，亦体会了很多。在这全球竞争日益激烈的商业环境中，时刻被要求要有智慧、要有远见、要求创新，确实令人身心劳累。尽管如此，我还是能高兴地说，我始终是个快乐的人，这快乐并非来自成就和受赞赏的超然感觉。对我来说，最大的幸运是能顿识内心的富贵才是真的富贵，它促使我作为一个人、一个企业家，尽一切所能将上天交付给我的经验、智慧和财富服务社会。"这是李嘉诚对慈善发表的看法，功成名就的李嘉诚一直不忘对社会贡献自己的力量，有人说他经营了两个事业，一个就是不断赚钱的事业，另一个就是不断花钱的事业，这也说明李嘉诚无时无刻不关注公益事业。

1980 年，潮州市和潮州县两级医院的医疗设置相比较其他地方而言还是很简陋的，缺医少药的情况比较普遍。李嘉诚闻讯非常感慨，想起幼年时父亲与祖父都是因为医疗条件问题而离开人世，想到这里，他感慨之余还多了一份担心，紧接着李嘉诚回到了阔别多年的故土，心潮涌动的李嘉诚看到衣衫褴褛的老乡亲们，那一刻他差点儿流泪。这次重返故里，他还有一个重要的任务，就是参访潮汕的市级区级医院，李嘉诚想凭借自己的力量为家乡作一些贡献，他觉得这是他应该做的。于是回到香港的李嘉诚决定动用长江实业慈善基金将近 2200 万港币为潮州建设两座现代化设施的医院，解决潮州人看病难、医疗条件差、买药难等问题。

一向低调的李嘉诚，从不为自己的善举而高调张扬，也从来不炫耀自己的财富，在医院建设初期，李嘉诚曾交代过有关人员，不要张扬此事，并以自己做人做事的原则为先，约法三章：其一，不要用自己的姓氏或名字做医院的名字；其二，不为自己投资的项目剪彩；其三，不许他手下的人以"长江实业"的名义参加各种医院庆典或剪彩活动。这就是一个有着诸多原则的李嘉诚，不求名誉，不求回报，为了圆自己的心愿，也为了父老乡亲们的平安健康，这就是谦逊的李嘉诚几十年如一日对公益事业的付出。

李嘉诚的善举岂止只在潮州老家，他捐助过的事业和机构举不胜举，1984年，他向中国残疾人基金会捐赠100万港元；1991年，他又捐出500万港元，并表示从1992年～1996年间，陆续捐赠6000万港元。1987年，他向中国孔子基金会捐款50万港元，用于赞助儒学研究，该基金会在山东曲阜为李嘉诚树碑立传。1988年，他给北京炎黄艺术馆捐款100万港元。同年，捐200万港元资助汕头市兴建潮汕体育馆。1989年，捐赠1000万港元，支持北京举办第11届亚洲运动会。

事实上，李嘉诚有个宗旨，那就是"发达不忘家国"，"办公益事业乃是我分内之天职"。他认为"没有钱是办不成事的"，但"金钱却也不是万能的"，"对有些地方、有些事，就是有了钱也不能解决问题的"，"只要我捐出的有限的钱，能为社会带来较大的益处，我就终身无悔"，"我当努力办实业，只有盈余多了，才能拿出多一些的钱，用于社会"。

李嘉诚在事业上的成功一直被后人所崇拜和学习，而他在公益事业上的慷慨也应该赢得无数的掌声和无上的荣耀。国家领导人多次接见他，高度赞扬李嘉诚的这种"发达不忘家国"的作为。香港大学校监、港督尤德爵士在1986年授予他名誉法学博士；而英女皇伊丽莎白也于1989年的元旦颁发他CBE勋爵衔及勋章奖章。

这正如李嘉诚对慈善事业的看法一样，在他看来，活在世界上能够帮助需要帮助的人，是一个人内心的财富，这就是一个把慈善事业几乎当成做人方式的李嘉诚。

投身内地基础建设

李嘉诚生在内地，为逃难于1940年全家迁到香港，故土情结深植于内心。怀着对祖国的一片桑梓之情，他始终心系内地的发展。

1979年开始，中国进入改革开放新时期。李嘉诚及旗下"长实系"财团，坚守"立足香港扎根香港，背靠祖国依托祖国，面向世界走向世界"的企业经营发展方针，在积极加强与中资企业的合作的同时，一边也积极筹划向祖国内地的发展投资。李嘉诚大手笔斥资内地项目的建设，为加速祖国现代化进程作出了巨大贡献。

自 1992 年至 1996 年，李嘉诚的"长实系"财团在内地投资已遍布各地。领域主要涵盖了基础建设设施、房地产开发、巨额股份股票以及商贸业、酒店业等，投资总额超过 600 亿港元。短短几年，"长实"财团的触角涉及了包括交通、能源、集装箱货柜码头及工业等各方面，亦完成了改造重建旧城居及建设"安居工程"微利房等项目。

正如李嘉诚所说："内地现在可以说是气象万千！现在国内的形势这么好，我们的信心更足了。我们对北京充满了信心，对香港的前途也充满了信心。"他对内地寄予热切期望，并以实际的行为支持祖国的发展建设，各项贡献巨大之举措，众目可睹。

在北京，他联手首钢，收购香港东荣钢铁集团有限公司。北京首钢拥有 51% 股份，余下部分李嘉诚的"长实"和"怡东财务"公司分别占 23.6% 和 25.4%。被传媒界称为"与内地特大企业联手合作的重大步骤、收购香港重大企业的战略性步骤"。其后，李嘉诚继续投放巨资，参与黄金地段王府井的改造工程及北京东方广场的建设。到 1994 年，本着"确保工程质量，降低成本，为首都人民提供廉价优质的住宅"的初衷，他更是慷慨斥资 32 亿元人民币作北京市民建设住房和配套服务设施费用。作城南马家堡居民新区建设用的 20 亿元，就解决了 1.3 万户民众的居住问题；另 12 亿元，用于城东长营乡的居民新区建设。

在上海，李嘉诚的投资方向主要锁定在货柜码头和海港工程。1992 年，由李嘉诚、郭鹤年、中国光大、香港鹏利等财团组成的港沪发展有限公司与闸北区政府签署协议，以 1.31 亿美元租得火车站以南 5.78 公顷土地的使用权，投资上百亿元人民币，在租下的地盘上建造了 22 万平方米的综合建筑群。另外，李嘉诚详细考察上海码头设施后，立即对此产生兴趣，于是 1992 年 11 月便又有了上海集装箱码头有限公司的经营项目。合作双方和黄集团和上海港务局协定，由前者投资 60 亿元人民币以用来建设金山标准集装箱码头、国际深水港码头等项目。故而李嘉诚的货柜码头逐渐扩展，他本人亦成为亚洲首席私营货柜码头大王，掌握了该领域业务的主动权。

在福建，自 1992 年 11 月签订协议到 1993 年 5 月 13 日正式签约，李嘉诚先生带领的"长实"公司与福州市政府达成合作，"长实"投放巨资共 35 亿港元，用以改造及重建旧城区的三坊七巷。工程正式开工之日，李嘉诚为表达诚意，专程赶往现场参加庆典。对历史文化名城的改造重建投入，显示了他对中国文化的崇敬，他以实际行动彰显了不忘祖国文化的决心，并作出了巨大贡献。

在深圳，李嘉诚于1993年1月4日考察了位于深圳东北部的盐田港建设工地。考虑到其优越的地理位置，发展的趋势就可能成为世界航运网络中的货物中转枢纽，该地建设，又为深圳市以及整个广东省的"龙头"项目，李嘉诚自然不会错失如此宝地。是年10月，双方的合作便已达成，深圳东鹏实业公司与香港"和黄"盐田港投资有限公司协定合资建设经营盐田港国际集装箱码头，李嘉诚赴京参加合同签字仪式。两期工程共耗资50亿元人民币。

在珠海，李嘉诚对特区城市的发展情况赞叹不已，1993年间，"长实"、和黄、津世三大公司，与广东省电力集团公司和珠海经济特区电力开发集团公司合作，兴建经营广东省电力建设的重点项目广东珠海电厂，6月11日，正式签订协议书，李嘉诚持45%的股权。第一期工程于1997年投入运行，建成后，广东省电网的主要供电都由它提供。同时，海港集装箱码头以及九洲港的建设，李嘉诚也有巨额投资。

此外，广西壮族自治区北海市的港口建设，海南省洋浦开发区的开发与物业发展，四川省成渝高速公路的经营管理权项和周边物业发展权，李嘉诚皆有涉及投资。

如此看李嘉诚对各地发展的投入，不难发现其涉及的领域主要集中在交通、码头、能源这些基础设施建设。这些是李嘉诚在内地长线投资的重要举措，同时也满怀着他赤子报国、不忘桑梓的情怀。

建中药港：左手同仁堂，右手白云山

1986年，李嘉诚痛失老母。

病逝的母亲撒手一生辛劳，离开人世。失去至亲之痛，不言而喻，此前的挽留之苦，更是刻骨铭心。

早一年前冬，老母亲病重，李嘉诚揣着几辈子也花不完的金钱，不惜一切地请来各地名医，试图挽留母亲的生命。可惜生命岂是重金名医就能那么容易挽回的，一年后，母亲还是辞别了人世。她人生的最后几个月，几乎完全是依靠香港养和医院一位中医大夫的中药处方而得以延续。因而至那时起，李嘉诚便更痛恨迷信，而对中草药怀有特殊感情了。

　　过了几年，李嘉诚来到北京，并专程前往颇具盛名的同仁堂中药店。他从小读过李时珍的《本草纲目》，但仅对当归、杜仲、甘草这些普通药材有基本了解，此次进京与一些著名中草药专家座谈，这才知道国药店里每一种珍贵的草药，都有它相应的独特疗效。对中草药的进一步了解和对其历史渊源的进一步体会，使得李嘉诚对中草药的感情愈加浓厚，并萌发过将其列入集团经营范畴的构想。只是因一心忙于房地产开发，那时他还无暇实现这番构想。几年以后，李嘉诚的舅舅兼岳父庄静庵忽然染病，李嘉诚首先便坚决抵制迷信，拒绝请来所谓的"弥宗大师"，而是坚持延请了中医为庄静庵调理治疗。这与草药不断的牵连，无疑让他与之结下了"不解之缘"。

　　让李嘉诚终于决心实现自己构想的，是香港特首董建华的一番话："李先生，不久前，特区政府在总结亚洲金融风暴教训和经验的时候，我发现一份由财政司提供的报告。在这份报告中记载着这几年中药材在国际市场上的份额。它让我读罢十分忧心……祖国是中药材的重要产地，也是世界药材最重要的发源地，可是，让我感到吃惊的是，咱们国家独产的这些珍贵药材，不仅在国际中药市场上无足轻重，让人更痛心的是这些中药材大多来自其他国家。也就是说咱们中国的中草药出口，只占全世界 300 亿美元的 5‰左右。更多的中成药则由日本和韩国把持和控制着，这成什么话呢？这且不说，日本和韩国每年利用我们国家出产的中药材，不但在欧美市场上大量倾销，他们甚至还把中成药产品卖到我们香港来，这无疑就是一种新的挑战啊。李先生，我希望你们的"长实"集团能在中成药的生意上，给所有香港商界带一个好头！"

　　董特首这一番诚恳的暗示，使得李嘉诚为之动容，并在其提醒下，更是深刻地理解了中草药对香港走出金融风暴困境能够起到的作用。于是，离开特区政府不久，李嘉诚立即在"长实"集团总部连夜召开重要会议，正式提出将中药材列入可以促进香港特区经济增长的计划，优先考虑并马上付诸实施。尤其突出的是他在这个计划中关于"中药港"的设想方案。李嘉诚认为，"中草药"当属国宝，香港回归祖国以后，中草药必将成为经营和销售的主体之一，其初衷不仅为赚钱，更是为发扬祖国的中药遗产，使世界能够通过"中药港"这一媒介，更进一步地增进对中草药的认识。

　　董建华听说李嘉诚"中药港"的令人振奋的经营计划后，格外欣喜。他在香港各种高官会议上宣传"中药兴港"，如今终于有希望得以实现，自是迫不及待。

为此董建华再次与李嘉诚恳谈，希望这个计划能够尽快实施。但当务之急是，必须找到相应的合作商，共同经营这个项目，发展出一定的规模。"中药港"计划最终敲定之后，李嘉诚便立即开始在香港和内地寻找合作方，加上董建华的强烈号召，终于有些相关的集团和企业，开始站出来支持响应李嘉诚精心拟定的计划方案。

最终新世纪集团公司，与李嘉诚表明意向，愿意立即注入资金，成为李嘉诚新的合作伙伴，并且，两家集团公司携手之后立即拟定了一个全面的发展计划方案，商定共同投资50亿港元作为中草药的开发费用，初步构建起一个有活力的"中药港"雏形。

2004年秋，当李嘉诚再次来到首都北京，踏入百年老店"同仁堂"时，他百感交集。他在这里亲眼目睹了所有中成药的生产过程，这才恍然大悟，这家百年老店之所以在国内外都能够始终保持信誉不倒，负有盛名，就因为他们对中成药原料质量秉持的一丝不苟的态度。任何不完全符合规定的草药，在严格的审查过程中，都会毫无例外地被淘汰剔除。这种严谨敬业的崇高精神，恰是李嘉诚不断追求的经营态度。

随即，"长实"与上海第一中药厂签订合作备忘录之后，李嘉诚亲自拍板：批准"长实"集团与北京同仁堂合资组成中成药联合企业。这两项合作，更为充实"中药港"计划的实施打下了坚实的基础。有了国内老牌同仁堂中药制药机构的加入，无疑更为他的中药出口计划增添了权威性和名牌性。

说干就干，计划刚启动，李嘉诚就在与"新世纪"联手的同时，授意"长实"旗下的和黄与广州白云山股份有限公司合作，为"中药港"计划增设筹码。

李嘉诚对于这次与广州中药材联手经营，十分关注，他对和黄此事负责人强调，谈判的进程一定要加快，因为此次合作是打造"中药港"所必需的。翌年春，"和记黄埔"与广州这家药厂正式签订合作备忘录，李嘉诚对"中药港"计划的实施便更具信心了。这一项目本是由双方共同投资10亿港元资金用以启动实施，广州白云山中药厂作为生产基地，和黄则优先注入资金，并负责在国际范围内中成药的推销。使得李嘉诚信心十足的是广州白云山中药厂20年的悠久历史以及他们在此领域的权威性。作为一家老牌中草药企业，他们不但拥有成套生产中成药的设备，更有诸多该领域专家作为担当顾问。诸如"乌鸡白凤丸"、"牛黄解毒丸"和"安宫丸"等名牌中成药产品，其生产原料都是国内的货真价实的中草药，有些甚至是专由西藏、青海、贵州等地采集运送，不乏许多上等原料。李嘉诚最终期望效果是，将中国的精品中草药推广到世界各地，尤其欧洲、美洲等一些历来对中成药持怀疑态度的地区。与此同时，他要求这次关涉到香港经济腾飞和中国草药声誉的"中药港"之战，能够打出有质量的中药品牌。而长久推广和发展，药品原材料质量可谓关键。

白云山中药厂在中药界长期享有美誉，素有"北有同仁堂，南有白云山"之说，与同仁堂可视作是中国内陆最具权威的两大中药企业。李嘉诚与之合作，一方面必然能够保证"中药港"的权威，另一方面对于他自身来说，凭借李嘉诚财团在商界的巨大影响，也恰能加速其在国际上影响力的扩大。白云山某高层分析说，通过和记黄埔在欧洲的上千家的药店，白云山可将药品轻松地销售到欧洲地区。加之当时白云山中药厂正欲启动穿心莲、消炎利胆片为主的"中药抗生素"项目，但却需要巨资支持，恰时与和黄的合作，又正好解决了这一问题。这样，两方都得益，合作就顺利达成了。

当然，李嘉诚的志向绝不会仅限于香港，他之所以选择中草药领域，不遗余力地与药业巨头达成合作，其最终的目的在于欧美市场。他仅将香港作为中药国际化的起点和桥梁，起的只不过是铺垫的功用。

但是，要想真正打造国际品牌的中医药业，仍存在问题：分销渠道的不完善、科技含量的不足、海外市场对其作坊式生产的旧观念。李嘉诚就想到，内地中药企业与自己的集团合作，就正好扫除了这些障碍：以和黄的实力，谁会认为它是作坊式生产？因此，有业界人士感叹，李嘉诚与白云山中药厂并肩，打入国际市场，中药国际化将因和黄的实力，而变得"一切皆有可能"。

如此，李嘉诚左手同仁堂，右手白云山，一北一南，两方合力，以香港为桥头堡，朝着国际化的目标挺进。

与同仁堂和白云山结成合作之后，"中药港"发展的步伐更为稳健。但是李嘉诚思量再三，回忆起当时董建华动员他时的初衷，是希望"中药港"能够成为繁荣香港经济的一大项目，他越来越觉得，这样仅仅几家合资企业生产中成药，并简单地在香港出售，达到的仅仅是宣传作用，这显然是远远不够的。

李嘉诚亲自找来和黄的主要领导成员，举行圆桌会议，多次与他们商量计策，让中国的大批成药，透过香港这一桥梁，朝着欧洲和美洲药品市场一批一批倾销出去。要想达此目的，最有效的手段无疑就是通过"长实"集团在国际上的影响力，通过诚恳的推销，赢得那些对中国药材尚持怀疑态度的国家和地区的信任。于是，"和记黄埔"立即派出大批推销人员，进入欧洲和北美的几个重要市场，稳扎稳打，各个击破。推销员出身的李嘉诚，甚至亲自给那些即将前往各国的推销人员授课，教他们如何通过各种推销方式，获得那些有偏见的人们对这些质地优良的中成药的信任和肯定。

这些由李嘉诚亲自指导过的推销人员们，到了世界各国，采取边推销边开设零售药店的策略，一步一步征服了各地的药品市场。从 2004 年开始至 2005 年底，李嘉诚麾下的"和记黄埔"，共建立大小中药材零售商店多达 1000 多家，已成为世界上药品经销商中，势力最大、实力最足、竞争力最强的企业之一，踏出了李嘉诚"中药港"计划的第一步。

第九章
▼

富豪之家

——情系大爱，家业一脉相承

听母教诲，爱母情深

母亲庄碧琴是一个对李嘉诚一生有着重要影响的人。庄碧琴虔信佛学，李嘉诚早年的人生观和处世原则，都有着母亲谆谆教诲的影子。佛教讲究慈悲为怀，即使在极其险恶的环境之中，母亲也始终是以慈善待人立世。她对李氏兄妹教诲亦是如此，李嘉诚可谓深受母惠。

1986 年，李嘉诚的母亲庄碧琴病逝。听到这个消息，不少人为之悲伤。庄碧琴中年丧夫，子女甚幼，但这是一位坚强的女性，在经历人生如此重大的打击之下竟然能坚忍地支撑起一个家，辅助儿子踏上正途，成为一代富豪，不能不说其伟大。回看这位老人的一生，她从不怨天尤人，默默支持，勤俭立家，关键是宽慰、提点儿子，从不计较个人的幸福。李嘉诚自小便独担一家人的生计，母亲拜佛祈祷，求儿子平安，事业顺利。都说母爱情深，少年坎坷的李嘉诚自是有着深刻的体会。

李嘉诚曾说："我旅港数十年，每碌碌于商务，然无日不怀恋桑梓，缅怀家国，图报母恩。"现实中，李嘉诚确实做到了，尤其是对母亲。庄碧琴当年在潮州时，逢年过节都要去开元护国禅寺进香许愿。李嘉诚深知母亲多年的凤愿，后来李嘉诚第一次回乡，便出资 200 万元对开元护国禅寺进行一次大修。

在为母亲购置的渣甸山花园别墅，李嘉诚还专为母亲辟了一处佛堂，清幽宁静，给母亲以心灵的休憩；并且李嘉诚每天都要去看望母亲，常常特意为母亲带素食；母亲身体不好时，李嘉诚更是不辞劳苦四处求医求药，以至于自己渐渐也对中药有了很深的了解，也许正是因为这些缘故，才最终促成了李嘉诚的中药港计划;在母亲住院治疗时,李嘉诚更是恪尽孝道,奉汤侍药,不眠不休。爱母情深,李嘉诚可以说是一个传统的、地地道道的中国式儿子。

1986年5月1日,李嘉诚母亲庄碧琴去世,对于李嘉诚来说,一生含辛茹苦养育李氏兄弟姐妹的母亲,音容犹在,然而母亲终究是走了。悲痛万分的李嘉诚还是按照传统,为母亲举行了隆重的丧礼,并且特意为笃信佛教的母亲专设道场超度。这一天,许多人都来参加了追悼大会,其中包括港督卫奕信和其他政要、各界名流、潮汕同乡,还有老家的慰问代表,达到了3000人。

逝者长逝,用什么样的形式表达对至亲的哀思并不是最重要的,重要的有一颗孝心。李嘉诚爱母情深,此一心足以抚慰泉下母亲了。

青梅竹马,相濡以沫

李嘉诚一生叱咤商海,但他对私事向来低调,绝少在人前提起,即便是常有人不免猎奇之意,要问起李庄当年联姻之情节,李嘉诚总是予以回避,夫人庄月明也是素来很少在媒体露面。夫妻二人倒是保持了一致的低调作风。

尽管如此,坊间还是难免关心议论,但无论如何,李嘉诚与夫人庄月明的爱情被公认是一段佳话则是确信无疑的。

关于李嘉诚的爱情,香港的《明报周刊》曾对其如此描述:"在香港的潮州人圈子里,流传着这样一段佳话:系出名门的表妹,不顾父亲的极力反对,与穷表哥恋爱、结婚。在表妹的鼎力支持(精神上和实际上)与鼓励下,表哥奋发图强,终于出人头地。之后,他的事业蒸蒸日上,成为本埠富豪。"句中言之表妹,即是李嘉诚之妻庄月明。

正如《明报周刊》所言,李嘉诚与表妹庄月明是青梅竹马的恋人。两人虽有表兄妹关系,其结合却并非父母之命,而是情投意合、两情相悦的。

当年,李云经(李嘉诚父)携全家,为躲避战乱移居香港,投靠妻弟庄静庵,也就是李嘉诚的舅父。当时年仅11岁的李嘉诚与小他4岁的表妹庄月明初次见面,自此,二人结下一生之缘。庄月明是庄静庵的长女,出身名门,自幼聪明伶俐,更被家人视如珍宝。但当时的李嘉诚,虽然出身书香世家,饱读诗书,接受正统的文化教育,但初来香港,还有语言障碍,不会说广东话,加之转入香港的中学念初中,英语也有些磕绊,于是在英文书院读了半年书的年幼的表妹,便欣然做了李嘉诚的"家庭教师"。另又因当年香港的殖民教育使得国学受到忽视,令留恋中国文化的庄静庵十分痛心，他忙于公务，正苦于无法给女儿真正的国学熏陶，便也正好拜托了李嘉诚为女儿指点古典诗词，由此，二人自小便惯于相伴了。

然而 1943 年李嘉诚父亲去世后，表兄妹俩的道路便分叉相离了。庄静庵是个很有思想和见地的商人，尤对子女教育十分重视。他宠爱有加的庄月明，正是典型的聪明全面的好学生，因此当她以优异的成绩从英华女校毕业之后，便在父亲的支持下考入香港大学，而后在完成学士学位之后北渡东瀛，到日本明治大学深造。纵观这些年的庄月明，可谓是人生道途一片光明。

而表哥李嘉诚却是历经磨难，与表妹的生活越来越不相符。丧父不久，他便不得不辍学打工，曾做过茶楼的堂倌，曾在钟表公司学习手艺，也曾做过一个游荡在港岛密密麻麻的马路上不起眼的行街仔，他以微薄的力量求得生存，更要承担起养活全家人的重担。最后，他终于独立创业了，却是白手起的家，没有任何资助，许久都仍旧陷于贫困中挣扎从商。

这样悬殊的身份差异，即便不考虑岳丈的态度，仅仅以世俗的角度去论断，也知出身贫寒、学历不高的小业主李嘉诚，若是与自小出身名门又才貌双全的庄月明情投意合，恐怕也必会为世人定义"高攀不起"吧。所幸的是，有情之人，终究是跨越了世俗的阻碍。

人们固然好奇，这两人当时发展的趋势如此迥异，终究如何走到一起呢？这该归功于时间的积淀了。一路坦途的表妹，尽管与表哥相隔甚远，却无时无刻不在关注他的生活，虽无法时时相伴，却时时相慰，是他精神上莫大的支持。每当得知他的事业又有一点进步时，表妹都由衷为他欣喜。

表哥领受表妹无私付出的爱，亦以同等的温柔回馈着表妹。他心里清楚自己的地位卑微，还配不上优秀的表妹，亦深知唯有干出不凡的业绩，才能与之携手。这爱情渐渐成为李嘉诚内心无形的力量，他一番吃苦耐劳，艰辛创业，终于被时光炼成优秀的男子，最终牵起庄月明之手，与之结为连理。爱情何必非要甜言蜜语，情深深几许，唯有历经了时光的洪流，才见得真的深情。

庄静庵起初也是为女儿的终身大事操了不少心。他多次给女儿挑选所谓"门当户对"的名门子弟，安排相亲，但都无一例外地遭到了女儿的拒绝。后来，他见外甥业绩上的进步越来越令人惊异，女儿又意向坚定，也逐渐长成了大龄姑娘，最终同意了这长跑多年的爱情。

因此舆论每谈及"李庄之事"，虽每涉及庄老先生，但大多并无责备。毕竟，他即便起初极力反对，也只是希望女儿婚姻美满，少吃点儿苦罢了。

  李嘉诚属于实干型的人才。为了使婚后两人生活温馨，结婚前半年，他就投入 63 万港元买了一幢花园洋房，深水湾道 79 号，也就是他至今仍居住的大宅。媒体报道描述这幢宅邸："李宅外墙只漆上白油，外形既不起眼，亦并无海景，但交通方便，两三分钟车程便可达高尔夫球场。李家大宅不算很大，约 1.1 万平方英尺，市值约 1 亿元。"要知，即便是今天，能够拥有花园洋房的华人富翁也是少之又少，李嘉诚在当时就买下如此豪宅，确实受到了各方的惊叹和关注。

  但事实上对于李嘉诚自己来说，他对于生活水平的需求并不高，亦并不是非得居住奢侈的洋房不可，对于舆论，他也并没有故造动静引起关注的目的。尽管他的事业在一日一日地扩大超越，但还没有到可以称得上"富豪"的地步。那时拿出 63 万，也实属不易了。他既要投资扩大塑胶的生产规模，又要投资地产。作为一位地产商，他把购置婚舍当作了最大的物业投资。

  自 20 世纪 50 年代起，就有李嘉诚的许多朋友评价说："这幢花园洋房，是诚哥送给表妹的最好的结婚礼物。"终于，1963 年，35 岁的表哥与近 31 岁的表妹结成眷属，执手相携，白头到老。他们的爱情，在香港华人社会成为佳话。

  婚后，庄月明参与李嘉诚的事业，进长江工业公司上班。她一口漂亮的外语和踏实谦和的工作作风得到了众人的认可和尊敬。

  生下李泽钜、李泽楷之后，庄月明便专心相夫教子了，但她仍不忘时时关注支持丈夫的事业。二子在其栽培之下，也都刻苦勤勉，先后赴美深造。

  再后来，长江实业的上市成为李嘉诚事业上意义重大的转折点。庄月明于是作为公司决策的核心人物之一，担任长江实业的执行董事，继续与李嘉诚携手共同奋斗，打拼事业。庄月明虽为人低调，从不接受记者采访，但不可否认，李嘉诚不少重大的决策，都是与她的付出不可分割的。

  到了 20 世纪 90 年代，李嘉诚的事业与荣誉再次达到辉煌。"长实系"连续 4 年名列香港银行外财团榜首，发展可谓蒸蒸日上。1989 年新年，李嘉诚就被授予女皇伊丽莎白二世颁发的 CBE 勋爵衔及勋章，10 月出席颁发典礼。同年 6 月 9 日，又获加拿大卡加里大学授予的名誉法学博士称号。

  李嘉诚能有如此辉煌的成绩，与他青梅竹马、相濡以沫的夫人是分不开的。庄月明多年默默在幕后相夫教子，辅佐丈夫事业，对外谦和有礼，为丈夫亦尽心尽力，把爱人的成就当成最欣喜的事情来看待。有与李氏家庭相熟人士曾说："人们总是说地产巨头李嘉诚，如何以超人之术创立宏基伟业，而鲜有人言及他的贤内助及事业上鼎力相助的人——庄月明女士。我们很难想象，李嘉诚一生中若没遇到庄月明，他的事业将又会是怎样的情景？"足见其重要性。

不幸的是，1989年除夕刚过，翌日下午，庄月明突发心脏病逝世，享年58岁。

为此，长江实业公司董事李业广致悼词："李夫人庄月明女士艰苦创业，敬业乐业，对公司作出卓越贡献，在家中，相夫教子，支持鼓励李先生为社会作出巨大贡献。她在年富力强的时候离开人间，实是无法弥补的损失……

"李夫人同李先生结婚后，立即参与长江实业，共同推动公司业务进一步向前发展。虽然长江实业当时已具备了相当的规模，但由于李夫人全力协助，"长实"在1972年就在股票市场正式上市，业务蒸蒸日上，一日千里。

"在家庭方面，李夫人尽心尽力相夫教子，栽培泽钜、泽楷两位公子长大成才。两位公子在李夫人的教导下，奋发好学，在很短时间内就完成了大学教育。她担负着相当大的责任……

"李夫人虽然离开我们，但是泽钜、泽楷两位公子将会继续协助李先生实现李先生和李夫人的共同理想。李夫人重友情、重信义的优良品德将永远为一切亲友所怀念。"

因庄月明撒手人寰，"闻者深为惋惜，致送花圈祭帐者不计其数，为历年所罕见。举殡之日，前往致祭的官绅名流络绎不绝"。

丧礼上的李嘉诚悲痛万分、泪流满面，即便商场上是个顶天立地的巨人，面对生离死别，也有不可自制的哀伤。

青梅竹马、相濡以沫的爱妻亡故，不思量，自难忘。

低调沉稳李泽钜

李泽钜是李嘉诚的长子，生于1964年8月1日。1989年，他被任命为长江实业集团副主席；1991年，被任命为长江实业集团副董事总经理；1994年，被任命为长江实业集团副主席，并兼任长江集团系内多家上市公司的重要职位。事业的稳健步伐就如李泽钜低调沉稳的为人，做任何事情，他都是有着一种稳扎稳打的严谨态度。

作为长子，李泽钜似有与生俱来的家族使命感和责任感。他为人低调内敛，诚恳勤奋。在美国斯坦福大学深造时，他顺从父意，选择土木工程系，后获结构工程硕士学位——这些理论的积淀，无疑为继承家业打下了坚实基础。他早已将家族未来的发展与自己未来的规划绑在了一起。毕业后，李泽钜回到香港，加入长江实业。之后，李嘉诚欲收购加拿大赫斯基石油公司，而加拿大有法律规定：非加拿大籍人士不可持有加航超过 25% 的股份。因此李嘉诚安排李泽钜加入加拿大籍，最终顺利收购了 52% 的赫斯基的股权。

回到香港的李泽钜，仍然保持了他一贯的处世低调作风，在外界看来，稳健的李泽钜与弟弟相比起来，实在没有什么大作为，只是一直安心在"长实"做父亲的左膀右臂。直到 2003 年，李泽钜才飞扬起来。原因在于李泽钜被美国《时代》杂志和美国世界新闻网评为"2003 年全球最具影响力企业家"，与其他 19 位来自全球电信、汽车、媒体、食品及金融等行业的"大亨"们一同享受这一殊荣。一时间，历来低调为人所知之不多的李嘉诚长子李泽钜被推到了前台。

对此不少人直接的反应是，媒体猎奇的天性，使他们把长时间聚焦在弟弟李泽楷身上的精力转移到了李泽钜那里，也许他们需要换一个主角了。然而，事实或许并不像许多人想象的那样。事实上，长期以来李泽钜的作为一直是可圈可点的。24 岁的李泽钜回到香港，被安排在中环华人行长江实业的办公室上班，跟随父亲学习经营之道，25 岁时，李嘉诚大胆提拔他为长江实业的执行董事；26 岁，又被委任为机场咨询商务委员会委员；27 岁，任总督商务委员会委员，李嘉诚似乎有意在为自己的"淡出"做安排，而低调沉稳的李泽钜一直颇被李嘉诚看好。故李嘉诚对其着力栽培，可谓用心良苦。在"长实"期间，李泽钜曾一力操作了温哥华万博豪园计划的主要策划，而这也成为李泽钜的得意之作。而最终让李泽钜显耀锋芒的却是 2003 年的"加航一役"。当时加航正面临濒临破产的困境，李泽钜长剑出鞘，通过自己控股的 Trinity Time 投资公司，击败向以精于重组和出售濒临破产企业著称的美国资产管理公司 Cerberus，以 6.5 亿加元（约合 38 亿港元），一举购入加航 31% 的股权，最终使这家位居全球第 11 位的加拿大最大的航空公司迎来了摆脱破产困境的曙光。因而当年美国《时代》杂志将其评为"全球 2003 年最具影响力企业家"时，固然公众一片哗然，但一些业界人士却也认识到了李泽钜的能力不容小觑。

李泽钜的婚姻也同样保持了他一贯的低调风格。当李泽钜在加拿大投资时，结识了一位名叫王富信的女孩，而这个女孩成为了他后来的夫人。

1990 年，李泽钜正好在加拿大处理地产业务，王富信当时也恰在加拿大温哥华的英属哥伦比亚大学攻读工商管理。在某次烧烤聚会上，两人相识，并给对方留下美好的印象。返港后，李泽钜便对她正式展开追求。

王富信并非豪门出身，她 1969 年生于香港，比李泽钜小 5 岁。与其他女子不同的是，她亲切可人，从不忌讳也不炫耀李泽钜家世显赫。两人的恋爱平平淡淡，没太多浪漫曲折的故事情节，双方都忙于事业生活，多是电话来往维系感情。

王富信后来回忆说："我对李泽钜的第一印象是他平易近人，人品不错，但我完全不知道他就是李嘉诚的儿子。后来知道了，我说，哦，原来他是一个出名的人，但我一直没有担心过什么。"

倒是王富信的父亲王华瑞，起初对这未来女婿颇为担心，觉得出身豪门的富家子弟难免会有些养尊处优的脾性，怕委屈了自己的女儿。所幸，李泽钜谦逊的态度和诚恳的谈吐言辞，很快消除了他的忧虑。据说，李泽钜第一次拜见未来岳父，开口谦恭地问道："老伯，我能与您的女儿交个朋友吗？"如此坦承有礼，岳父又有什么可担忧的呢。

李嘉诚对儿子婚事的态度倒是十分理解，他说："我娶媳妇没什么规矩要守，不讲什么门当户对，最重要的是儿子喜欢，出身正当家庭，最好是中国人啦！"

1993年5月16日，李泽钜在被任命"长实"集团副董事总经理之后又迎来了新婚大喜。各大华文报刊大规模报道这次豪门婚宴，极尽辞藻描写宴会的奢华。

本来，李嘉诚因媒体的大肆渲染觉得十分不安，李泽钜也曾考虑过旅行结婚。但若不请亲戚友人，又显得礼数不周，因此最后还是决定依着传统婚礼的方式进行了。

婚后，王富信专心相夫教子，贤淑优雅，为人低调，与李泽钜恩爱有加，相敬如宾。深知太太钟情音乐，李泽钜在工作之余时常陪伴太太去听音乐会或是逛街购物。1996年，李泽钜喜得大女儿燕宁；2000年6月，李泽钜又得次女；2004年8月5日，三女儿出世；2006年，李家得第一个男孙。王富信对夫妻相处之道简单总结为："太太要顺从老公，老公要尊重太太。"可见李泽钜的婚后生活十分美满，家庭的温馨生活更是带给他工作的动力，他的事业也在蒸蒸日上。

2005年9月，李嘉诚接受《香港商报》的访问时提及，会将香港的上市公司交给长子李泽钜打理，在海外的个人投资则归次子李泽楷所有。也就是说，李泽钜将接掌的以"长实"及和黄为首的9家香港上市公司，总市值超过6300亿港元。李嘉诚如此信任他，是因李泽钜的才能着实有目共睹。他运营的和记黄埔，不仅在传统的房地产项目上成就显赫，更已控制了欧洲第三代移动电话网以及世界最大的港口运营业。2009年10月，李泽钜又成为"加航"的最大单一股东。不仅事业辉煌，他为人又低调踏实，从不闹事，家庭幸福美满，更深得李嘉诚喜爱，故众人都认为他将作为父亲的接班人，接手家族的企业王朝。

创业易，守成难。李嘉诚一手培养和寄予期望的商界才俊，正按照父亲安排的道路一步一个脚印地小心往前走。不少人认为李泽钜会成为李氏家族传奇的续写者。然而如何续写这段商业传奇，人们还不得而知。不过近年来李泽钜的沉稳守成，也确实越来越得到商界和公众的认可。

李泽钜小档案

李泽钜，出生于1964年8月1日，后就读于美国斯坦福大学，1985年毕业并获土木工程学士学位和结构工程硕士学位。1985年回香港进入长江实业。1989年任"长实"副主席，1991年任"长实"副董事总经理。在长江集团系内多家上市公司内身兼数职，包括和记黄埔副主席、长江生命科技集团主席、香港电灯集团执行董事、长江基建集团主席、赫斯基能源公司联席主席。并任香港策略委员会委员、汇丰银行董事、香港特区政府营商咨询小组成员、香港电灯执行董事、中美洲巴巴多斯名誉驻港领事、港事顾问、总督商务委员会委员，同时任第九届中国人民政治协商会委员及第十届、十一届、十二届全国政协常委等。

惊心动魄的插曲——巨金赎子

所谓树大招风，李嘉诚身为华人首富，无论在香港还是世界，一举一动都引人瞩目。除了艳羡的目光外，罪恶的眼睛难免也在盯着李嘉诚。

当"世纪悍匪"张子强手里握着一张香港10大富豪的排行榜时，心中又生出一个念头，决心要逐个将这10大富豪绑架一回。第一个自然是这位港人首富李嘉诚。

张子强选择的目标是李嘉诚长子李泽钜。

1996年5月23日下午，李泽钜坐车回家经过寿臣山道时，被张子强的"省港奇兵"伏截，李泽钜被绑走，随后被关在粉岭的一间屋子里。司机惊慌开车回家，告知李嘉诚。久经战场的李嘉诚，面对突如其来的事件，并没有太过慌张，在一阵不知所措之后，便冷静下来，他很清楚绑匪要的是钱，出于爱子的考虑，李嘉诚没有报警，剩下的只能是等待绑匪电话。

之后的情节颇有些像惊险电影，据传，张子强身上绑了炸药，单枪匹马闯进李家，一张口赎金就要20亿。李嘉诚肯定20亿短时间内是绝对不现实的，现金只能给10亿。当然，没有人会在家里放10亿现金的。据说，那场谈判李嘉诚当着张子强的面给银行打电话，要求10亿现金，但银行方面认为有难度，于是李嘉诚暂时拿出宅内 4000 万，图吉利之故，张只拿走了 3800 万。10 亿现金之后第二天分两次送到，李泽钜遂平安归来。从被绑架至此整个过程不足 24 小时。

李泽钜死里逃生，回家后第二天即到公司照常上班，除去中间参与取款的几个员工，全长和系及香港，没有人知道李家这一场劫难。李嘉诚认为张子强不会再来，但难保不会另有他人再下黑手，因此，李家迅速增派了多名保镖，就是小孙女上学，也都加派保镖进出保护。

果然，1997 年，张子强一伙又向新鸿基产主席郭炳湘下手。郭氏在富豪榜上居第二位，成为张子强的第二个目标。这回他们又成功得到了 7 亿现钞的赎金，郭家也出于人身安全考虑没有报警。直至 1998 年，张子强等在广东落网，经审讯绑匪陆续交代了罪行，李泽钜、郭炳湘被绑架的事才大白于天下，一时震惊香港和内地。而面对许多记者的试图采访和追问，李氏父子选择了避而不谈。确实，自古钟鼎豪富之家的事往往很容易成为街头巷尾议论的话题，而在此事上低调处理，或出于无奈，却也是最明智之举了。

锐意进取李泽楷

李嘉诚次子李泽楷，1966 年 11 月 8 日出生，曾就读美国斯坦福大学计算机工程系。毕业后在加拿大打工 4 年，经历了一番在异国辛苦飘荡的游子生活。1990 年的时候，兴许是厌倦了在外劳顿的生活，李泽楷顺从父意返回港岛，进入父亲的公司学习业务。自此，他的生活开始悄然改变他的人生。

刚进公司时，李泽楷被安排进和记黄埔跟从当时的行政总裁马世民，在旗下和记通讯公司，负责电脑工程相关的工作。对此，李泽楷虽然心有不甘，但还是接受了下来。

但不久，李泽楷便发现自己的薪水连清洁工都不如，与他在加拿大时的工资相比，更是连 1/10 都不到。他向父亲抱怨说，领到的酬劳是集团内最低的。对此，李嘉诚如此回答："你不是，我才是全集团最低的！"确实，并非虚言，李嘉诚每月的袍金（即董事酬金）才 5000 港币。李泽楷仔细回味父亲的话，终于意识到：成功并非是继承而来的，除了奋斗，我们做什么都是徒劳；财富并非是接班而得的，除了切实的创造，我们一无所有。

但事实上，真正让李泽楷稳定地留在和记通讯公司的原因，倒也并非是父亲的榜样作用，而是他对于卫星电视未来前景的乐观估量。到 20 世纪 80 年代末为止，卫星电视的普及已经遍布欧美发达国家，社会的发展使人们对信息传递的要求日益增加，卫星电视因此成为新兴高科技产业的一大支柱项目。由于它具备覆盖面广、传递速度快的优势，卫星电视的投入能够为争夺广告客户创造更优越的条件，从而，投资者们纷纷开始活动。如此机遇，怀着满脑子西方先进观念的李泽楷自然也不会轻易错失。

一次机遇可能开启一个崭新的时代，一次机遇也可能成就一个伟岸的人。正是从卫星电视起步，从美国回港任职的李泽楷，仅仅用 10 年的时间，创造了同辈人一辈子做不出的业绩，成为万众瞩目的商界新星，被称为"小超人"的香港第二大富商，仅次于父亲李嘉诚。

这一起步，便是斥资 5 亿港币创建的香港卫视。它拥有家庭用户共 5300 万，并且有 50 多个国家可以接受到它的讯号。香港卫视的这般迅速的扩大成长，无疑给李泽楷带来了相当可观的收益。两年后转卖香港卫视，李泽楷获利 4 亿美元。这样一来，创立新事业就筹备足够了，李泽楷用香港卫视带来的这笔收入建立了盈科集团，即是后来在新加坡上市后的盈科拓展，主要包含地产、酒店、保险等业务。而后，考虑到香港经济发展可以需要软件开发业务的推动支持，他自主创新，提出数码港的构想，即成立"香港硅谷"，并且顺利得到了政府的批准。这一项目发展权的取得，从此成为李泽楷事业起航的关键。

近年来，李泽楷乘胜追击，顺利收购香港电讯，进行了亚洲迄今规模最大的企业并购，成立新公司。它逐渐成长为一家市值超过长和系，达到 700 亿美元以上的宽带互联网集团，全港第三大市值公司，仅次于中国电信及汇丰银行。

然而其大志还未开始实现，李泽楷的最高理想是一项全球最大的宽带国际互联网业务，是走在科技发展最前沿，成为科技成长中叱咤风云的掌舵人。他的崛起，无疑成为香港经济领域的传奇。有人估量，他一天所获盈利，可抵他父亲一辈子的奋斗。李泽楷前卫的思想，深受西方影响的创新精神，已然精明的理财之道，加上他无所畏惧的勇者之风，使他创造了一个又一个奇迹，成就斐然的业绩，成为商界美谈。

可是，李泽楷生来就注定是要被父亲的地位所影响的。他成名之后，很快谣言也就开始蔓延。有人说，李泽楷完成的每一桩生意，都与父亲密切相关。头项业务获得成功，他就被舆论盯上了。

当时和记黄埔拒绝开发卫星电视之后，李泽楷就决定自己抓住此次良机。一从父亲那里获得资金，他马上在 1990 年创建了卫星电视，并且凭借良好的合作精神，与英国 BBC 广播公司、音乐电视 MTV 合资建立企业，从而扩张得迅速有力，使得小的机遇变成大的联合，小的成就成为大的业绩。但两年多以后，李泽楷就将卫视转卖给了默多克，高额盈利引得商界议论大起，众人皆表示怀疑，一个方才 26 岁的青年，如何能谈得这样的高价。这样一来，父亲为儿子撑腰对默多克加压的说法也就一传十、十传百地自然散播开来了。后来虽然有参与交易的证人出面澄清，仍无法使这样的谣言停止传播。

李泽楷即便愤怒不已，但也无法改变舆论强大力量造成的影响，只能利用一切机会重塑形象，证明自己的能力。面对各种言论，他只是底气十足地说道："人们说我是在父亲的帮助下做成了这次交易，但我是完全靠自己做成的。"言辞不多，字字铿锵。

事实上，倘若众人撇去高价不看，将注意力更多地集中到李泽楷发展业务的过程上，这桩生意实际上更应是父子风格迥异的根据——李泽楷注重团结联合，其父李嘉诚则注重谈判斗争。

对此，李泽楷如是解释："在旧的世界里，如果你不战斗或者打败他人，你就干不出大事，因为市场已经成熟了，但是在一个电子商务的世界，竞争者在快速扩张的宇宙里只是些小不点儿，所以要互相合作，不要互相倾轧。"

可见，正是对市场的客观理智的思考和理解，使这位年轻的不起眼的小职员迅速成长，用他学得的西方思想，以创新、进取、无畏的姿态，完成一次又一次的挑战，最终成为企业界神话般的风云人物。

单飞：李泽楷创盈科

1993 年，李泽楷 4 亿美元卖掉了卫星电视大部分股权，以此收益创建了盈科集团，一直想走出父亲光环的小超人李泽楷，从此开始自立门户。

1991 年，香港政府向社会发放卫星电视牌照，初出茅庐的李泽楷凭借着自父亲李嘉诚那里借来的 5 亿港币，投得当时香港第一个卫星电视。同年 3 月，香港卫星电视公司成立，总投资 4 亿美元。李嘉诚任主席，马世民、李泽楷任副主席，陈庆祥任行政总裁，而卫视的管理大权实际上则系李泽楷统揽。1991 年 4 月，卫视正式试播，香港卫视从此登上亚洲传媒舞台，并日益在其中展露出自己逐日而上的王者风范。开播两年，香港卫星的业绩不菲，拥有 5300 万家庭用户，辐射近 50 个国家和地区，广告收入 3.6 亿美元，大通、万国宝通、百富勤、国泰航空等著名商业伙伴都成为他的广告客户商，而 5 个频道的年费仅 0.8 亿美元。"小超人"李泽楷初露锋芒。

然而李泽楷并不满足，在多番努力下，1992 年 7 月 2 日，香港有关当局通过新的电视广播条例，允许开播粤语节目，同时香港卫视可通过收费电视（注：指九龙仓有线电视）的频道，经营收费类型的卫视节目。

李泽楷的卫视王国前景更被看好，商界和媒界普遍认为李泽楷似乎一定要在这个领域大展拳脚了。然而，就在此时，李泽楷却做出了一个令所有人都震惊和不解的决定，出手香港卫视。

1993 年 7 月 26 日，世界传媒大王默多克对外宣布：以 5.25 亿美元的价格，购入卫星广播有限公司 63.6％的股权。一半以现金支付，另一半以新闻集团的股权支付。一转手，李泽楷净赚 4 亿港元。港界哗然，李泽楷自此名声大噪。确实，从长远看，"长实系"在经营大众传媒方面缺乏坚实的基础和足够的经验，而在具体经营上更是欠缺必要的实力。倒不如趁势良好将卫视转手，自己坐获大利。低进高出，是李嘉诚的看家本领，此番李泽楷无声无息地将这一招演绎得让许多商界老手都自叹弗如。7 月 27 日香港《经济日报》评论："真的是后生可畏！李嘉诚次子李泽楷，今番终于做出一出好戏，为和记黄埔集团及其父带来近 30 亿港元利益……李嘉诚望子成龙，今次可如愿以偿了。"

1993 年，李泽楷用出卖卫视所得的 4 亿港元创建了盈科集团，开始他的事业单飞也是腾飞期。

1994 年 5 月，李泽楷在新加坡借壳上市，并将公司名称改为盈科亚洲拓展。业务包括地产、酒店及保险等。

1999 年，李泽楷的数码港计划获得香港有关当局的批准通过。5 月 4 日，李泽楷购买了一家市值 3 亿多港元的空壳上市公司——"得信佳"，随后将"数码港"注入"得信佳"借壳上市，并更名为盈科数码动力。上市伊始，就受到市场狂热追捧，盈科摇身变成高科技概念股，在此之前消息一传出，得信佳的股价很短时间内便由 0.04 ～ 0.06 港元反弹到 0.6 港元，在正式宣布恢复挂牌上市之后，几乎是在 15 分钟之内，股价便从 0.136 港元猛升至 3.22 港元，升幅 23.6 倍，其惊人之势令人瞠目，得信佳几乎一夜间成为一家市值千亿港币的企业，市值狂飙至 600 亿港元，相当于"长实"的 2/3。

2002 年，李泽楷又一次上演神话，在短短的 48 小时内，靠出售盈科数码公司的股票筹集了整整 10 亿美元，顺利将香港电讯收入囊中。自此，李泽楷携着他的盈科如日中天。2008 年，网通和李泽楷就全盘收购电讯盈科达成协议，李泽楷酝酿已久的盈科私有化也似乎渐入佳境。

当我们试图简单梳理一下李泽楷的创业之道时，发现其实他的经营策略就是一个借助高科技网络概念，借钱生钱，将资产由虚拟转化为实体的蜕变过程。而这正是李泽楷的高明之处，他并不满足于仅仅模拟化的财富理念，关键时刻，将资产固化，从而在虚拟的网络经济中免于被动。李泽楷的单飞，飞得漂亮。

育子心经：玉不琢，不成器

富家子弟往往容易被轻易划定到纨绔子弟的定义中，对此，李嘉诚内心也有担忧。他深知孩子若永远是温室里的花朵，必然不能承受风雨的考验。特殊的家庭地位若不配之以正确的引导，必然会造成孩子的惰性和优越感。他一早就考虑到，总有一天，在他翼下的两个儿子也会接触社会，面对各种人际压力和生活历练。因此，如何进行教育，正是为人父母最重要的投资规划。

李嘉诚最关键的教子之道，一是自小培养，从小灌输；二是言传身教，亲身实践。

儿子尚小，李嘉诚就常领他们去坐巴士，看路摊卖报的小女孩一边工作一边苦学，让他们在接触外界的过程中对豪宅外的世界有一定的印象和了解，让他们从小明白人世艰辛，必须努力打拼，认真踏实。

李嘉诚说："虽然他们还小，但是我想早期启蒙教育会让他们从小知道父亲创业的艰难，学习父亲顽强拼搏的精神，长大了才能成为栋梁之才。如果现在放松了对他们的早期教育，他们成了只知道吃喝玩乐的纨绔子弟，再进行教育就迟了。我所做的这一切其实只是想让他们学会独立面对生活和社会的一切。"

这种艰苦意识的培养，是作为一个富商对孩子寄予的高度期待。李嘉诚希望他倾力培养的两个儿子都能够成长为吃苦耐劳的人。他要让他们知道，任何事情都不是一蹴而就、轻易就能完成的，任何显赫的成果都需要最不显眼的辛劳来换取。因此，李泽钜与李泽楷才八九岁的时候，李嘉诚便时常让他们旁听董事局的会议，既进行了自小的商业熏陶，又能够让他们亲身体会自己成功背后的艰辛。会后，李嘉诚鼓励孩子提出疑问并耐心答疑，为兄弟俩的早期商业教育打下了坚实的基础。同时，两个儿子在对他工作的观察中，也越来越能感受到团结合作的重要性。李嘉诚认为，家庭的经济基础越好，孩子就越容易重心不稳，越容易被生活的残酷打垮，因此他希望他培养的两个儿子，能够像他一样，在夹缝中求生存，在生活中有充分的独立性，面对困苦更要有不认输、不气馁的进取精神。

生活上，李嘉诚又与其他富商不同。为了他坚持的艰苦教育，他从儿子很小的时候起，就从来没有用私家车接送过他们，而是要求他们像平常人家的孩子一样挤电车上学、回家。他的目的在于，通过与平民一样的生活体验，能够让孩子们学会戒奢从简、不肆意追求高品质生活，并且坐电车能够让他们接触到各类人群，能够让他们了解不同职业和阶层的人们的特征，令他们透过一个小窗口看到就业的艰辛。由此，李泽钜、李泽楷两兄弟才能够成为懂得体恤和同情的商人。

另一方面，李嘉诚自身受正统教育、国学影响很大，他主张，国学教人做人，是中国人最珍贵的经验和智慧财富。因此，每逢周末，他一定会利用一切机会给他们补课，让他们接受国学思想的熏陶。李嘉诚回顾说："他们一定要听我讲话，我带着书本，是文言文的那种，解释给他们听，问他们问题。我想，到今天为止他们未必看得懂文言文，但那些是中国人最宝贵的经验和做人宗旨。"

有了这些教育的基础，等到两个儿子读完小学和中学，李嘉诚就对他们放心多了。李嘉诚早年失学，很希望孩子们能受最先进的教育，兄弟俩都曾就学于香港顶级名校圣保罗学校。后来，他又在贸易中深感西方国家思想和教育的先进性和开放性，便决定让两个儿子出国留学深造，一方面希望他们能接触更多思潮流派，吸收先进的科学文化知识，另一方面，希望他们有独特的看待外围世界的眼光和视角，并且培养其独立生存的能力。要知，博学必然关键，开阔眼界更是重要。他教育的目的不在于培养只知埋头苦读的学者，而在于培养全面发展的、能够立足社会的人才。

两个儿子在大学毕业后，李嘉诚又让他们各自在加拿大自主创业，以自我证明。尤其李泽钜在物业发展的问题上遇到障碍时，李嘉诚只是完全地放手让儿子根据自己的方式去处理。由此，李泽钜通过锻炼，还未出师就已树立对创业的信心了。

西方观念的植入和教育的影响，使得李泽钜成为有修养、扎实肯干、为人低调的商人，也使得李泽楷成为一个锐意进取、思想前卫、创新的青年，迅速地由一名小职员成长为仅次于父亲的香港第二大富豪。

在言传身教这方面，李嘉诚对孩子最大的影响是品格和精神的培养。

他固然爱儿子，但他从不对他们过分宠溺。他认为，所谓教育，教的是人，育的是行，真正能够让孩子受用一生的，是良好的品格和独立的精神，切不能依赖于家庭。他给两个儿子树立勤能补拙和艰苦朴素的思想，告诉他们对己要严格，对人要大度，对己要节俭，对人要慷慨。赚钱的意义在于将辛苦所得花在真正有意义的事情上，而不是用来大肆铺张浪费。当时已是巨富的李嘉诚，日常的生活中不拘小节，不讲排场，穿着简单，住着三十几年前的房子，丝毫没有富人的架子。但也因此，李泽钜和李泽楷两兄弟，小时候是拜父亲"所赐"，吃了不少苦。不过如今，他们确实对父亲十分感激。因为磨难不仅仅教会了他们怎么克服困难，更丰富了他们的经历，磨炼了他们的意志。

兄弟俩在创业后仍旧时常记起父亲的两句话：一是为人要勤，要不断进取，等候机遇；二是为人从俭，对人慷慨，对己要随性一些。他们少时常常看辛苦工作一天回家的父亲仍继续独自学习。虽然父亲因家境原因而失学，没能完成学业，但他清醒地认识到，成功需要深厚的积淀，因此即使他获得巨大成功，仍旧不忘努力学习各方面的知识来充实完善自己。这一切，两兄弟耳闻目睹，深受影响。因而多年以后他们亦被唤作"工作狂"，也就不奇怪了。

他最可贵的，应是正直诚信的品格。李嘉诚在商界获得大众的认可，很重要的原因是他的君子品行，为人讲诚恳，待人讲信义，加上他对劳苦人民的同情体恤，使他广泛地受到好评。李泽钜和李泽楷也是如此，这同样是言传身教的显著成效。

对于李嘉诚来说，文化的教育固然重要，但都必须建立在品格端正、作风君子的基础之中。谦谦君子、大家闺秀都不是口说便可，而是一步步实践教育出来的。这一思想源于他自身的经历。

1943年李嘉诚的父亲逝世，李嘉诚含泪前去买坟地安葬父亲，遇到卖地的客家人。李嘉诚将钱交给他们后，要求要去实地看看。卖地的俩人看李嘉诚不过一个毛头小孩，以为正好欺骗，趁机赚上一笔。偏偏李嘉诚又听得懂客家话，两人用客家话商量时，李嘉诚才震惊被骗——将卖给他的地，竟是埋着别人尸骨的坟地。他想，父亲一生磊落，让他安葬在此地，该是多么屈辱，直恨那些卖地的人黑心。他便说这地不要了，他另找卖主。钱没退回来，还深受教训。年纪尚轻的李嘉诚，在那时，就深刻体会了社会的复杂性，这事倒提醒了即将走上社会的他，不论从事什么行业，面对正直的信义和金钱的利益，一定要毫不犹豫地选择前者，做一个正直的好人。

多年来李嘉诚凭借这一信条在商界打拼，30年发家，坚信"无信不立"，用真正君子的品行打动了众人，也树立了在商界不可推翻的地位，受到大家的尊敬。

正是这样身兼多职的父亲给孩子树立了最好的榜样，才有了后来的李泽钜、李泽楷，两兄弟谨记父亲给予他们的句句教导。他总说做生意如做人，正直的人才是真君子，守信义的生意才能得到尊重。李泽钜曾说，兄弟俩最感激的就是从小父亲给予他们的最严格的教育，从他身上学到的，不仅是如何做一个成功的商人，更难得的是如何做一个正直的商人。

李嘉诚每每谈及教育子女，总要提到如何做人的问题，他坚信"诚恳"和"信义"是人生的永恒教条，不论是在生意场上，还是在人际关系中。他说即使是如今儿子都大了，他还是总要时时提醒他们坚守这两点。直到现在他都还记着少年时候母亲的教诲，可见父母关于为人处世的教育，是可以影响孩子一生的，因此必须首先自己做到最好。

在李泽钜的记忆中还保留着一件事，也是这件事曾经令他对父亲的教诲深思良久。有一回刮台风，李嘉诚见窗外有两个菲律宾工人在锯家门前被刮倒的树，两人在风雨中已经浑身湿透，李嘉诚立即让儿子去帮忙。李泽钜说，他每想起这件事，父亲教育他们的话就如同仍在耳边。"父亲教育儿子，职业平等，不存在高低贵贱，人在社会，任何职业地位的人都要尊重。他很清楚在他生命中对它比较重要的事情，他会将钱用在这上面，比如帮助那些不幸的人，捐资医疗教育事业。只是他的精神世界更加富有，虽然我们的生活是常人无法想象的简单，但简单给我们带来的是幸福。"多年的教育确实让他读懂了父亲。

尊重别人的同时，李嘉诚更是尊重儿子自己的选择。在李泽钜看来，李泽楷17岁时选择的电脑工程专业显然是有违父意的，但李嘉诚知道路是孩子自己选的，自己做的选择自己负责，因此，他尊重小泽楷的选择。并且事实证明，这种尊重收获的兴许是比预计更好的结果。李泽楷凭借自己热爱的专业，以高度投入的工作精神，创出了辉煌的业绩。

多年教育的成果得到回报，李嘉诚愈加坚信，为人父母需要给予孩子的，并不是物质上的满足和顺从性的宠溺，而是多年的生活经历和体验，以及授之以立世的根基——品质。

中篇
李嘉诚的商道

第一章

▼

实业为基

——以实业聚财，累积财富真资本

开拓实业，要做就做最好

在不少人看来，素来有儒商之誉的李嘉诚着实有些"嬗变"，但这种嬗变是表现在他的实业开拓上，从当初塑胶业起家，李嘉诚先后涉足了地产、石油、货柜码头、电讯、网媒、零售、航运等。一路走来，李嘉诚从来不满足于一个行业领域的成功，他随时都在关注商海潮流，每一次小小的波动，李嘉诚总能依靠着他敏锐的嗅觉在第一时刻洞悉，从而转战商海的各个战场。

如今李嘉诚的实业帝国已经跨越全球多个国家地区，涉及多个行业领域，然而令人们不得不称叹的是，不论李嘉诚踏足那个行业，似乎他总能得心应手。或者说李嘉诚是干一行，精一行。每一次新的尝试与冒险，李嘉诚总是准确分析计划，然后大胆投资，精到运营，所以从"塑胶花大王"到地产巨擘，再到货运霸主、3G先锋……李嘉诚的实业开拓，从不是盲目跟风，他奉行的是要做就做最好。

和李嘉诚颇为相似的是，2004年名列亚洲富豪第12位的菲律宾首富陈永栽。这位同样有着儒商美誉的华裔商人，也以他的商海"72变"而为人们津津乐道。

陈永栽是一个传奇。从平凡到辉煌，从贫穷到富有，这样的经历听起来更像神话。对怀抱梦想的年轻人来说，陈永栽又是一个活生生的梦想成真的例子。陈永栽的经历向他们证明，通过个人奋斗获得成功不仅是故事，而且是可以实现的现实。

陈永栽1934年出生于福建省晋江市的一个普通家庭，父亲陈延奎在一家烟厂做工。当时，日寇侵华，闽南沿海一带战火纷飞，民不聊生，年仅4岁的陈永栽随父母远渡重洋，背井离乡来到昔日被人们称为吕宋的菲律宾谋生。几年后，父亲身患重病，只得举家陪同父亲回乡治病。当跟随叔父重返菲律宾时，陈永栽已经11岁。为了补贴家用，他只好在烟厂当童工。他白天干活挣钱，晚上挑灯夜读，以顽强的毅力修完了中学课程，并以优异成绩考上了远东大学化学系。之后，他半工半读，完成了大学课程。毕业后，他在一家公司任实验室助理，不久就被提升为业务经理。

1954年，年仅20岁的他和朋友合资开了一家玉米淀粉加工厂，不赚反赔。这一次的失败，并没有击垮意志坚定的陈永栽，他曾说：任何事情都有好坏两个方面，关键是将不利条件转变为有利的条件。他没有活在失败的阴霾中，而是将借来的钱创立了甘油公司和化学原料公司，这让他初尝了赚钱的滋味。

11年后，陈永栽经过缜密的考察后卷土重来，在马里拉市郊购买了一块土地，创办了福川烟厂。到20世纪70年代末，福川卷烟厂已发展成为全菲最大的烟厂，产品占据了菲律宾卷烟市场的七八成，并辐射到香港和东南亚各国。1979年，是福川香烟的鼎盛时期。在当年举行的第13届世界巴黎香烟质量评比会上，陈永栽烟厂生产的香烟一举夺得了三枚金牌和一枚银牌。从此，他的福川牌香烟全面打入了国际市场，在欧美、日本、中东的香烟市场上都占有一席之地，陈永栽本人也因此成为名副其实的东南亚烟草大王。

20世纪70年代起，陈永栽开始涉足进出口贸易和房地产，先后创办了椰油厂、肥皂厂、石棉厂、电子厂、炼油厂和养殖场等企业。20世纪70年代后期，陈永栽又将目光瞄准金融业，创办了菲律宾联盟银行，并亲任董事长。目前，联盟银行在菲律宾国内有近百家分行，成为菲律宾华资三大银行之一。

20世纪80年代，陈永栽开始进军海外。他首先瞄准的是作为国际金融贸易中心的香港，在港设立了自己的海外发展基地——福川贸易公司和新联财务公司。1981年，为了满足在美国大市场投资业务的发展，他在美创办了美国海洋银行。此后，陈永栽看好内地的发展前景，投资3亿元人民币，创建了厦门商业银行。

陈永栽的身上有一股和李嘉诚极为相似的执着劲，那就是一件事不干则已，要干必干好。而这句话也一直被公认为陈永栽的发财秘诀。陈永栽一直坚信物极必反的道理，他总说，人被逼到墙角就会反弹，发挥出惊人的力量。在商场上，开疆辟土，绝不能抱着随随便便或者跟风的心态，要么不做，要做就做到最好。

广撒才有多丰收

超级富翁的"超级"形容的不仅仅是他资产的丰厚，一定程度上也指他涉及领域的庞大规模。聪明的商人明白其中的真谛，"播种"越多，才会有更多更好的收成。

怎样才能赚大钱？投资房产、买股票、搞航运还是涉足其他行业？只要具有精明的商业头脑和前瞻的智慧，每个行业都可以赚大钱。现代社会，优秀商人已不仅仅将眼光局限在某一特定领域，一个行业赚钱再多，总显得有些"单调"。真正有大气魄的商人会尽量涉及多种行业，他们明白多投多得的道理，如同种地，春华秋实，播种越多，收获越丰盈。

李嘉诚不仅在塑胶业大有建树，而且在地产业可谓如鱼得水，不但在香港稳坐宝座，而且还把触角伸到了世界几十个国家，真可谓世界级地产家。与此同时，他还在电讯业、石油、货港码头、网络、零售业……叱咤风云。所谓广撒才有多丰收。只有一粒种子，若想套住多只珍稀鸟类，无异于痴人说梦；但若是撒上各类种子，则或可以每有对路，一网打尽。

同李嘉诚一样，香港商业大亨霍英东也是这样一个成功商人。他一生经营领域众多：房产、博彩、石油、酒店、航运等都留下过他投资的身影。

霍英东原籍广东番禺，幼时家境相当贫困，全家靠父亲的驳船生意生活。霍英东小时候，父亲因为翻船溺水身亡，两个哥哥也在随后的一次台风中身亡。有人说，霍英东或许是香港亿万富翁中身世最苦的一个。但苦难没有摧毁这个亿万富翁的心，反而更加激励他去创业。

20世纪五六十年代之后，香港金融业发展迅猛，霍英东觉得金融的发展必然会推动商业住宅楼的发展，他断定房地产业将大有可为，就率先投资280万港币大兴土木，创立立信置业建筑有限公司。通过购房者的定金建造楼房，他也因此大赚一笔，一举打破当时香港房产生意的最高纪录。此后，霍英东当上香港房地产建筑商会会长，拥有香港70%的房产生意，他也由此得到了香港"土地爷"的美名。

20世纪60年代，淘沙在香港商界还是个被"遗弃"的行业，它需要投入大量劳力和资金，但回报相对很小。通过在房产行业的打拼，霍英东意识到淘沙业的丰厚利润，毅然投入大笔资金从泰国购入一艘大型挖沙船，正式挺进淘沙业。

随着香港经济的飞速发展，无数高楼大厦拔地而起，建筑用沙成为抢手货，霍英东的淘沙船又一次挖得满满黄金，霍英东也得到了"海沙大王"的美称。

霍英东还参股澳门娱乐有限公司，经营澳门博彩业。据资料显示，澳门娱乐每年给他的分红颇为丰厚，从 5000 万到 2 亿港币不等——1984 年 5000 多万，1992 年达到 2.6 亿港币。此外，他于 1962 年成立信德船务有限公司，专营港澳海运，吸引香港旅客到澳门旅游的同时，也间接刺激澳门的博彩业。1973 年信德船务在香港上市，20 世纪 90 年代，它成为香港最大的上市公司之一，市值一度达到 120 亿港币，霍英东每年也有一两亿港币进账。

20 世纪 70 年代，霍英东又在广东中山兴建宾馆。宾馆动工之时，内部设备和用品全需进口，在宾馆建成的时候，总计投入 4000 万港币，占地 100 万平方米。1982 年中山宾馆的营业额在全国第五，跻身内地五大宾馆之列。

李嘉诚和霍英东都是集亿万财富于一身，除了依仗过人的商业智慧外，敢于在多领域投资的魄力和胆识也是他们成为富豪的重要原因。试想一下，如果当年李嘉诚在自己创业成功的某一领域一直做下去，即使做大做强，也只是某一领域的大亨。

一条路再宽，也只是一个方向、一种途径，不会有新的发现与探索。富豪们正是敢于在不同行业尝试，才不断地淘出金子。平凡的我们也应该这样，条条大路通罗马，财富的道路也不止一条，要学会从多个行业赚钱，这样你才会成为富翁。

不要小看零售业的"蝇头小利"

一只蝴蝶在巴西扇动翅膀，有可能在美国的得克萨斯州引起一场龙卷风。蝴蝶效应告诉我们，一个微不足道的动作可能产生惊人的影响。所以，只要自己没有与世隔绝，一举一动就处在世界的生产链条上，时刻准备验证蝴蝶效应。生活中，往往含有一些酵质，假如酵质膨胀了，就会使生活产生剧烈的变化，从而影响命运。查尔斯·狄更斯在他的作品《一年到头》中写道："有人曾经被问到这样一个问题：'什么是天才？'他回答说：'天才就是注意细节的人。'"在风云变幻的现代经济社会里，零售业就是商场中的细节，而一个成功的商人，往往也是善于发现并成功运作细节的人。李嘉诚的企业王国里，零售业占据了一方不容忽视的天空。他旗下的屈臣氏连锁就是一个很好的例证。

零售业的巨大利润空间，不仅李嘉诚看到了，全球巨商中的许多双眼睛也都盯住了这个领域。全球 500 强榜首企业的沃尔玛公司，是美国最大的私人雇主和世界上最大的连锁零售企业。截至 2009 年 5 月，沃尔玛在全球 14 个国家开设了 7900 家商场，员工总数 210 万人，每周光临沃尔玛的顾客 1.76 亿人次。沃尔玛 1996 年进驻中国，为实现在中国百姓心中的大面积"着陆"，沃尔玛一直都在努力降低成本，为顾客省钱。几年的努力使沃尔玛在中国获得了迅猛发展，并一跃而起占据了中国零售超市的榜首。

发财致富是大多数人的共同愿望，但为什么只是少数人成为富翁，更多的人终其一生也难以做到？其原因就是这些人赚钱心理过于迫切，导致心态出现偏差，他们只想发大财、赚大钱，不把赚小钱的机会放在眼里。殊不知，许多大富翁都是从小生意做起，赚小钱发家的。

贾亚芳，2004 年中国十大经济女性年度人物之一，曾经的下岗女工，现在因为一碗凉皮成了闻名全国的百万富翁。她靠 500 元起家卖凉皮，后来将自己的捷尔泰凉皮连锁店开到全国 20 多个省市，有近 200 家店。

贾亚芳的凉皮事业从她下岗第二天就开始了。她先调查市场，然后采购原料制作凉皮。第一次卖凉皮就净赚 20 元，这让她高兴不已。她继续把凉皮做大，但第一次正式开店让她受到了损失，凉皮的口味不好导致无人上门。在第二次开店的时候，她更加精心地研制新的凉皮口味，开张的第一天，她的凉皮卖了 110 碗，第二天 200 碗，第三天 350 碗……前两个月她净赚 3 万，第三个月要吃捷尔泰凉皮就要早早排队，这也成了她店前的一景。小有成绩的贾亚芳并不满足，她又将自己的连锁店发展到了全国，捷尔泰凉皮已经在新加坡、加拿大注册，在贾亚芳眼里，世界才是真正的舞台。

贾亚芳的经历告诉我们，钱没有小钱大钱之分，只有人的能力有强弱之分。一个拥有致富心、财富梦的人能将小钱做成大钱，小生意也可以做出大格局。

李嘉诚的业务遍布全球许多国家和地区，涉及多个领域，像这样一位华人首富，他也是从做推销员开始，如今也同样不会轻视零售业这样的"蝇头小利"。记得曾有位百万富翁说"小钱是大钱的祖宗"，现实中的很多百万富翁就是靠赚不起眼的小钱，做不值一提的小生意起家的。据统计，国外 90% 以上的大富豪是白手起家或靠小本起步的，只有不足 10% 的人靠继承遗产发家。

从李嘉诚、贾亚芳的例子中，我们可以认识到，经商不要嫌生意太小，做小生意是赚大钱的必要步骤，做小生意可以增加阅历，培养金钱意识和赚钱能力，积累人际关系，摸索市场。一个连小生意都经营不了的人更驾驭不了大事业。所以，不要好高骛远，把小事做好，你也能开创一番广阔天地。

品牌化让无形资产变金钱

经商讲究信誉，这就是一种品牌。坚持守信可能会在某些情况下吃点儿亏，但是干大事业者必不可少的素质，与响当当的名头。要发展事业，更需要具备品牌意识。纵观世界各大品牌，无不在好质、好量、好服务上下足功夫，这就是品牌。

李嘉诚重视自己的品牌、信誉，他说："信誉是我的第二生命。"当他的建筑形态遭到民众的反对时，他会选择放弃，即便是已经投入很多。这就是品牌，不会抢夺，理性而宽容。也因此，李嘉诚的盛誉名扬海外，他的名片即是他的品牌，他的品牌即是他的信誉，从而赢得了无数次抢先获得信息的先机。

营销大师科特勒曾这样说过："事实上，市场上成熟的产品越来越多，竞争者大致类似，企业必须用品牌树立在人们心目中的形象。有些成功的品牌，不论它涉足什么行业，人们都购买它的产品，因为它有品牌。"

闻名于世的雀巢公司始创于19世纪中叶。公司建立以后，发展非常迅速，产品线不断拓宽和加长，然而在这种情况下，雀巢公司并没有一味采用当时所通行的品牌延伸策略，将雀巢品牌应用到其所有的产品上。因为它清醒地认识到：在食品行业，当品牌过度扩展到太多不相关联的领域时，消费者的品牌联想力和品牌认知度就可能会逐渐减弱，从而削弱品牌原有的内在魅力，最终使公司的品牌成为一个没有特点、特色和竞争力的简单符号。

基于这种认识，雀巢公司实施了一种颇具特色的品牌策略，建立起公司品牌和产品品牌既相互促进又相对独立的金字塔形品牌体系。

雀巢公司非常重视品牌管理工作。它专门设立了战略经营总部来负责雀巢各品牌的连续发展和在相关领域的效能。采取不同的品牌定位方式为家族品牌定位，并利用家族品牌的力量进行延伸，经过多年的发展，公司的各种产品品牌力量不断壮大，市场形象不断提升，使得这个品牌金字塔的塔基更加坚实，从而也使得位于塔尖的"雀巢"品牌日益耀眼夺目。

雀巢的经验与李嘉诚虽然不尽完全相同，但他们有着同样的品牌理念，雁群高飞头雁领，不论飞行还是栖息，都能看到头雁的引领，头雁在雁群中是最强壮、最敏锐的那一只，所有的大雁都服从头雁的指挥，并无条件地接受它的队形引导。

一个出色的商人能成为商场中的"头雁"，能在天空中飞得高，飞得好，这不是一件容易的事情。自然，每一位商人都想成为一只"头雁"，"不想当将军的士兵不是好士兵"，于是，这里就涉及一个"个人品牌"的问题，只有"品牌"打造得够强，含金量够高，你才有资格做那只"头雁"。

其实"品牌"，不仅仅是企业、产品的品牌，个人同样拥有品牌！李嘉诚无论是他的企业品牌还是其个人品牌，都已经形成一笔无形的资产，成为他事业辉煌的重要支柱。

存钱过冬的艺术

李嘉诚一生经历数次金融严冬，却始终屹立不倒，同时又常常能把握时机，逆市扩张，每每创造出在危机中创造财富的奇迹。究竟是什么使得他具备如此坚忍和逆风飞扬的能力？

其实李嘉诚也是个凡人，他不能未卜先知，也没有遇险化夷的超能力，他有的只是睿智敏锐的洞察力、冷静的分析力和优于常人的忍耐力，同时，在历经几次金融风暴的淬炼之中，李嘉诚逐渐磨炼出一套自己的应对金融危机的方法，比如现金为王、低负债率、全球多元化分担风险、看准股市高位适时融资，这些往往使得危机来临前的李嘉诚有着充足的资金储备。而这一切令他有足够的信心顺利过冬，同时又在过程中积蓄力量，从不放过任何一个危机中的拓展机会，也因此李嘉诚似乎总比别人走得更稳健。

在李嘉诚的"御冬术"里，始终有一条是最为重要的，那就是现金。

许多人总是对于长远的重大战略重大决策具有高度的重视，而觉得企业日常事物中的现金流只是交由财务人员管理的小事。然而，在企业里，现金流的重要性其实不容小觑。现金流决定着企业生死。现金流对于一家企业来说非常重要，其影响远远超过利润给企业带来的影响。如果现金流断裂，即使企业未来的利润再高，也无法解决生存问题。没有了现金流的企业就等于在"等死"。

曾有记者问史玉柱：你提到了那次失败，对于那次失败，你最大的梦魇是什么？史玉柱的回答有些让人心酸："就是被追债。现在给我留下的后遗症就是，我一定要留着充足的现金。现在我的账上趴着69亿现金，几乎是网游行业现金储备的总和。我觉得踏实。"也许非要经历过那种惊心动魄的感觉，才会说出如此刻骨铭心的话。巨人当初在一个星期之内就迅速地垮塌了，从休克到死亡，一瞬间的事，许多人都没回过神来。蓦然回首，史玉柱肯定会有心惊肉跳的感觉。

他说，企业最怕在现金流上出问题，企业亏损不一定会破产，但现金流一断企业就会完蛋。现在我不负债了，而且保持着大量的现金流。我们的现金储备已经超过网游行业的公司现金储备总和了。他总结道，10 年前的民营企业，现在还活着的不到 20%。主要问题其实不是管理不善，而是财务危机——投资失误导致资金紧张，最后资金链断裂。史玉柱以沉痛的教训为忽视现金流管理的错误买单，也为之后的企业家敲响了警钟。

确实，作为商场经营者，必须懂得现金流的重要性，根据企业在不同阶段经营情况的特征，管理者应该采取相应措施，这样才能够保证企业的生存和正常的运营。对于企业来说，最大的风险就是没有危机意识。尤其是有些处在高速成长期的企业，只看到自身的快速强大，而忽略了自己处在商海洪流中可能面临的危机。金融危机、产品安全危机、品牌信任危机、人事动荡危机……企业所面临的危机无处不在，如果不懂得以危机作为自己成长和进步的动力，企业难逃失败的宿命。

李嘉诚用他自己的经验告诉我们，任何时候是自己拥有有备无患的现金流总不是件坏事，保守谨慎和深谋远虑有时其实只是一件事的两面。存钱过冬，是保守，是谨慎，更是艺术，体现了一个深谋远虑又沉稳健泰的商人睿智的经营策略。

稳中求进

——稳健中发展，发展中不忘稳健

未买先想卖

回望李嘉诚几十年的商业生涯，商业环境的风云突变并不罕见。他历经两次石油危机、亚洲金融风暴等历史性的重大危机，能够在长达50年的经营中，从未有一年亏损，直到最近几年仍能保持两位数的利润增长，如果用"幸运"来解释显然远远不够。《全球商业》曾采访过李嘉诚，其间李嘉诚的回答或可以管中窥豹。

李嘉诚谈道："从前我们中国人有句做生意的话：'未买先想卖'，你还没有买进来，你就先想怎么卖出去。"的确，成功并非神来之笔，而是步步为营的结果。当别人看他是一飞冲天的"超人"，他自己却在沉思，要不要出手，出手后的结果是什么。

在顺境时居安思危，巧妙布局，在关键时刻突发奇兵，在李嘉诚投资之中比比皆是。但是在逆境中呢？逆境中李嘉诚同样从容不迫，要么坚持，要么退步，要么完全撤出，李嘉诚的掌控步调依然井井有条。

所以，李嘉诚告诉记者，做生意，一定要有周详的计划。危机感的体现，其中一点，就是在做生意之前，未投入资本之前，要考虑一下："投资时我就是先设想，投资失败可以到什么程度？成功的多几倍都没关系，我也曾有投资赚十多倍都有，有的生意也做得非常好，亏本的非常少，因为我不贪心。"这种不贪心实在是有计划的。

由于在华人世界的巨大影响，李嘉诚甚至被冠以了"华人巴菲特"的美誉。

巴菲特的路子是稳健，李嘉诚也毫不逊色。他善于分配资本，厌恶负债，热爱现金流稳健的业务，并都将状况不佳的老牌公司重塑为一部"价值机器"。"公司是从来没亏过，个人的赚钱、财产，也是一直增加"就是"未买先想卖"的明证。

上海海港工程是李嘉诚的一项大手笔。这一系列迅捷操作背后是什么在起作用？我们来看曾经在《中国企业家》上刊出的一段记者王琦的文字：

20世纪80年代末，当大多数国际企业还在观望中国时，李嘉诚的身影已经频频出现在当时上海市长的身旁。1993年8月，和记黄埔获得了在黄金港口上海合资兴建码头的机会，与上海港务局（后改制为上海港务集团公司，以下简称"上海港务"）旗下上港集箱投资上海集装箱码头（以下简称"SCT"），拥有7个集装箱专用泊位，总投资56亿人民币。作为对李嘉诚甘作开荒牛的"诚意"的回报，在SCT，和记黄埔被破天荒允许持有50%的股权。

此后，李嘉诚开始了在中国大陆南方的海港布局。1994年，由和记黄埔和深圳盐田港集团合资成立的盐田国际集装箱码头有限公司正式营运，注册资本24亿元港元，其中和记黄埔占73%。其后，和记黄埔陆续获得盐田港区一、二和三期直至四期工程，囊括9个集装箱船泊位，股权都在65%以上。接着是厦门、宁波，到2001年，和记黄埔已经控制了中国东海岸线1/4的港口资源，有了"定价的能力"。

李嘉诚充分认识到了计划的重要性。定价能力是李嘉诚最终卖的资本，而其之所以能够在第一时间大手笔"买"，正是基于对"卖"的认识展开的。确实，李嘉诚在全球商界的口碑由此可见名副其实。

如果对当前形势有深刻认识，李嘉诚必然会进行一系列挖掘，为既得利益进行不懈努力，塑料花市场是这样，房地产市场也是这样。每一次投资都能在别人尚未看清形势之前，先一步看清"卖"的形式，从而从容不迫地在"买"处展开，这是李嘉诚"稳健—发展"中的顶级智慧。

在内地房地产市场，李嘉诚可谓是一线、二线城市通吃。2007年4月，长江实业与和记黄埔以24亿元联合投得重庆市南岸区杨家山片区地块，该项目总建筑面积为410万平方米。规模之大，相当于再造一个新城，预计总投资将超过120亿元人民币。由于非常看好内地的房地产市场，李嘉诚不惜提早数年出手，以便完全占领市场。这种大气度，如果没有好的"卖价"，李嘉诚决然不会冒进。有人评论说："购下地块后储备待用，已是李嘉诚在内地进行房地产投资的公开秘密，有的地块甚至被雪藏了十多年之久。"足见李嘉诚的雄心。

李嘉诚投资收购的赫斯基能源公司如今已成为李嘉诚旗下和记黄埔最赚钱的"盈利老虎"。而在 22 年前谁会想到去收购一家资本支出与负债过高的中型石油公司呢？

李嘉诚想到了。他自信地宣布："赫斯基能源在七八年前还被人批评说得亏损，但是今年和记黄埔最大的盈利贡献就来自赫斯基。"

"未买先想卖"，这一思想一次次让李嘉诚在危机中翻身，在翻身中超越，在超越中达到登峰造极的商道艺术。

有风险意识才有准备

任何制度都存在发生意外的可能，任何决策都存在发生疏漏的可能，任何运行都存在发生偏差的可能……对于不能保证"绝对"的，我们便要用一种意识来做最后的防备，那就是风险意识。风险就像悬在头顶的一把达摩克利斯剑，谁也无法预测它什么时候会掉下来，为此，对自己、对公司、对行业、对市场保持清醒机敏的风险意识，明察秋毫，防患未然，以便化险为夷是生存的必要条件。

对此，李嘉诚曾做过一个形象的比喻：就像是军队的"统帅"必须考虑退路。例如一个小国的统帅，本身拥有两万精兵，当计划攻占其他城池时，他必须多准备两倍的精兵，就是 6 万，因战争激活后，可能会出现很多意料不到的变化；一旦战败退守，国家也有超过正常时期一倍以上的兵力防御外敌。

正是因为有足够的准备力量，所以才能笑对风险，及时转向规避，甚至逆转形式。

被媒体尊称为"郎监管"的郎咸平就十分推崇李嘉诚的"风险准备"。郎咸平认为，在对风险的准备上，李嘉诚无疑是内地企业家的榜样。虽然涉足七大行业的多元化公司和记黄埔在七大行业中最坏的负债率高达 50%，盈利最好的达到 200%，但李嘉诚的天才之处在于通过对七大行业的整合、互补，把最终的数据锁定在了 – 5% ~ 20%，80% 的行业实现了长期盈利。

这就说明，李嘉诚的"风险准备"不论是为其以后的大扩张，还是其可能遇到的大困难，都备好了充足的后路。相比较国内其他企业 40% 甚至更高的负债率来讲，李嘉诚立于不倒之地不是句空话。

我们来做个有趣的对比：国内企业很热衷于做"可行性报告"——总会千方

百计地想出各种理由要介入一个新的行当，然后开始憧憬 5 年计划，并进军 500 强；李嘉诚很热衷于做"不可行性报告"——假如这个行业亏得一塌糊涂，有没有哪个行业来拾遗补缺。

2007 年，美国次贷问题的全球金融海啸全面爆发之前，危机已经逼近，但绝大多数企业并没有意识到。李嘉诚不止一次针对股市泡沫和全球经济前景提出警告。两年前就能感觉到危机即将来临，因此其集团在重大政策及发展均非常小心，没有收购其他资产，只在本行内继续发展的李嘉诚正是以其卓越的"风险意识"提前做好了应对，所以才能在其来临时缓冲，没有受到严重打击。能够笑对此次金融危机，李嘉诚并非运气。

的确，在商海里摸爬滚打的李嘉诚就这样说："任何事业均要考量自己的能力才能平衡风险，一帆风顺是不可能的，过去我在经营事业上曾遇到不少政治、经济方面的起伏。我常常记着世上并无常胜将军，所以在风平浪静之时好好计划未来，仔细研究可能出现的意外及解决办法。"

不但在事业上是如此，就算是生活、娱乐、休闲中他都没有丝毫放松"风险意识"。他曾在接受访问时说，他的游艇从来都是定制两个引擎两个发电机，以备不时之需。甚至，"如果两个都坏掉，我船上还有一个有马达的救生艇。"因为有救生艇，李嘉诚才能在任何威胁面前保持冷静，依着自己早已准备好的路从容撤退。

不光李嘉诚，全世界精英人物都意识到了这个问题，甚至还把其作为一个课题来实验。在世界著名的大企业中，随着全球经济竞争的发展，挑战会越来越激烈，要是沉醉于自己的优势地位，就可能会遭到淘汰。为改变这种状况，各国企业都很重视推行危机管理。百事公司就是其中的一例。

百事可乐公司作为世界软饮料行业的大哥大级人物，可谓春风得意，每年有几百亿的营业额，几十亿的纯利润。但是，展望公司的未来发展前景，公司的管理者们看到汽水业会趋于不景气，竞争也会更加激烈。为避免被市场打败的命运，他们认为应该让自己的员工们相信公司在时刻面临着危机。但百事公司一路凯歌高奏，让员工相信危机这回事谈何容易。

公司总裁韦瑟鲁普决定要制造一种危机感。他找到了公司的销售部经理，重新设定了一项工作方法，将以前的工作任务大大提高，要求员工的销售额要比上年增长 15%。他向员工们强调，这是经过客观的市场调查后做出的调整，因为市场调查表明，不能达到这个增长率公司的经营就会失败。这种人为制造出来的危机感马上成为百事公司员工的奋斗动力，使公司永远都处于一种紧张有序的竞争状态中。正是这些，保证了百事公司能永远欣欣向荣地走向未来。

李嘉诚是一个时刻注意风险的人，所以李嘉诚的成功似乎是必然的。因为，他有着绝佳的护航手——"风险准备"。

花 90% 的时间，不想成功想失败

在一本《秘书工作》杂志的卷首絮语上，载有一篇作家蒋光宇写的小文，名叫"花 90% 的时间考虑失败"，其中直接撷取了李嘉诚的话。内容是这样写的：

从 1950 年起，22 岁的李嘉诚开始在商场上创业发展，一步步地由"塑料花大王"走向了"地产大王"，成了世界华人的首富。

有记者采访李嘉诚："大家都很好奇，您在半个多世纪的漫长岁月中，从来没有过一年亏损，既能将事业大胆地扩张到世界各大洲的 55 个国家，又能做到万无一失，从不翻船，这其中的奥秘究竟是什么呢？"

李嘉诚回答："我往往会花 90% 的时间考虑失败。"接着他解释道，"我不停地研究每个项目可能出现的种种问题。这就好比在风和日丽的时候驾船远航，在离开港口之前，一定要想到万一强台风袭来之际应该如何应付一样。"

记者问："一般人满脑子都在想怎么成功，您为什么要花 90% 的时间去考虑失败呢？"

李嘉诚沉稳地回答："一定要先想到失败。一个机械手表，只要其中的一个齿轮有了一点儿毛病，这个表就有可能停顿；一家公司，只要其中一个机构有了一个毛病，这个公司就有可能垮台……把种种失败考虑得越充分，成功的把握才会越大。"

居安思危、多考虑失败，是走向成功的清醒剂；故步自封、陶醉于成功，则是走向失败的迷魂汤。"花 90% 的时间考虑失败"，实质就是向最坏处打算，向最好处努力。

最后一句话"向最坏处打算，向最好处努力"给人很多感慨。

成功之人之所以成功，常常有着很多与众不同的东西。

俞敏洪的账上始终趴着 2 亿现金，目的就是防止遇到"非典"这样的特殊时期；史玉柱的账上也始终趴着 2 亿现金，而且很多资产都可以在一个月内迅速变现，目的就是防止企业经营万一再次出现原来盖巨人大厦时的局面能安然

度过；李嘉诚的账上始终趴着 2 亿现金，很多资产可以迅速变现，目的就是防止"金融风暴"这样的大灾难……把 90% 的时间花在考虑失败上，成功人士用其实际行动证明了"失败"的重要性。然而，常人想成功，却都是把心思花在了琢磨着如何能成功上。一左一右，大相径庭。

史玉柱曾经在《赢在中国》上说过一句话，似乎恰恰应对了李嘉诚的观点，史玉柱说"90% 的困难是你连想都没想到过的"。李嘉诚想到了，于是李嘉诚成功了。

的确，一心想成功，便会忽略很多危险。只有边为成功而努力，边留心身边的陷阱、危险分子，才能在风险来临之前及时化解，成功才能步步临近。把可能导致失败的因素考虑得越充分，成功的把握才会越大。

德鲁克说过："如果不着眼于未来，最强有力的公司也会遇到麻烦。"确实，德鲁克的这句话与李嘉诚可谓不谋而合。

一个商人如果没有超前的忧患意识，不能居安思危，沉浸于一时得以成功的自我满足中，那么 90% 的失败就极有可能不是想象，而要是事实了。

危机意识的核心是"企业最好的时候往往是下坡路的开始"。要求管理者要有忧患意识，要居优思劣、居安思危、居盈思亏、居胜思败，其目的就是预防危机的到来。海尔总裁张瑞敏曾说过："没有危机感，其实就有了危机；有了危机感，才能没有危机；在危机感中生存，反而避免了危机。"

而一个真正成功的商人都应当随时具备忧患意识，强化战略的预见性和未来性，善于居安思危，像李嘉诚一样花 90% 的时间想失败。这不是为了失败而做功课，而正是为了那个梦寐以求的成功做功课。在稳健中求发展，发展才有成功的保证。去掉了稳健，去掉了对失败的警觉性，那么，失败的阴影很可能就会笼罩眉头。

要做大事，"审慎"二字不可丢

人人皆知李嘉诚是稳健、不浮躁的典范。在很多报纸上，最常见的一句话便是"一向审慎的李嘉诚……"之类的话，足见李嘉诚的行事标准：审慎做事。

2009 年，全球经济开始复苏。8 月长江实业、和记黄埔举行业绩发布会，刚刚过完 81 岁生日的李嘉诚神采奕奕地答记者问。尽管旗下长江实业与和记黄埔中报均胜过市场预期，李嘉诚却对全球经济的走向继续审慎。他说，弄清上市规则后再决定。认为在此时投资股市需要小心，千万不能借钱入市。他幽默地说："如果炒炒股票就能赚大钱，大家就都不用这么辛苦地坐在这里了。"

如此谨慎预测，说话滴水不漏，且温和亲切，不能不说李嘉诚已把"审慎"艺术发挥到了极致。

为人持重，不浮躁行事，是许多成功人士面对机遇时的态度和成功的经验。

17岁，李嘉诚辞别舅父，开始自己的创业道路。每次选择都是如履薄冰，审慎决定，而每次的结果都让人欣慰不已。

22岁，李嘉诚创立长江塑胶厂。乐观让年轻的李嘉诚没有看到足够危险，从而付出了沉重的代价，但他也收获了一点儿"稳健发展"。从此他收获了"审慎"；

第7个年头，李嘉诚开始放眼全球，发现了美轮美奂的塑胶花，并把其挪回家精心培植。审慎处理塑胶花上市前的每一个环节让李嘉诚一鸣惊人，最终成为著名的"塑胶花大王"。

1958年，李嘉诚把重心转向房地产。此时塑胶花的未来已不明晰，很快便会走下坡路。而房地产则接近鼎盛时期，李嘉诚审慎对待"过热"的炒房，终于在危机中独善其身。

1972年，"长江实业"上市，其股票被超额认购65倍。李嘉诚在地产业很快崭露头角，在与置地对决中成长为"地产大亨"。他的策略，依旧是审慎行事，稳健发展。

1986年，李嘉诚进军加拿大，经过认真思考后，购入赫斯基石油逾半数权益。在22年后，这个有着巨额债务的赫斯基成为了李嘉诚手中的摇钱树。

……　……

不必再往后数了，李嘉诚的每一步都彰显了其全盘布局，审慎行事，一击而中的做事风格，每一步都堪称一个经典案例。

"我是比较小心，曾经历过贫穷，怎么会轻易去冒险？你看到很多人一时春风得意，一下子就变为穷光蛋，我绝对不会这样做事，都是步步为营。"李嘉诚这样说，也是这样做的。其一直被认为是华人商界的一个传奇，从最早的香港"塑料花大王"再走向"地产大亨"的李嘉诚，未来更可能变成"石油巨擘"绝不是一句妄言。

机遇摆在所有人的面前，对任何人来说都是平等的，只有在人生的每一次关键时刻，审慎地运用你的智慧，做最正确的判断，选择属于你的正确方向，才能走向成功的宝座。审慎不是拒绝前进，不是议而不决、停滞不前的借口。在李嘉诚眼中，"审慎"是一门艺术，是能够把握适当的时间做出迅速的决定。

"其疾如风，其徐如林，侵掠如火，不动如山。"这是一位老对手对李嘉诚的评价，中肯地表现了李嘉诚的行事风格。这种如同武林高手般把握其中精要的人如果没有谨慎，恐怕任谁都难以相信。

在"炒房"热期间，与李嘉诚的"保守"所不同的是其老乡，"西环地产之王"潮籍银行家廖宝珊。

廖宝珊创建了廖创兴银行，由于银行业与地产业"骨不离肉"相纠结，身处银行业的廖宝珊也涉足了地产业。卖楼花出现后，他和其他的地产商一样，开始跟风。廖宝珊凭着自己在银行业的优势，卖起楼花来更是得心应手。为了迅速扩张地产，廖宝珊不顾一切，几乎掏空了储户的存款，灾难一步步向他靠近。1961年，廖创兴银行发生挤提风潮，廖宝珊此时负债累累，无法承受来自多方面的压力，结果因突发脑溢血而猝亡。

面对诱惑，如果能够做到审慎行事，相信廖宝珊也不会过于狂热而看不清未来的时局。而李嘉诚正是因为能在众多地产商和银行大肆建楼时，按兵不动，没有被眼前的建房热潮混淆视线，才顺利逃过这一劫。从而在其他地产商忙于补救之时，自己能够稳步拓展着地产事业，积累实力，等待下一次飞跃。

经营一家较大的企业，一定要意识到很多民生条件都与其业务息息相关，因此审慎经营的态度非常重要，而历数李嘉诚的每次投资、收购，都无不给人启发。由此，李嘉诚的"扩张中不忘谨慎，谨慎中不忘扩张"思想开始为人们所青睐。虽然李嘉诚一生有数次极大的冒险，并且被人们称为"豪赌"，但郎咸平认为"稳健才是李嘉诚成功的法宝"的说法才是准确的。

李嘉诚说：要做足准备工夫、量力而为、平衡风险。三句话一气呵成，让"审慎"二字成为了一条铁的定律。

不疾而速才能一击而中

在李嘉诚的经商之道中，最为有名的现身说法便是"好谋而成、分段治事、不疾而速、无为而治"。很明显，其中涵盖着很强的哲学思想。如果仔细研究一下，我们会发现，尽管商界弥漫着浓厚的求快气息，激烈竞争的最终胜出者却往往是坦然行事、张弛有度者。武林高手过招自然要快于无形，但如若一味盲目岂不是必然失败。只有在快中把握节奏，不疾而速才能以犀利取胜。

20世纪60年代后期，香港大兴移民潮，无数人选择逃亡、迁移。只有李嘉诚没有迅捷行动，在不急而速中选择了一条冷静的捷径——"人弃我取"。大手笔的地产投资让李嘉诚实现了人生中里程碑意义似的又一次腾跃。

在李嘉诚先生的诠释中"不疾而速"有了新的商战意义：由于已有充足的准备，故能胸有成竹，当机会来临时自能迅速把握，一击即中。如果你没有主意，怎么能"不疾而速"？正如和记黄埔集团前董事总经理马世民形容的那样："李嘉诚是一个玩 cycle（循环）的高手，但别人玩 cycle 是赌博，他玩 cycle 是避险，因为他已有必胜的把握。"

李嘉诚的经商策略极富个性。自 1992 年李嘉诚入主内地房地产业起，一直执行"拖后"政策。他寻得的许多优质项目，往往会等上三四年才进入开发。而旗下许多成熟物业，也会采取租赁经营，以缓慢而稳定的方式回笼资金。寻求契机是李嘉诚一直追求的一个原则。

2008 年初，全球性的金融危机临近。嗅觉灵敏的李嘉诚很早便意识到这将是一种极大的破坏，迅捷出售原有项目，出售上海世纪商贸广场和御翠豪庭两个重头项目回笼资金超过 50 亿元。不仅如此，他还密集启动长三角三大项目（上海周浦镇住宅项目、上海新闸路商业及办公综合项目、江苏常州天宁住宅项目），甚至提前将部分项目投入市场。这种果断的行为为其之后的路做了最大铺垫。这便是李嘉诚的"老早有这个很多资料"，"很多困难老早已经知道"，"老早想到假如碰到这个问题的时候，你怎么办？"因为敏锐，所以才能不疾而保持了速达。

事实很快验证了李嘉诚的判断。因为有这些准备，2008 年和记黄埔年报显示，其以获得超过 150 亿港元的净利润水平，维持了 500 亿港元以上的现金水平，保住了李嘉诚不动如山的超人地位。

面对机会的来临，人们常有许多不同的选择方式，但是每个人的机会是平等的。有的人会单纯地接受；有的人保持怀疑的态度，站在一旁观望；有的人则顽固到底，不肯接受任何新的改变，于是各有各的结局。许多成功的契机，在萌芽之时便已经注定了结局，只有那些敏锐的、进退自如的人才能看得到它的雄厚潜力，在"行如风、坐如钟"中赚得杯盆钵满。

"不疾而速"，其实是在风险管理、信息收集、财务准备齐备了，遇到机会，才能"一击即中"。

"20 世纪 90 年代初，和记黄埔原来在英国投资的单向流动电话业务 Rabbit，面对新技术的冲击，我们觉得业务前途不大，决定结束。这亦不是很大的投资，我当时的考虑是结束更为有利。

"与此同时，在通信技术很快地变化、市场不明朗的关键时刻，我们要考虑另一项刚刚在英国开始的电讯投资，究竟是要继续还是把它卖给对手？当然卖出的机会绝少，只是初步的探讨而已。'我们和买家刚开始洽谈，对方的管理人员就用傲慢的态度跟我们的同事商谈，我知道后很反感，将办公室的锁按上了，把自己关在办公室 15 分钟，冷静地衡量着两个问题：再次小心检讨流动通信行业在当时的前途看法；和记黄埔的财力、人力、物力是否可以支持发展这项目？

"当我给这两个问题肯定的答案之后，我决定全力发展我们的网络，而且要比对手做得更快、更全面。Orange（橙）就在这样的环境下诞生，并全速发展。"

面对一个机遇，迅捷的抢是必要的。然而我们也应清晰地明白，我们之所以要"抢"，为的是什么。若是对这个完全没有概念。那么，即便是抢过来也一无用处。李嘉诚正是由于对任何事情都看清楚再行动，所以每次都能有满意的结果。

万事想好退路，打有把握之仗

在人们的印象里，"破釜沉舟"、"坚持到底"往往是成功的最大保证，而给自己留下后路的，则往往会因为不卖力而最终失败。有些主题甚至会写到"成功的唯一秘诀，就是坚持到最后一分钟"。

然而，李嘉诚却并不这么认为。在他的眼中，有破釜沉舟、志在必得的心态是必要的，然而如果真的不留退路，则是最不聪明的做法。李嘉诚说，就像是军队的"统帅"必须考虑退路。

所谓"留得青山在，不怕没柴烧"就是这个道理。李嘉诚不但要留青山，还要留柴，从不做断粮生意。循着历史的轨迹，我们看到了范蠡于勾践灭吴后为自己寻找退路，免遭杀害；我们看到了项羽攻打刘邦，不思退路，最终自刎乌江。范蠡不是在全力以赴地努力吗？答案是肯定的。但是他仍然意识到了危机，并且在危机之前做了最好的打算，所以可以从容离开；项羽不是在全力以赴地努力吗？答案是肯定的。但是他忽略了很多致命因素，也因此才葬身乌江。如果他能在大好形势时意识到自己的弱点和对方的无赖，是不是便能有别的退路，留得青山在呢？

李嘉诚曾经推荐过一文——盔甲骑士，很能表现其思想。故事的大意是这样的：

有一位心地善良、英勇善战的骑士，他屡立战功，受到国王和百姓的赞赏，获得了一副金光闪闪的盔甲。骑士身披闪耀的盔甲，随时准备跳上战马，向四面八方冲去，向邪恶的骑士挑战；杀死作恶多端的恶龙；拯救遇难的美丽少女……

即使在家里，他也穿着轧轧作响的盔甲自我陶醉，吃饭睡觉都不愿意脱下，甚至连他美丽的妻子朱丽叶和可爱的儿子克里斯托弗都记不清他的面容了，最后连他自己也忘记了自己的真面孔。

终于有一天妻子对他说："你爱盔甲远甚于爱我。"她和儿子准备离开他了，这时，骑士才感到惊慌，他想脱下盔甲，可是盔甲已经生锈，再也脱不下来了！

骑士习惯了成功，没有意识到盔甲已开始生锈，也忘记了盔甲虽然标榜着成功，但盔甲中的自己才是成功真正的创造者。

其实，人生天地间，原本就应该有所作为的，拥有进取心是我们最大的财富。所谓"天有不测风云，人有旦夕祸福"，未来事情难以把握。给自己找条退路，是全面分析形势后的从容，是客观把握事情后的豁达。它不至于使你四面楚歌，它不至于使你身陷囹圄。

进入20世纪80年代，港商已经纷纷向内地投资，连霍英东和包玉刚也开始对大陆投资。然而李嘉诚始终按兵不动，一直等到了1992年5月1日，李嘉诚代表"长实"与中方合资成立了深圳长和实业有限公司，港中双方持有平等股权。自此李嘉诚开始在内地大展拳脚。

当然，他依旧没有冒进。对于李嘉诚来说，绝对不打无把握之仗。于是，仅仅时隔三个月，李嘉诚在"长实"集团中期业绩报告中指出了中国的发展前景非常广阔。这三个月中李嘉诚做什么了呢？全面评估内地市场，甚至进行实际勘查。

李嘉诚的精明决策和高效的办事作风令内地人士非常惊叹。更为惊叹的还在后面，当记者问起李嘉诚预计在内地的投资额时，李嘉诚竟然回答会拿出"长实"集团25％的资产。这不是妄言，正是由于其详尽的勘察，和已做好全面的后备准备情况下，才做出了这个大胆的决策。而这个决策，绝对超值地回馈了李嘉诚。

短短几年的时间，李嘉诚和他率领的"长实"在内地各个地方参与多种项目的发展。虽然李嘉诚不是向内地投资的领头军，但是，他在内地进行的全面投资完全可以弥补后入的被动局面，并很快使"长实"在内地的投资地位显著上升，并且在短短几年内囤积了可开发20年的地产，可谓是狮子大口，有吐有吞。

给自己找条退路，这是一种境界。给自己找条退路，不是自甘示弱，放弃梦想；不是缺乏自信，自我诽谤；不是在理想的征程中迷失了方向，不是在奋斗的历程中失去前进的翅膀。它，是一种智慧，一种豁达与从容的智慧；它，是一种高度，是一种"不畏浮云遮望眼，只缘身在最高层"的高度；它，是一种境界，是一种"位卑未敢忘国忧”的曲线救国的境界。

经典迪斯尼动画片《猫与老鼠》中，老鼠嘲笑猫时，它身边一定要有个鼠洞，这就是一种智慧。李嘉诚已经那么强大了，但他仍然时刻为自己准备好后路。因为他知道，人算不如天算，再聪明的人，都会有失算之时。所以，李嘉诚凡事都会深思熟虑，有充分的心理准备之后才去做，他说："一向以来，我做生意处理事情都是如此。例如天文台说天气很好，但我常常会问自己，如果 5 分钟后宣布十号台风警报，我会怎样。在香港做生意，就要保持这种心理准备。"

这就是一个智者，一种立于不败之地的资本，一种难以逾越的高度。

第三章

善用政策

——以政策为本，跟着政府风向走

了解时局才能正确投资

有人说"细节决定胜败"，也有人说"执行决定成败"，殊不知，所有的细节都需要有一个正确的方向，如若不然，细节也只能成为浪费时间的凭证，所有的执行都将成为空中楼阁。故而，只有正确决策，才能保证一切的努力是物有所值，只有正确的决策才能让事业插上翅膀，从而更好更快地走向成功。

那么，如何才能有正确的决策呢？答案很简单，那就是了解时局，了解当下的局势，深入分析，从而得出自己精准的判断。一个成功者，绝对不会凭借别人的态度而行事，同样，也绝不会在没有看清局势之前妄下论断。只有用自己的政治思维思考，整合当前混杂的资料，才能及时对时局以及各种社会关系做出有效、及时的判断，从而不走弯路，在第一时间拿下赢的资本。

在李嘉诚的一生中，绝大多数决策都与时局有关。即便有所变动，也是因为一些不可逆转的原因，并非李嘉诚判断失误。首先来看李嘉诚的一句话："20世纪80年代时中东国家和美国有分歧，石油供应紧张，加拿大有石油，政治环境相当稳定，就趁赫斯基亏蚀的时候把它买过来。"从中你能得到什么信息呢？很明显，是时局。如果没有供应紧张这一特定因素，如果没有加拿大政治环境相对稳定这一前提，相信李嘉诚不会贸然做这样一个看似输定了的决策，便也不会有22年后的满树开花、满堂彩了。

20世纪60年代，香港局势不稳，许多人纷纷降价抛售物业，远走他乡，香港房地产市场一下子变成了"一块臭肉"。李嘉诚却不以为然，对于时局，他有着自己清醒的分析和判断，香港的动荡只是暂时的，多数人不过杞人忧天而已。于是，李嘉诚人弃我取，到20世纪70年代，香港快速复兴，地价飞涨，李嘉诚一跃从一个小地产商迅速变成了香港地产界的大亨。

很多成功者都有着相仿的经历，李嘉诚也不例外。翻看对比录我们便能发现，纽约地产大亨唐纳德·特朗普与李嘉诚的崛起简直是惊人地相似。

对时局的冷静分析力和敏锐洞察力，这对于世界上任何一个投资人而言都是至关重要的。

20世纪70年代，纽约很多银行倒闭，很多房地产商人都在恐惧："如果纽约这个都市没落，我要如何保住现有的一切？"当时还是纽约一位普通的投资人的特朗普却不以为然，而是问自己："当大家都为目前的情况忧心忡忡时，我要如何做，才能致富呢？"于是，他立刻抓住了重大的投资机会，不仅不死守，反而进行大规模扩张，终于一举成为赫赫有名的纽约地产大亨。正是因为特朗普对于时局的正确判断，所以他才能敏锐抓住契机发展，并最终获得成功。

同特普朗一样，李嘉诚正是因为有着对于局势的清醒认识，才没有让他跟其他小地产商一样选择离开，而是抓住时机，一举巩固并加强了自己的实力。如果没有对时局的清醒认识，相信他必难以在如此短时间内便跻身地产大亨行列。

德鲁克在《卓有成效的管理者》中说道：管理者在决策时必须先从是非标准出发，千万不能一开始就混淆不清。德鲁克认为，对一个决策方案来说，首先应要求它是正确的，也就是说，它可以实现决策目标，如果它不能实现决策目标，那么它就是错误的。

而要想获得正确的决策方案，就必须做好决策形势的分析工作。决策形势是指决策面临的时空状态，也就是我们平常所说的局势或者环境。一个决策是否正确，能否顺利实施，它的影响和效果如何，这不仅取决于决策者本身，同时还直接取决于决策情势，受到一系列自然环境和社会环境的制约。

1944年，盟军准备开辟第二战场。以艾森豪威尔为总司令的盟国远征军司令部，经过缜密的研究，制定了在诺曼底登陆的"D日计划"，并决定于6月5日实施。希特勒也意识到了盟军将要在英吉利海峡东南岸登陆，但由于情报工作不力，他无法确定盟军将要在英吉利海峡最窄的加莱附近登陆，还是要在诺曼底地区登陆。因此他把兵力平分在加莱地区和诺曼底地区。

可见，这种情况对盟军是十分有利的，也就是说盟军司令部的决策是正确的。但是进入6月份后，决策情势的突变，即连日的暴风雨，却差点儿使盟军的登陆计划告吹。面对连日的暴风雨，盟军司令部有关专家认真地分析了气象资料，预测到在暴风雨的间隙中，即6月6日英吉利海峡将会出现一段好天气后，毅然于6月4日晚21时45分下令决定："D日计划"改在6月6日执行。

而与此同时，德军却错误地作出了另一个判断，他们认为，英吉利海峡气候将持续恶劣。因此德军最高统帅部做出了由于天气恶劣、盟军不会实施登陆作战的错误决策。于是军官休假了，海上与空中的侦察取消，负责守卫诺曼底地区的隆美尔元帅也于6月5日晨回柏林晋见希特勒，整个德军处于毫无戒备的状态。

结果，6月6日凌晨2时，盟军三个伞兵师空降到德军防线后方，接着展开大规模海、陆、空协同进攻。凌晨6时30分，诺曼底登陆成功取得胜利。

通过以上案例，我们不难看出，盟军正是由于正确分析并充分利用了决策情势，才取得了诺曼底登陆的最终成功，而德军也正是由于对决策情势的错误估计而导致了反登陆作战的惨败。

可见，全面分析局势和环境对正确决策是极其重要的。曾国藩说：为时势能造英雄。确实，商场如战场，对政治局势的正确判断有时关乎着企业的生死。因此，为了提高决策的科学性，就必须要了解研究和重视时局在决策活动中的作用，最大限度地提高决策的安全系数。

正如某评论家所指出的，作为企业家，要了解宏观大势，把握经济发展方向制定公司的发展战略。只有洞悉时局，深刻理解并把握市场，才能描绘出公司未来的宏伟蓝图。这样的决策，稍有不慎，即可导致全军覆没，公司多年努力的心血将付之一旦。在这一点上，李嘉诚有着精到的眼光，历数次时局之混乱动荡而能数十年不倒，且逆风而上，连创佳绩，堪称投资界善于洞察和借势的榜样。

以善举赢得刮目相看：办好事，好办事

2007年3月19日，国家民政部救灾救济司庞陈敏副司长现场揭晓了2006年度"中华慈善奖"获奖名单，长期致力于慈善事业的著名企业家李嘉诚先生荣获了"中华慈善奖终身荣誉奖"，多家报纸和网站竞相报道了这个盛况。这是一个不凡的称誉，能获得这个称誉自然与李嘉诚长期致力于慈善事业有绝对的关联，不过我们不妨从侧面观察。

目前中国不乏富豪，并且众家富豪的表现往往不如人意，甚至有人追求"必

须把自己的金钱力量显露得明明白白", 实在让人大跌眼镜。由于缺少富豪慈善家, 缺少人性光辉, 政府据此也通过各种方式进行鼓励, 比如像"感动中国"、"中华慈善"等大型活动的评选。无疑, 李嘉诚是中国富豪的一个杰出代表, 他无私、慷慨的善举, 最好地诠释了人们该怎样对待"财富"和"慈善"。社会需要找到一个可以治疗"慈善冷漠病"的代言人, 而李嘉诚给人眼前一亮, 令社会也令政府刮目相看。这毫无疑问是一个极为正面的形象。从此, 李嘉诚所做的一系列举措将会少很多麻烦。

2009 年 8 月 2 日人民网刊文《李嘉诚的惊人善举, 让谁脸红》, 报道的第一段内容是这样写的:

民政部社会福利和慈善事业促进司、中民慈善捐助信息中心 7 月 30 日在京共同发布《2009 年上半年全国慈善捐赠情况分析报告》, 报告显示, 上半年我国内地共接收来自外国、国际组织和港澳台地区、华人华侨的境外捐赠共计 40.8 亿元, 占全国接收捐赠总额的 31.1%。香港首富李嘉诚亦以 20 亿元人民币的捐赠额名列第一。

中华慈善总会曾经有一个统计数字, 中国大陆富豪对慈善事业的捐赠不足总捐赠款的 15%, 而他们拥有的社会财富却在 80% 以上。2005 年, 中国慈善榜排名前 136 位的慈善家一年总共捐款不到 10 亿元人民币。而从李嘉诚 2007 年、2009 年单人入账及入账总数额便能明显看出, 榜样的力量是无穷的。

从上面这些报道, 李嘉诚的号召力可见一斑。在中国, 李嘉诚已经成为企业慈善家的代言人。这样的正面形象对于李嘉诚来说, 也是他事业上的一个促动因素, 比如像"东方广场"之类的项目, 与政府有关部门沟通起来就降低了不少难度。这也可谓是"无心插柳柳成荫"。

1986 年 6 月 20 日和 1990 年 1 月 18 日, 邓小平先后两次会见李嘉诚。后来李嘉诚回忆往事, 对此曾有一段话表达其内心感触, 他说: "我和邓小平先生见过多次面, 坐下来交谈了两次。他给我的印象是一位实事求是的人, 对许多事情都有很好的创见, 是一位在中国历史上难得的伟人。"

1986 年, 李嘉诚办教育, 一手投资创建了汕头大学。邓小平对此表示: "你资助教育事业这件事, 很值得赞赏, 因为教育是一个薄弱环节, 很需要支持。你对国家提供的帮助是扎扎实实的, 感谢你对国家的贡献。"若非李嘉诚这样的善举, 或许邓小平对其的认识不过是一个首富罢了。李嘉诚也很诚恳, 说希望汕头大学能够办得更开放一些。邓小平回答道: "我同意你更开放一些的观点, 可以聘请外国教授来任教。"邓小平还表示，汕头大学要办好，国家教育委员会可以从全国调一些好的教师去，保证这个学校一开始就是高质量的。

若没有这个机会表示，或许汕大便不会有那么好的师资力量，很快崛起了。20世纪90年代以后，李嘉诚首先在内地注册成立了第一家联营公司，即"深圳长和实业有限公司"，开始了他大举进军内地的步伐。

当然，办好事的初衷并不是为了好办事，但显然善举总能为一个商人赢得更宽阔的投资空间，这一点不能不说李嘉诚无论是在经商还是做人上确实有其独到之处。

用实力说话，争取发展权

在任何时候，用实力说话都是金科玉律。二十几岁的年轻人都想在年轻的时候有所成就，有所收获。年轻人若想成就大事就不能怕冒风险，因为越大的风险越能带来大的收益。但是如果你想赢，就不能只靠运气，你能靠的只有自己。这就如同李云龙的"亮剑"精神，如果只有吹牛的"实力"，怕是上阵也不过剑封鞘中，毫无实际的威力。

李嘉诚的许多大手笔都得力于他雄厚的实力，东方广场的建设就是一个很好的例子。李嘉诚曾经说过："即使本来有一百的力量足以成事，但我要储足二百的力量去攻，而不是随便去赌一赌。"他所说的力量也就是实力，只有你拥有了足够的实力，才可以去"碰碰运气"。如果实力不够，光想靠运气成事，那成功的几率就微乎其微了。

用实力说话。无独有偶，这样的例子不仅限于商界，现实生活里的许多领域也都不时会有类似的案例存在。

曾在媒体轰动一时的"无手车王"何跃林，在云南昆明汽车越野赛正常赛事中获得冠军。人们禁不住要问：一个连手都没有的人，何以驾车？就更不用说当"车王"了。但是正是这个9岁时双手掌被炸飞的何跃林，以超越亚军3秒的成绩，最终摘取了冠军奖杯。不得不提的是，这并不是一场残疾人比赛，除何跃林外全部选手都是健全人，而他是经特批的唯一一位参赛的残疾人。而赛后何跃林一句看似淡然的话，让人感触深刻："靠实力说话。"

的确如此，无论是做最好的企业家，做最好的赛车手，还是做最出色的球员，都要求你拥有最好的思想，进行最好的实践，用最有效的做事方法，追求高品质、高效率。因为只有这样，你才能有竞争力，你才有打败你的竞争对手的可能。

在 NBA 球星里，乔丹无疑是最耀眼的一颗。他的每一场球，都在争取发挥出自己的最佳实力，打出最漂亮的球。乔丹是一个全能球员，场上 5 个攻防位置都能打，而且能示范多种高明的打法。他练就了最精彩的动作：从三分线外飞身跃起，高举着球，在众人仰视中，划过一道美丽的弧线，扑近篮筐扣篮，或者空中旋转 360 度反身灌篮，使所有在场的球迷如痴如狂。而他的三分球命中率达到 30%，甚至更高，令对手防不胜防。同时乔丹具备绝佳的弹跳力，他的弹跳力和爆发力简直令人叹为观止。他的制空能力也几乎到了随心所欲的境界。飞人乔丹带给球队的，不仅是无与伦比的球技，更包括他对篮球打法的深入了解。

也许乔丹的外在身体素质并不是最被看好的，身高只有 1.98 米，体重 90 公斤，无论怎样看在巨人林立的 NBA 中，乔丹都不是十分出众的一个。但是，"飞人"用他自己的实力打破了这一切，球场上，一切其实都不重要，唯有实力说明一切。

商场和球场虽然不同，但实力说明一切却是共通的。乔丹是球场上王者，飞人，而李嘉诚则被誉为商界"超人"，凭什么？一句话，凭的是实力。所以无论飞人还是超人，他们当之无愧。

及时沟通，企业与政府良性互动

有一句古话"在官言官，在商言商"，讲的是各司其职。然而走到今天我们便能明白，纯粹的人并不一定能够做好，做出色。而只有在专长之外有旁通，才能因势而动，才能不栽跟头。历史上很多伟人都是这样的。李嘉诚与政治家们的一些会面也都是政府与商人之间这种息息相关的联系的体现。

后来，李嘉诚谈到这一点时认为，邓小平倡导推动中国的改革开放，这不仅使中国 13 亿人民从中受益，生活水平一天比一天好，香港也从中受益良多。邓小平提出"一国两制"的伟大构想，解决了香港问题，香港在过渡期得以保持繁荣稳定，港人充满信心。及时沟通稳定了当时香港的环境，为进一步理解创造了良好的基础。

企业的良性发展离不开国家政策的支持与扶植，企业与政府之间实际上应是一个良性互动的关系。这个关系处理得好，企业和政府各取所需，最终是个互惠互赢的皆大欢喜。施正荣和无锡市政府的合作就是一个很好的例子。

当年施正荣在无锡高新技术开发区做完学术报告之后，一位高新区的领导握着他的手说："您就是我们一直在寻找的人才，我们就是要吸引像您这样的科学家到高新区来创业。"而施正荣在各种场合和媒体，始终不忘记把尚德成功的重要原因归于无锡市政府的强力支持。他说道："到无锡去的几处都给我留下很深刻的印象，他们非常地热情，就是欢迎，用他们的话说，我们已经找你这样的人才找了几年了，今天终于把你找出来了。这听上去的感觉就像是找到了知音。而且更让我感到有信心的一点，就是在回国之前，我从来没有给自己定位为总经理，我一直认为我应该当副总、技术副总，这就是我的定位。但是一到无锡呢，无锡的领导就跟我讲，你要到我们这儿干，我们就要让你这科学家当老板，你必须干一把手，这更加强了我到无锡来创业的信心。"

无锡市政府一开始对施正荣的定位超出了他本人的期望值，本来只想当一个技术副总，却被政府要求和扶持当了尚德的总经理。如果当初的施正荣真的只是个技术副总的话，那么他就不会这么全面地接触到企业管理的方方面面，自然也成就不了今天的施正荣。不管如何，总经理的定位说明了无锡市政府对他的信任，并且也有将他培养成为一个出色的企业家的打算。

之后，无锡市政府在创业资金的融资上给予了大力的帮助，前期的600万美元资金就是政府派代表负责落实的。不仅如此，当时的高新科技园区还帮助施正荣建立起企业的基本管理制度，包括部分销售网络，让没有企业管理经验的施正荣尽可能顺利地进入企业家的角色。在地方政府部门的指导和协调下，当地有实力的国有企业中一批经验丰富的经营管理人才纷纷来到施正荣麾下，从资本运作、营销渠道等方面为尚德打通了快速发展的通道。高新区还帮助尚德积极拓展产学研合作，与南京大学等高校建立合作关系，为企业的可持续发展提供了人才保障。在尚德上马第二条、第三条生产线的时候，几千万的资金缺口也是政府出面四处去争取担保贷款得来的，并且协助尚德解决了新厂房建设、进出口业务等发展中遇到的问题。在最关键的尚德上市前，国有股退出，正是因为无锡市委书记的识大体、明大义，才让尚德顺利走过了这一关。

当然，尚德也用自己一路走来的实际业绩证明了无锡市政府没有看走眼。尚德光伏产业园正在抓紧建设，2012年新区光伏产业产值超1000亿元的目标已经确立，已经成为行业领先企业的尚德公司与当地政府的关系更紧密了。

"有什么样的环境，就会诞生什么样的企业，成功的企业绝不是偶然出现或孤立存在的。怎么营造一个环境，让更多的奇迹诞生，这可能是尚德给人们的最大启示。"施正荣说这话的用意其实也很明显，那就是，尚德今天的成功和支持它的政策与投资环境是密不可分的。

施正荣说："我们尚德公司跟无锡市政府之间的沟通，可以讲是政企沟通，也许达到了一个最高境界。"对于一些人质疑在市场经济下的今天，政企之间的这种关系是否正常，施正荣表示，在公司的经营和发展过程中，市场是尚德自己去开拓的，只是在企业发展到一定阶段的时候，遇到一些无法凭一己之力解决的问题的时候，通过实事求是地向政府做汇报，来争取得到政府的支持。

施正荣的这番话，与李嘉诚的经历可谓不谋而合。从后来李嘉诚的几个大型项目的投资建设过程来看，李嘉诚也确实从政府那里得到了不小的支持，比如像东方红广场、盐田码头以及汕头大学的筹建等。或许这正可以揭示出企业与政府之所以可以良性互动，共同创造出一个成功的投资环境的秘诀，同时也为中国其他城市树立了一个榜样。

不按政策出牌易摔跟头

纵观中国的经济发展状况，我们可以看到，地产业的发展与政府的政策一直是紧密相关的。回顾中国地产业这些年来走过的路，每一阶段都是制度改革在推动着行业的繁荣。

从 1998 年到 2002 年，主要依靠房地产分配制度的改革，出现了福利性需求的集中爆发。从 2002 到 2005 年，则是由于金融创新制度引发了投资需求，如果没有按揭制度的引进，中国地产业不可能如此繁荣，更不可能出现如火如荼的地产投机行为。2005 年以后，由于汇率制度改革引发了本币升值对地产内在价值的提升，地产形成了投资和投机共振的局面。所以，不管怎样发展，政府依然是牵着风筝飞的绳，一切的一切都取决于政府宏观调控的决心。

纵观李嘉诚的一生，我们不难发现，地产业对于地产大亨李嘉诚来说，实在是不可或缺的一个崛起和发展产业。李嘉诚之所以在改革开放后进驻内地，不但是因为内地稳定，更是因为这一系列的政策在起着杠杆作用。然而无论如何，他都是在一定的范围内经营，还有其他地产商分着数杯羹。

然而，在其他产业呢？我们把目光投入货柜码头业。众所周知，李嘉诚堪称货柜码头大王。那么，他自然不会放过黄金码头了。早在 20 世纪 80 年代后，随着香港经济的迅猛发展和国际航空的集装箱化，葵涌现有和兴建中的货柜码头越来越不适应形势的发展。因而，9号码头的选址及招标事宜渐上议事日程，李嘉诚志在必得。

有很多人对此分析过李嘉诚为什么会失败，他占有天时、地利、人和的优势，却依然失败。论地利，李嘉诚国际货柜是同业中的龙头老大，业绩骄人，经验丰富，人称"葵涌地头蛇"；论人和，李嘉诚方方面面都有良好关系，在香港有关当局决策机构立法局的9名非官议员中，6名都是李嘉诚的私下"幕僚"，通常决议不会否决，享受不菲酬金；论天时，1992年7月，英国职业政治家彭定康接替卫奕信出任香港总督。到港不久，就视察葵涌码头。李氏借公司处理2000万个货柜庆贺盛典客观上取悦了港督。

然而，结局却让人大跌眼镜。彭定康新官上任，香港有关当局大换血，李嘉诚在香港有关当局的经营前功尽弃。行政局议员又在此时踩了一脚，公开发表言论公开招标，价高者得。而彭定康则说，9号码头的招标方式不再是公开招标，而是协议招标——不以价高为中标唯一标准，而是看竞投者的综合条件（灵活性大，不难意味着难度也大）。最终，"超人"败北，香港有关当局将9号码头的4个泊位批给英资怡和与华资新鸿基等财团兴建经营。舆论普遍认为，香港有关当局是确确实实有意削弱李嘉诚在货柜码头的垄断地位，故而再具有天时、地利、人和的条件也不行。

一位财经分析家说："凯瑟克家族洗雪了当年痛失遮打金钟地铁上盖发展权的耻辱，李嘉诚成了纽璧坚第二。不过，两者失利的缘由不同。置地号称中区地王，实际上拥有的地盘物业，不及一成，纽璧坚是大意失荆州。李嘉诚控有货柜码头的7成，算是真正的霸主，'超人'失利，非本人努力不够，故仍可歌可叹。"

其实，仔细观察一下不难发现，李嘉诚在惯用商战中忘记了一项原则，那就是政府和企业的关系原则。李嘉诚的垄断已经渗透到了政府职员身上，那么，面对新进领导来讲就是一个大麻烦了，即便是李嘉诚于其有恩，对方也未必就此肯顺水推舟。于是一场意料之中的商战，变成了政府的重新洗牌。因为经济学家及法律专家均认为，垄断不利于产业的发展，亦会令政府管理失控。按国际通则，一家公司的市场占有率达5成以上，则可认定处于垄断地位；若在7成以上，则是高度垄断。香港政府虽然奉行积极不干预政策，但它在行使有限权利之时，"均衡"仍然能是其抉择的主要因素之一。更何况彭定康乃英国职业政治家，对此中道理自然更是了然于胸。

　　李嘉诚是成熟的企业家，故而依然如故。但是相信其对于"按政策出牌"有了更为深刻的认识。故而之后的数次投资，李嘉诚都没有遇到过此类的情况。李嘉诚曾说过，从失败中获取成功的经验，他的确做到了。

第四章

▼

眼光长远

——要高瞻远瞩，才能事业长久

锐眼识金，商机遍地都是

塑胶花让李嘉诚赢得了人生中的第一桶金，成为一个商界神话——从路边捡了一个信息，便成就了一代"花王"。在这个世界上，商机遍地都是，只要你能锐眼识金，那么下一个"王"者也许就是你了！

向来以精明著称的温商就有着这样一双善于发现商机的"火眼金睛"。

据说温商往大街上一站，用鼻子闻一闻，就能嗅出哪儿有赚钱的机会。这当然是夸张。不过，他们的眼睛倒是实实在在地有"针"。无论盯着什么，温商都能从中刺探出商机，挑出白花花的银子来。温商天生对商业敏感。比如听说上海的一家酒店要转让，他也会连忙跑去看看，"说不定能发现什么机会"。这就是他们的思维方式。成都市一位副市长是这样评价温州商人的：他们独具慧眼，总能发现商机。他以四川省经济发展较为落后的广元地区为例，来说明温商善于在别人忽视的地方看到将来发展的远景。早在 20 世纪 80 年代已有温商在广元地区创业，经过多年的努力，坚持至今，所创建的"温州商城"已成为广元市最漂亮繁华的景观。地处广元两侧的成都和西安，从来没有人看到广元的发展潜力，然而相比之下，温商却像发现了金矿一般发现了广元的潜力，并在此立住了根，做红了生意。

在李嘉诚的创业之初的那个时代，由于信息的寡劣所造成的劣势，几乎是谁勤奋谁就有可能双眼捡个金元宝。然而在当今的信息时代，遍地都是信息，也就意味着遍地都是商机，然而并不是说你掌握了足够多的信息，就能随随便便发现

167

商机。事实上，你必须同时具备一双慧眼，能够识其珍宝，才是真正掌握商机。

正是由于全身心投入商业实践，在商海中沉浮多年，李嘉诚和温州的很多商人一样，都具备这样一双透析市场、洞察风云、识别商机的"火眼"。在风云变幻的商海中，也有许多像李嘉诚和温商一样的商人，他们能在广阔的天地里搜罗信息，发现其中蕴藏的机会，并且不会盲目，能够以更客观的视角来面对市场，更好地应对激烈的市场竞争。市丸良一就是其中一个出色的代表。

市丸良一的公司起源于市丸家的酱油铺。由于小本经营，难以同大企业竞争，市丸家的酱油铺只好改做淀粉生意，取名"市丸产业公司"。当时，日本处于战后恢复时期，对淀粉的需求量很大，而做淀粉的原料甘薯主要出产在气候温暖的南方鹿儿岛县。市丸产业公司占有"地利"之便，公司经营得很顺利。由于得到了准确的市场供求信息，"市丸产业"在短短的几年后发展成为一家庞大的企业，在日本淀粉公司中居第三位。

后来，在日本进入经济高速发展时期以后，日本农林省决定减少淀粉公司的数目。在提前获得此准确情报后，已经当上"市丸产业"公司总经理的市丸良一当机立断，于1976年买进3辆小汽车，改营出租汽车业。市丸良一全力以赴地经营，只用两年时间就正式办起了市丸交通公司。到1984年发展为九州最大的出租汽车公司，共拥有出租汽车369辆。

在经营出租汽车事业的同时，市丸良一又及早发现不动产业有利可图，便设立"市丸商事公司"，办起了修建和出租公寓事业。他又利用西乡隆盛（日本明治维新时著名人物，出生于鹿儿岛加治屋）逝世100周年，以及他在鹿儿岛人心目中崇高的威望大做广告，宣传他建筑的"加治屋公寓"，使其公寓销路十分顺畅。

市丸良一就是这样一个锐眼识金的企业管理者。市丸商事公司一度成为鹿儿岛最大的公寓开发商，毫无疑问，与他把信息变为商机的长远眼光是分不开的。

在商界，像市丸良一这样的成功案例举不胜举。但是像李嘉诚那样，不仅能够经常将这些"俯拾即是"的商机抓住，并且排除障碍、精到运作的人，则委实不多。

我们常常说，商机决定成败，其实还有一点，仅仅有商机是不够的，还要有把握商机的实力。这一点在李嘉诚一生的无数次商业抉择中体现得淋漓尽致，就像发现塑胶花、涉足地产、介入石油、踏足电讯、买下盐田港、大举进军世界港口货运业，等等，在一次次在众人看得有些心惊肉跳的商业投资中，李嘉诚总是能冷静果断地做出抉择，似乎他天生就有着高瞻远瞩、深谋远虑的能力。

李嘉诚的卓绝眼光正在这里。面对每一次商机，他都需要细致大胆的计划，然后雷厉风行，抓住一次机遇，也就是抓住一次腾飞的坚翼。

同时，在客观环境中发现机会的李嘉诚，往往并不急于即刻实现所有计划，而是眼光长远地计划好了之后的一系列举措。李嘉诚善于从经济发展中寻求原因，善于充分利用发现的"天机"，善于聚拢实现商机的长远力量，真正达到了锐眼识金，高瞻远瞩，遍地商机遍地捡，捡来即能用的一流经商境界。

充满商业细胞的人可随处赚钱

细胞与细胞也有不同，你听说过吗？掉进钱眼儿里，你听说过吗？李嘉诚的话不由让人一乐："精明的商家可以将商业意识渗透到生活的每一件事中去，甚至是一举手一投足。充满商业细胞的商人，赚钱可以是无处不在、无时不在。""随时留意身边有无生意可做，才会抓住时机，着手越快越好。遇到不寻常的事发生时立即想到赚钱，这是生意人应该具备的素质。"也许很多人看了这句话会说，难怪我们赚不了大钱，原来是没商业细胞啊，就此打住。

李嘉诚口中的商业细胞无疑是一种比喻，其实说到底，是一种商业意识和商业敏感度，甚至可以说是一种商业大脑。这并不是天生的，而是后天形成的，甚至可以说是一种彼此影响造成的。充满商业细胞的人一定是善于发现的，一定是善于思考，眼光长远的，也一定是灵活的。也因此，随处赚钱便是一种顺其自然的规律了。

20世纪70年代末，李嘉诚预见到旅游业将成为热门行业，一流的宾馆将会有很高的出租率，于是拿定主意，以迅雷不及掩耳之势，收买了拥有美国资本的永高有限公司的56%的股权，随后又收买了其他股东的股权。永高公司的主要产业是位于香港中区的有800个房间的希尔顿大饭店。

李嘉诚解释说，我当时估计，全香港的酒店，在两三年内租金会直线上扬。我只算它香港希尔顿的资产，就已经值得我跟它买。这就是决定性的数据，让这家公司在我手里。李嘉诚接收饭店之后，正赶上香港旅游业有史以来的黄金时代，果然大赚一笔，为他下一步与英资集团竞争创造了条件。

随处都可赚钱，这真是一件可怕的事情，因为你不晓得何时事情萌芽，别人已经上手了。这就是眼光长远的力量，如果李嘉诚未能考虑到希尔顿收购之后的事情，他很可能会为买整家而踌躇一番。那么，很可能就会有其他人捷足先登。李嘉诚用他的商业细胞精确地在第一时间内得出了准确的评断，这是他制胜的绝对关键。

处处有商机，而财富也总是钟情于那些具备敏锐商业细胞的人。具备了这样的一种素质，即使捡垃圾也可以成就一位千万富翁。

1980年夏天的一个早晨，一个17岁的少年离开老家安徽桐城县，带着父亲给的5元钱，去长沙姑母家。姑母家也很拮据，少年只得想法挣钱。姑母借来一个冰棒箱，少年天天去卖冰棒，收入甚微，少年并不甘心。一天，他看见一个小男孩在垃圾桶里不停地翻捡，心里一动，我也试试去捡垃圾如何？他拉住小男孩打听，知道了许多捡垃圾的事宜。他离开姑母家，和捡垃圾的人一起住到了长沙市郊。开头的屈辱是难免的，人人都是这么过来的，慢慢就不觉得怎么样了。他每天早晨出去，晚上回来就有了一些钱。捡了一年，他有了经验，也看出了门道。垃圾在收购者那里转了一手，如果避开这些二道贩子，直接送到工厂，收益会更大。看了这步棋，他决定自己收购垃圾。效益马上上升，月收入由几百元上升到几千元。干了一年，他又看出了新的门道。他将捡垃圾的人组织起来，50个人一组，如金属组、塑料组、玻璃组等。他成了"垃圾头儿"。几年后，他又看出了新的门道。他把当废铁卖的旧自行车集中起来，搞起了自行车翻新的业务，还搞起了废旧轮胎的翻新业务和铝合金加工业。这些加工业逐渐发展壮大，到1993年，他捡垃圾的第13个年头，他拥有了自己的3个工厂，资产达数百万元。他又看出了下一步棋。他感受到城市环保的重要性，他决定从白色污染着手。他花了两年时间考察，先后去了日本、德国、新加坡、马来西亚等地，最后选择了日本的先进设备，于1999年6月，投资1300多万元，建起了长沙环保塑化炼油厂。与此同时，他又从治理"黑色污染"着手，成立了环保橡胶制粉厂。产品用于铺设柏油路，防滑防冻，销路很好。2000年7月，他又投资了新的项目——综合性无害化焚烧医疗垃圾处理厂。这时，当年那个受人歧视的捡垃圾少年已经成了长沙市家喻户晓的"垃圾大王"。他又看出了下一步棋，要搞废旧家电的回收再利用。他说，从环保的角度讲，每生产一件新的家电，就意味着将有一件废旧家电被利用。无论任何时候，他总能看到远处的一步棋。他的身上遍布独特的商业细胞，使得他善于发现别人看不到的机会，这就是他能在垃圾堆里从小干到大的重要原因。

上面的这个故事告诉我们，充满商业细胞的人可以随处赚钱，这绝对不是一句空话。李嘉诚时代如此，在信息爆炸的今天更是如此，每天都会有各种有用无用的信息扑面而来，但只有像李嘉诚一样，有着出色商业细胞的人才能在第一时间捕捉住这稍瞬即逝的有效信息，从而获得长足的发展。

眼光独到，先人一步

在商界，李嘉诚多年来早已以他敏锐独到的眼光和迅疾果断的作风而著称商场。纵观其一生，许多大手笔之作都是从最初力排障碍难题开始：生产塑胶花如此，后来上盖地铁如此，希尔顿酒店如此，投资货运港口亦如此，李嘉诚总善于将商机感迅速成功地转化为行动，先声夺人。

现实生活中，像李嘉诚一样雷厉风行的人往往容易成功，因为他们往往能够达到眼光独到，心念一闪即行动的境界。在财富即将到来之际迅速抉择的人，才能抓住致富的先机。只要你善于发现隐藏在我们看似普通的生活里的商机，善于把握，成功其实也就一步之遥。

下面的这则故事就是一个很好的例子。

金娜娇，京都龙衣凤裙集团公司总经理，下辖9个实力雄厚的企业，总资产已超过亿元。她的传奇人生在于她由一名曾经遁入空门、卧于青灯古佛之旁、皈依释家的尼姑而涉足商界。也许正是这种独特的经历，才使她能从中国传统古典中寻找到契机；又是她那种"打破砂锅"、孜孜追求的精神才使她抓住了一次又一次的人生机遇。

1991年9月，金娜娇代表新街服装集团公司在上海举行了隆重的新闻发布会，在到南昌的回程列车上，她获得了一条不可多得的信息。在和同车厢乘客的闲聊中，金娜娇无意间得知清朝末年一位员外的夫人有一身衣裙，分别用白色和天蓝色真丝缝制，白色上衣绣了100条大小不同、形态各异的金龙，长裙上绣了100只色彩绚烂、展翅欲飞的凤凰，被称为"龙衣凤裙"。金娜娇听后欣喜若狂，一打听，得知员外夫人依然健在，那套龙衣凤裙仍珍藏在身边。虚心求教一番后，金娜娇得到了"员外夫人"的详细地址。

这个意外的消息对一般人而言，顶多不过是茶余饭后的谈资罢了，有谁会想到那件旧衣服还有多大的价值呢？知道那件"龙衣凤裙"的人肯定很多很多，但究竟为什么只有金娜娇就与之有缘呢？用上帝偏爱金娜娇来解释显然没有道理，重要的在于她"懂行"，在于她对服装的潜心研究，在于她对服装新品种的渴求，在于她能够立刻付诸行动。

金娜娇得到这条信息后心更亮了，她马上改变返程的主意，马不停蹄地找到那位近百岁的员外夫人。作为时装专家，当金娜娇看到那套色泽艳丽、精工绣制的龙衣凤裙时，也被惊呆了。她敏锐地感觉到这种款式的服装大有潜力可挖。

于是，金娜娇来了个"海底捞月"，毫不犹豫地以 5 万元的高价买下这套稀世罕见的衣裙。机会抓到了一半，把机遇变为现实的关键在于开发出新式服装。一到厂里，她立即选取上等丝绸面料，聘请苏绣、湘绣工人，在那套龙衣凤裙的款式上融进现代时装的风韵，功夫不负有心人，历时一年，设计试制成了当代的龙衣凤裙。

在广交会的时装展览会上，"龙衣凤裙"一炮打响，国内外客商潮水般涌来订货，订货额高达 1 亿元。就这样，金娜娇从"海底"捞起一轮"月亮"，她成功了！从中国古典服装开发出现代新型式服装，金娜娇靠着一双火眼金睛，最终把一个"道听途说"的消息变成了一个广阔的市场。这不能不让我们想起当年李嘉诚发现塑胶花的经过，两人如出一辙。

眼光独到，先声夺人。李嘉诚就是靠着他敏锐、独到的眼光，最终打开了一个商业帝国的大门。人们常说，生物界有两样东西几乎锐不可当，一个是鹰隼的锐利眼睛，一个是豹子的闪电速度。而这两样似乎恰恰可以用来比喻李嘉诚的投资风格。

火眼金睛，冷门变热门

在会赚钱的人眼里，永远没有"冷门"、"热门"之分，只有把它看"热"还是看"冷"之分。三百六十行，行行出状元。三百六十行里并非行行都是"热门"，但是在眼睛"毒"的人眼里，再"冷"的行业也能淘出"真金"。只要你练就一双善于发现商机的"火眼金睛"，遍地将都是黄金。

在李嘉诚看来，预测才是最重要的。当年，所有人都认为地产不过是一块小田时，李嘉诚却义无反顾地进军，结果地产大热，人人蜂拥而至，挤得热火朝天。李嘉诚说，聪明的商人嗅觉灵敏，能及时嗅出哪儿有赚钱的机会。

有些人做生意总挑热门、焦点，觉得只有这样才能挖到黄金。毋庸置疑，能够引起大多数人的关注，本身就说明了它的吸引力和无限商机。但是真正有能力会赚钱的人会"避热就冷"，在"冷门"里创富，出奇制胜，挖别人挖不到的金子。

许爱东就是这样一个从"冷门"里挖出黄金的人。她曾经是银行职员，现在是经营 1400 家竹炭商店的老板。

靠竹炭致富还要从她一次生病说起。几年前，许爱东的风湿病犯了，最严重的时候连胳膊都抬不起来。一个朋友送给她一床竹炭床垫和几个炭包，说能治好她的病。用了之后，病果然好了。

许爱东对竹炭产生了浓厚的兴趣，敏锐地感觉到这是个巨大商机。她到朋友所在城市考察后发现，竹炭货源充足，却没有一家专卖竹炭的商店，全国也是如此。这更坚定了许爱东做竹炭生意的信心。她的想法却遭到了家人的反对：这是十足的冷门，全国都没人做，你为什么要趟浑水？因为看准了商机，所以许爱东还是下决心做下去。2002 年 3 月全国第一家名为"卖炭翁"的竹炭专营店在杭州开业。

刚开始生意惨淡，顾客虽然觉得新鲜，但看的多买的少。一段时间后，许爱东有些支撑不住了，但依然看好竹炭市场前景，她决定改变思路，重选店址。之后她就在杭州著名的商业文化街河坊街租了房。不幸的是，"非典"恰好来临，又是一片萧条。许爱东又面临朋友的质疑和家人的阻挠，但她还是坚持了下来。果不其然，在抵抗住"非典"的肆虐后，营业的第一天收入就超过 3000 元，比以前一个月的收入还多。这更坚定了许爱东继续做下去的决心。

随着竹炭生意越来越好，她已不满足于在家乡开店，许爱东要把自己的竹炭事业发展到全国。2003 年 8 月，她在湖南开设分店。三个月后，她在全国已有100 家分店。2004 年，她又开办了竹炭加工厂，扩大产品深加工和一体化作业。现在她的事业已遍布全国，一个曾经无人知晓的冷门，被她做成了大生意。

冷门生意最好做也最赚钱。只要有市场，就有赚钱的机遇。冷门之所以被定义为冷，是因为很多人先入为主：别人说它冷，我也觉得冷，很多赚钱的机遇就这样悄悄溜走。如果许爱东当初也像其他人一样对竹炭熟视无睹，面对家人的阻止没有继续坚持而是选择放弃，就不会有现在的成绩和发展。她可能依然是一名普通的银行职员，过着朝九晚五的生活。

"冷门"的发掘是视野的拓展，也是灵敏的商业嗅觉使然。李嘉诚的成功在于他能够细心观察身边的每一个领域，他明白市场决定生意，生意决定财富的道理。冷与不冷不在主观而在市场。那些能从"冷"处着手，钻"冷门"的人，才可能挖到更大的宝藏。生意场上"冷门"并不怕，它只是戴了面具的财富，谁能让它显真容，谁就会获得财富。

薄利多销，抢占市场

俗话说："三分毛利吃饱饭，七分毛利饿死人。"利润微薄，价格较低，就容易在竞争中占优势，吸引顾客，实现"薄利—多销—赚钱"的目的。反之，想一口吃成个大胖子，往往导致生意萧条，产品滞销。

靠薄利迅速占领市场，很多时候会成为产品或企业立足的无敌法宝。我们今天在超市商场经常看到的新品上市促销的壮观场面，其实也是这一法则的运作。20世纪50年代，创业之初的李嘉诚可谓深谙此道。

1957年10月上旬，就在李嘉诚和他的长江厂为"塑胶花总进攻日"紧锣密鼓的准备时，李嘉诚突然得到一个信息：当时香港最有名气的英资百货公司——莲卡佛国际有限公司，签售了一批意大利塑胶花，预计近期上市。这对于李嘉诚来说无疑是一个坏消息，但他没有惊慌失措，反而当即做出决定，在香港提前进行盛大展销。同时李嘉诚做出了一个清晰的营销战略，价格取胜。他很清楚，意大利塑胶花名贵，走的必然是高档路线，价格昂贵，许多人可能也就是望而兴叹而已，反而是"物美价廉"更容易短期内在香港立足。在成本进行详细预算后，确定了"低价位，多销点"的策略。李嘉诚的大胆无须我们怀疑，事实证明一切，长江的塑料花短期内打开了香港市场，由此实现了李嘉诚事业的第一次飞跃。

在经商法则中，薄利多销从来不是秘密武器，却是最有力的武器。对于此，宏基集团董事长施振荣从小就有深刻的体会。

施振荣3岁丧父。为了谋生，他曾经帮着妈妈在店里同时卖鸭蛋和文具。鸭蛋3元1斤，只能赚3角，差不多是10%的利润，而且容易变质，没有及时卖出就会坏掉，造成经济上的损失。文具的利润高，做10元的生意至少可以赚4元，利润超过40%，而且文具摆着不会坏。看起来卖文具比卖鸭蛋好，但是，施振荣讲述经验时说，卖鸭蛋远比卖文具赚得多。鸭蛋利润薄，但最多两天就周转一次；文具利润高，但有时半年一年都卖不掉，不但积压成本，利润更早被利息吃光。

施振荣后来将卖鸭蛋的经验运用到宏基，建立了薄利多销的模式，即产品售价定得比同行低。虽然利润低，但客户量增加，资金周转快，库存少，经营成本大为降低，实际获利大于同业。

商家以赚取利润为目的，但老百姓是要过日子的，自然要精打细算，所以大多数的顾客都有一种心理，即功能相同或相近的产品，价格不同时，趋向于购买价格低的。这种购买心理也决定了谁能给顾客更大的实惠，谁就能获得更多的财富。世界最大的零售企业沃尔玛也深谙这一道理，它从一成立就确立了"天天平价"的经营策略，依靠这一最有力的武器，不仅把老资格的全美国前十大零售商全部打败甚至淘汰，而且与它同时代成立的竞争对手如凯马特，盈利模式与它相仿，也被它远远甩在身后。可见，薄利多销所带来的人气和效益，是非常惊人的。

诚然，要闯市场、拓销路，单靠低价是不行的，产品质量、企业信誉、售后服务、宣传力度、营销方式等因素同样都很重要。但不可否认的是，同样的产品，谁卖得便宜，谁就卖得多，也就比较有可能立足。价格战是当前形势下一种很重要的竞争手段。问题在于，并不是所有人都适合打价格战，因此，经济实力相对较弱的商人在产品降价之前总要左思右想，不敢轻易用低价位向市场上的竞争对手挑衅。能不能降价，能降价多少才不致影响企业自身的发展，是一个重要的问题，对此准备不足，就会适得其反。

一般说来，在以下情况中使用薄利多销原则较为妥当：

同类型产品多，竞争激烈时，采用薄利多销策略，既能争夺同类产品的顾客，也能促进本企业产品市场占有率的提高。

新产品试销阶段，以薄利多销的方式尽快使产品进入市场，扩大影响，提高知名度与应用频率，建立市场信誉和威信。

产品被消费者所淘汰，以多销微利保本为原则，将企业损失降到最低限度，争取时间，开发出新产品。

产品有生命力，但销售处于低谷时，采用薄利多销策略提高顾客的购买欲，以刺激产供销环节的周转，挖掘产品的潜在效能，使企业立于不败之地。

事实上，不论哪种营销手段，都要结合诸多因素考虑，所谓天时、地利、人和缺一不可。纵观李嘉诚一生，其实从来没有固定僵化的一套理论模式，他总是相时而动，准确判断，果断抉择。这正是他能在商海沉浮，始终立于不败之地的原因所在。

所有人冲进去时及时抽身

"盛极必衰，月盈必亏"，一句哲理囊括世间万物。李云经在世时，就曾对李嘉诚说过道家的朴素辩证法。李嘉诚有心，一直实践至今。后来，他在长江商学院的一次课程上说，当所有人都冲进来时，我们跑出去，当所有人跑出来都不玩时，我们冲进来，竟然与"股神"巴菲特的"恐惧贪婪说"有着异曲同工之妙。他所奉行的"人去我取"、"及时抽身"的策略清楚地表述了如何做才能在危机来临之时选择挺身而出，从而大赚；又如何在很多人跟风之时选择悄然退出，从而不被套牢。

进军房地产行业堪称李嘉诚及时抽身的绝妙案例。在塑胶花上市之初，李嘉诚的长江可谓前途无量。但是很快地，经过几年的发展李嘉诚便发现，这个市场已经接近饱和，很多跟风的小企业不计其数。于是，李嘉诚毅然决定，转投房地产，而不再加投塑胶业。由此我们得到启发，当我们正从事的行业前景注定不妙时，应及时抽身。日本商战圣手松下幸之助说过："高明的枪手，他的收枪动作往往比出枪还快。"李嘉诚懂得这一切，迅速在塑胶行业收手，果断地向地产业投入。

与此相应，当我们扎实地看好一个行业的前景时，就应果断地进入。2009年3月份，李嘉诚认为2009年4月、5月份，香港、内地及欧美的出入口将会好转，内地将会是全球经济体系中最快复苏的。因此，在经过2007年、2008年不断收缩投资后，2009年年初他就开始启动不少内地项目。2009年的中国经济发展状况，也基本印证了他的判断。事实上，没有永远的业务，只有盈利的业务，在该放弃的时候，就应该学会放弃，利用从事前一种业务所积蓄的力量，可以轻松地开展下一个业务。业务不断转移更换，但盈利的中心却不能不变。

事实上，任何一项业务，当它走过自己的成熟阶段后，必将走向衰落。而这个时候如果不进行自我调整，还抱着不放，必将随着该项业务的衰落而走向失败。

2007年5月，全球次级债风波尚未爆发之际，在所有人都蜂拥冲进股市的时候，李嘉诚却清醒地劝阻，他数次提醒投资者要谨慎行事。他以少有的严肃口吻提醒A股投资者，要注意泡沫风险。就在李嘉诚讲话的半个月之后，"5·30"行情开始拖累A股一路暴跌。到了2007年8月，"港股直通车"掩盖了美国次贷风暴，他更直指美国经济会波及香港。

当时，李嘉诚被很多记者问为何可以预测。他的回答十分通俗："这是可以从二元对立察看出来的，举个简单的例子，烧水加温，其沸腾程度是相应的，过热的时候自然出现大问题。"

就在2008年，当危机再次来临之时，李嘉诚旗下和记黄埔提出"持赢保泰"策略，冻结全球新投资，只在本行内继续发展。在经济杠杆里，近乎所有的商业投资最后都会步入衰退的阶段。回头一看，我们不能不说，李嘉诚的嗅觉实在是超前而准确。

中国有句古话叫"英雄所见略同"。在投资界与李嘉诚持同样观点的人有很多。

在 1987 年 10 月股灾之前，巴菲特几乎把手头上的股票卖掉了，只剩下列入永久持股之列的股票，所以遭受的损失较少。巴菲特认为，当有人肯出远高过股票内在价值的价格，他就会卖出股票。当时，整个股票市场已经到达疯狂的地步，人人争着去买股票，因此，他觉得已经有了卖股票的必要。

巴菲特曾说过：当人们对一些大环境时间的忧虑达到最高点的时候，事实上也就是我们做成交易的时候。恐惧是追赶潮流者的大敌，却是注重基本面的财经分析者的密友。这就像李嘉诚所说的在所有人冲进去时及时抽身一样，确实可以作为投资市场颠扑不破的一条盈利法则。

李嘉诚和巴菲特的投资理论告诉我们，在营业厅很冷清时买进，投资者可轻松自如地挑选便宜好货；而当营业厅挤得水泄不通时，虽然牛气冲天，市场一片大好，人们争相买进，但你一定要果断出手，这样不仅可以卖个好价钱，而且还可以避免高处不胜寒的风险。道理浅显易懂，可是做起来，投资者就未必能步步经营，处处留心。所以，投资者一定要保持对股市的敏感度，也要有自己的客观分析，然后再做出决定。

在所有人冲进去时及时抽身，不仅股票投资如此，事实上这句话在任何一个行业都是适用的。及时抽身妙就妙在它展示的是一种长远的眼光，竞争的智慧，一种积极的放弃行为。企业最危险的时候有时不是其亏损的时候，相反可能在其赚钱的时候。及时抽身就是要在赚钱的时候积极放弃，未雨绸缪。这是一种积极的、主动的战略性的撤退和放弃，是为了追求更高的目标而采取的进取姿态，看似守势，实则进攻。及时抽身需要有大气魄，为了远大的目标，不在乎一城一池的得失。

高瞻远瞩才能避免失误

一个成功的企业家，除了要有稳重和务实的性格之外，还要能高瞻远瞩。在地铁竞标中，李嘉诚高瞻远瞩，眼光长远地做策略性决定，不计较一时的得失，从而获得了事业的鼎盛发展。对于看准的机会和目标，他全力以赴、一丝不苟地做好一切准备工作，了解实情、分析问题、解决方案都周密部署，因此，机会自然会垂青他，失误自然会远离他，胜利自然属于他。

高瞻远瞩避免失误从而取得成功的事例不胜枚举，而下面这个例子就是其中颇有代表性的一个。

1981 年 1 月，里根当选美国总统。索罗斯通过对里根政府新政策的分析，确信美国经济将会开始一个新的"盛—衰"序列，他开始果断投资。事实证明了索罗斯的预测是正确的，美国经济在里根新政策的刺激下，"盛—衰"序列的繁荣期已经初现。1982 年夏天，贷款利率下降，股票不断上涨，索罗斯的量子基金也从中获得了巨额回报。到 1982 年年底，量子基金上涨了 56.9%，净资产从 1.933 亿美元猛增至 3.028 亿美元。至此，索罗斯已逐步从 1981 年的失败阴影中走出来，大步向前。

随着美国经济的快速发展，美元表现得更加坚挺，美国的贸易逆差也因此急剧攀升，财政预算赤字也在逐年增加，索罗斯预测美国正在走向萧条，一场经济风暴将会对美国经济构成严重威胁。暴风骤雨的时候，正是弄潮儿展示身手的大好时机，索罗斯决定在这场即将到来的风暴中搏击一场。因此，他一直密切关注着政府及其市场的动向，寻觅新的机会。

机会终于来了。随着石油输出国组织的解体，原油价格开始下跌，一向坚挺的美元面临着巨大的贬值压力。因为油价下跌，美国通货膨胀有所回落，相应地，利率也将下降，这也将促使美元贬值。索罗斯预测美国政府将采取措施支持美元贬值。同时，他还预测德国马克和日元即将升值，他决定做一次大胆的尝试。

从 1985 年 9 月开始，索罗斯开始做多马克和日元。他先期持有的马克和日元的多头头寸（头寸，是一种市场约定，承诺买卖外汇合约的最初部位，买进外汇合约者是多头，处于盼涨部位；卖出外汇合约为空头，处于盼跌部位。头寸可指投资者拥有或借用的资金数量）达 7 亿美元，已超过了量子基金的全部价值。由于他坚信他的投资决策是正确的，在先期遭受了一些损失的情况下，索罗斯又大胆地增加了将近 8 亿美元的多头头寸。

这无疑是一场豪赌，只是索罗斯看清了牌局，他每天要做的不是祈祷上帝的保佑，而是依然密切地关注市场和政策动向，守候即将到来的胜利。

到了 1985 年 9 月 22 日，温暖的阳光终于照到了索罗斯的脸庞。美国新任财长詹姆士·贝克和法国、西德、日本、英国的四位财政部部长在纽约的普拉扎宾馆开会，商讨美元贬值问题。会后 5 国财长签订了《普拉扎协议》，该协议决定通过"更紧密的合作"来"有序地对非美元货币进行估价"。这意味着中央银行必须低估美元价值，迫使美元贬值。这个消息，让索罗斯绷紧的神经终于得以舒缓。

《普拉扎协议》刚刚公布，市场便做出积极回应。美元汇率从 239 日元降到 222.5 日元，降幅为 4.3%，这一天，美元贬值使索罗斯一夜之间狂赚 4000 万美元。事情并未结束，接下来的几个星期，美元一路贬值。10月底，美元已跌落13%，1美元兑换205日元。到1986年9月，美元的汇率已经跌到153日元，这个结果足以让索罗斯放声高歌。在这场金融行动中，他前后总计获得将近1.5亿美元的收益，大获成功的量子基金顿时在华尔街声名鹊起。

从1984年到1985年的这一年时间，量子基金已由4.489亿美元上升到10.03亿美元，资产增加了223.4%。索罗斯的这一业绩，使得其个人资产也迅速攀升。据披露，索罗斯在1985年的收入达到了9350万美元。在世界金融中心华尔街地区收入前100名富豪排行榜上，索罗斯名列第二位。

1986年，索罗斯继续高歌猛进，量子基金的财富增长了42.1%，达到15亿美元。索罗斯本人从公司的收益中获得2亿美元的回报，身价倍增。至此，他正式走上神坛，成为华尔街乃至世界各地金融市场茶余饭后谈论的焦点人物。

上面的例子很好地诠释了无论是华人首富李嘉诚还是一样作为大师级的金融理论家索罗斯，他们似乎总是能"不以物喜，不以己悲"，充分享受心旷神怡的悠然自得。李嘉诚的成功得益于许多因素，而他的高瞻远瞩确实很值得我们学习。

▼

第五章

招招领先

——要嗅觉敏锐，争快才能打赢

随时留意身边有无生意可做

有句俗语叫"处处留心皆学问"，在李嘉诚眼里却可以演化为"处处留心皆生意"。李嘉诚说："随时留意身边有无生意可做，才会抓住时机，把握升浪起点。着手越快越好。遇到不寻常的事发生时立即想到赚钱，这是生意人应该具备的素质。"这便是成功人士之所以成功的原因吧。

当今社会经济越来越发达，很多人也越来越感慨，钱越来越难挣，物价却在疯涨。打工难，创业更难。但纵观李嘉诚的一生，我们便能明白，他之所以能够取得今天的成就，无不得益于他早年形成的对市场环境进行深刻把握的商业习惯，而不是创业资本，或是艰难环境。很多时候，黄金就在脚下，就在身边，关键是你能否处处留心，发现其中的商机。

很多小生意就是因为随时留意而做得特别成功的。

在旅游季节，游人们游兴正浓却突然遭到大雨袭击，这时总会出现兜售廉价的雨衣雨伞者，生意很好，有时还供不应求。这是随时留意身边的好处；一场盛大的足球比赛将在某体育馆内进行，有人在 2 元批发来的汗衫上印上足球巨星的名字，结果比赛那天卖 10 元一件还被抢疯了，这也是随时留意身边的好处。

现在的时代是信息时代，信息就等于金钱。如果一味埋头经营，很难在竞争中站住脚。只有随时留意身边的信息，拓展思路，才能在商界立足，才能打赢每一场竞争。

看报纸杂志，与人交谈会得到许多意想不到的财富。在各个行业活跃的人，都有自己的宝贵经验和难得的资料，只要善于将之化为己用，获取生意的机会就会大大丰富。而"听"，同样是一种极为便捷，且不耗费精力的方式。

对于人们早已耳熟能详的李嘉诚收购希尔顿大酒店的经历，更是戏剧化般有趣，从不经意的身边人的谈话中捕捉商机，恐怕也只有像李嘉诚这样把敏锐的商业嗅觉渗透到每个细胞里的出色商人才做得到的吧。

我们都知道，商场会很自然地包容一些团体组织，这实际上是因某些共同的利益自发而成的。也因此，话题极具价值。如果把这些当作耳旁风，无疑就是丢了西瓜，捡了芝麻的行径。在诸多情报中，一定会有很多有关买卖的启示。运用不同的思维方式，就会如鱼得水，在商界大展宏图。商业上的机密，常常极为凶险，必须有交换条件才可说出。但如果你能随时留意，便能省去很多力气，达到事半功倍的效果。

处处留心信息，就能给人带来财富，从而走上一条发达的路。

20世纪80年代，一位姓周的温商只身来到上海，同其他许许多多温商一样，他只带了来时的车票——据温州商人说，他们外出求生从不带返程票，这足以说明他们背水一战的决心和勇气。他在上海街头发现一个怪现象：大街上许多人拎着或抱着大捆大捆的文件夹、财务册等行色匆匆。

这么多的上海人带着这么多的文件夹、财务册干什么呢？他打听得知，上海正在全面开展企业整顿，企业原有表格、账册全部更新。但商店里的表格账表是统一印制的，买回去还得重新编制，财务人为此很烦恼。这个温商拍了拍了自己的脑门：这不就是商机吗？

于是，他急急赶回温州，抓紧时间设计、印刷，又按照《上海市工业企业名录大全》上提供的地址、单位名称写信寄样稿、寄订单。最终工夫不负有心人，他当年净赚6万元人民币。

机遇对每个人来说都是平等的。成功的人之所以能每每抓住成功的机遇，完全是由于他们在生活中处处都很留心，而且具有一双捕捉机遇的慧眼，当机遇来临的时候，他们就能迅速做出反应，从而把机遇牢牢地抓在自己的手中。

在司空见惯中发现商机

有语道，天生我材必有用。这句话用在物上，也十分精当：天生某物必有用。很多时候，我们对于很多东西司空见惯，熟视无睹，然而，有些人正是利用这些司空见惯的事物，开创了事业的新纪元。一旦司空见惯的东西出现了新用途，定会身价大增。

瑞士号称世界上最富有的国家之一，但瑞士人办起事来却很"小家子气"，处理公务精打细算、锱铢必较，是司空见惯的。但这被瑞士人引为自豪，原因很简单，他们正是以最小的投入赢得最大的效益的精明"经济头脑"，才成为立于商场上的常胜将军而不败。

李嘉诚的成功，正是源自其敏锐的嗅觉和投资天赋。20世纪50年代后期，产品外销，在很多商家流连于香港这片弹丸之地时，他从司空见惯中别出心裁，敏锐发现欧美市场兴起了塑料花热潮，便迅速转产塑料花，结果取得了极大的成功；经过数年发展，他并没有放弃前进，在司空见惯的塑胶热中，李嘉诚敏锐地发现塑胶业将会在经济杠杆作用下失宠，而地产将前途无量，于是毅然扭转经营方向，开始从事房地产。结果同样，他成功了！

在司空见惯中生活，很容易让人丧失敏锐的嗅觉，而失去敏锐，就等于失去快争一步的先机，败局将是天注定。

1932年，在父母及亲戚的支持下，16岁的王永庆带着家里凑的一点钱和两个弟弟到嘉义开米店。那时，小小的嘉义已有米店近30家，竞争非常激烈。当时仅有200元资金的王永庆，只能在一条偏僻的巷子里租下一个很小的铺面。他的店开办最晚，规模最小，更谈不上有知名度，米店开张后，任凭王永庆喊破嗓子，也没卖出去多少，过了几天，生意更加冷清。王永庆开始用心寻求突破。

那时候的台湾，稻谷收割与加工的技术还很落后，稻谷收割后都是铺放在马路上晒干，然后脱粒，沙子、小石子之类的杂物很容易掺杂在里面。用户在做米饭之前，都要经过一道淘米的程序，用起来很不方便，但大家都已见怪不怪，习以为常。

王永庆却从这司空见惯中找到了切入点。他和两个弟弟一齐动手，一点一点地将夹杂在米里的秕糠、砂石之类的杂物拣出来，然后再卖。一时间，小镇上的主妇们都说，王永庆卖的米质量好，省去了淘米的麻烦。这样，一传十，十传百，米店的生意日渐红火起来。

如果王永庆没有敏锐的嗅觉，那么他又怎么能在司空见惯中发现商机呢？

现代社会信息爆炸，每天各种有用无用的信息扑面而来，此时，对于每一个有志成就大业的人来说，都需要有敏锐的嗅觉，从而迅速地做出判断，抓住机遇女神的双手，由此腾飞。

几年前，温州青年孟飞搬进单位分给他的一套 50 平方米的住房。等他把包括床和许多必需的东西搬进屋里后，他那张宽大的书桌实在搬不进去了，于是打算将它运到旧货市场处理掉。

恰好，来了一个收破烂的乡下人，问他这张桌子卖不卖。孟飞说要 40 元。其实邻居说这张桌子在旧货市场只能卖 20 元。可是，乡下人掏出 40 元，说这张桌子他要了。"在旧货市场是不能卖这么高的价的，你掏 40 元买走它，你打算怎么处理它呢？"他忍不住好奇地问。"在乡下，做一张像这样的书桌，材料、加工费是要超过 40 元的，我打算弄回家乡。"乡下人说。

这个发现让他兴奋不已。他迅速联系乡下的亲戚，在乡村的公路旁办起了一家旧家具店，他把城里的旧家具拉到乡下，结果大受农民欢迎。于是他一不做，二不休，不断地拓展自己的业务，开了几家分店，结果生意都十分红火，利润也很可观。

像这种通过身边小事而发现投资机会的案例，在很多商家的投资生涯中并不鲜见。

唐朝大诗人刘禹锡有诗："高髻云鬟宫样妆，春风一曲杜韦娘，司空见惯浑闲事，断尽苏州刺史肠。""司空见惯"这句成语，就是从刘禹锡这首诗中得来的。事实上，许多事情都是由于司空见惯的原因使我们觉得它很寻常，结果丧失了改变的机会。打破惯性思维，跳出自己的思维怪圈，发现商机不在话下。

困局孕育机遇

美国商界流传着这样一句话：一个人如果从未破产过，那他只是个小人物，如果破产过一次，他很可能是个失败者，如果破产过三次，那他就可以无往而不胜。李嘉诚是个例外，却也印证了这句话，在濒临破产的困局中，往往隐藏着通往成功的机遇。是的，生活往往借失败之手，迫使人们进行着一次次的探索和调整，从而建立走向成功的基石。

《通信信息报》在 2008 年曾报道过一条新闻，名字就叫作《困局孕育机遇——第一季度我国家电产品出口稳增》。报道这样写道：持续通胀给家电企业带来了空前的成本压力，影响企业的盈利空间，今年我国家电企业面临的成本压力比以往任何一年都要大。成本的提升使得一些家电企业主动寻求转型，包括格力、美的等企业纷纷通过差异化营销、实施"海外攻略"等举措来规避市场风险，从而有效地抵御了成本上涨的压力，维护了利润空间。

是的，困局孕育生机，这绝不是句空话。

美国电视传媒金牌主持人莎莉·拉斐尔在未成名之前，历尽波折，但她依然不屈不挠、乐观向上。正是凭着这样的信念，她才历尽艰难，战胜逆境，取得事业的成功。在她30年的职业生涯中，莎莉·拉斐尔曾遭遇18次辞退。可是每次她都能够乐观面对，并且放眼更高处，确立更远大的目标。由于美国大陆的无线电视台都认为女性不能吸引听众，没有一家肯雇用她，她不得不迁到波罗黎各去，苦练西班牙语。有一次，一家通讯社拒绝派她到多米尼加共和国去采访一次暴乱事件，她便自己凑够旅费飞到那里，然后把自己的报道出售给电视台。1981年，她遭遇一家纽约电视台的辞退，说她跟不上时代，结果她失业了一年多。在此期间，她向一位国家广播电台职员推销她的谈话节目构想。"我相信公司会有兴趣。"那人如此答复她。但是此人不久就离开了国家广播公司。后来她碰到该电台的另一位职员，再度提出她的构想，虽然此人也一再夸奖她的构想，但是不久他也失去了踪影。最后她说服第三位职员雇用她，此人虽然答应了，但是提出要她在政治台主持节目。"我对政治所知不多，恐怕很难成功。"她对丈夫说，但丈夫鼓励她去尝试。1982年夏天，她的节目终于开播了。多年的职业生涯使她早已对广播驾轻就熟，于是她利用自己的优势和平易近人的作风，大谈7月4日美国国庆对她自己有什么意义，又请听众打电话畅谈他们的内心感受。听众立刻对莎莉的这个节目产生了兴趣。她几乎一夜成名，在传媒产业竞争激烈的北美市场，她开拓出了一片属于自己的疆土。每天800万的观众坐在电视机旁与她准时相约，听她娓娓道来。而在莎莉·拉斐尔这些光鲜景象的背后，又有谁会记起她18次被辞退的遭遇。

莎莉·拉斐尔说："我遭人辞退了18次，本来大有可能被这些遭遇所吓退，做不成我想做的事情，结果相反，它们鞭策着我勇往直前。"

正是凭借这种不服输的乐观精神，莎莉·拉斐尔总能在逆境中不放弃对成功的追求，最终的结果也证实了这句话——困局之中孕育机遇。

确实，迎难而上是一种勇气，面对困境，害怕挑战的人只会束缚住自己的手脚。任何逆境里边都孕育着机遇，危机不可怕，困境不可怕，只要你能在困境中看透问题，决心一搏，机遇就会出现在你面前。

除了个人造成的困局，也有很多是环境造就。1966年底，低迷了近两年的香港房地产业开始复苏。但就在此时，内地的"文化大革命"开始波及香港，谣言触发了香港自第二次世界大战后的第一次大移民潮。

在这种大范围的困局中，李嘉诚显然也受到了重大影响。但他并没有就此放弃苦心经营的一切产业，而是耐心等待，耐心思考。经过深思熟虑，他认为，困局是暂时的，中共中央一定不会武力收复香港。那么，只要快人一步，领先低价收购大量地盘，旧房翻新出租，又利用地产低潮建筑费低廉的良机，在地盘上兴建物业。

困局的确是暂时的。1970年，香港百业复兴，地产市场转旺。这时，李嘉诚已经聚积了大量的收租物业，从最初的12万平方英尺，发展到35万平方英尺，每年的租金收入达390万港元。真可谓时来运转，万事兴旺。

李嘉诚能成为这场地产大灾难的大赢家，与其困境中逆流而上，勇于化劣势为优势行动是绝对分不开的。

在经济大潮中，劣势与优势常常是可以相互转变的。如果找到巧妙的方法，劣势就可以变成优势。只有那些勇于开拓思路、积极寻找方法、谋得有利于发展的资源的人，才能成就大业。

有一次，英国一家足球生产厂接到了一份"莫名其妙"的控诉，因此而面临一场不大不小的危机。原来事情是这样的。

一天，在英国麦克斯亚洲的法庭上，一位中年妇女声泪俱下，面对法官，严词指责丈夫有了外遇，要求和丈夫离婚。她对法官控诉了自己的丈夫，指责他不论白天还是黑夜，都要去运动场与那"第三者"见面。法官问这位中年妇女："你丈夫的'第三者'是谁？"她大声地回答："'第三者'就是臭名远扬、家喻户晓的足球。"

面对这种情况，法官啼笑皆非，不知如何是好，只得劝这位中年妇女说："足球不是人，你要告也只能去控告生产足球的厂家。"不料，这位中年妇女果真向法院控告了一年可生产20万只足球的足球厂。

更让人意想不到的却是这家被人控告到法庭上的足球厂，他们在接到法院的传票后，不怒反喜，竟十分爽快地出庭，并主动提出愿意出资10万英镑作为这位中年妇女的孤独赔偿费。这位太太喜出望外、破涕为笑，在法庭上大获全胜。

一场看似丑闻的困局竟然照单全收，厂家是不是有问题？答案很确定，不是。后来的事实很明显地证明了这一点。英国是现代足球的发祥地，国人对足球的酷爱几乎达到了发狂的地步，这场因足球而引起的官司自然在全英国产生了巨大的轰动效应，各个新闻媒体纷纷出动，做了大量的报道。头脑精明的厂长，敏锐地利用了一次非常糟糕的事件大做文章，没花一分钱的广告费，却让他和他的足球厂名声大振。于困局中发现机遇，让足球厂做了一次绝妙文章。

从危机中寻找可以利用的商机，在失利中寻找契机，从而使自己反败为胜，这是每一个成功的企业家都善做的事情。思考快一步，困局便能早一步孕育商机。

抓市场空缺点，先下手为强

信息是一种商业资源，如果能加以正确运用，将会给自己的生意带来勃勃生机和蓬勃发展的机会。寻找市场空白点，是用市场定位来发展商业的一条重要原则。找到市场空白点，就能暂时抓住商机，避开竞争对手，独家经营，一次性占领市场，从而在他人介入之前获得丰厚的利润。李嘉诚认为，不论做什么生意，必须先了解市场需求。的确，在产品高度同质化的社会环境里，只有从激烈的市场竞争中找到人无我有、具备某方面特质的"垄断性"物品，才能迅速打开局面。

最著名的一个案例莫过于美国20世纪80年代初的一个经商案例。

20世纪80年代初，美国大地卷起了一股可怕的"黑旋风"——艾滋病！任何药物都阻止不了性接触后可能带来的恐怖后果——死神的光临。既想保持开放的性观念又怕见上帝的美国人后来发现，有一种小玩意能够有效地抵挡死神的侵袭，那就是避孕套。

然而，当时由于美国国内曾长期没有大量生产避孕套，现在市场需求突然猛增，数量有限的避孕套一时无法满足市场需求。

这时候，远在东半球的嗅觉敏锐的两位日本商人发现了那座"金山"，立即在最短的时间内，开动本公司的机器，加班加点生产成箱成箱的橡胶避孕套，火速送进了美国市场。一时之间，美国众多的代销店门庭若市，熙熙攘攘，两亿多只避孕套很快销售一空。

由此可见，无论做什么生意，必先了解市面的需求预谋制胜，才能追上瞬息万变的社会。那些在商场有所建树的商人和企业家，都是反应机敏、善于捕捉商机，从而在他人未察觉之前下手的高手。

新兴的行业往往潜藏着巨大的发展潜力，只有善于挖掘的商人才能够物尽其用。抓住商机只是第一步，有了商机，马上采取行动，以速度和谋略取胜才是最重要的。因为，商机一旦出现，自然有很多人在很短的时间内相继发觉，那时再下手胜算就会少之又少。

现在追求个性化的消费。但是，不能忽视了市场份额比较小的群体，在小份额中也存在着很多商机。开店做生意贵在有特色，"怪缺商店"一种专门经营一些其他大百货公司或大商店里没有此种东西的商店，在湖南长沙红红火火地经营着。

2002年，田薇薇在湖南省长沙市开了一家服装店。竞争的激烈和微薄的利润，常常压得田薇薇喘不过气来。

一天晚上，一位30岁左右手部残疾的妇女走进她的店里，想要买件只有一只袖子的上衣。可她的店里根本没有这种商品。田薇薇看到那位妇女一脸失望，不免动了恻隐之心。她对顾客说，她可以帮忙找裁缝店把袖子裁下来。第二天，那位妇女高高兴兴地拿走了修改好的衣服，还硬是多塞给田薇薇20元钱。

这件事情之后，田薇薇考虑，现在市场上类似残疾人用的一只袖子的上衣或缺一个裤腿的裤子，特大号的服装，或者是特小号鞋子等物品都很难买到。虽然说这类的消费群体不大，却也有一定的需求，如果专门经营这些产品，利润肯定不会少！一番思考后，田薇薇决定把自己的服装店盘出去，开一家"怪缺商店"，专门经营一些其他大百货公司或大商店里没有的东西。

最初，田薇薇将商品定位在一些生产得少卖得也少，但市场上绝对会有需求的商品，像6个手指头的手套，缺一只袖子的上装，少一条裤腿的裤子，腿部残疾者假肢上的泡沫软垫，适合驼背者使用的睡床，缺脚人的单只袜子、鞋子等。为了找这些怪缺商品的生产商、加工厂，田薇薇就用了一个多星期的时间。经过一个月的筹备后，田薇薇终于把"怪缺商店"开在了长沙繁华的商业区内。

一时间，她这家店成了长沙市的热点，一个月下来，竟然挣了上万元！

可没几个月，田薇薇很快发现这类奇怪商品因为面对的消费层非常特殊，发展空间非常有限。她又开始思考如何继续增加业务。在和顾客的聊天中，田薇薇听到有些人抱怨，比如袜子少了一只，紫砂茶具丢了盖子。不止一个人说过这样一句话："买新的又心疼，不买又用不了，要是有单独卖的就好了！"自己的店名叫"怪缺商店"，可是，现在却只有怪而无缺的业务。田薇薇一咬牙，决定在店里再开设一个补缺的业务，做一个名副其实的"怪缺商店"。

由于补缺的商品多种多样，田薇薇只选了一些比较普遍的补缺商品放置到店中，把补缺业务重点放在了预约登记服务上。顾客可以当时到店里登记缺失的东西，也可以采取电话预约的方式添货。

经过一段时间的摸索，田薇薇有了一套完整的操作程序。顾客在她这里都能够以最快的时间得到自己所需的商品。

一个月算下来，改变思路后的"怪缺商店"，营业利润比原先翻了差不多两倍！到了 2005 年底，在"怪缺商店"半年赚足 10 多万元时，田薇薇已经考虑要扩大自己的规模，而且她相信把这个"怪缺商店"开到各大城市里肯定也会有它的市场。如今，她已经在为这个想法而努力了。

对环境变化的敏锐程度决定着企业未来的生死存亡。而对环境的敏锐感则很大程度体现在企业家的嗅觉和眼光上。只有善于在更高的层次思考问题，才能看准市场空缺点，从而把零散的、纷乱的、彼此毫无关联的事物放到一起，发挥巨大价值，为企业找到一条一鸣惊人的成功路。

抓时机就是抓生机：快 1/10 秒就会赢

很多人能在多个领域内取得成功，都是幸运吗？答案是否定的，因为他们的每一次出手都不是偶然。成功的企业家总是嗅觉敏锐，善于抓住时机采取行动。正是这一次次难得的商机让企业家们在第一时间内抢先占领制高点，从而获得成功。他们正是在善于抓时机中赢得了进步的生机。

人们都说李嘉诚有一个超越别人的长处，那就是运用超前思维预测未来什么值得投资。这话不假。但更为重要的，无疑是他的行动。如果不能闪电般地抓住时机，又怎么会有抢先一步的投资呢？抓时机就是抓生机，正如李嘉诚所说："在如今竞争激烈的世界中，你付出多一点儿，便可赢得多一点儿。好像奥运会一样，如果跑短赛，虽然是跑第一的那个赢了，但比第二、第三的只胜出少许，只要快一点儿，便是赢。"

进入中南公司，李嘉诚为的是学会装配修理钟表。他心灵手巧，仅半年时间，就学会各种型号的钟表装配及修理。庄静庵对少年李嘉诚刮目相看，将李嘉诚调往公司属下的高升街钟表店当店员。

1946 年初，17 岁的李嘉诚突然辞别舅父庄静庵。临行前，他对庄静庵就香港钟表业的前途做了一番今天看来依然堪称大商家眼光的分析。正是这番话，给了庄静庵的公司一个时机，更是一个生机。

李嘉诚认为，瑞士的机械表生产技术炉火纯青，世所无敌。其时，日本人避其锋芒，瞄准空当，抢先开发了电子石英表的新领域。世界钟表市场便形成这样的态势：高档表市场为瑞士人独霸，中档表市场为日本人独步。这样，中低档表市场就是可开拓的空当。李嘉诚建议舅父迅速抢占这一滩头。

事实证实，时局正如李嘉诚所预言，以价廉物美的中低档表迎合中下层顾客的需要，成为世界继瑞士、日本外的又一大钟表基地，中低档表生产成为香港的支柱产业之一。若是没有意识到这一点，一旦让其他公司捷足先登，中南公司则必将被排挤于主流之外，惨淡经营。

关于时机与生机，李嘉诚认为，能否抓住时机和企业发展的步伐有重大关联。要想抓住时机，就要先掌握准确资料和最新资讯。能否抓住时机，是看你平常的步伐是否可以在适当的时候发力，走在竞争对手之前。

抓住时机的重要因素有四：第一，知己知彼。做任何决定之前，要先清楚自身的条件，然后才知道自己有什么选择。要知道自身的优点和缺点，更要看对手的长处。要掌握准确、充足的资料，并做出正确的决定。第二，磨砺眼光。知识最大的作用是可以磨砺眼光，增强判断力，有人喜欢凭直觉行事，但直觉并不是可靠的指南针。要有国际视野，掌握和判断最快、最准的资讯。第三，设定坐标。第四，毅力，坚持。

不但是商界要抓住机遇，很多时候，在其他领域亦是如此，抓时机就是抓生机。

哪种人能够在如战场一般的商场中获得胜利？李嘉诚说，快一点就是赢。在收购希尔顿大酒店中，他总结了两个制胜点：一、因为没有人知道；二、我出手非常快。其他人没这么快。当嗅到一个商机时就要立刻抓住，迟一步就会众人皆知，那么出手再快也难保不伤一兵一卒。

准备好，拍板才能快

在李嘉诚的经商生涯里，经典收购案不计其数。但他常常能不因财大气粗而不做思考便拍板，不因财大气粗而万事轻易应承。他曾经表示："当有个收购案，所需的全部现金要预先准备。"即"关键在于要做足准备工夫"，哪怕是李嘉诚时刻牢牢把控"现金为王"的政策，他也依然没有忘记"先准备好"，再做决定。这，是一种智者的博弈。

世界杰出华商协会执行主席卢俊卿博士曾说过一席话，透露出了商场决战的秘密，与李嘉诚如出一辙。他说："在我看来，全世界中小企业的寿命都很短暂，中国的中小型企业平均寿命在 2.9 年左右，美国要稍微长一点，3.9 年。"对此他谈到了原因，其中一个便是决策问题。快当然是必要的，但是"中国企业决策很快，一拍脑袋就定了，舍不得花时间和精力去充分地调查研究论证，就是常说的拍板快，行动慢"，因此才导致了大部分企业倒闭的现状。卢俊卿表示："我们中国80%多的倒闭企业都是决策性错误，执行问题只占20%，而美国企业恰恰相反。"

这不能不引人深思。拍板快就能赢吗？未必。因为没有准备好，盲目地拍板只会把自己逼到绝境。只有准备充足，才能从容不迫，从而给人深刻的印象，为下次合作奠定基础。

港灯是香港十大英资上市公司之一，拥有垄断权，收入稳定，加之香港政府鼓励用电的收费制度，港灯的供电量将会大幅增长，盈利肯定会增加。因此，李嘉诚选中了港灯。但他并没有立刻行动，虽然已经有所准备，但大佬怡和置地的卷土重来为收购港灯带来了阴影——高价收购。李嘉诚经过深思熟虑，认为日后收购港灯大有可为，故而暂时放弃。1982年，置地以锐不可当之势，以高出市价31%的条件，收购了港灯。

果然，置地在香港急速扩张，现金储备也消耗殆尽，大笔贷款开始让置地不堪重负。此时形势陡变，移民卷走资金，汇率大跌，加上欧美日本经济衰退，香港地产受到严重影响，置地所欠银团的贷款无法偿还，陷入空前危机。万不得已中，置地做出了决策——出售港灯减债。这正如李嘉诚所愿。

由于李嘉诚现金准备充足，又能吃透形势，轻而易举便在16个小时内，与置地接洽中快速拍板。不但节省了时间，而且比之前收购价还低出了很多，真可谓大获全胜。

不单如此，就连李嘉诚捐5000万助西部病童时的"3分钟内即拍板决定"都无疑显示出了其对于准备充分、全局了解的行事方式（在听取基金会及民政部专家小组介绍青海疝气手术康复计划实地调研后拍板决定）。

赵戈飞有一段话讲得很好，他说，一旦客户需要，公司就要能迅速拍板，而拍板快的前提就是要首先确保客户所处的行业属性好、整体风险低。也就是说，一定要对自己的实力和合作方为自己产生的利益及风险问题有全局把控。如此，才能保证拍板快的结果是赢。

而在现实生活里这样的例子其实并不鲜见。

卡罗·道恩斯原是一家银行的职员，但他放弃了这份在别人看来安逸而自己觉得不能充分发挥才能的职业，来到杜兰特的公司工作。当时杜兰特开了一家汽车公司，这家汽车公司就是后来赫赫有名的通用汽车公司。工作6个月后，道恩斯想了解杜兰特对自己工作优缺点的评价，于是他给杜兰特写了一封信。道恩斯在信中问了几个问题，其中最后一个问题是："我可否在更重要的职位从事更重要的工作？"

杜兰特对前几个问题没有作答，只就最后一个问题进行了批示："现在任命你负责监督新厂机器的安装工作，但不保证升迁或加薪。"杜兰特将施工的图纸交到道恩斯手里，要求："你要依图施工，看你做得如何？"

道恩斯从未接受过任何这方面的训练，但他明白，这是个绝好的机会，不能轻易放弃。道恩斯没有丝毫慌乱，他认真钻研图纸，又找到相关的人员，做了缜密的分析和研究，很快他就明白了这项工作，终于提前一个星期完成了公司交给他的任务。

当道恩斯去向杜兰特汇报工作时，他突然发现紧挨杜兰特办公室的另一间办公室的门上方写着：卡罗·道恩斯总经理。

从中我们不难发现，如果不是道恩斯主动出击，并且为此准备好学习和吃苦耐劳的话，那么也许机遇永远不会来叩响他的大门，也许即便是机遇来了，他也只会把这件事情搞砸。

中国古代政治家张居正说："审度时宜，虑定而动，天下无不可为之事。"在纷纭的世事中，一个适合我们的时机往往只出现一次，面对这个机会，抓住固然重要，但若是没有准备好，这机会将只会变成一只沉重的包袱，压得我们喘不过气来。

第六章

▼

合作互惠

——合作通天下，互惠才能共赢

要竞争更要合作

竞争的出现正代表着一个时代的进步，且竞争意识在生活中的各个方面都能具体地体现。尤其在生意场上，竞争意识正代表着一种能力，企业的能力和个人的能力。合理的竞争需要正确的方式方法。只要掌握了正确的竞争方式，不仅可以在生意场上如鱼得水，也能在人际关系上左右逢源，所以合作精神就显得更加重要。

众所周知，李嘉诚的成功正成为其他企业者和各大企业效仿的对象，他的成功并不都是偶然，他的管理方法，为人处世的原则，正在为追逐事业高峰的人们指引航程。李嘉诚为人谦和，知识广博，喜欢结交朋友，这也是他奠定自己的事业不可或缺的条件。

李嘉诚曾是香港汇丰银行的副主席，他是继包玉刚爵士之后第二位荣登汇丰银行副主席的华人，他私下和包玉刚的关系非常好，两人有过很多次项目的合作。但在此之前，他们都曾想收购过一家集团的股份——九龙仓集团。

公平合理的竞争是必然的，但是李嘉诚却没有这样做，在得知包玉刚爵士已经购入了不少九龙仓股份之后，他决定退出收购九龙仓集团。之所以退出收购行为，是因为李嘉诚认为，如果自己加入这场收购活动，势必会两虎相争，必有一伤，这是得不偿失的事。

所以他坚持自己做人处事的原则，不仅退出收购九龙仓集团，而且还把自己手中持有的部分九龙仓股份转让给了包玉刚，使得包玉刚爵士顺利地并购了九龙仓集团。包玉刚爵士在成功并购集团之后，非常感谢李嘉诚的支持和帮助。当时他们俩的集团实力都非常强，经过这次并购事件结识并结交成好朋友，从而为日后他们的合作奠定了很好的基础。

所以说，李嘉诚的成功，有相当一部分的原因是因为他喜欢结交朋友，并喜欢帮助他人，凡事喜欢换位思考，先站在对方的角度看待问题，并以对方的利益为先。他这种做人做事的态度和原则是很多人都无法做到的，这也就奠定了他在商场中备受尊敬的位置。

在商场上竞争生存是第一位的，这毋庸置疑，然而在全球化日益加深的今天，人们愈来愈认识到在竞争之外，合作同样重要。

惠普公司和康柏公司是两家分别在美国排名第二和第三的计算机公司，声名显赫。美国电脑业巨头惠普公司 2001 年 9 月 3 日宣布，为了在激烈的行业竞争中占据优势，它已经与康柏公司达成股票价值高达 250 亿美元的合并协议。两家公司的发言人说，合并后的"新惠普"总部将设在原惠普公司总部所在地——美国加利福尼亚州的帕洛阿尔托。新公司的雇员多达 14.5 万人，将在 160 多个国家开展业务。新公司的年总收入有望达到 874 亿美元，与行业领头羊 IBM（国际商业机器公司）并驾齐驱。

像康柏公司这样位居世界前列的大公司，"说没就没了"，在中国企业家的眼中自然是"不可思议"。但惠普公司和康柏公司这两个曾经水火不容的信息时代"斗牛士"，却悄无声息地走到了一起，其速度之快，让整个 IT 界都"吃了一惊"。在敬佩惠普公司的智慧和康柏公司的勇气之余，我们更敬佩其强大的合作力量。它们把"合作比竞争更重要"演绎得淋漓尽致，发挥得炉火纯青。

惠普与康柏的合作，充分地向我们显示了一个道理，合作与竞争，不是水火不容，而是相互依存，你中有我，我中有你。一方面，通力合作鼓励各个成员间相互竞争；另一方面，成员间相互竞争促进整体竞争力的提高。同样，李嘉诚的成功不仅仅是赢在了商场，更赢在了人际关系上，他深深懂得竞争与合作并存的商业法则。有合作的竞争，才能达到双赢的局面，生意才能源源不断。因为业务的往来结交了很多好朋友，情谊在，生意就不会成问题。中国有句古话说的好，和气才能生财，这不光体现在生意场上，也体现在生活中的各个方面。

利益共沾，"和"字为先

在《李嘉诚成功启示录》里有这样两段话：

"人面对力所不及的事时，往往逞一时之气，显一时之威，到头来只能是自己打落了牙往肚子里咽，自己酿的苦酒自己喝。我们常常就是缺乏这种进退自如的状态，往往是为了某些既得利益拼命争取，就算力所不及也毫不在意，到头来甘苦自知。与其那时来收拾残局，甚至造成亏本，倒不如从一开始就克制一些。本身力所不及，又面临强大竞争对手，可能会使自己受损的，不妨以'和'的心态来面对，以求和，即双方合作，双方受益。"

"成功学中，有一条'互利法则'，即你给人一份利，别人就会给你一份利。这就是'利益共沾'的法则。一个人不能把目光仅仅局限于自己的利益上。舍得让利，让对方得利，最终还是会给自己带来较大的利益。"

上面两段启示录，是李嘉诚对成功商业经的看法，利益共沾和互利合作是非常重要的经商之道，它们之间的关系是相辅相成，缺一不可的。这也是聪明的生意人应该具备的能力，凡事多照顾他人的利益，不要光以自己的利益为先，从而在自己的能力范围之内，做到利他人之益，日后才能利于己。

正像李嘉诚成功启示录里讲的一样，我们需要在充满竞争的时代学会生存，一个人的才能和力量总归是有限的，为了让生存不再那么艰难，我们唯有合作，互惠互利。李嘉诚说到了，也做到了。

1991 年 5 月，由李嘉诚、荣智健联手收购恒昌集团，一时成为股市佳话，体现了有钱大家赚的原则。在收购恒昌之前，荣智健和李嘉诚是秘密策划收购活动，与此同时，由郑裕彤家族的周大福公司、恒生银行首任已故主席林炳炎家族、中漆主席徐展堂等成立了备贻公司，提出每股 254 港元的价格向恒昌全面收购，涉及资金 56 亿港元。得知此消息之后，李嘉诚和荣智健按兵不动，暗箱操作。起初备贻公司的三大股东已经对恒昌集团的物业、汽车代理权及粮油代理等业务做好了瓜分计划。不过备贻却出师不利，恒昌的大股东并不支持他们的计划，在还没有进入谈判环节，就被拒之门外，关闭幕后洽商的后门。这时荣智健带领的中泰新财团加入了角逐，其中李嘉诚占 19% 的股份。同年 8 月，新财团向恒昌提出收购建议，每股做价比当时备贻高出 82 元港币，涉及资金 69.4 亿港币。经过一个月的商谈，双方达成了共识，并于同年 9 月由荣智健、李嘉诚的新财团完成的并购成为香港收购史上最大的一宗交易。中泰集团自此次并购之后，逐渐成为香港股市的中流砥柱，荣智健、李嘉诚的这番作为不得不让人另眼相看。次年，中泰集团宣布集资，并收购恒昌剩余的股权。荣智健开出了收购条件，这时李嘉诚没有受到其议论的干扰，欣然接受荣智健的条件。经过一番苦战，中泰集团终于对恒昌全面彻底收购。自此，中泰开始拥有蓝筹股。他们之间完美的合作，让荣智健和李嘉诚均名利双收。

所以相互合作，利益共沾才能为下次的合作做好铺垫，排除障碍。要多以大局为重，凡事多从对方的角度出发思考问题，不仅在生意场上如鱼得水，也会让自己心情愉悦，游刃有余。

有一则寓言也阐释了这样一个道理：

曾经有一位生前经常行善的基督徒见到了上帝，他问上帝天堂和地狱有何区别。于是上帝就让天使带他到天堂和地狱去参观。到了天堂，在他们面前出现一张很大的餐桌，桌上摆满了丰盛的佳肴。围着桌子吃饭的人都拿着一把十几尺长的勺子。不过令人不解的是，这些可爱的人们都在相互喂对面的人吃饭。可以看得出，每个人都吃得很愉快。天堂就是这个样子呀！他心中非常失望。接着，天使又带他来到地狱参观。出现在他面前的是同样的一桌佳肴，他心中纳闷：天堂怎么和地狱一样呀！天使看出了他的疑惑，就对他说："不用急，你再继续看下去。"过了一会儿，用餐的时间到了，只见一群骨瘦如柴的人来到桌前入座。每个人手上也都拿着一把十几尺长的勺子。可是由于勺子实在是太长了，每个人都无法把勺子内的饭送到自己口中，这些人都饿得大喊大叫。

这就是为什么有人说懂得与别人合作与分享，就会看到天堂；反之则是地狱。

不管是天堂还是地狱，寓言还是李嘉诚成功的背后，都深谙和谐的环境是日后发展的助力，抓住机遇，科学合理地合作，联手出击，就会战无不胜。

求和带来双赢

"以和为贵"是儒家在处理人际关系当中最为看中的一项品德，孔子有说"礼之用，和为贵"，孟子说"天时不如地利，地利不如人和"，都是在强调这一品德。它能使我们少些埋怨，为达到一个共同目标放弃个人私益与成见，从而多些进取精神，无形中是一种"制动的能力"，这种能力必将成大事。

精于用人之道的李嘉诚也深谙"以和为贵必生财"的道理，这也是他成就辉煌事业的秘诀。他 14 岁投身商界，22 岁正式创业，半个世纪的奋斗铸就了辉煌的业绩，今时今日的李嘉诚成为最成功的华人企业家，也是最独具个人魅力的成功人士。他秉承"人和"为创业理念，因此，这些都为他将来的事业奠定了坚实的基础。

纵横生意场多年，他一直讲求一个"和"字，他更多地关注别人的利益，以他人利益为先，这些都是非一般人所能及的。

1978 年，李嘉诚初任老牌洋行和黄集团的执行董事，刚上任时困难重重，遭受到不少嘘声。当时几家报社的记者穷追不舍地追问汇丰银行总经理沈弼为什么一定要选择李嘉诚来接管和黄时，一向和李嘉诚私交甚好的沈弼却说："李嘉诚带领的长江实业近年来成绩颇佳，声誉又好，而和黄的业务自摆脱 1975 年的困境步入正轨后，现在已有一定的成就，汇丰在此时出售和黄股份是理所当然的。"

这时李嘉诚一边顶住巨大的外界压力，不露声色，一边用实际业绩来再一次证明他的远见。功夫不负有心人，李嘉诚从接任和黄开始的 1978 年到 1989 年，集团的年纯利润就增长了 10 倍还多，丰厚的回报，不仅使股票一路飙高，而且赢得了股民和股东的信任及好感。再不会有人对李嘉诚的能力抱怀疑的态度，也不再有汇丰"偏袒"长江实业的嘘声。

事实上，李嘉诚作为和黄的执行董事也是集团公司最大的股东，他完全可以行使自己的主权做最后的决策，但他并没有那样做，在股东会议上，他总是以商量的口气发表看法，并耐心征求股东的意见，他的谦让让董事会股东和管理层员工都对他更加敬重和信服。

此外，李嘉诚的惯例是拒绝收取和黄董事会袍金，赢得股东们充分信任之后，他们更加信任长江实业系股票。有了股东们的拥护和支持，"长实系"股票一路被抬高，市值大增，股民股东均从中得到好处，最后得大利的自然是李嘉诚。

自古，中华民族就秉承"以和为贵，和气生财"的道理，儒家说"亦有和羹，既戒既平"真意也就在于此。

舍得让利，自己才能得利

李泽楷是李嘉诚的次子，现任电讯盈科主席。1989 年从美国返港的李泽楷就职于和黄集团，仅仅用了 10 年的时间，便在事业上创造了辉煌成绩，成了有着"小超人"美名的香港第二大富商。他的成功和他父亲的教育是离不开的，曾有人问他"你的事业上如此成功，是不是父亲传授了一些赚钱秘籍"时，李泽楷却引用了父亲教育过他的一句话："如果可以赚十分利，我只取九分，把一分让给对方，这样皆大欢喜，生意越做越顺利，越做越长久。"

李嘉诚做生意就是秉承着这点，宁可自己吃亏，换来的却是别人的信任和再次合作的机会，得大利的还是自己。

有一次，李嘉诚接受一家媒体采访时被问到经商多年最引以为荣的事情是什么时，他谈起20世纪70年代，由他带领的长江实业集团在刚刚起步的阶段曾击败置地（当时香港实力最雄厚的英资地产商，被喻为"地产巨无霸"），投得地铁公司那块位于中环旧邮政局地皮的往事。的确，20世纪70年代，一个走农村包围城市的华人企业击败了当时在香港最有实力的地产大鳄，最终竞标成功夺得当时市值约2.4亿港元、30个大财团争相竞投的中区地段邮政总局地皮。媒体称此次竞标成功为"华人的光荣"。

李嘉诚在"邮政总局大厦竞标案"中的成功，不仅打败了英资地产霸主，同时也奠定了长江实业成为香港第一大地产公司的位置。

中环地铁站是香港最繁华的政治文化中心，不仅有全香港最繁华的金融街，周围还有香港政府公署、最高法院、海军总部、红十字总参会及文物馆等著名建筑。因此这里便是全香港地产商无不垂涎的地皮。从1975年香港地铁公司成立开始，李嘉诚都密切地关注任何有地铁相关的资讯，其中就包括最重要的招标与开发计划。1977年，香港地铁公司开始招标，原址拆迁后重新盖地铁周边物业，这一计划，吸引了当时30家的地产商，其中置地也在其中，置地的名誉和实力是当时被最为看好的一家竞标集团。李嘉诚也加入了这场竞标的活动中，除了丰厚的利润，他更看重长江实业在此次竞标中的声誉，他打定了即使破釜沉舟也要做一次正面的交锋的主意，若一旦中标，"长实"的声誉会一路上升，这是长江实业跻进第一流地产商的极好机会。当时的"长实"和那些地产巨头比起来显得默默无闻，为了要取得这次成功，李嘉诚做了周密的前期调查，他发现地铁公司以高利息贷款支付地皮，公司内部已经现金严重匮乏，现在急需现金回流以偿还高额贷款，并以此希望能获得更多的利润。但此时的李嘉诚和长江实业，资金实力都不是最强的，尤其是面对像置地这样强劲的对手。所以李嘉诚决定冒一次险，紧急筹备资金，并与地铁公司商洽时，提交了这样一份提议：满足地铁公司急需现金的需求，长江实业公司提供现金做建筑费，待商厦建成后出售，利益由地铁公司和长江实业分享，地铁公司占51%，长江实业占49%，最后如果出售与预期不符，所有的亏损由"长实"独自承担，并且允诺按时交接，绝不拖延。这样的提议对"长实"是一次冒险也是考验，但地铁公司却被吸引和打动。最后李嘉诚众望所归的中标，他带领的长江实业也成为全香港实力最强和声誉最好的地产商，李嘉诚一夜成名，成为首位华人地产大亨，这是全世界华人的荣耀。

说到这里，我们不妨先来听一个故事。

一个青年向一位大商人请教成功之道，商人却拿了三块大小不一的西瓜放在青年面前，"如果每块西瓜代表一定程度的利益，你选哪块？""当然是最大的那块！"青年毫不犹豫地回答。商人一笑："那好，请吧！"他把那块最大的西瓜递给青年，而自己却吃起了最小的那块。很快，商人就吃完了，随后拿起桌上的最后一块西瓜得意地在青年面前晃了晃，大口地吃起来。青年马上明白了商人的意思：商人吃的瓜虽无青年的瓜大，却比青年吃得多。如果每块西瓜代表一定程度的利益，那么商人占有的利益自然比青年多。吃完西瓜，商人对青年说："要想成功，就要学会放弃，只有放弃眼前利益，才能获取长远大利，这就是我的成功之道。"

生活中，一些人的目光只会停留在眼前利益上，无论做什么都不舍一分一厘，只求自己独吞利益。常常因不舍一时的小利，而失去了长远之大利。可谓捡了芝麻，丢了西瓜。

在前面的竞标案中，看似李嘉诚占了弱势，与自己的投入相比，却少分了一点儿钱，也许在当时很多人都觉得李嘉诚吃了亏，但事实上李嘉诚有他自己的一番道理，他说："我有很多合作伙伴，合作后，仍然来往，有时候吃点儿亏往往可以争取到更多人愿意与之合作的机会，你要先想到对方的利益，然后思考对方为什么要和你合作，然后再说服他，跟自己合作不仅有钱赚，而且还有下次合作的可能。"

可见，这种舍得让利、自己才能得利的处事方法实在是很高妙，它显示了李嘉诚的风度和气量，很多合作者欣赏他的气量才愿意长久地与他合作下去，而只有长久稳定的合作才能巩固集团的稳健发展。

没有绝对的竞争，也没有绝对的合作

还没有把东西买回来，就要想着如何把它卖出。这是中国传统经商者普遍具有的观念，同时也是李嘉诚在生意场上所奉行的座右铭。他自己就曾说过："当我购入一件东西时，会做最坏的打算，这是我在99%的交易前所要想的事情，只有 1% 的时间是想到可赚多少钱。"

在生意场上多年的打拼逐渐让李嘉诚拥有了一套自己的商场谋略，其中之一就是："不要与业务'谈恋爱'，也就是不要沉迷于任何一项业务。"李嘉诚将自己的这句言论运用于自己的实际行动之中，这点我们从他的投资方式上就可以很清晰地看出。

这还是发生在 1987 年的事情。当时，李嘉诚为了得到英国电报无线电公司 5% 的股份，他不惜花巨资购买，数额高达 3.72 亿美元。3 年之后，英国电报无线电公司的股票价格上涨。于是，李嘉诚以迅雷不及掩耳的速度立即将手中 5% 的股份抛掉。3 年前的买入与 3 年后的卖出，这一买一卖之间，李嘉诚居然赚到了 1 亿美元。而李嘉诚在决定购买这家公司的股票时，仅仅用了不到半个小时的时间。

李嘉诚在追求高额利润的同时，他的经商之道也告诉他：没有绝对的竞争，也没有绝对的合作。从上面的事例我们能够看到，李嘉诚并不是因为喜欢哪一只股票才购买。他的目的非常单一，那就是花最短的时间赚最多的钱。

李嘉诚对股票本身没有感情，而是对其身后所蕴含的巨大商业利润有浓厚的兴趣。同样地，与合作方的生意也绝对不能带有过多的情感因素，因为如果有过多的情感因素集结此中，就会让你不忍心割断与对方本来已经没有利益可图的生意。相反，在生意场上同样也不能树立起永远的敌人，因为你不知道在什么时候，这个敌人可能就是你利益的最好来源。

三国故事里，刘备与孙权打过，刘备也与孙权一起打过曹操。《资治通鉴》中对这段历史的描写非常精彩，刘备的个性正是这样：考虑到自己的利益，随时调整外部关系。三国这段往事固然已成为历史。但在今天的商业领域，竞争与合作的精彩度又岂会输于历史呢？

在特制咖啡的生意上，星巴克被一些自营咖啡店看成是"恶魔王国"。但行业调查显示，大部分咖啡店在和这个西雅图巨人的短兵相接中，不但生存下来了，而且生意比以前还好。这是因为，星巴克让其他经营者加倍小心，更重视创新，充分利用它们自己灵活性的优势。星巴克为顾客第一次喝特制咖啡提供了一个舒适的地方，但特制咖啡是一个新兴行业，有足够的空间让小规模经营者从星巴克手里争夺顾客。新的消费者如果喜欢小店特制咖啡的口味，许多人就会愿意品尝它们的风味，甚至会更偏爱这些邻近星巴克的咖啡自营店的新品。在竞争产生协同效应和过度竞争之间有一种微妙的关系，很难平衡。想要参与竞争的人需要明白，市场这块蛋糕是否大到足够每个人都可以分到一块。换句话说，在市场份额的竞争中把市场做大才有意义；但为一个不增长的市场争个头破血流是不值得的，这就是为什么说星巴克帮了对手一个大忙的原因。沃顿商学院营销学教授大卫·鲁宾斯坦说，星巴克建立了对星巴克品牌的需求，培育了市场对某一类产品的初始需求，就像给市场注射了一针兴奋剂。当大公司培育了初始需求，也就为他人进入这个市场营造了一个"利基市场"空间，而利基市场的存在又促进了大公司的业务发展，因为它不可能为所有人提供所有产品。另外，与竞争对手在一起的时候，还有一种隐形的好处，那就是在提供给消费者足够多的选择空间的时候，就有可能"分到"自己的消费者。如果这些商铺中有一家消失了，其他商家的日子也未必好过，这是因为消费者很少在只有一种选择时购物。曾经有人因为星巴克的自制咖啡而头痛，但也有人灵机一动搭上了顺风车。当星巴克买下了大版的报纸广告宣传它们的自制咖啡时，有一个聪明的老板娘到速印点做了一面旗子，上面写着"提供5种自制咖啡"。

商场上，没有永远的合作和朋友，也没有绝对的竞争与敌手，当对方亮出撒手锏的时候，不也露出了自己的底线和致命的弱点吗？竞争也孕育合作的可能，任何时候，都很难确定下一刻出现在你面前的将是竞争对手还是合作伙伴。而李嘉诚通过他与汇丰银行的合作再次证实了这条生意场上的潜规则。

依靠汇丰银行这只大手来帮助建立自己事业的大有人在。航运界的包玉刚就是很好的例子，他凭借汇丰银行的贷款获得了"船王"的封号。李嘉诚与船王的发家史也有相似之处，那就是"尽量用别人的钱赚钱"。李嘉诚借着这句名言来为自己事业添加筹码。他与汇丰银行的合作，不仅在生意上取得了巨大的成功，而且还与该银行的董事局常务副主席沈弼成了很好的朋友。

华人行的产权在1974年久归汇丰银行所有。1976年，汇丰银行想要拆卸旧的华人行，并且用这块地盘来发展新的出租物业。华人行的名气以及占地位置等巨大的商业优势，这些都无不让各个地产商虎视眈眈地盯着它，而沈弼却偏偏选中了他之前就看上眼的李嘉诚。引起沈弼对李嘉诚的注意还应该提及地铁车站上盖发展权一事，当时的李嘉诚就是由于此事而在华人界获得了极大的声誉。其实，沈弼看中的是李嘉诚的智慧与勇气。

1978年，李嘉诚想要以分散户头暗购的方式来获得九龙仓的股票，从而控制其董事局。当时想要收购九龙仓的可都是强中之强，这其中就有船王包玉刚。然而，让李嘉诚始料未及的是，九龙仓股票被炒得很高，这也使得九龙仓老板不甘心放弃，又决意反购。战争的火苗刚刚被点起，就在这千钧一发的时刻，九龙仓老板为了保住自己的产业，向汇丰银行发出了求救信号。沈弼也因此劝说李嘉诚放弃此次收购。为了给自己恩人一个面子，同时也让自己能够从中受益，李嘉诚灵机一动，答应了沈弼。之后，李嘉诚在外界都不知晓的情况下与包玉刚悄然相见，并且转让了手中 1000 万股的九龙仓股票。这样，李嘉诚就通过包玉刚与汇丰银行取得了合作。

既给了沈弼面子，赚得了人情，同时自己也通过包玉刚从汇丰银行获得了利益，李嘉诚可谓是这场商战中的最强之手。他在九龙仓、包玉刚与汇丰银行之间周旋，在自己取得利益的同时也不忘给他人甜头，这正所谓"没有绝对的竞争，也没有绝对的合作"。

互信才能合作，分享才能共赢

互信才能合作，分享才能共赢。任何成功都是建立在互信合作的基础上的，成功从来不能独占，只有善于分享的人才能在共赢的美满结局下获取最大收益。

在李嘉诚的一生信条里，"信"字占了很大比重。在商战中，任何一个商人要想真正立足，与合作人的互信是必不可少的。没有互信，就无法很好地合作，而商场如战场，从来没有人能够孤军奋战而始终立于不败之地。李嘉诚深谙此道，所以他是一个懂得互信合作的出色商人，同时也是一个善于分享以求共赢的合作者。在大小无数的商战抉择中，李嘉诚逐渐形成他睿智自信的风格，但他从不霸道。即使像在收购天水围工程等看似李嘉诚占足优势，完全可以以一个危机时拯救者的姿态咄咄示人的项目中，李嘉诚也始终保持着他儒雅谦和的风度，他愿意用最大的让利和诚意来实现合作，而不是制造一场貌似优势者与弱势者的对话。李嘉诚是用自己的实际行动践行"互信才能合作，分享才能共赢"这一商业规则。

当然，商场上明知此道却仍然出于利益心的驱使，并不懂得合作和分享的例子也比比皆是。

一个精明的荷兰花草商人，千里迢迢从遥远的非洲引进了一种名贵的花卉，培育在自己的花圃里，准备到时候卖个好价钱。对这种名贵的花卉，商人爱护备至，许多亲朋好友向他索要，一向慷慨大方的他却连一粒种子也不舍得给。他计划培植 3 年，等拥有上万株后再开始出售和馈赠。

第一年春天，他的花开了，花圃里万紫千红，那种名贵的花开得尤其漂亮。第二年的春天，他的这种名贵的花已经有五六千株，但没有去年好，花朵变小不说，还有一点点的杂色。

第三年春天，名花已经培植出了上万株，但那些名贵的花已经变得更小，完全没有了在非洲时的那种雍容和高贵。

难道这些花退化了吗？他百思不得其解，便去请教一位植物学家。

植物学家问他："你这花圃隔壁是什么？"

他说："隔壁是别人的花圃。"

植物学家又问他："他们种植的也是这种花吗？"

他摇摇头说："这种花在全荷兰只有我一个人有。"

植物学家沉吟了半天说："尽管你的花圃里种满了这种名贵之花，但和你的花圃毗邻的花圃却种植着其他花卉，你的这种名贵之花被风传授了花粉后，又染上了毗邻花圃里的其他品种的花粉，所以一年不如一年，越来越不好看了。"

商人问解决之道，植物学家说："谁能阻挡风传授花粉呢？要想使你的名贵之花不失本色，只有一种办法，那就是让你邻居的花圃里也种上你的这种花。"

于是商人把花种分给了自己的邻居。次年春天花开的时候，商人和邻居的花圃几乎成了这种名贵之花的海洋——花朵又肥又大，花色典雅，朵朵流光溢彩，雍容华贵。这些花一上市，便被抢购一空，商人和他的邻居都发了大财。

花草商人起初之所以事与愿违，是因为他不懂得这样一个简单的道理：人普遍都是利己的，但给予总是相互的。任何人都不是孤立地存在于社会之中的，人与人之间有着各种各样的密切联系，都需要直接或间接地给予和接受，无论少了哪个环节，都必将影响到不可分割的整体，而自己也必然受到一定的影响。当你充分信任别人并能够与别人分享时，不仅你自己获得了财富，也帮助别人获得了财富，会取得双赢的成果。

第七章

▼

以小博大

——布局巧制胜，先思考再出手

以小博大，用 1 块钱做 100 块钱的生意

赚钱需要执着的拼劲，但更需要巧妙的运作。善于以小博大，才称得上制胜的上乘之作。而作为一个超级企业家，李嘉诚在以小博大方面绝对堪称案例教父。

当年，李嘉诚从 5 万块起家，创造出今天千亿身家的企业帝国。他的成长，与其说是创业，倒不如说是创造，一个几乎从无到有的创造，一个从不可想象到兀立于眼前的现实的创造，一个企业帝国神话的创造。我们作为局外人，纵观李嘉诚一生，究竟是什么成就了李嘉诚今日的辉煌成就？

答案就是——博。李嘉诚善于博，但他博的不是蛮力，而是谋略和成功的运作。同时善于挖掘市场空白点，抓住机遇，借势成功。

索尼的成功可以视作以小博大的经典范本。

1947 年，美国著名的贝尔实验室发明了晶体管。相对于电子管而言，晶体管具有体积小、耗电少等显著优点，许多专家都认为电子管将要被晶体管所取代，但他们认为这种改变绝非短期内可以实现的。当时在世界电子行业中称雄的几家大公司，如美国无线电公司和通用电气公司以及荷兰的飞利浦公司也认为晶体管取代电子管绝非易事。当时，盛田昭夫领导下的日本索尼公司并不认同大公司的主流看法。此时的索尼公司还名不见经传，它太小了，只是一个做电饭锅的小公司。盛田昭夫认为，电子管和晶体管都是电子设备的基础元配件，晶体管的诞生，意味着一个电子应用全新领域的全面来临，从这个层面上讲，晶体管具有非常重要的战略价值。如果索尼能顺应形势，将快速成长为一家大公司。于是，这家在国

际上还鲜为人知，而且根本不生产家用电器产品的公司，仅仅以 2.5 万美元令人"可笑的"价格，就从贝尔实验室购得了技术转让权，两年后，索尼公司率先推出了首批便携式半导体收音机，与市场上同功能的电子管收音机相比，重量不到 1/5，成本不到 1/3。3 年后，索尼占领了美国低档收音机市场，5 年后，日本占领了全世界的收音机市场。大公司在电子管领域投入巨额研发成本，他们开发的收音机和电视机都高人一等。其实这恰恰是它们的弊端所在，过分依赖自己的技术，以至于无法马上放弃自己的优势，给其他企业的发展提供了机遇。

索尼的成功经验，让很多小企业看到了光明。善于把握形势，走在时代的前列，正是小企业做大的机会。索尼依靠这一发明，获得了巨大的战略价值，也缔造了今日的电子帝国。

小有小的好处。小企业也可以成"形"。原因何在？众所周知，产品投入市场的生命周期中，一个完整的产品生命周期包括：投入期、成长期、成熟期和衰退期四个不同的阶段。当上一代产品开始衰退，下一代产品尚未开发投产之时，此时市场中就充满了机遇。小企业不可能在一个产品的成熟期与大企业竞争，而一旦出现市场空白，大企业和小企业的差别就不再明显，小企业就可以利用这些机会乘虚而入。利用市场产品的衰退期进行创新活动，是很多小企业成功的法宝，这非常符合顺势思维所强调的寻找对手的漏洞这一原则，我们把市场中出现的这种空白状态称为"战略空白"。小企业有四两拨千斤的机会，正是抓住了战略空白，所以能以小博大，获取成功。

这是小企业做大的成功之路，同时也是李嘉诚的创富法门，以小博大，四两拨千斤。一个成功的商人要有魄力和敢与一切争锋的精神，不能因为暂时弱小而放弃继续拼搏的信念，勇争第一要成为不变的追求。如果当初李嘉诚因为自己的"小"而放弃竞购的机会，他就不会取得今天辉煌的成绩。但是"以小博大"不是莽撞，要懂得运用商业头脑，一味蛮干无异于自取灭亡。只有深刻认清自己的实际能力及准确无误地分清时局后，才能上演"小蚂蚁"扳倒"大象"的好戏。优秀的商人往往是出色的智谋家，商场争夺不比战场冲锋容易多少，只有充分调动自己的智慧，才能将看似遥远的财富拉到自己身边。

没有机会，便创造机会

星云大师曾说："机会不是完全靠别人给予，也不会有上天赐予，机会还是要靠自己创造。"所谓机会，需要缘分，也需要争取。机会并非均等，但强者往往能够依靠自己的能力稳稳地把握住自己生命的航向。著名剧作家肖伯纳也说："人们总是把自己的现状归咎于运气，我不相信运气。出人头地的人，都是主动寻找自己所追求的运气；如果找不到，他们就去创造运气。"

李嘉诚就是一个善于发现和把握机会的成功商人。从发现塑胶花，到建立跨国跨行业的企业王国，李嘉诚每一次似乎都能在司空见惯之中发掘出机会，然后排除障碍，把一个个在许多人看来大胆的构想变成现实。这里，我们不妨套用本杰明·狄斯雷利的一句话，"虽然行动不一定能带来令人满意的结果，但不采取行动就绝无满意的结果可言"。

确实，纵观古今中外历史上许多成功的例子，我们可以发现能够主动发现甚至创造机会的人，往往也是更容易取得成功的人。

法国白兰地酒历史悠久，酒味醇厚，但直到 20 世纪 50 年代，白兰地仍然没能进入美国市场。趁着 1957 年 10 月艾森豪威尔总统 67 岁寿辰之际，法国商人制订了一项完美的计划。他们致函给美国有关人士：法国人民为了表示对美国总统的友好感情，将选赠两桶已有 67 年历史的白兰地酒作为贺礼。这两桶酒将由专机运送到美国，白兰地公司为此支付巨额保险金，并将举行隆重的赠酒仪式……

美国新闻界将此消息如实报道出去，结果这两桶白兰地还未运到美国，美国人对它已是翘首以盼了。

白兰地酒运抵华盛顿举行赠送仪式时，市民们万人空巷，盛况空前，而新闻界更是不甘寂寞，有关赠送白兰地酒仪式的专题报道、新闻照片无处不在，美国总统对白兰地的赞赏更无人不知。聪明的法国商人们如愿以偿，白兰地酒终于打入了美国市场。

等待是成功的天敌，等待最终只会两手空空，因为机会和成功不会主动找上门。如果你想获得成功，最可靠的方法就是用行动去创造机会。只要肯去发现甚至创造机会，再小的希望也有实现的可能。

松下电器创始人松下幸之助，起初家境贫寒，养家糊口的担子全压在了他个人身上。松下失业后，一家人的生活更无法支撑。一次，他去一家电器公司求职。身材瘦小的松下来到公司人事部，请求给他安排一个工作最差、工资最低的活儿干。

人事部主管见他个头瘦小，又衣着不整，不便直说，就随便找个理由说："现在不缺人，过一个月再来看看吧。"人家本来是推托，没想到一个月后松下真的来了。那位人事部主管又推托说现在有事，没时间接待他。过了几天，松下又来了。

那位负责人有点儿不耐烦地说："你这种脏兮兮的样子，根本进不了我们公司。"松下回去后，借钱买了套新衣服，穿戴整齐又来了。

这位主管一看，觉得不好说什么了，又难为松下："我们是搞电器的，从你的材料看，你对电器方面的知识了解得太少，不能录用。"两个月以后，松下又来了，说："我已经下功夫学了不少电器方面的知识，您看哪个方面还有差距，我再一项一项来弥补。"这位人事部主管盯着松下看了半天，感慨地说："我干这项工作几十年了，头一次见到你这样来找工作的，真佩服你的这种耐心和韧劲。"就这样，松下终于打动了主管，如愿以偿地进了这家公司。他经过坚持不懈的努力，终于成为享誉全球的"企业经营之神"。

松下幸之助为了得到一份工作，一直在用自己的耐心和韧劲打拼。同时，他也一直在完善自己以达到职位要求的标准。他不放过任何一个可能的机会，哪怕对方只是在敷衍他。脏衣服不能进公司，他就借钱买套新衣服；对方认为他对专业上的知识不了解，他竟然用了两个月的时间来学习。这一举动震动了那位主管，他终于得到了公司的一个职位。同时，靠着那股耐性与韧性，松下幸之助最终攀到了成功的峰顶。

松下幸之助的成就绝不仅仅是得到一个工作机会，他的这种探索的精神和辛勤的努力最终会推着他一步步从渺小走向成功。果然，他做到了。

正如培根所说："贤者创造机会多于发现机会。"无论是松下幸之助，还是李嘉诚，他们的成功告诉我们，人不仅要把握机会，更要创造机会。机会可以暂时不存在，但通过你智慧的头脑，在暂时不存在机会的情况下，同样可以制造出机会，关键在于你思考问题时需要另辟蹊径的思维。善于制造机遇，并张开双臂迎接机遇的人，最有希望与成功为伍。积极创造机遇，也正是现代青少年必须具备的人生态度。

竞争是搏命，更是斗智斗勇

李嘉诚说：不必再有丝毫犹豫，竞争即搏命，更是斗智斗勇。倘若连这点勇气都没有，谈何在商场立足。在商场中，企业要想生存，就不可避免地会遇到许多危险时刻，如果不能审时度势，主动出击，就只会陷入被动。只有在危急之时，敢想敢搏，才能在竞争中立于不败之地。

摩根年轻时便敢想敢做，颇具商业冒险和投机精神。1857 年，摩根从哥廷根大学毕业，进入邓肯商行工作。一次，他去古巴哈瓦那为商行采购鱼虾等海鲜归来，途经新奥尔良码头时，他下船在码头一带兜风，突然有一位陌生人从后面拍了拍他的肩膀："先生，想买咖啡吗？我可以出半价。""半价？什么咖啡？"摩根疑惑地盯着陌生人。陌生人马上自我介绍说："我是一艘巴西货船船长，为一位美国商人运来一船咖啡，可是货到了，那位美国商人却已破产了。这船咖啡只好在此抛锚……先生，您如果买下，等于帮我一个大忙，我情愿半价出售。但有一条，必须现金交易。先生，我是看您像个生意人，才找您谈的。"摩根跟着巴西船长一道看了看咖啡，成色还不错。想到价钱如此便宜，摩根便毫不犹豫地决定以邓肯商行的名义买下这船咖啡。然后，他兴致勃勃地给邓肯发出电报，可邓肯的回电是："不准擅用公司名义！立即撤销交易！"摩根勃然大怒，不过他又觉得自己太冒险了，邓肯商行毕竟不是他摩根家的。自此摩根便产生了一种强烈的愿望，那就是开自己的公司，做自己想做的生意。无奈之下，摩根只好求助于在伦敦的父亲。吉诺斯回电同意他用自己伦敦公司的户头偿还挪用邓肯商行的欠款。摩根大为振奋，索性放手大干一番，在巴西船长的引荐之下，他又买下了其他船上的咖啡。摩根初出茅庐，做下如此一桩大买卖，不能说不是冒险。但上帝偏偏对他情有独钟，就在他买下这批咖啡不久，巴西出现了严寒天气，一下子使咖啡大为减产。这样，咖啡价格暴涨，摩根便顺风迎时地大赚了一笔。从咖啡交易中，吉诺斯认识到自己的儿子是个人才，便出了大部分资金为儿子办起摩根商行，供他施展经商的才能。摩根商行设在华尔街纽约证券交易所对面的一幢建筑里，这个位置对摩根后来叱咤华尔街乃至左右世界风云起了不小的作用。

试想，如果摩根畏首畏尾，不敢放手尝试，那么他有可能也就是个普通的商人，或者小有成就，但绝不会成为华尔街的风云人物。或者我们也可以这样理解，是敢想敢搏的精神成就了摩根，同样也成就了李嘉诚。

当年李嘉诚的塑胶花开遍香港时，他心里想的是怎样进军世界市场。功夫不负有心人，不久就有一家拥有遍布北美的销售网的生活用品贸易公司到香港考察，准备从香港订购大批塑胶花，并且有意长期合作。面对这个千载难逢的进军北美的大好机会，李嘉诚第一次打破了他一贯稳健第一的做事风格。在冷静分析当时香港塑胶市场后，李嘉诚果断决定，一周之内，将自己的塑胶花厂的生产规模扩大到令外商满意的程度！无论怎样看，这个决定都是极大的冒险，首先扩建工程是否能完成无法保证，其次即便完成了，是否能最终争取到这个合作项目，尚且未知。要知此次外商来港是要考察整个香港塑胶行业，从中选择一家或几家作为长期合作伙伴。当时可与李嘉诚相抗衡的商家并不乏其人，但是李嘉诚不再顾忌那么多，他很清楚机不可失，此时不搏，可能自己打入世界市场的宏愿又要蹉跎不前了。

李嘉诚甘愿冒险。结果证明，他的大胆是对的。李嘉诚成功签下了这次合作的大单，进军世界的大门成功开启，李嘉诚又迈进了另一个腾飞期。

哈佛有句名言说："世上到处充满了生机与机遇，敢于冒险必有所获。"这句话告诉我们：机遇本身就蕴藏着风险。迎难而上就是一种勇气，害怕挑战的人只会像蜗牛一样，将自己深深地掩埋，再无出头的机会；害怕挑战的人惧怕失败，他们也许不明白拼搏和成功的道理。只有敢想敢搏，并且不是靠蛮力，而是着智慧和魄力去拼搏的人，才是在竞争中走到峰顶的人。

在危险处搏利润

白手起家的李嘉诚，从当初的塑胶业到地产，再到石油、码头、零售、网络等领域，辗转之间，似乎总能在危险处搏利润。李嘉诚一生无数次大小商战，似乎恰恰印证了一句话，"无限风光在险峰"。而敢于攀登险峰，摘取这朵成功之花的人，常常需要有超越常人的胆识，甚至剑走偏锋的豪气和勇气。

在这一点上，王均瑶的故事很有代表性。

1989 年的春节，正在湖南忙生意的王均瑶耽误了购买返乡的火车票，为了能回家过个团圆年，王均瑶和老乡商量了一下，决定包一辆大巴。但是通往温州的山路非常难行，大巴一路颠簸，行驶缓慢，心急的王均瑶随口说了一句："车太慢了。"谁知一位同乡却挖苦他说："嫌慢，你包飞机啊！"说者无意，听者有心。王均瑶真的思考起了这个别人想都不敢想的事情。

王均瑶当时还在为人打工，但他认为包飞机并非是件不可行的事情，既然土地能包、大巴能包，飞机为何不能包？那时，温州已经修了机场了。王均瑶想的是：首先，要向长沙机场问一问飞机能不能"包"，假如能包，新修的温州机场会不会存在无法降落的问题。王均瑶回到温州之后，这一连串的"问题"成为春节聚餐中的热门话题。

论证完后，王均瑶过完年后赶往长沙，开始了落实、谈判和签约的工作。但是在那个年代，民航实行的还是半军事化管理，乘飞机还有行政级别限制，民营资本要想渗透进去谈何容易。"我都不相信自己的耳朵。"当时的湖南民航局运输处处长周纪恒回忆当时的情形说，那时王均瑶一脸认真地说找他有急事，"但万万没想到这个年轻人说的急事，居然是要承包飞机。"他当时真的吓了一跳。

当时他告诉王均瑶，这是从来没有过的事，有很大的风险，搞不好一年要亏几十万元甚至上百万元。但王均瑶相信包机可以给老乡创造方便，开始时亏一点儿也没有关系。经过几次远赴温州认真调查，王均瑶终于如愿以偿与湖南民航局签订了承包飞机合同。1991 年 7 月 28 日，一架从湘江畔飞来的"安—24"银鹰稳稳降落在温州永强机场。这一天对王均瑶来说，是一个万分激动的日子，对中国民航事业的改革来说，也翻开了新的一页。

1992 年，王均瑶的温州天龙包机公司正式成立，注册资金 60 万元。

王均瑶有很好的经营理念，他曾说过这样的话：衣食住行是人生的大事，一个企业如能抓住其中的两个就发达了。可以说，王均瑶已经完成了三个，有飞机和出租车的"行"，有牛奶的"吃"，有房地产的"住"。

1994 年，王均瑶乳品公司成立，他不仅在全国建立乳业生产基地，销售网络遍及全国，"均瑶牛奶"也成了家喻户晓的品牌。1995 年，他整合了民营企业很少涉足的航空、乳业，成立了均瑶集团公司。世纪之交，王均瑶又到上海发展，斥资 3.5 亿在浦东征地 270 亩，建立均瑶集团总部，又投资 5.5 亿元兴建顶级物业大厦"均瑶国际广场"。

王均瑶有一句经典的话："在我眼里，没有不可能的事情。"这也许能在某种程度上说明王均瑶之所以成功的原因。而这其实也是李嘉诚成功的一个重要原因。作为华人巨商代表，李嘉诚的创业和成功，步步演绎着也印证着"无限风光在险峰"这句话。

李嘉诚说："因害怕失败而不敢放手一搏，永远不会成功。"确实，成功的商家不仅需要有敏锐的商业意识，还需要有过人的胆识，只有这样才能在机遇到来之时，及时地抓住它而闯出一片天地。

《冒险》一书的作者维斯戈说：如果生活想过好一点儿，就必须冒险。不制造机会，自然无法成长。每一次的冒险，都无法避免会有所失。如果你一点儿都不怕，这种冒险根本不是冒险，对你一点儿也没有好处——没有任何冒险是绝对安全的。

当然，冒风险也要从实际出发，因为我们的愿望是要获得成功。事实上，所冒风险的大小和我们的收益基本上是成正比的，越是危险之处，风险愈大，当然你所可能获得的利润也就更大。正如维斯戈在书中所说的，我们不妨从现在开始给自己设定一个人生目标，持续地学习，不停地进取，偶尔有点儿冒险精神，让自己在所从事的领域达到满意的目标，成就自己的大事业。

舍小利方可取大利

成为华人首富的李嘉诚令人艳羡，进入福布斯财富排行榜第八位也令人艳羡。但是，我们有没有想过，是什么让李嘉诚成就了现在这样的伟业？

答案是，李嘉诚能有当今的事业，是因为其心中怀揣着伟大的目标，并且不断为之努力，不断攀登更高的山峰。眼里只有芝麻，努力再久也得不到西瓜。只有具备鸿鹄之志，搏击长空，才能成就大业。拥有财富梦想的人绝不会将自己困在普普通通的小事上，他们眼里只有最好、最高、最强。

当李嘉诚成功在销售界打开局面的时候，他是高级打工仔，却并没有因为高级而停止脚步，而是选择舍弃当前的稳定，选择自己创业；当李嘉诚成为塑胶花王的时候，他却并没有因为坐到高峰而选择停止脚步，而是继续前进，走入地产业，走入其他领域……中国古人常说舍得，有舍才有得。诚然，舍小利方可取大利，这句话绝对不是空谈。在诸如当年李嘉诚参与中环地铁竞标案中，这一点已经体现得淋漓尽致了。

其实，很多时候，一个企业领导者的决策过程就是舍与得的取舍过程。马云同样为我们提供了一个很好的典范。

马云为了使阿里巴巴成为世界上最好的电子商务平台，多年来一直"舍得"让新成立的业务处于亏损状态。在 2007 年的年会上，马云指出阿里巴巴目前的主要任务是做大规模，而不是赚钱，尤其是对淘宝和支付宝而言。他让大家忘掉钱，忘掉赚钱，不要在意外界对阿里巴巴的负面评价。很多人都很关注阿里巴巴的淘宝网收费的问题，马云的想法很简单，他认为淘宝如果要真正想赚钱，首先要考虑的是淘宝帮别人是否真正赚了钱。所以说，淘宝现在收费的时机还尚不成熟，因为它的市场还需要培育。如果阿里巴巴在路上发现了很多的小金子，于是它就不断地捡起来，当它浑身装满了金子的时候它就会走不动，这样的话它就永远到不了金矿的山顶。另外，马云认为淘宝收费是需要有一点儿创新的，因为所有模仿的东西都不会超出预期值很多，就像谷歌（Google）能超出人们期望的高度就是因为它的创新，全球最大门户网站雅虎也是靠自己的创新最终大获成功的。自从淘宝成立以来，它每年的交易额以 10 倍的速度迅速增长，仅 2007 年上半年的交易额就达到了 157 亿，网站注册会员超过 4000 万，在中国 C2C 市场中的份额几乎达到了 80%。面对这样卓越的成绩，淘宝却说："我们现在的规模连婴儿都不是。"他们认为只有当淘宝的交易额可以与传统的商业巨头，像国美、沃尔玛等相媲美时，淘宝才是真正面向个人用户电子商务的未来所在。马云的这种舍弃小利益、为社会创造更高价值的理念，使得他把握住了互联网的命脉。同时，正是基于对电子商务的坚定信念，马云立志在不久的将来要把阿里巴巴做成世界十大网站之一，从而实现"只要是商人，就一定要用阿里巴巴"的目标。

大舍才能大得，舍得让利，自己才能得到利。李嘉诚和马云的气度与这种经营理念恰恰是这句话的最佳注脚。一时的利益得失并不决定真正的成败，而善于让小利的人，看起来好像是吃亏了，事实上他们谋求的是长远的大利益。

卡耐基曾说，宏大的目标才能换来巨大的回报。亿万富翁的心永不会在小目标上停留片刻。一朵花再香也无法拥有整座花园的魅力。财富不是简单的算术题，只会算一加一等于二的人不会有大的发展。一万个小目标的叠加也不会换来宏大的未来。要做大事的人不妨学习一下李嘉诚，甘舍小利，方能得大益。

扭转乾坤，以"小"吃"大"

生意场上以"小"吃大绝非不可能，拥有清晰的头脑和运筹帷幄的本领，就能变"不可能"为"可能"。有句话叫"弱肉强食"，意思是弱小的总会被强大的吞噬。现实生活中弱小者也往往是失势一方，但商场却有例外。很多商人就是凭着超强的商业头脑和惊人魄力以小博大，在竞争激烈的利益博弈中占得先机，成就自己的财富梦想。

李嘉诚就是一个很好的例子。在他的传奇人生里，上演过不少以小博大的精彩片段。其中，入主和黄蛇吞大象完美落幕堪称经典。李嘉诚以不足 7 亿的实有资产，控制时市价 62 亿港元的和记黄埔，而且神奇的没有"消化不良"，相反，演绎出和记黄埔日后的辉煌。以小吃大，李嘉诚堪称个中高手。

在李嘉诚打出吃下和记黄埔的牌时，董事会上不出意料地亦是嘘声一片："我们不能，你行吗？"是的，我行！李嘉诚用实际成果做出了回应。改变乾坤，李超人就是有着别人难以想象的好胃口和消化能力。但更重要的一点是，他有着自己冷静的分析判断力和自信。李嘉诚不打无把握的仗，实际上在收购和记黄埔之初，对于自己是否有能力吃下和黄，以及如何运作等问题，李嘉诚是不可能没有经过周密考虑的。以小吃大的自信和魄力，来源于实力、冷静判断与深谋远虑。

在中国古代历史上，以小吃大，以弱胜强的例子比比皆是。东汉末年群雄并起，袁绍独领风骚，而曹操的实力远不如他。但是官渡一战，曹操却以少胜多，大败袁绍，原因即在于曹操明辨局势，对双方实力和作战方案都有清醒的认识和详密的计划。况且袁绍为人"志大而智小，色厉而胆薄，忌克而少威，兵多而分画不明，将骄而政令不一，土地虽广，粮食虽丰，适足以为吾奉也。"所以才会有这场历史上著名的以少胜多战役，而官渡一战也基本奠定了曹操在北方的势力，为此后三国鼎立局面的形成有着很重要的影响。

相反，如果不能审时度势，反而盲目自大，那么就很有可能要招致可怕的后果了。

以小吃大要从实际出发，关键的是要始终对自己和整个局势有着清醒的认识和判断。反之，假如有一点小本事就盲目自大、目中无人，战胜了弱小的对手便认定自己能力超群，可以挑战一切劲敌，那么当自己被更强劲的对手打得一败涂地时，便只有后悔不已了。以小吃大，除了要有魄力，更重要的还要具备洞察力和分析力，要首先"吃透"乾坤（局势），才能真正地扭转乾坤。

第八章

▼

以股促商

——于股市沉浮，见危机创富力

认清形势，不被股市套牢

2007 年的香港股市可以用"疯狂牛市"来形容，一路高歌的迅猛涨势让股民们欢呼雀跃，至 10 月底，已经高达 31638 点。然而，大喜之后的大悲却让股民们措手不及。

进入 2008 年，由于受金融海啸的袭击，股市开始狂跌。又是一年 10 月到，然而与 2007 年的火热相比，2008 年的 10 月，香港股市逐渐与隆冬靠近，黑色风暴过后，港股已跌至 13968 点。

无论内地还是香港，腰缠万贯的富豪们都因吃不消而大片倒地，唯有李嘉诚在这场股市灾难中活了下来。其实，李嘉诚从 2007 年开始就已经在告诫股民要谨慎炒股了，他说："作为中国人，我很为内地股市担心，现在内地市盈率竟达 50 ~ 60 倍，绝对是泡沫。内地经济发展无疑较香港更快速，但这样的市盈率仍过于惊人。香港股市的市盈率尚不算高，还在合理水平，QDII 的投资额只占港股总市值的 1% 影响不会太大。如果内地经济有什么波动，香港也会受到影响，希望大家可以量力而为。大家可以回头看历史，过去香港股市多次暴涨后大幅下跌，普通大众所受伤害最大。市民应汲取教训，量力而为，做好自己的业务，炒股票就要小心。香港的竞争力不能光靠炒股票，要实实在在去做事。"

的确，李嘉诚在股市方面多采取保守策略，很多次，他都在新闻发布会中表明了自己的态度。李嘉诚对"股神"并不感兴趣，他多次申明自己是一个实业家，实实在在发展事业，做好企业管理工作，对未来经济形势高瞻远瞩，这些才是他主要应该做的。也许正是这种对股市的"淡漠"精神，才让李嘉诚与金融风暴擦肩而过，没有受到重大伤害。

依靠大手笔减持手中的股份，是李嘉诚能够成功与股市寒冬相抗衡的重要手段。前和记黄埔大班马世民称赞李嘉诚说："他的反应很快。正因为他有良好的判断力，亦即他的强项，他所做的决定通常都是正确的。"李嘉诚近乎完美的减持套利让他获益匪浅。2007 年 A 股市场一片热火朝天的景象，然而李嘉诚却只用"抛售"的方法来套利。他通过减持手中南航、中海集运以及中国远洋的股份，累计套现超过了 90 亿港币。

2007 年 2 月，李嘉诚以 111 亿美元的价格抛售了印度电信公司的股份，可谓获益良多。之后李嘉诚还大幅减持了金匮企业和永安旅游等几只港股。2009 年 1 月 7 日，李嘉诚基金会以每股 1.98 港元至 2.03 港元的价格抛售其持有的中国银行 20 亿股份，而基金会购买这批股票时的成本价却是 1.13 港元。这样一来，李嘉诚减持套利所得的净收益就有 18 亿港元。2007 年 10 月，香港恒生指数创下历史新高 31638 点，然而在李嘉诚大量减持后，恒生指数便持续下跌。2008 年 1 月，恒生指数跌至 25000 点。

"持盈保泰"是李嘉诚的和记黄埔公司早就确立的策略。为了保持稳定，股票投资只占了相当小的比重，而主要的投资则放在了政府债券上，李嘉诚认为这是最稳当的投资方式。期货交易回报率高，然而却有着巨大的风险。李嘉诚在看了一本名为《富爸爸，穷爸爸》的书后便决定涉足投资，他首先就选择了期货市场。李嘉诚第一次拿出了 5 万元来投资，第二年就获得了不少的收益，于是他决定再次进军。李嘉诚告诫广大股民在投资的过程中要把握规律，认清形势，不能一味地跟风，一旦被套牢，后悔也来不及了。

股市灾难让很多人遭受了痛苦的打击，然而要书写更多的辉煌就应该反过头来仔细分析失败的原因，毕竟未来有的是光明大道。反省虽然痛苦，但却必须要做，重新认识市场，每一个股民都要保持清醒的头脑，有时候痛苦实为一种美好的回忆。任何时候，认清形势，理性进退，都是股市不变的生存法则。

牛市来时，敲响警钟之时

股市从来都不会平静，即便是偶遇平静那也是非常短暂的，因为风暴会随时来袭。股民们对牛市的来临欢欣鼓舞，其实这时候最需要的就是谨慎。正所谓：

物极必反，实属自然规律。

理论上讲，牛市分为三个阶段，这三个阶段的衔接又极为微妙。牛市是诸多因素共同作用的"产儿"，这个"新生儿"的免疫力其实是非常低下的，稍有不慎便有夭折的危险。可是人们大多只会沉浸在迎接新生儿的欢乐中，然而这欢乐背后隐藏的却是一声声不是生就是死的钟声。

人们对李嘉诚最近 10 年来的投资情况进行分析发现，当所有人涌向牛市的时候，李嘉诚却悄然地退出了。他会频繁地减持手中的股份，尽量在股市迈向牛市的时候，他却已经急流勇退。

金融危机的阴霾尚未见底，当众多财富大亨都在金融海啸里未能幸免，大部分财富急剧缩水，有的甚至倒下了，然而反观李嘉诚，他却是少有的警觉者。回顾 2007 年，李嘉诚在媒体面前的一些言论我们可以知道，当时他就提醒广大投资者谨慎投资，不可跟风。

最鲜明的例子就是 2007 年 5 月份，他对内地 A 股市场的持续牛市表示担忧，就曾提醒投资者要特别注意股市泡沫。就在当月就有"5·30"暴跌。还有一例就是同年 8 月，H 股在"直通车"政策的刺激下，出现了异乎寻常的暴涨，当时李先生就出来向股民发出善意的劝告，提醒大家 A 股和 H 股都处在高位，而且当时就预先告诫人们要注意美国的次贷危机的影响。

2009 年年初，李嘉诚在出席公司业绩发布会的时候就指出，次贷危机的影响还没有消失，提醒投资者切不可有投机心理，因为当时 H 股在经历了"3·17"股灾之后出现了回暖的迹象。

同年 8 月，有消息说北京方面有意通过政府行为救市，当时股票立即出现非理性飙升，李嘉诚立即回击这个消息，他痛斥，用这种方式赚取是罪过。9 月份，美国著名投行雷曼兄弟倒闭，黑色 10 月股灾席卷欧美，严重的次贷危机正式到来，人们又一次被这位"超人"的先知先觉所征服。在一次采访中，李嘉诚就已经察觉到了金融危机将会到来，他也提醒了自己旗下公司管理层及公众。正是怀着"牛市来临之时，就是警钟敲响之时"的想法，李嘉诚才在沧海横流的股市中，立于不败之地。

李嘉诚面对牛市常常说，股票太高了，我想买但是太贵。短时会赚钱，长期肯定要赔钱。我不想以这种方式来进行投资。事实证明，他的决策是非常正确的。面对牛市，他会选择退出股市，这就是李嘉诚不贪赚得更多。他也不贪高，不等股市涨到最高点才退出。在别人贪婪的时候，他却怀着一颗恐惧之心来应对投资赚钱的诱惑。"上帝要使人灭亡，必先使人疯狂"。忍耐地等待机会，当股票大幅下跌，谁也不敢买，大部分投资者都在割肉抛售股票，这时候他却大量买入股票，不到两年工夫这些股票迅速反弹，大盘涨了，李嘉诚赚了。大牛市之后肯定有大熊市，肯定有大调整。李嘉诚在面对股票大跌的时候，显现出了其"泰山崩于前而色不改"的英雄气概。

李嘉诚的投资策略始终是谨慎的，他从不盲目地进行投资，即使出现牛市他也不贸然出击，相反，他认为牛市来的时候是最危险的时候，这个时候的警钟一定会提醒他或者在牛市来临之前，他已经做好了离开牛市的准备。"福兮祸之所伏，祸兮福之所倚"也许能概括这位首富的股票投资至理。

发行新股，拓展实业

借助发行新股筹集资金是李嘉诚筹集大量资金发展实业的重要策略。20 世纪 70 年代初，李嘉诚提出"长实"要赶超置地的目标。当时的"长实"与置地实力悬殊。置地已经是上市公司，"长实"想要赶超置地，也必须要依靠上市来筹集资金。"长实"1972 年底在香港上市，同时还将眼光瞄准了海外市场，1973 年初就在英国伦敦上市，1974 年，"长实"又获得加拿大政府批准在温哥华证券交易所发行股票。"长实"在香港和海外上市，发行股市筹集资金，解决了资金困境，为企业发展实业奠定了雄厚的资金基础。此后，李嘉诚在起伏不定的股市里很多大手笔都与股市密不可分。20 世纪 80 年代，"长实"已经实现了赶超置地的目标。之所以能够在不到 10 年的时间赶超，"长实"上市，借助股市筹资的策略不可忽视。和黄开始进军内地电视市场时，在 2003 年 7 月，也发行 2100 万新股，注资 3000 万美元，入主华娱电视。

李嘉诚涉足多个领域，在多元化的领域里游刃有余。商海沉浮，一旦遇到资金不足，拓展实业的情况下，发行新股是一个非常有效的运作资金的策略。利用股市筹集大量的资金用于发展实业。

股市风云变幻，能够制造很多一夜暴富的神话，也同时充满了陷阱，可能一夜之间一无所有。投机炒股的暴利远远比发展实业的盈利来得更加容易。股市暴利时期，很多人都炒股，追逐短时期内迅速地暴富。李嘉诚在股市里，并不盲目跟风，他有自己理智、清醒的判断，不会为股市节节攀升时的暴利冲昏头脑，不会盲目追逐，而是转而用筹集到的资金发展实业，一步步稳扎稳打。即使在股市行情看涨的情况下，李嘉诚仍然保持清醒的头脑，意识到市场行情总是处于波浪式的发展状态，不可能永远处于高潮，高潮往往也意味着低潮的开始。

发行新股现在已经成为海内外企业筹集资金的重要渠道。借助于新股发行，成功进军实业领域的例子比比皆是。

欧洲电信业的巨头德国电信在 20 世纪 90 年代谋求海外扩展战略时，1996 年 11 月首次在纽约、东京、法兰克福三地同时上市，筹集到高达约 137 亿美元的资金。在发行新股时，人们争相购买，掀起了申购的狂潮，从而不仅降低了企业的债务负担，而且为企业的发展奠定了雄厚的资金基础。1999 年 6 月，为了实施国际收购兼并战略，德国电信再次发行新股，筹资达 106 亿欧元。借助于筹集到的巨额的资金，德国电信得以在国际电信行业大展拳脚。如今，德国电信充分利用海内外的资本，已经在国际电信行业占有一席之地。

毋庸置疑，李嘉诚是一位成功的投资家。在跌宕起伏的股市中，李嘉诚往往高人一筹、运筹帷幄，并不热衷于投机，不热衷于借股市暴涨暴跌的动态获取暴利，而是转而投资实业，诸如房地产、互联网等多个领域。多年来，李嘉诚的名字已经在华人世界里可谓家喻户晓。他本人也常常被视为基石投资人，即新股发行成功的基石。在市场上，拥有广泛的市场号召力。今天，在现代社会化的大生产中，凭借发行股票的方式能够充分地借助股市的优势筹集资金，不仅能够摆脱资金困境，同时也还可以大大提升企业的市场竞争力发展。

借股市沉浮进行商战，坐收渔利

股市的跌宕起伏牵动着众多行业大鳄们的神经。从股市涨跌中，能够使人一夜暴富，也能够使人倾家荡产。每当股市震荡，跌入谷底的时候，总会有一些企业面临关闭的境地，众多企业身价缩水，纷纷捂紧钱袋子的情况下，行业的竞争力不强，此时对于跃跃欲试趁机收购的企业来讲则是良好的时机。在股市跌入谷底之际，李嘉诚趁机收购，以较低的价格收购，为日后企业的大规模扩张做好准备。一旦市场行情转好的时候，则能够赚得盆满钵满。

李嘉诚非常善于把握时机，权衡长远利益与眼前利益，制造出了多起股市低潮期间收购企业的典型案例。香港电灯有限公司（港灯）是香港十大英资上市公司之一，占据垄断地位，盈利丰厚而且稳定。李嘉诚对港灯十分看好，打算将其招入旗下。然而置地抢先一步在 1982 年收购港灯。李嘉诚冷静理智地静观其变，不会鲁莽行事。之后，遭遇到香港刮起"迁册风"，市场动荡，股市大跌，而置地自身又由于急剧扩展陷入了资金缺乏的困境。李嘉诚在 1985 年收购置地持有的 34.6% 港灯股权。他以 29 亿港元现金收购,省下了 4.5 亿港元,成为港灯收购的最大赢家。

李嘉诚偕同香港同行收购曾有"中环大地主"之称的置地一向被人们津津乐道。置地曾经在香港地产界占有举足轻重的地位,实力雄厚,拥有多处地段优越的地产,使得众多华商翘楚虎视眈眈。李嘉诚也对置地一直情有独钟。早在 1984 年间,受到股市震荡的影响,置地股市大跌,陷入了谷底。面对置地四面楚歌的窘境,香港的地产大鳄更是轮番上阵,意欲趁机低价收购置地。以李嘉诚为首的华商财团更是在 1987 年底、1988 年初,多次与置地的高层会晤商谈。在经过多次的激烈交锋之后,置地这个昔日不可一世的雄狮仍然不肯妥协,针锋相对地布置了反收购的矩阵。最终,华资财团并没有大获全胜,怡和仍然对置地拥有牢固的控制权,并且以协议的形式规定在此后的 7 年内,华资仅能购入象征性股份,不得购入怡和系任何一家上市公司的股份。李嘉诚并不过分关注一时的得失,总是深思熟虑、精心考虑,善于采取迂回作战的策略。在 1997 年,受到亚洲金融危机的冲击,香港的地产行业也遭受打击,李嘉诚此时再次向置地出手。在 8 月间,购入置地 3.06% 的股权。随后,又再次增持置地股份至 4.02%。他入股后,市场随即显示了利好的趋势,置地股票大涨。

享有股神美誉的美国投资家沃伦·巴菲特也十分精于股市的投资之道。1966 年,正当美国股市形势一片大好,股票飙升的时候,很多人依靠进行疯狂的投机而暴富,巴菲特却无动于衷。1968 年,巴菲特公司的股票取得了 59% 的增长佳绩。巴菲特此刻做出来惊人的举动,清算了他合伙人公司几乎全部的股票。1969 年,股市急转直下。到 20 世纪 70 年代初,美国经济陷入了"滞涨"的困境,巴菲特此时却十分欣喜,在 1973 年,在美国股市大跌之际,巴菲特以不到《华盛顿邮报》每股商业价值 1/4 的超低价格大举买入《华盛顿邮报》的股票,收购该公司 1.06 亿美元的股份。由于他的介入,《华盛顿邮报》每年以平均增长 35% 的盈利。截止到 2006 年底,巴菲特持有公司股份 33 年,增值至 12.88 亿美元,投资收益率高达 127 倍。多年的事实证明,华盛顿邮报公司果然不负巴菲特的厚望,成为他持股时间最长、盈利最丰厚的股票。1992 年,巴菲特斥资的 32200 万美元购入美国高技术国防工业公司——通用动力公司的 435 万股股票。购入时每股价格 74 美元,半年后,每股价格攀升至 113 元,他持有的股票市值也已高达 49100 万美元。

李嘉诚和巴菲特一样,无疑是股市投资的高手,在错综复杂的股市行情中,李嘉诚总是善于在对行情长远、全方位的综合考查基础上,相时而动,借股市沉浮逐波而上,坐收渔利,从而能达到事半功倍的效果。

高沽低买，持减有道

李嘉诚多年来在商海叱咤风云，依靠其过人的胆识和谋略，取得了辉煌的战绩。而他处事谨慎保守、低调不张扬的作风更是广为传颂。在跌宕起伏的商场中，变幻莫测，险象环生。而对于金融危机，所有投资人更是谈"金"色变。对此李嘉诚有自己的一套应对策略，那就是高沽低买，持减有道。

面对周期性经济危机的冲击，李嘉诚的应对策略往往高人一筹，不仅没有被冲垮，反而在危机中急剧扩张。以2008年金融危机为例，"李超人"早有劝诚在前，早在2006年李嘉诚就提醒和记黄埔的高层要未雨绸缪，减少债务，应对危机。2007年8月，香港、内地股市都处于飙升行情，看似形势一片大好，李嘉诚此时却忠告股民要谨慎投资，尤其是美国次贷危机是全球股市的潜在威胁。他的善意提醒反倒招致了一些批评。不久之后的事实再次证明了"李超人"的深谋远虑是正确的。受到此次金融危机的冲击，很多商界大鳄旗下企业股价下跌，身价纷纷缩水。李嘉诚也不例外。据有关人士的估算，受到"长实"、和记黄埔股价下跌高达40%的重挫，影响他的财产蒸发掉了一半。但是，事实证明，正是由于"李超人"在动荡股市的谨慎行事，最大限度地降低了损失。此次金融危机袭来，香港股市深幅下跌，李嘉诚在密集抛售套现同时，多次大举增持"长和系"股份，此举一方面是李嘉诚一贯高沽低买投资原则的再次体现，表示股价已跌至具足够吸引力的水平；另一方面，李嘉诚也是借增持自家股以增强市场疲靡的投资信心。

孙子说："兵者，诡道也。"意思是说，领兵打仗，讲求的就是一个随机应变。兵来将挡，水来土掩。同样，我们也可以说："商者，诡道也。"商业头脑的高下就是应变能力的高下。但很多人设计好一个当时不错的计划之后，一门心思放在按步骤进行上，反而忽略了身边的变化，到头来却是计划耽误了自己。在金融投资领域更是如此，一个精明的投资人，一定懂得相时而动，知道在什么时候应当买进，什么时候应当卖出。

有一年，美国但维尔地区经济萧条，不少工厂和商店纷纷倒闭，被迫贱价抛售自己堆积如山的存货，价钱低到1美元可以买到100双袜子。那时，约翰·甘布士还是一家织制厂的小技师。他马上把自己积蓄的钱用于收购低价货物，人们见到他这股傻劲儿，都公然嘲笑他是个蠢材。约翰·甘布士对别人的嘲笑漠然置之，依旧收购各工厂和商店抛售的货物，并租了很大的货仓来贮货。他有自己的计划，因为他相信不久这些废物就会成为宝贝。他妻子劝他说，不要购入这些别人廉价抛售的东西，因为他们历年积蓄下来的钱数量有限，而且是准备用作子女教养费的。如果此举血本无归，后果便不堪设想。对于妻子忧心忡忡的劝告，甘布士笑过后又安慰她道："3个月以后，我们就可以靠这些廉价货物发大财了。"甘布士的话似乎兑现不了。过了10多天后，那些工厂即使贱价抛售也找不到买主了，他们便把所有存货用车运走烧掉，以此稳定市场上的物价。甘布士的太太看到别人已经在焚烧货物，不由得焦急万分，便抱怨他。对于妻子的抱怨，甘布士一言不发。终于，美国政府采取了紧急行动，稳定了但维尔地区的物价，并且大力支持那里的厂商复业。这时，但维尔地区因焚烧的货物过多，存货欠缺，物价一天天飞涨。原本计划把存货多留一段时间的甘布士马上把自己库存的大量货物抛售出去，一来赚了一大笔钱，二来使市场物价得以稳定，不致暴涨不断。在他决定抛售货物时，他妻子又劝告他暂时不忙把货物出售，因为物价还在一天一天飞涨。他平静地说："是抛售的时候了，再拖延一段时间，就会后悔莫及。"果然，甘布士的存货刚刚售完，物价便跌了下来。他的妻子对他的远见钦佩不已。后来，甘布士用赚来的钱，开设了5家百货商店，生意也十分兴隆。如今，甘布士已是全美举足轻重的商业巨子了。

甘布士看到，通货膨胀之后必然有一个恢复期，所以趁机收购货物等待升值。但是当市场上出现恢复的苗头时，他立即决定改变计划，开始抛售货物。这样的应变正是一个成熟的商人制胜的秘诀。

由此可见，尽管人人都期待着以最快的速度获得最大的成功，然而在激烈的竞争中每前进一步都会遇到困难，很少有人能直线发展。因此，随着变化而变的发展是大多数成功者的制胜之道。李嘉诚深知，任何事情都不会完全按照我们的主观意志去发展、变化，要获得成功，就得首先去认识事物的性质和特点，然后再根据实际情况来调整自己的对策。在变化莫测的商海中更是如此，只有懂得相时而动，瞅准时机准确地高沽低买，才能在股市浮沉中，驾驭变化，始终立于不败之地。

以股融资，扩张事半功倍

李嘉诚之所以能在地产业站住脚，是因为他把长江上市，以股融资的方式获得了大量资金。

资金是关系到企业发展的关键因素，能否获取稳定的资金来源是企业实现扩展的先决条件。而融资难是企业面对一个充满潜力的行业时非常窘迫的困境。面临激烈的市场竞争时，机会往往稍纵即逝，因此，利用股市进行融资已经成为有效地获取大量资金的渠道。股市则为企业搭建了融资平台。20世纪70年代初，"长实"进军地产行业盈利颇丰，一度超过了李嘉诚起步的塑料花盈利，使得李嘉诚更加坚定了在地产行业大展宏图的信心。然而，面对地产行业的巨额成本仅仅依靠单个人的力量则是杯水车薪。当时，恰逢李福兆为首的华人经纪打破了外籍人士所垄断的上市领域，组建了"远东交易所"，为华资公司上市提供了平台。李嘉诚与其他五位华资地产商抓住契机，果断地采取了上市聚集资金的策略。

1972年11月，"长实"在远东交易所挂牌上市，此后相继1973年在伦敦上市、1974年在加拿大的温哥华挂牌上市。成功上市使得"长实"拥有了雄厚的资金支持，拓展了大规模筹集资金的渠道。李嘉诚此时雄心勃勃地开始拓展业务，开发住宅楼行业。首个住宅楼是1975年在北角半山塞西湖修建的大型楼盘，赚取利润达6000万元，这激发了李嘉诚继续在地产行业淘金的信心。不难想象，如果当时李嘉诚不采取上市融资的方式，则很有可能错失了进军地产行业的良机，"长实"的扩张速度也将会慢很多。

如今，上市也已经成为海内外企业普遍采用的融资方式。以股融资，即是通过市场来筹集资金的机制，使得急需资金的企业能够把社会上闲散的资金聚集起来，暂时摆脱资金的困境，实现资金的有效利用。同时，也在很大程度上提升了资金配置效率，为企业扩张储备资金，增强企业的竞争力。当然并非所有的企业都是在遭遇到资金缺乏的情况下才上市融资。即使一些资金实力雄厚的企业，通过这种方式积蓄力量，蓄势待发，能够在更高的层面上为企业拓展业务范围提供支持。

随着国内资本市场的逐步开放，选择香港、欧美国家等上市也成为企业搭建融资平台的途径之一。而香港处于国际知名的国际金融中心的地位，具有长期积累下来的成熟的商业运作优势、灵活稳健的资本市场、健全的制度建设、完善的基础设施，对中国内地企业的融资具有非常大的吸引力。中国内地的很多企业都把香港作为对外融资，实现业务扩张的重要平台，其中一些知名的运动品牌已经成功在香港上市，为企业的发展筹集了大量的资金。以安踏集团为例，安踏早在2007年7月10日于香港成功上市，融资高达30多亿港元，在中国本土运动品牌国际融资额中位居榜首。正是得益于稳定的资金来源，安踏自上市两年多来，每年的业绩都呈现出持续增长的态势。

而作为另一个例子的恒大地产，也于2009年11月在香港联交所主板挂牌上市，以每股 3.5 港元的价格发售 16.1 亿股。由于恒大地产发售的股价相对便宜、企业的发展潜力大等原因，此次招股市场反应热烈，融资高达 60 亿港元，成为 2009 年内地房地产企业赴港融资最多的企业，也为企业的可持续发展提供了稳健的资金来源，大大地提升了企业的市场竞争力。

如今，上市融资已经成为企业拓展实业的最常见的重要方式之一。当初李嘉诚大胆将"长实"上市，无疑是明智之举。就企业的发展而言，决策层的胆略和见识在很大程度上影响着企业的发展进程。李嘉诚的"长实"早在几十年前就在香港上市，采取以股融资的方式大规模筹集资金，为"长实"大举进军房地产行业提供了资金来源。此后，"长实"在地产行业大展宏图，与当初采取的以股融资的方式着实密不可分。

第九章
▼

广纳人才

——知人要善任，人才为根本

家有梧桐树，何愁引凤凰

卡耐基认为，要想掌握高超的用人之道，必先要做到知人善任。李嘉诚认为，管理之道，简单来说是知人善任。香港作家何文翔认为，任人唯贤，知人善任，既严格要求，又宽厚待人。

知人，就是要了解人，指的是对人的考察、识别、选择；善任，就是要善于用人，指的是对人要使用得当。知人善任，就是要认真地考察人才、确切地了解人才，把每个人才都安排到适当的岗位上去，充分地让他们发挥自己的特长，施展才干。这是做好领导工作的根本任务之一。

好比一部机器，有了先进的设计、合理的结构和科学易行的操作规程，还必须有高质量的操作人员。通常说，路线确定之后干部就成了决定因素，就是这个意思。

李嘉诚素以唯才是举的用人之道为自家的经典定律。1980 年，李嘉诚提拔盛颂声为董事会副总经理；1985 年，委任周千和为董事会副总经理。后来，又对二人委以重任：盛颂声负责"长实"公司的地产业，周千和主理"长实"的股票买卖。

所以说，家有梧桐树，何愁引不来金凤凰？有李嘉诚这棵梧桐树坐镇，何愁引不来那些人才？一大批精英人士投奔李嘉诚而来，最后，李嘉诚旗下竟然出了数名"打工皇帝"，不能不说是梧桐树的丰硕回报得来的结果。

卡耐基根据多年的经验总结出：不同工作职位有不同要求，不同的人才适合从事不同的工作。某人既能统观全局，又善于协调指挥，善于识人用人，组织才干出众，雄才大略，是一个帅才，就应放在决策中心做领导工作。某人思想活跃、兴趣广泛、知识面宽，既有综合分析能力，又敢议事直言不讳，有求实精神，无利俗杂念，这是优秀的反馈人才，应选为智囊。有的人忠实坚定、耿直公正、身正行端、平易近人，让他们从事监督工作，定能做出第一流的成绩。还有的人对领导意图可心领神会，对领导的指示能忠实执行，既埋头苦干又任劳任怨，实在是难得的执行人才，让他担任办公室主任、秘书，一定能把工作做好。各种人才应该各得其位。现代领导者必须善于区别不同人的不同才能，让他们在最合适的岗位上发挥作用。如果让优秀的反馈人才去当执行人员，必然"犯上多事"，反之，如果让执行人才当智囊，岂不"自欺欺人"？世上无无用之人，贵在所用恰当。

在一次演讲中李嘉诚说："成功的管理者都应是伯乐，伯乐的责任在甄选、延揽比他更聪明的人才。"

谈到人才，不能不谈到李嘉诚的得力干将李践。李践把自己的经历称之为"从小乞丐到李嘉诚得力干将"的坎坷人生经历，不能不让人想到李嘉诚的"知人"。有记者曾写道："如果不是亲耳听到他对昔日岁月的回忆，记者甚至很难把眼前这位意气风发的'不惑'男子与'乞丐'、'自卑'等词语联系到一起。"

李践 1992 年下海与朋友合伙创办自己的公司。他说，正是由于自己 8 年赚了 1.8 亿引起了李嘉诚的注意。2000 年，李嘉诚的"Tom.com"公司出资 2.7 亿元收购了李践的公司 49% 的股份，新公司成为 Tom 户外传媒集团的第一个子公司，由他出任首席执行官。李践说："从此，我有了更大的施展个人管理才能的舞台。"

李嘉诚为自己的厂子取名长江，正是基于长江不择细流的道理，而他也的的确确是这样做的，也因此，他的企业可以凝聚一心，勇往直前。

选用贤人，知人善用，这样的伯乐自古有之。历史上就有很多如同李嘉诚一样求贤如渴的人物，其中秦穆公就是一例。《资治通鉴》中记载了秦穆公亡马的故事。

在他妻子的陪嫁中，有一个叫百里奚的奴隶非法逃到越国，被逮捕了。百里奚本来是虞国的谋士，因为战败被俘成了奴隶。秦穆公听说他有才，就打算高薪招揽人才，但是不敢声张，最后只用 5 张羊皮就赎了他。楚人一看百里奚如此不值钱，也就大大方方地放了人。

百闻不如一见，秦穆公一见这位"五羖大夫"，立刻失望地说："原来年纪这么大了！"的确，那时的百里奚已经 70 多岁了。但古稀之年的百里奚却说："要是给大王逮鸟套狼，臣确实是老了点；不过治国安邦，我比当年的姜子牙还年轻10岁呢！"百里奚畅谈天下大事，果然有雄才大略，滔滔不绝，于是秦穆公就让他主持国政。

经过百里奚的推荐，秦穆公又知道了蹇叔。百里奚说了这样一段话："当年我在齐国游历时，是蹇叔收留了我。我两次听了蹇叔的话，都得以脱离险境；一次没听，就遇上了虞亡遭擒的灾难。"秦穆公一听还有比百里奚更有才的人，连忙派使者请蹇叔出山。百里奚、蹇叔就这样成为他的左、右庶长，秦国从此变得富强起来了。

秦穆公是领导当中求贤若渴的典范。家有梧桐树，秦穆公手下的人才也越来越多。如果不是秦穆公的好才，又怎么会得到这么多人才的举荐呢？

李嘉诚的用人之道，就如同秦穆公选得良臣一样，秦穆公需要贤臣为他打理国家，李嘉诚需要有能力的人帮他负责公司业务。所以，他们不但要做到选贤，还要善任。

而经营者要真正做到"善任"，首先应该从事业的全局出发，充分考虑人才的具体特点，把他放到合适岗位上。这才是引凤凰的根本所在。

大胆起用新人

白手起家的李嘉诚，在其长江实业集团发展到一定规模时，敏锐地意识到，一个企业的发展在不同的阶段需要有不同的管理和专业人才，而他当时的企业所面临的人才困境较为严重。

"用人不疑，疑人不用"这是个相当经典的命题，李嘉诚认为，用人要敢于授权，信任对方，合作才能继续。"疑"和"用"的问题是关于信任和授权。无条件的、完全的信任，就要疑人不用，用人不疑。

李嘉诚克服重重阻力，果断起用了一批年轻有为的专业人员，为集团的发展注入了新鲜血液。与此同时，他制定了若干用人措施，诸如开办夜校培训在职工人，选送有培养前途的年轻人出国深造。李嘉诚不仅能在企业发展的不同阶段大胆起用不同才能的新人，而且能在企业发展的同一阶段注重发挥人才特长，恰当合理地运用不同才能的新人。因此，他的智囊团里有着一大批朝气蓬勃、精明强干的年轻人。

2008 年有一条新闻出的新奇，名字叫"'北京小学生'打响了"长实"'北伐'的第一枪"。其中的主人公大家并不熟悉，堪称绝对新闻。与此同时，令人不禁浮想联翩，对小学生的实力打了个大大的问号。文中的主人公叫郭子威。这一年，长江实业挥军进京收拾"逸翠园"。作为长江实业"北伐"先锋的正是郭子威。奇怪的是，此人竟然无人知晓。但戴着"李嘉诚钦点"这个光环，就说明郭子威并不普通。果然，很快他就得到了一个"滑头新人"的称号。

郭子威有个比喻，"内地房地产尚处于小学阶段，而香港房地产现在是大学阶段"。同样，郭子威现在只是个"北京小学生"，要想成为"潘、王、任"这样的"北京大学士"还得多学习。据说，那时每天上网看北京楼市新闻信息已经成为了郭子威的必修课。果然，郭子威是秉承了长和系稳重谨慎的作风。因为他表示，不对"拐点论"发表任何意见，就不得罪任何人，真是"贼"。为此，郭子威的威力立刻显了奇效，从此成为李嘉诚的先锋军。

事实上，任何企业都是如此。如果企业家要扩大事业，就必须向外招揽新的人才，这一方面可以弥补老臣们胸襟见识上的不足，另一方面也可以利用专业人才，推动企业的进一步发展。因此，一个企业家在不同的发展阶段，就需要不同的人才。新人就是企业新的顶梁柱。

在长江管理层的后起之秀中，最引人注目的要数霍建宁。

霍建宁毕业于名校香港大学，随后留美深造。1979 年学成回港，被李嘉诚招至旗下，出任长江会计主任。他利用业余时间进修，考取了英联邦澳洲的特许会计师资格证。李嘉诚很赏识他的才学，1985 年任命他为长江董事，两年后即提升他为董事总经理。外界的媒体称霍建宁是一个"全身充满赚钱细胞的人"绝不是虚言。事实上，长江的每一次重大投资安排、股票发行、银行贷款、债券兑换等，都是由霍建宁策划或参与抉择的，其能力由此可见一斑。

李嘉诚虽出生于 1928 年这个动荡的年代，但其核心思想却极为超前，知人要善任，李嘉诚在实践中证实霍建宁确实具备直觉的经商才华后，能不拘一格委以大任让霍建宁十分感动，从而一举成为李嘉诚旗下一员"打工皇帝"。

不只李嘉诚，很多成功的企业家都懂得如何重用有能力的新人。

阿尔弗雷德·斯隆立足于人性的管理哲学，使得他在通用汽车内部的人际管理协调得非常好。

20 世纪 30 年代，美国经济大萧条，凯迪拉克汽车连连亏损，当时的企业高层包括阿尔弗雷德·斯隆正在开会讨论是否应该放弃这个部门，这时德雷斯塔特突然闯入会议室，他要求领导能给他 10 分钟的时间，让他介绍一个用一年半时间就可以使这个部门扭亏为盈的方案。

在会的高层都为他的鲁莽感到震惊，然而阿尔弗雷德·斯隆十分欣赏他的责任感、主动性、勇气和想象力，当即决定将德雷斯塔特提升为凯迪拉克公司的主管。事实证明，在德雷斯塔特的全面掌控下，不到一年凯迪拉克便起死回生了。这就是阿尔弗雷德·斯隆的成功秘诀。

是的，对于任何一个成功的商人、老板、领袖来说，带有偏见的任用常常为公司带来灾难。而只有客观评价，并且敢于为自己的企业注入新的血液、新的活力，才能让整个公司焕发生机。

"水能载舟，亦能覆舟"，李嘉诚非常清楚一个公司最重要的是什么，他广纳人才，而不在意人才的背景，只要有能力，他均奉为上宾。因为新人能给企业注入活力，所以他不吝冒险。也因此，他才收获了数员大将，为长江添了新的掌舵手。

把"客卿"看成是企业的添加剂

古人云："智莫大乎知人。"人才是事业成功最重要的资本和基础，深受中华传统文化熏陶的李嘉诚深谙此道。古有"千里马常有，而伯乐不常有"的感叹，然而，港人却盛赞李嘉诚具有九方皋相马的慧眼。因为正是李嘉诚极为高明地辨识和使用了众多的"千里马"，他的商业巨舰才驰骋商场几十年而无坚不摧，无往不胜。

李嘉诚少年时，父亲曾讲战国时孟尝君的故事给他听，李嘉诚深受启发——孟尝君之所以能成大事，正是因为得到了"幕僚"的大力帮助。后来，当他自己掌舵一个企业的时候，精于用人的他知道，不仅要大胆起用精明强干的年轻人，还要准备一大批老谋深算的"客卿"。后来，李嘉诚因为自己和员工的努力，以及广得"客卿"之助，终于成就了一番大业。

香港商界盛传李嘉诚左右手与"客卿"并重，其中最令人注目的是精明过人，集律师与会计师于一身的李业广和叱咤股坛的杜辉廉。

杜辉廉是一位精通证券业务的专家，被业界称为"李嘉诚的股票经纪"，备受李嘉诚青睐和赏识。李嘉诚多次请其出任董事均被谢绝，他是李嘉诚众多"客卿"中唯一不支干薪的人。但杜辉廉绝不因为未支干薪而拒绝参与"长实系"股权结构、股市集资、股票投资的决策。

为了回报杜辉廉的效力之恩，当杜辉廉与梁伯韬合伙创办百富勤融资公司时，李嘉诚发动连同自己在内的 18 路商界巨头参股，为其助威。在百富集团成为商界小巨人后，李嘉诚等又主动摊薄所持的股份，好让杜、梁二人的持股量达到绝对的"安全"线。

李嘉诚的投桃报李，知恩图报，善结人缘，更使得杜辉廉极力回报李嘉诚，甘愿为李嘉诚服务，心悦诚服地充当李嘉诚的"客卿"和"幕僚"。杜辉廉在身兼两家上市公司主席的情况下，仍忠诚不渝地充当李嘉诚的股市高参。如杜辉廉为李嘉诚在股票发行，二级市场上的收购立下了汗马功劳，特别是在 1987 年香港股灾之前，为李嘉诚的集团成功地集资 100 亿港元。

袁天凡的才华在香港金融界路人皆知。李嘉诚为邀得袁天凡的加盟，历尽"峰回路转"到"柳暗花明"的曲折历程。尽管两人过往甚密，但袁天凡却多次谢绝了李嘉诚邀其加入"长实"的好意。

李嘉诚并不言弃，仍一如既往地支持袁天凡：荣智健联手李嘉诚等香港富豪收购恒昌行，李嘉诚游说袁天凡出任恒昌行行政总裁一职；袁天凡与他人合伙创办天丰投资公司，李嘉诚主动认购了天丰公司 9.6% 的股份。李嘉诚多年来的真诚相待，终于打动了孤傲不羁而才华出众的袁天凡，他应邀出任盈科亚洲拓展公司副总经理。在袁天凡的鼎力协助下，李泽楷孕育出了叫响香港的腾飞"神话"。

李嘉诚能够并善于突破固有的、传统的育才模式，而紧跟时代的潮流，创立出新的、适合企业实际需要的人才培育模式，为公司的发展、壮大奠定坚实的人才资源基础。

有客卿的帮助，事业才会有最快的提升。

秦始皇执掌大权后，下了一道命令：凡是从别的国家来秦国的人都不准居住在咸阳，在秦国做官任职的别国人，一律就地免职，3 天之内离境。李斯是当时朝中的客卿，来自楚国，也在被逐之列。他认为秦始皇此举实在是亡国的做法，因此上书进言，详陈利弊。

他说：从前秦穆公实行开明政策，广纳天下贤才，从西边戎族请来了由余，从东边宛地请来了百里奚，让他们为秦的大业出谋划策；而且，当时秦国的重臣蹇叔来自宋国，配豹和公孙枝则来自晋国。这些人都来自于异地，都为秦国的强大作出了巨大贡献，收复了 20 多个小国，而秦穆公并未因他们是异地人而拒之门外。

　　李斯直言指出，秦始皇的逐客令实在是荒唐至极，把各方贤能的人都赶出秦国就是为自己的敌国推荐人才，帮助他们扩张实力，而自己的实力却被削弱，这样不仅统一中国无望，就连保住秦国也是一件难事。李斯之言使得秦始皇如醍醐灌顶，恍然大悟，急忙下令收回逐客令。秦始皇因为听取了李斯的建议，不但留住了原有人才，而且吸引了其他国家的人才来投奔秦国。秦国的实力逐渐增强，10 年之后，秦始皇终于完成统一大业。

　　事实上，一个企业的发展，不仅需要内部人员的齐心协力，还需要得到企业外部人员的支持和帮助。如果能够借用"外脑"，既能增强企业的发展，树立良好的企业形象，又可以广交朋友，提高企业的知名度。很多时候，人的强大不仅在于提高自身的智慧，凝聚众智更为重要。如果我们总是能够抱着一颗坦诚谦虚之心，广采博纳，凡人也可能成为"超人"。

　　把客卿当成企业的添加剂，正如为平时用惯了的杀虫剂换了一副新的强效剂般，实用又管用。实在是一举两得。

打开国际市场，"以夷制夷"

　　任何公司在创立之初，老板都希望自己的员工是忠心耿耿、忠实苦干的人才。李嘉诚的塑胶厂同样如此。然而，一旦企业发展起来，并且想要走向世界，那么所用之才就不是这么简单了。有人曾说，如果一直只任用元老重臣，"长实"的发展肯定会不如今天。的确如此。李嘉诚总是能够站在员工的角度上看问题，使得他的员工们有很高的忠诚度，从他公司跳槽的人很少。李嘉诚说过一句话："我看过很多富有哲理的书，儒家有一部分思想可以用，但不是全部。我认为要像西方那样，订立制度，这样就比较进取，然后结合中西两种方式来做，而不是全盘西化或者全盘儒化。"

　　在世事万变的年代，思想不能拘泥一格，要跟随时代的脚步。李嘉诚所做的正是中西合璧，截取中西方最优秀的思想来管理公司。他不但善用身边的人，还极其善于利用西方人的智慧。

　　20 世纪的中后期，香港飞速发展，许多香港企业为了能够和国际接轨，纷纷雇用外国人为他们管理企业。但许多企业却面临着这样一个问题，就是外国人和老板无法真正地融洽相处，因为百年来中国屡遭屈辱，洋人歧视华人、高人一等的心理十分张扬，使得双方无法真心实意地做生意。李嘉诚雇用外国人为他做生意，却并没有与外国人发生很多的不愉快。他重用外国人，而且善待外国人。

许多人对李嘉诚重用外国人的做法有质疑，那个时候，还有记者夹枪带棒地问李嘉诚："你的集团雇用了不少'鬼佬'做你的副手，是否含有表现华人经济实力和提高华人社会地位的成分呢？"李嘉诚没有动怒，他只是谨慎地回答道："我还没那样想过，我只是想，集团的利益和工作确确实实需要他们。"

的确如此，李嘉诚后来的成功也证明了他当初所做的一切选择都是为了工作，并没有个人的私心在里面。在一次谈话中，他坦承而谦虚地说道："你们不要老提我，我算什么超人，是大家齐心协力的结果。我身边有300名虎将，其中100人是外国人，200人是年富力强的香港人。"300名虎将中外国人占了1/3，在此不能不说李嘉诚的用人之道之高明。

20世纪70年代初，李嘉诚为了从塑胶业彻底脱身投入地产业，高薪聘请美国人 Erwin Leissner 任长江实业总经理，其后又聘请一位美国人 Panl Lyons 为副总经理，并赋予他们实权。要知道，这两位美国人都是掌握最现代化塑胶生产技术的专家，是希望之光。

在当时的环境里，只有用李鸿章的"以夷制夷"似乎才算是上策。李嘉诚通过雇佣洋人副手，便可以发挥长袖善舞的功效。洋人与国外企业沟通无障碍的天然优势能为公司带来很大的利益，比中国人外出谈判不知强了多少倍。

在20世纪80年代中期，当时李嘉诚已控有几家老牌英资企业，这些企业有许多外籍员工。为了最大限度发挥他们的能力，李嘉诚采取了"洋人管洋人"的措施，这一行为直接帮助了李嘉诚的"集团超常规拓展"计划，带动了员工之间的沟通和进步。而且启用外籍人员做"大使"，更有利于开拓国际市场与进行海外投资。李嘉诚只在旗舰领航方面轻轻一带，便保证了整个航程的顺利进行。

据当时有关人员的粗劣统计，在和黄、港灯两大老牌英资集团旗下，留任的各分公司外籍董事长、行政总裁达数十人之多。

在李嘉诚的外国人阵容里，特别值得一提的是英国人马世民，他原效力于怡和财团，可以说是李嘉诚的对手；后来他又自创事业，开了一家 Davenham 的工程公司，更与"长实"有了直接的利益冲突。但是李嘉诚一点也没有计较这些，相反，他十分欣赏马世民的学识与才干，尽力将其罗织网下。

1984年，李嘉诚将 Davenham 买了下来，将马世民提升为和记黄埔的总经理，负责和记黄埔属下的货柜码头、电讯及零售贸易等业务。以后，又将其任命为嘉宏国际和港灯董事局主席。后来，马世民成为"长实系"除老板李嘉诚外，第一个有权有势、炙手可热的人物。他任和记黄埔总裁 9 年之久，给和记黄埔创下许多丰功伟绩。

李嘉诚"以夷制夷"的策略方针，对他的企业能够起到稳定军心的作用，更是为打开国际市场发挥了不可忽视的功用。

人尽其才，用人选取其特色

在总结用人心得时，李嘉诚曾形象地说："大部分的人都会有长处和短处，好像大象的食量以斗计，蚂蚁一小勺便足够。各尽所能，各取所需，以量材而用为原则；又像一部机器，假如主要的机件需要五百匹马力去发动，虽然半匹马力与五百匹相比小得多，但也能发挥其一部分的作用。"

的确如此，所谓人无完人，三个臭皮匠赛过一个诸葛亮，只有通过优化组合，将每个人的特色都发挥到极致，才能人尽其才，物尽其用，从而获得完美共生。

有人曾说，在李嘉诚庞大的商业王国中，只要是人才，就能够在企业中有用武之地。是的，李嘉诚及其所委任的中层领导都明白这个道理。李嘉诚说，就如同在战场，每个战斗单位都有其作用，而主帅未必对每一种武器的操作比士兵纯熟，但最重要的是首领亦非常清楚每种武器及每个部队所能发挥的作用——统帅只有明白整个局面，才能做出出色的统筹并指挥下属，使他们充分发挥最大的长处以及取得最好的效果。

在集团内部，李嘉诚彻底摒弃家族式管理方式，人们看不到家长制作风的影迹，完全是按照现代企业管理模式进行运作。除此之外，他还精于搭建科学高效、结构合理的企业领导班子团队。李嘉诚深知，企业发展在不同阶段需要有不同的管理和人才需求，适应这样的需要，企业就突飞猛进，否则，企业就要被淘汰出局。

在李嘉诚组建的公司高层领导班子里，各方面人才都十分齐全。评论家说："这个'内阁'，既结合了老、中、青的优点，又兼备中西方的色彩，是一个行之有效的合作模式。"

当然，用人所长，并不是对人的短处视而不见，更不是任其发展，而是应做具体分析、具体对待。有些人的短处，说是缺点并非完全确切，因为它天然就是和某些长处相伴相生的，它是长处的一个侧面。

这类"短处"不能简单地用"减去"消除，只能暂时避开，而关键还在于怎么用它。用的得当，"短"亦即长。克雷洛夫有一段寓言说，某人要刮胡子，却怕剃刀锋利，搜集了一批钝剃刀，结果问题一点儿也解决不了。

在一个人的身上，其才能有长处也有短处，用人就要用其长而不责备其短处。对偏才来说，更应当舍弃他的不足之处而用他的长处。一位优秀的企业领导，会趋利避害，用人之长，避人之短，如此一来，则人人可用，企业兴旺，无往而不利！

一个工程师在开发新产品上也许会卓有成就，但他并不一定适合当一名推销员；反之，一个成功的推销员在产品促销上可能会很有一套，但他对于如何开发新产品却会一筹莫展。聘请这样的人对公司无疑是一种损害。如果老板在决定雇用一个人之前，能详细地了解此人的专长，并确认这一专长确实是公司所需的话，这类用错人的悲剧就可以避免了。

古人说得好："事之至难，莫如知人。"辨人才最为难，而辨别偏才的能用可否则更难。这是因为事有似是而非的地方，例如"刚直开朗似刻薄，柔媚宽软似忠厚，廉价有节似偏隘，言纳识明似无能，辨博无实者似有才，迟钝无学者似渊深，攻忤谤讪者似端直，——较之，似是而非，似非而是，人才优劣真伪，每混淆莫之能辨也"。所以说，世上最难的事没有比识人更难了。每一个聪明的领导人都要精于识别偏才造成的假象，而辨别使用他们。

有人问淘金工，怎样获得金子？淘金工说："金子就在那儿，你把沙子去掉后，剩下的自然就是金子。"这个回答颇有"禅"的意味，它指明了我们在生活中求真求善的最佳方式与途径。

一般来说，人的本性是见利不能不求，见害不能不避。趋利避害是人的本性，商人做买卖，日夜兼程，不远千里，为的是追求利益；渔民下海，不怕海深万丈，敢于逆流冒险搏斗，几天几夜不返航，因为利在海中。因此对许多人，只要有利可图，虽然山高万丈，人也要攀登；水深无底，人也要潜入。所以，善于管理的人，对人才要顺势引导。

人都有优点和缺点，在用人时必须坚持扬长避短的原则。用人，贵在善于发展、发挥人才之长，对其缺点的帮助教育固然必要，但与前者相比应居于次。而且帮助教育的目的，也是使其短处变为长处。如果只看短处，则无一人可用，反之，若只看长处，则无不可用之人。因此，在人才选拔上切不可斤斤计较人才的短处，而忽视去挖掘并有效地使用其长处。

现代社会活动错综复杂，一个领导人即使三头六臂，也不可能独揽一切。一个高明的领导者，其高明之处就在于明确了下级必须承担的各项责任之后，所授予的相应权力。从而使每一个层次的人员都能司其职，尽其责。李嘉诚常常能够除了做出必要的示范外，一般对下属无需太多干预，不宜事无大小一律过问。

用人学研究证明，高明的领导者在管理职员时，应利用爱人之心纠正他们，按照职员行为的准则来约束行为。所以说，有了绝对不可违反的准则，必然会在良好的秩序下实现管理，领导者也就可以正常地行使权威。制定不随意改变的管理制度、规范是高明的领导者进行管理的最根本途径。

李嘉诚能够知人善任，将每个人的长短处都挖掘，并让其发挥效用。由此可见，李嘉诚在用人方面的确称得上是慧眼识才的伯乐。"海纳百川，有容乃大。"

任人唯贤无话说，唯亲是用有条件

2008年5月19日，《首席执行官》发表的一篇文章《知人善用的"伯乐"李嘉诚》中这样评论李嘉诚："从企业的创建历史来看，李嘉诚的企业就是典型的家族性企业。但李嘉诚从一开始起就没有按照家族企业的模式进行管理。而是采取中西方优秀的管理方法相融合的管理机制。这是他的事业成功的关键。20世纪80年代，曾经有不少潮州老家的侄辈亲友要求来李嘉诚的公司做事，遭到他的拒绝。现在"长实"虽然也有他的家乡人，但都是依靠本事和能力才被录用。"

李嘉诚常说："唯亲是用，必损事业。唯亲是用，是家族式管理的习惯做法，这无疑表示对'外人'不信任。"因为李嘉诚很清楚，唯亲是用的结果会将很多优秀之人拒之门外，这样的管理，也许凭创业者的才华可以显赫一时，但很难维持第二代辉煌。也因此，李嘉诚在接纳人才时十分苛刻，有位员工曾这样评价李嘉诚："对碌碌无为之人，管他三亲六戚，老板一个不要。"显示出了李嘉诚整顿自己企业的决心。

其实，并不止是李嘉诚这样用人，历史上许多人都是任人唯贤，只要这个人有才能，不论他的出身有多卑贱，也会给予众人。

唐朝的马周算是唐初的名相中的异数，他出生草根，"上面"无人帮他说话，但唐太宗能够慧眼识英才，破格提拔他做高官。

马周年少的时候"孤贫好学"，但是不为州里所用，只好离开家乡周游中原，最后来到长安，在常何的门下做了一个小吏。常何本来是太子李建成的下属，但是他最后选择了李世民，成为玄武门之变中为秦王打开城门的关键人物。

有一次，唐太宗要求在朝官吏每人都要写一篇关于时政得失的文章。这个任务苦了武将常何，他不会舞文弄墨，心里着急。马周得知此事，想要对常何报恩，便主动提出替常何写这篇文章。

过几天，唐太宗看到了常何的答卷，不禁大吃一惊，里面提到的十二条治国之策，条条都说到了太宗的心坎上。他知道常何是万万写不出这样精辟的文章的，于是就询问谁写了这篇文章。常何说是他的门客马周写的，李世民迫不及待地想要见见马周。于是连派了四次使者去催，直到马周感觉事情已经做得差不多了，才到皇宫。

唐太宗和马周谈起了当时政治局势以及为政之道，马周侃侃而谈，太宗大为惊叹，两人大有相见恨晚之感。太宗并没有急于让马周担任要职，而是让他到掌管机要的门下省任一个小职，一来看看他的人品，二来防止其他人不满。不过没过一年，马周就当上了权力很大的监察御史。为了表扬发现马周的常何，太宗赏赐常何三百匹锦帛。

任监察御史后，马周向唐太宗提出了"马二条"：一是以孝治天下，并且认为照顾好太上皇李渊是头等大事；二是扬清激浊，劝太宗不要拿国家的官职作为赏赐，即使是对皇室子孙也不例外。唐太宗十分赞同他的意见，提拔他为侍御史。

"草根干部"马周深知徭役之苦，于是上书唐太宗："供官徭役，道路相继，兄去弟还，首尾不绝，远者往来五六千里，春秋冬夏，略无休时。"这样下去百姓会有怨言，太宗要爱惜百姓，让民休养生息。他说国家的兴亡并不在于国库丰盛与否，而是在于老百姓的苦乐。太宗看着他的奏表，深思良久。

后来，马周还提出了许多可以解决实际问题的方案，比如让长安城的警卫击鼓警示，省去了逐门走告之苦，不久他又被提升为中书舍人。马周文采超群，处事缜密。同为中书舍人的岑文本评价他的文章："一字不可加，一言不可减。"

纵观唐太宗李世民的用人之道，与李嘉诚的用人之道有着相似之处。李嘉诚的用人，主要有三个鲜明的"任人唯贤"特点：第一，重用外籍员工。所谓"洋为中用"。有人说，李氏集团高层的得力助手，几乎清一色是外籍员工。第二，年轻化。李嘉诚的左右手都普遍年轻。如"长实"副董事长周年茂、经理霍建宁任职时还不过30岁，董事洪小莲也刚40出头。第三，专业化。李嘉诚认为，只有专业化，才能使企业在产品和技术上保持领先地位，从而在激烈的市场竞争中站稳脚跟。

李世民选择毫无身份地位的马周，让他担当重任，其实也正是看中了马周的能力，而并不是将重任都分配给亲信亲属。李世民的任人唯贤，也给李嘉诚做了一个榜样。

　　2001年5月17日李嘉诚在汕头大学演讲时，谈到如何在日常管理中建立与员工的关系时，李嘉诚说："在我两个儿子加入公司前，我的公司内并没有聘用亲属，我认为，亲人并不一定就是亲信。如果是一个跟你共同工作过的人，工作过一段时间后，你觉得他的人生方向，对你的感情都是正面的，你交给他的每一项重要的工作，他都会做，这个人才可以做你的亲信。如果一个人有能力，但你要派三个人每天盯着他，那么这个企业怎么做得好啊！"

　　的确如此，李嘉诚并不是一个顽固的人，只要亲人做得好，同样可以担当重任，这期间最关键的便是能力。

理软件的产品、服务与解决方案，并在金融信息化和软件外包等领域占据市场领先地位。

对于收购方正春元的原因，用友软件在公告解释说，收购方正春元可以获得财政信息化领域的领导地位。

资料显示，方正春元目前有 260 名员工。对于收购后员工的安置情况，用友软件表示，承诺原则上全部接受方正春元的现有员工，即不会裁员。

通过近期国内连续出现的多起企业收购活动（如徐工科技协议收购春兰汽车、方正集团控股收购武汉国药）可以看出，善意收购正在成为诸多中国企业的首要选择。

收购作为一种特殊的经营行为，通常既可以是收购方企业的特定经营行为，也可以是被收购方企业的一种经营选择。其中，善意收购是可以在一次企业收购行为中，同时使收购方和被收购方各自实现其战略目标或财务目标的行为选择。

1991 年，李嘉诚帮助荣智健顺利收购荣昌行，便是得益于其人品人格及声誉在商业活动中的巨大作用。这一点，从李嘉诚收购恒昌行的结果中就能看得出来。恒昌行创立于 1946 年，历史悠久，信誉卓著，业务范围广，是华资第一大贸易行。恒昌整个集团资产净值高达 82.73 亿港元，经营状况良好，三大股东拥有绝对的控股权（何善衡 30%，梁球琚 25%，何添 15%，共计 70%），外人无任何可乘之机。恒昌行的正身是恒昌企业有限公司，创办人之一是前恒生银行董事长何善衡。何善衡年事已高，后代又无意继承父祖的事业，故萌生出售之意。若无此传言，市场无人敢觊觎恒昌。

自备贻的"拆骨计划"犯了老人的大忌时，李嘉诚和荣智健只是秘密策划，并不急于出击，而是静候时机。备贻出师不利的消息一传出，以中信泰富为核心的新财团，立即加入收购角逐。

1991 年 9 月 3 日，双方达成收购协议。至 9 月 22 日，香港收购史上最大的一宗交易，为荣智健、李嘉诚等合组的财团完成。中泰控得这家贸易巨人，遂成为香港股市的庞然大物，市值至 1992 年年初膨胀到 87 亿港元。香港股市，一直视中资股为无物，此番，不得不刮目相看。之后，荣智健突然向其他股东全面收购恒昌的股票。恒昌一役，李嘉诚名利双收，既赢得帮衬荣公子的好名声，又获得实惠——售股盈利 2.3 亿港元。李嘉诚与荣智健联手合作，成为股市佳话。

李嘉诚表示，我不喜欢破坏一家公司，有很多收购是不友善的，会破坏一家好公司，我不喜欢这样，我通常会收购百分之几的股份作为基础，然后看看是否有好机会，如果没有我便退出。在香港股市，李嘉诚长期以来奉行善意收购的原则，为他赢得了"白衣骑士"的美誉。李嘉诚常说："我喜欢友善交易，这是我的哲学。"

收购拓展经商领域及实力

收购是企业实现扩张的重要策略之一。公司通过收购的方式，能够持有被收购公司多数或者全部股份，进而实现对该公司的控制。李嘉诚曾经收购过多家企业，诸如在上世纪相继收购和记黄埔、香港电灯有限公司（港灯）、赫斯基能源。尤其是在 20 世纪 90 年代初，李嘉诚借助于收购英国巴克莱银行等拥有的移动业务牌照，推出了以 Orange（"橙"）为品牌的第二代移动电话业务。此后不断拓展业务范围至欧洲多个国家，大张旗鼓地进军欧洲市场。

这才有了之后"和黄卖橙赚千亿"的神话。当然，他的收购都是建立在深思熟虑的基础上的，是否进行收购的企业往往取决于收购后企业能够带来的利润。从某种程度上来讲，也正是"李超人"多次高瞻远瞩的收购行动，奇迹般地将那些原本处于亏损、甚至破产边缘的企业转化为巨额利润的制造工厂。

在急剧变化的市场竞争中，商品的更新换代速度非常快，仅仅依靠自身的研发显然难以跟上市场的变化，因此收购新市场中富有潜力的公司，收拢其技术和人才，并迅速推出新产品就成为企业的绝佳策略。思科的成功提供了很好的示范。

由于市场的变化永远比自身研发的速度快，因此在进入每个市场后，占据前两名的位置十分重要，于是思科采取以收购的方式进入新市场的策略：收购新市场中富有潜力的公司，收拢其技术和人才，并迅速推出新产品。追逐客户需求变动、细分市场策略、以收购进入新市场构成了思科的核心发展策略，而收购更成为思科发展策略核心中的核心。自 1993 年以来，思科投资 400 亿美元左右，共收购了 60 多家企业，收购成为思科的"商业流程"。市场目睹了思科持续的高增长、高股价、高价收购的正反馈。通常网络设备新一代产品研发的周期是 18 ～ 24 个月，这样收购就可以赢得半年到一年的时间。

这种战略成效十分显著，它如旋风一般占领了 15 个不同领域的市场。截至 2001 年的 7 月，思科共收购了 61 家公司，付出了几百亿美元的代价，而仅 2000 年一年的时间就以收购或换股并购的方式兼并了 22 家公司。在转向 IP 电话网络业务之后，思科又开始收购软件和生产调制解调器的公司。在这些交易中，除了现金交易外，他们还使用思科股票。总之，"顾客需要，我又没有，就去买吧"成了思科收购活动的一个标准。在思科收购的所有公司中，生产光纤设备的 Cerent 公司是最具传奇色彩的。1999 年，当遇到这家公司的 CEO 罗素时，约翰·钱伯斯便单刀直入地说："请告诉我，需要花多少钱才能把你的公司买过来？"罗素也很风趣地回答他："请告诉我，需要花多少钱才能使你放弃这个想法？"然而，最终思科还是以价值 69 亿美元的思科股票收购了这个当时两年才 1000 多万美元销售额的小公司。

当思科收购一家公司时，它所支付的价钱如果平均给每名被收购的员工的话，每人可以获得 50 万～2000 万美元。对于思科来说，他们想收购的就是员工，以及下一代产品，并尽一切努力保护这些东西。但思科绝不会收购路由器公司，因为他们自己有能力制造出更新、更快、更大的路由器。他们只是在准备进入局域网转换器市场时才收购 Crescendo，以它为基础搭建自己的局域网转换器业务。同样，思科收购 Cerent 公司，是为了搭建思科的光学通信设备业务。在思科看来，收购是进入新的市场机会的插入点。

虽然思科大多数产品仍然是在它内部研制开发的，但相对于其他高科技公司说，思科还是这个行业内最擅长收购的公司。即使大家把约翰·钱伯斯形容为商业市场的狼，但他的成绩是有口皆碑的，硅谷的同仁更是心悦诚服。就像惠普总裁兼 CEO Platt 所说的："约翰值得我尊敬，因为是他将一个年轻的小公司发展成一个优秀的大企业，他太棒了，他收购了很多公司并让它们在思科这把大伞下成功地运转起来。"

在今天，不论是对于李嘉诚还是思科，抑或任何一个商业财团而言，收购在某种意义上已经成为其核心竞争力。其实像思科一样，李嘉诚成功的办法很简单，就是他在收购每一家公司前都会仔细想清楚：收购这家公司获得的是什么，明确了这一点之后，再不惜一切代价去捍卫它。

低价收购，"榨"出高利润

"便宜无好货"是老百姓坊间经常挂在嘴上的一句俗语。而在李嘉诚身上，他就曾经多次在经济低迷时期低价收购，此后，神奇般地赚取巨额利润，令人瞠目结舌。早在 1966 年底，香港市场处于疲软状态，新落成的高楼大厦也处于滞销的境地，很多房地产商为此忧心忡忡。此时的李嘉诚并不盲从于他人的判断，他通过广播、报纸等渠道，关注市场的走向，经过慎重的分析后，做出了令人诧异的举动：在别人大举抛售房屋的时候，他倾其所有来收购房产。此后，在 1970

年，香港楼市逐渐好转，他则赚取了 200％的高额利润，旗下的公司也一举成为香港最大的华资房地产公司。

当然，从李嘉诚一生传奇的经历可见，他多次在市场低迷时期低价收购也并非偶然，也不是一时冲动，而是基于长期冷静、理智的思考进而得出的对市场行情的准确判断。逆市收购，就能大大降低企业的成本，大大提升企业的竞争力。完成收购后，收购方要对被收购企业的经营管理进行重组，重新定位，并融入到原本的企业经营链条中去。这样一旦等到市场行情好转时，利润空间就很大，即可轻松赚取不菲的利润。

低价收购无疑是企业实现扩张的契机，有利于企业资产重组，扩大市场占有份额。纵观世界 500 强的企业发展历程，无一例外都通过了收购、兼并、控股等方式来实现企业的跨越式发展，逐步做大做强。单一依靠企业自身的实力，不能整合社会资源，就注定在市场竞争中处于劣势。而中国内地成长起来的企业也在跃跃欲试地等待抓住低价收购的时机。

SOHO 中国有限公司成立于 1995 年，现在已经发展成为中国知名的房地产公司，近年来定位于在诸如上海、北京等一线城市的核心商业区拓展发展空间。2008 年金融危机期间，摩根士丹利意欲将其握有的多处地产抛售，其中就有 2006 年以 19.6 亿元的价格收购的东海广场。上海作为国际化的大都市，寸土寸金，土地升值的空间潜力无限。东海广场地位于南京西路中央商务区，地理位置优越，地上、地下建筑面积分别为 71671 平方米、8838 平方米。先后有多家企业表示有意向收购，与摩根进行磋商。最终，SOHO 中国在 2009 年 8 月 18 日宣布，以 24.5 亿元的价格收购了上海东海广场一期，开始正式进军上海市场。买卖上方经过多次的博弈，最终协商确定的单价每平方米超过 3 万元，即使不能用"超低"来定位，但是还称得上是低价收购。SOHO 中国董事局主席潘石屹就曾经向媒体表示"这个价格已经很合适"。收购完成后，收购方表示要按照商业地产模式重新定位，走商业地产开发的路线。有人认为，与东海广场邻近的商业物业售价已经高达 6 万元 / 平方米，而 SOHO 中国购入的单价每平方米仅仅是超过 3 万元，升值空间巨大。此后，SOHO 中国更是雄心勃勃，急于拓展自己在上海的发展空间。在 2010 年 6 月 11 日宣布其通过全资附属子公司成功收购上海黄浦区外滩沿线的黄金商业地块——上海外滩 204 号地块。外滩这块地优越的地理位置被外界纷纷看好，预期将会带来丰厚的利润回报。

今天，市场风云变幻，跌宕起伏的商海中，低价收购不失为一种赚取高额利润的策略。在遭遇经济不景气之时，既为企业带来了很大的风险，同时也为企业的发展带来了做大做强的良机。究竟是成为商海的惨败者，还是力挽狂澜，反败为胜，则取决于企业决策者的胆识和远见卓识。李嘉诚就是其中的优胜者，他总是善于在市场低迷时期，反其道而行之，采取低价收购的方式，等到市场行情好转之时再出售，从而从中获取高额的利润回报。

收购，废物利用的法门

把别人不要的东西拿到自己身边，比拼的不仅是能力，还有鉴定财富的眼光，这也是通往致富之路的一条康庄大道。

李嘉诚，这位收购战场上的常胜将军，就是一个善于变废为宝的高手。收购赫斯基如此，濒临破产、普遍不被人看好的石油公司，20年后摇身变成"盈利老虎"；收购 Rabbit 亦是如此，一家不被看好的英国电讯公司，谁能想到几年后成就李嘉诚天价卖橙神话……

李嘉诚的眼光似乎就是永远这么精到，他总能在被人视为没有前景的"废品堆"里发现璞玉，经过自己的细心打磨，把这块璞玉变成稀世美玉。

然而并不是所有人都懂得废物利用的法门，在商海里，要真正把收购这场仗打好，不是一件轻而易举的事。事实上不仅仅收购战如此，任何一桩在开头普遍不被看好的生意都是要靠经营者精锐的眼光和独到的经营策略，才能真正实现变废为宝的神话。

温商（温州商人）天生有着变废为宝的神奇智慧，而且很喜欢收拾烂摊子，有很多温商都是靠承包亏损企业扩展了自己的事业的。不仅如此，温商还能使自己承包的亏损企业爆发出势不可当的发展潜力。事实上，亏损企业并非一无是处。它具备了行业基础，诸如生产技术、销售网络等，一切都是现成的，只不过由于种种原因，这些既成优势一直都发挥不出来。一旦清除了企业发展道路上的障碍，如运营机制呆滞、管理不善、制度陈旧等，使其原有的优势得以发挥，在一定程度上有可能比一个新的企业更容易走上轨道。因为新企业往往并不具备成熟或成形的销售网络，在生产技术上也是新手。正是看中了这一点，温商才不怕烂摊子，甚至四处打听哪里有这样的烂摊子，瞅准机会就接过来。现任温州文成减速机有限公司总经理的卓文生，就是依靠这一招起家的。

1977 年，卓文生怀揣 300 块钱开始闯天下，成为温州最早的购销大军中的一员。买进卖出，赚取差价这是温州购销大军的最主要的经营方式，但买什么，卓文生却有自己的想法。他仔细观察过，许多国营企业由于机制过死，仓库里常有积压货物，很多产品都没能流入市场。但从市场需求来看，尚未饱和。积压产品其实只是旧了一点，质量上问题却不大，有不少都是原装好货。卓文生开始有选择性地专门购买国营企业仓库里的积压品和旧货，运回温州转卖。

开始时，由于国家对企业积压问题没有什么规定，有很多企业领导出于谨慎，不肯出卖库存的积压产品，卓文生说了不少好话，甚至请客吃饭，打了一场又一场 "人情" 攻坚战。1983 年，卓文生等待的好运来了，那时国家开始有了明文规定，国有企业的库存要全面清理，于是情况好转，货源开始充足起来，大量的积压产品被当成旧货甚至是废品进入了物资回收公司。在天津物资回收公司，卓文生看到了一批已被宣布报废的原装机电产品，一口气买下了几十万元质量过硬的机电产品运回温州，受到当地市场的欢迎，一时间促成了柳市低压电器产业的形成。

为此，人们曾不无羡慕地谈论温商的 "淘金" 行动：什么破烂东西到了温商手里，改头换面就都成了宝贝。

其实，被精明的温商拿到手里的这些东西当然不是破烂，对于有多种需求的市场来说，的的确确是人们生产生活中离不开的宝贝，只不过宝贝生了锈，而温商凭借着敏锐的眼光，认出了这些宝贝，并把它们收拾得焕然一新，结果卖出了大价钱。李嘉诚就像这些精明的温商们一样，他们不仅是淘宝的行家，更是经营运作的妙手，既擅长于发现宝贝，又能够把它经营好，所谓化腐朽为神奇，用在这里倒是很有几分贴切。

并购要有战略计划

作为企业的掌舵人，不仅仅要有优秀的经营管理能力，同时也要在企业的发展战略上具有前瞻性。企业战略作为对企业整体性、长期性、基本性问题的宏观导向，关系到企业能否在市场上占据一席之地的关键因素。李嘉诚之所以取得了令人难以望其项背的商海佳绩，与他高瞻远瞩、审时度势的战略眼光密不可分。早在 20 世纪 60 年代，香港的房地产行情呈现衰退的态势，在多种因素的作用下，香港刮起了移民潮，房地产价格大幅下跌，很多地产商纷纷抛售房产套现。李嘉诚此时并没有随波逐流，而是审时度势、高屋建瓴地提出了采取大量收购房产的战略。此外，他还抛售了自己的所有有价证券套取现金，用于兴建物业。此后，香港地产行情果然如他所料。到 20 世纪 70 年代，香港市场度过了低潮之后，便出现了复苏好转的趋势。而李嘉诚从地产行业中赚取了 200% 的高额利润，由此力压群雄，一举在香港华资房地产行业中坐上了头把交椅。

李嘉诚已经在商界取得了辉煌的业绩，他本人也成为社会公众极大关注的焦点人物。很多人都在探究他的企业战略。其实，他看似高深莫测、突发奇想的战略则来源于在日常的企业经营管理中积累起来的知识和经验。此外，他善于学习，注重社会、经济、政治的发展走向，能够从多年的商战中总结经验。可以说正是由于长期的积淀和学习才造就了他一次次创造辉煌业绩的战略眼光。

如今，美国的花旗银行在国际金融领域取得的成绩有目共睹。花旗银行自成立之日起，其发展壮大就与并购紧密地联系在一起，并在并购中成长起来。1955年并购了纽约第一国民银行，属于摩根财团的第二大银行。并购后资产急剧膨胀，实力大增，在市场上的竞争力也空前提高，一举晋升至美国第三大银行的地位。此后，花旗更是积极拓展业务范围。尤其是在 20 世纪 80 年代，先后收购了海内外多家银行，其业务范围逐渐延伸至世界 100 多个国家。在 1998 年 4 月间，花旗银行并购了美国旅行者集团，并购资金高达 725 亿美元，创下银行业并购价值的最高纪录。2007 年 1 月份，花旗银行斥资 11.3 亿美元的现金，收购了全球最大的网上银行英国埃格银行，大大增加了其在英国市场的营业额和全球范围的网上银行服务。花旗银行通过收购的方式，牢牢地确立了其在国际金融领域难以撼动的巨头地位。

当前，国际市场竞争激烈，很多新兴企业也都非常注重企业的战略选择，不再墨守成规地固守已经开拓的领域，而是不遗余力地并购同行业的企业，使得企业生产经营的业务能力大大提升，也能够扩大规模，以维系自身在市场上的竞争力。

2010 年 3 月，中国浙江吉利控股集团有限公司正式签署协议以大约 18 亿美元的价格收购沃尔沃轿车公司 100% 的股权及相关资产，创下中国收购海外整车资产的最高金额纪录。吉利作为刚刚发展起来的中国民营企业，收购有 82 年历史的欧洲著名的豪华汽车品牌，一时在国内外议论纷纷。沃尔沃和吉利强强联合能够优势互补，大大提升吉利集团的市场竞争力。收购的主要优势则在于借船出海的效应大增，沃尔沃被誉为"世界上最安全的汽车"品牌价值和技术含量巨大，吉利收购后大大提升了现有品牌，能够成为走向世界的"跳板"。有人估算，吉利收购沃尔沃事件本身的关注度就已经无形中为吉利汽车做了超过 20 亿美元的广告。当然，也有人表示担忧，认为吉利收购沃尔沃的挑战大于机遇，如何"消化"沃尔沃的知识产权仍然是吉利面临的挑战，也是有待于事实检验的。

李嘉诚从来不盲目行动，在他的许多并购案中，"战略"二字常常被体现得淋漓尽致。确实，并购如没有战略计划，很可能会成为企业未来发展的负累。在今天，企业收购作为全局性的战略计划，已经不能一味沿袭既定的模式，而是要依靠经验和智慧的积淀，创新性地研究企业内外的环境，及时做出敏锐的反应来规划企业的整体性、长期性发展，从而才能实现企业以较低的投入获得较大的产出。

第十一章

▼

灵活应变

——抓时机求变，活水能活企业

敢于随机应变，开创新局面

相同的事情，别人做得很顺利，到你做的时候一定不要照搬，因为可能事情已经发生变化了。事物都是不断变化和发展的，如果凡事都照搬教条，而不知随机应变，具体情况具体分析，那就难免失策。形势瞬息万变，波谲云诡，所以必须从实际出发，相机行事，照搬教条只能使人自食恶果。

"机遇是不可以用金钱来估量的，是生存和发展的法宝。"李嘉诚认为要主动跟着机会转，不要等机会来上门，而且要懂得随机应变，不能生硬地跟在机会后面跑。

商场的竞争十分激烈，虽然李嘉诚是塑胶花大王，但面对日新月异的商场，也不得不眼观六路耳听八方，做好随时随地改变已有路子的准备。为了更好地发展自己的产业，李嘉诚认真考察市场后，决定向北美进军。

他设计印刷了精美的产品广告画册，寄到了北美一些贸易公司。很快就有了回馈，一家大公司派人去香港考察，选择样品，还要考察工人。李嘉诚初次出击，便很快有了这样的效果，很是兴奋。

但他面对这个大好的商机，并没有得意忘形。他得知北美那边的公司要派人来考察，第一反应便是与那边取得联系，通过电话里简短的交谈，探知了对方的一些来港意图，还得知对方还要考察香港一些其他的企业。

经过短暂的思考，李嘉诚依然决定在对方来之前，扩大塑胶厂的规模，为这次商机赢得最大的胜算。这样做是很冒险的事情，很有可能会赢不来商机，反而因为操之过急的扩张，拖垮自己。

但是李嘉诚义无反顾要为北美客户的来访做最好的打算，事实最后证明，他的冒险是对的，这家公司成为了他的大客户。所以说，只有敢于随机应变，才能开创出新局面来。

在付诸实践时应灵活机动，有些人不懂这个道理，结果僵化不变，形而上学，反而是弄巧成拙，事与愿违了。

战国时代，有施氏和孟氏两家邻居。施家有两个儿子，一个儿子学文，一个儿子学武。学文的儿子去游说鲁国的国君，阐明了以仁道治国的道理，鲁国国君重用了他。那个学武的儿子去了楚国，那时楚国正好与邻邦作战，楚王见他武艺高强，有勇有谋，就提升他为军官。施家因两个儿子显贵，满门荣耀。

施氏的邻居孟氏也有两个儿子长大成人了。这两个儿子也是一个学文，一个学武。孟氏看见施氏的两个儿子都成才，就向施氏讨教，施氏向他说明了两个儿子的经历。孟氏记在心里。

孟氏回家以后，也向两个儿子传授机宜。于是，他那个学文的儿子就去了秦国，秦王当时正准备吞并各诸侯，对文道一点儿也听不进去，认为这是阻碍他的大业，就将这人砍掉了一只脚，逐出秦国。他学武的儿子到了赵国，赵国早已因为连年征战，民困国乏，厌烦了战争，这个儿子的尚武精神引起了赵王的厌烦，砍掉了他的一只胳膊，也逐出了赵国。

孟氏之子与邻居的儿子条件一样，却形成两种结果，这是为什么呢？施氏后来听说了之后，说道："大凡能把握时机的就能昌盛，而断送时机的就会灭亡。你的儿子们跟我的儿子们学问一样，但建立的功业却大不相同。原因是他们错过了时机，并非他们在方法上有何错误。况且天下的道理并非永远是对的，天下的事情也并非永远是错的。以前所用，今天或许就会被抛弃；今天被抛弃的，也许以后还会派上用场，这种用与不用，并无绝对的客观标准。一个人必须能够见机行事，懂得权衡变化，因为处世并无固定法则，这些都取决于智慧。假如智慧不足，即使拥有孔丘那么渊博的学问，拥有姜尚那么精湛的战术，也难免会遭遇挫折。"而孟家父子正是不懂变化之道而遭此惨事的。

现实生活中，也有这样因时过境迁，自己却不能适应变化，重走老路，而导致自己生活不幸的情况发生。李嘉诚的例子告诉我们商场要从变化的角度来考虑，如果依然按照过去的眼光、想法、办法来处理，就可能四处碰壁。所以，一定要面对现实，从变化的角度想问题，办事情。一个人必须见机行事，懂得权衡变化，天下没有永恒的法则。

找到特别的经营项目

时代千变万化，钱却没有改变模样，要想让它投入自己的怀抱，就要变着花样讨它欢心，这就是赚钱思路。最新、最到位，跟上时代的步伐，你才能跟上钱的脚步。

社会发展日新月异，思想守旧，与社会脱节必然导致被淘汰的恶果。赚钱也是这样。俗语说："士别三日，定当刮目相看。"如果赚钱只抱老眼光，无法推陈出新，付出再多，有时也是枉然。只有紧跟时代步伐，你才会成为富有的人。

亮出新招，做出新意，这正是李嘉诚的经商要诀。他所追求的商业经营，就是需要个性化，特别化。而且，他不但是自己这样做，还教导他的儿子也这样做。李嘉诚建议李泽钜有特别经营的项目，这样才能不断开拓出新市场。

在李嘉诚的指导和推动下，李泽钜真的做到了。作为以房地产开发为主的长江集团，一向都是以推动环保为己任。李泽钜对环保事业也是不遗余力，不但号召大家一起环保，他自己在这方面也是身体力行。

李泽钜常参加环保活动，他常以长江集团代表的身份出席这些环保活动，为长江集团树立了良好的公众形象，受到了公众的一致好评。一个好的企业形象，也是能够在无形中为企业创造收益的。

在李嘉诚的潜移默化影响下，李泽钜献身环保，有了属于自己特别的经营项目，从而也从侧面推动了集团的发展，一举两得。其实，这样的做法正是创新思维，经商已经不仅仅是比拼物力和财力的时候了，而是需要推陈出新，想出创意，也就是变换思维。

思维的变换，会让事情出现一些意想不到的转机。不过，如何能够找到这个创新点，而不是受困于头脑的牢笼，把"念头"束之高阁，就需要自己的摸索和努力了。

人类的思维活动存在着正向和逆向两种方式。正向思维是一种习惯性的思考方式，在通常情况下，这种思维方式能有效地解决一些常规问题；而逆向思维则是创造性思维立交桥中的重要通道，运用逆向思维，往往会产生超常的构思，出奇制胜。

　　李嘉诚所奉行的正是"人无我有，人有我转"的概念，而他教给李泽钜的也正是从这个概念中衍生出来的东西。你存在的价值就在你和别人不一样的地方。当别人的视角在此岸时，你就应该把你的眼光放在彼岸，这样，你才能看到更为绚烂的风景，先人一步迈上成功的海岸。下面这个小故事就贯彻了这个理念。

　　在菲律宾的首都马尼拉，有一家"矮人餐厅"。这家餐厅上至经理、下至侍者，都是一些最高不过 1.30 米，最矮只有 0.67 米的侏儒。

　　由于服务方式奇特，使得各国游客纷纷慕名而至，餐厅生意十分兴隆。然而，餐厅的老板在酒店林立的马尼拉刚开始经营餐厅时，也同其他餐厅一样，招了一帮漂亮的姑娘和英俊的小伙子当招待，但生意并不景气，顾客稀稀拉拉。可老板是个雄心勃勃的人，他不甘示弱，决心将餐厅的面貌彻底改观，开始苦苦思索振兴餐厅的良策。一天，老板在大街上偶然发现一个头大身小的矮人，这个小矮人看上去相貌滑稽可爱，平时极少见到。老板灵机一动，一个奇妙的想法立刻占据了他的脑海：何不办一个"矮人餐厅"？

　　于是，老板招了一些矮人，这些矮人有的当厨师，有的当收银员，而更多的是当招待。很快，"矮人餐厅"就以它奇特、滑稽可笑的服务方式而独领风骚。每当顾客走进餐厅，马上就会受到一位身小头大的矮个子服务员的热烈欢迎，他笑容可掬地向顾客递上一条热毛巾。顾客在舒适的座位上坐定，又有一个动作、形态滑稽可笑的矮个子服务员送上菜谱，顾客们拿过菜谱往往笑得合不拢嘴。且不说该店的佳肴如何精美，单是这些矮人的殷勤好客、滑稽幽默，就够让人欢畅开怀，赞不绝口了。

　　故事中的老板所使用的创意，虽然与李嘉诚，李泽钜他们的创意不太相同。但他们的共同点都是不断地追求新意和寻找特别之处。其实，赚钱的多少跟年龄无关，只要思路不落伍，仍旧可以成为富翁。所有梦想财富的人们，请开阔自己的眼光和思路，早一点"新潮"就会早一点儿致富。不久的将来或许又会有新的"奇迹"诞生。

吃亏是福

　　会吃亏的人，往往看中潜在利益。不会吃亏的人，只看眼前利益，在是非纷争中斤斤计较。所以，不善吃亏的就要真吃亏。

　　世界上没有白吃的亏，有付出必然有回报，生活中有太多类似的事情，尤其在生意场上。如果一个人能心平气和地对待吃亏，表现自己的度量，他就更容易获得他人的青睐，获得经商所需要的人际关系资源，从而获得商业上的成功。华人首富李嘉诚说："有时看似是一件很吃亏的事，往往会变成非常有利的事。"说的正是这个道理。

李嘉诚有很多财富，但他的这些财富并不是单单靠节俭积攒下来的，更多的则是靠经商得来的。那么，李嘉诚是如何让财富越滚越大的呢？有一个很简单的方法便是吃小亏，赢大利。很多人不愿意吃亏，认为吃亏会损害自己的利益，其实，有这样看法的人，都是没有长远眼光的人，成不了大事。

李嘉诚曾兼任国际城市的主席，该公司每年为他开 200 万元袍金，但李嘉诚一分钱也不拿，全部投入"长实"的账号中。将私人的钱用来支持企业的运作，看似是自己损失了 200 万，但其实，他这样不谋私利的做法，反而是支持了企业的运行，为企业创造了更大的利润，也为自己赢得了更多的财富。

与李嘉诚一样，肯吃小亏，赢得大利的人还有严介和。

太平洋建设集团创始人严介和就敢于吃亏，这也是他在商场中叱咤风云，将生意做大做强的重要法宝之一。

1992 年，严介和东拼西凑 10 万元在淮安注册了一家建筑公司。当时，南京正在进行绕城公路建设，严介和知道后，先后往返南京 11 趟，最终得到 3 个小涵洞项目。这时，项目到严介和手里已经是第五包了，光管理费就要交纳 36%，总标的不足 30 万。

这是一个注定亏本的项目，当时算算账预计亏损 5 万元左右。可严介和对自己的员工说："亏 5 万不如亏 8 万，要亏就多亏点，一定要保证质量。"结果，本应 140 天完成的工作量，严介和带领大家只用了 72 天就完工，其速度令工程指挥部大吃一惊。更令人振奋的是，指挥部在对 3 个小涵洞验收的时候，检测结果质量全优。

严介和以"吃亏"为经营理念，打响了自己的品牌。从此，他的业务迅速扩大，先后参与了南京新机场高速、京沪高速、江阴大桥、连霍高速、沂淮高速、南京地铁等一系列国家和省市重点工程的建设。

每当谈起南京绕城公路项目时，严介和总是说："亏 5 万不如亏 8 万，后来赚了 800 万，这就是太平洋的第一桶金。如果不亏，我这个苏北人能拿到订单吗？两眼一抹黑，什么人也不认识，可我就是从那里起步的，今天的诚信是明天的市场、后天的利润。"

生意场上，是看到眼前比较直接的小利益，还是把眼光放长远一些，发现更大，但可能比较隐蔽的大利益呢？这可是一门学问。很多人往往见便宜就想得，生怕自己吃一丁点儿亏，结果使自己的路越走越窄，也很难有大便宜到手。试想，如果每一个老板都打着自己的小算盘，整日盘算着如何敛聚更多的财富，如何使自己比别人获得的收益更多，这样还有谁愿意为其卖命呢？

聪明的商人懂得吃亏，自己吃了点儿亏，让别人得利，就能最大限度地调动别人的积极性，使自己的事业兴旺发达。譬如你卖给别人 2 斤肉，回家之后称，正好 2 斤，他心里不会有什么感觉；如果多一两，他心里会很舒服，下回还会到你那里买；如果差个二三两，他下回肯定不来了。

一个人独资经营的情况下，不仅势单力薄，而且人力、才智匮乏，资金上也很难维持长久。如果能找到可以长期合作的合伙人，就会增强公司的实力，虽然部分利益要分给合作伙伴，但较之无法持续经营的情况，实在是好太多了。甚至当你遇到坎坷无法使合作继续进行的时候，不妨吃点儿亏，也许天地会更宽广，利润也更大。

"吃亏是福"也不是句套话，尤其是关键时候要有敢于吃亏的气量，这不仅能体现你大度的胸怀，同时也是做大事业必备的素质。把关键时候的亏吃得淋漓尽致，才是真正的赢家。但吃亏也是有技巧的，会吃亏的人，亏吃在明处，便宜占在暗处，占了别人便宜还让别人感激不尽。

善于吃亏是占大便宜的一种博弈策略，这是智者的智慧，更是经商技巧。

见招拆招，危机变生机

1957 年，刚刚走出困境的李嘉诚的长江正在如火如荼地生产塑胶花。一天，正当李嘉诚和几个技术人员在寻找新配方配置调色时，一个工人神色慌张地走进来，说道："不好了，不好了，有人在外面拍照，扬言要搞垮我们厂！"

李嘉诚一惊，随即走出车间，却看见有几个人正在对着厂房拍照。工人们义愤填膺，要去抢下相机。李嘉诚却平静地说："大家干活去吧，现在拿下他的照相机，明天他们还是会来的，他们不达目的是不会罢休的。"然而当时还很年轻的李嘉诚只不过是强按自己的情绪，他知道树大招风，李嘉诚的长江最近出了不少风头，当然也发生了些危机，不过幸好他及时挽救使得长江转危为安。但是此刻他想，如果此事处理不好，这将是长江的又一个大灾难。果然很快，报纸刊登出"且看李嘉诚破旧的塑胶厂"的负面新闻。兵临绝境，李嘉诚突然灵光一闪，找到了破解之法。

李嘉诚背上一袋自己生产的塑胶花，拿着这张报纸走访了香港上百家代理商，他要用事实来说话。李嘉诚的坦诚打动了许多人。诚然在创业阶段，李嘉诚的厂子是破旧的，李嘉诚本人也似乎是穿着不讲究甚至"不修边幅"的，但是就是这样的简陋生产条件，却仍然能制造出如此精美的塑胶花，不少代理商因此对李嘉诚及他的长江刮目相看，还到长江参观订货。长江塑胶厂不仅没有因此受到影响，反而业绩更好了。李嘉诚用他的精明妥善地处理了这个棘手的问题，见招拆招，把一场危机化为生机。同样在历史上，这样经典的例子也有不少。

1987年圣诞来临之际，许多日本的消费者惊奇地发现，在柯达公司印刷的发往日本的贺年卡上，竟出现了一艘标有"柯达"字样的飞艇飞向富士山的图像，这不是在给对手富士胶卷做广告吗？

原来，一直以"胶卷老大"自居的柯达刚刚意识到富士胶卷后来居上的猛劲，富士的销售额平均每位雇员37万美元，是柯达的4倍。柯达从上到下都需要重新面对现实：胶卷行业已经不再是柯达的天下了。在承认落后之后，柯达深刻反思，它们主动提出要学习富士那样专业、勤奋，"学习富士，赶超富士"成为柯达的新口号。而印有富士山的贺年卡正是表达了柯达公司的虚心态度与奋斗目标。

富士公司是在第二次世界大战以后才发展起来的企业，开始时的名气远远逊于柯达。当时柯达公司一直保持在世界胶片市场中的稳固优势地位，20世纪80年代以前的世界性大型运动会上，柯达公司就一直垄断着胶卷的独家供应权。

善于学习的富士公司从20世纪80年代初开始，着手改变自己的这种不良状态。为了实现自己的目标，富士抓住了两个重要的机会：一是第23届奥林匹克运动会。当时定于1984年在美国的洛杉矶市举行，向来在奥运会上垄断的柯达公司正在与奥组委为专售权的费用多少而讨价还价，富士就以700万美元的巨额赞助费，争得了对奥运会摄影器材的独家赞助权。很多日本消费者第一次在奥运会上知道了自己的品牌"富士"；在美国市场上，"富士"彩卷的销售量短期内就增加了近两倍，更重要的是，从此打破了由柯达公司独霸奥运会胶片供应的局面，在世界上树立了能与其争强抗衡的富士公司形象。二是争夺中国市场。从时间上看，柯达公司先于富士公司进入中国市场，但是不善于本土化。富士公司吸取经验，改变彩卷的包装盒，绿色纸盒上印的是中国的名胜——北京天坛，并且附有清晰的中文说明。不仅如此，"富士"接连举办了好几个有影响力的摄影大赛，而且买下了中国第六届全运会的赞助权和运动会上的胶卷供应权，使得富士的品牌家喻户晓。受到剧烈冲击的柯达公司，意识到自己确实需要重新认识局面了，经过调研之后，柯达也很快改变以往的"美国式营销模式"。之前，柯达在全日本的职员只有东京的25个，完全依赖各地的经销商，经过打击之后，柯达公司花5亿美元在日本建立了总部和一个战略发展研究室，并将公司在日本的雇员从12人扩大到4500人。柯达也学会了以其人之道，还治其人之身。首先，把在日本销售的"柯达"彩卷全部印上日文，并于1988年推出了适应日本消费者偏爱、色彩鲜艳的"柯达"金奖彩卷，同时建立了几乎覆盖日本1/4胶卷供应点的销售网络；其次，为报1984年在家门口的"滑铁卢之战"，柯达花了4年的功夫攻夺了1988年在汉城奥运会的指定胶卷桂冠；义务地为"富士"做了宣传，也是柯达的反击策略之一。从1984年开始后，柯达公司在日本的销售额翻番增长，柯达公司成功地打入了日本市场。当然，富士公司也是见招拆招，毫不手软。

柯达公司与富士公司之间的竞争，随时行业内的霸主之争，但最后两家都没有败，各自赢得了比以往多得多的消费者。可以说这种难解难分的竞争，正是两家公司不断调整自身公共关系状态所做的努力。见招拆招，把危机转化为企业的生机，不是李嘉诚的专利，也不是富士或者柯达的专利，每一个商人、企业都可以学习，但是要真正运用得恰到好处，那就是八仙过海，各显神通了。

"一招鲜"：费力虽少，收获很大

是兔子就去跑，是鸭子就去游泳。人要想在商场上打拼，必须扬长避短，这样才能发挥潜能，走在别人的前面。富兰克林说"宝贝放错了地方便是废物"，说的就是这个道理。

同一件衣服，有的人穿起来惊艳四座，有的人穿起来平淡无奇，甚至有些东施效颦的味道。之所以出现如此大的差距，在于每个人都有各自的气质，只有穿符合自己气质的衣服，才能凸显自己的美丽与潇洒。

同理，在商场之中，不是什么人都能够做成同样的生意，关键要看你的能力，你所经营的是否是你的强项。如果让一个擅长教课但缺乏经商意识的教师下海经商，就会出现因经验不足而造成血本无归的情况。一个人只有凭借自己的强项闯商界，他才不会吃亏，才会赚大钱。

李嘉诚的强项有很多，但说起最让别人佩服他的强项，还当算是他的"洞察天机"的本事。李嘉诚是一个心明眼亮的商人，他看待任何事物都基本八九不离十，所以，这也为他在商界打拼埋下了成功的伏笔。

李嘉诚收购别的企业、公司，都是凭着他的一双"慧眼"，很多别人不看好的企业，但李嘉诚就偏偏看中。而事后也真的就是证明了李嘉诚的"火眼金睛"。当然，这样的绝活不是天生就有的，而是李嘉诚后天练就出来的。

将自己的长处发扬，帮助自己实现理想，这样的人除了李嘉诚，商界里还有一个人，就是茅侃侃，他虽然年轻小，但是却将自己的"一招鲜"发挥到了极致，也算得上是商界里的一个奇才了。

1999年，北京育英中学有一个叫茅侃侃的高一男生地理会考不及格，补考，还是不及格。按国家政策，他没有考大学的资格了。年级主任为此头发都急白了一茬，居然出了这种人。

茅侃侃同学瘦得像一根竹竿，脸色青黑，打扮嘻哈。每天睡4小时，或者两天连着只睡8小时。那几年他都是这么过的：早上5点半起床，骑车10分钟去学校埋头苦干，把当天作业全部消灭掉。上课的时候，心里就琢磨晚上的事儿。下午5点半放学回家，吃完饭就一个人闷在小屋里弄电脑，一直到12点。

他上初一时瀛海威时空已经上线，于是他申请做了一个程序论坛的斑竹（版主），最让他兴奋的事就是想出各种招儿去维持论坛的发展。周末就组织活动，把论坛的人招呼到一块儿聊天。那时候，茅侃侃带着校队横扫北京市的计算机比赛，遇不到对手。初三又迷上了山地车，每天放学后玩山地车到晚上8点，然后再弄电脑到凌晨2点。

茅侃侃的思维习惯和行事作风就是在这个阶段形成的。他基本不跟同龄人打交道，网上打交道的人都比他大七八岁，一块儿玩山地车的人也多是有工作的青年人，大家谈的东西就是要做什么样的生意，解决什么样的问题，很实际。除了那些表面化的嘻哈打扮，茅侃侃的思维和行为要比实际年龄老到得多。好多网友在见到他以后，怎么也不相信跟自己在网上聊天的竟然是个17岁的小男孩。

2000年，他连着取得了微软和思科的计算机认证，拿着这两个招牌在一家网站谋了一个月薪3600元的职位。接下来的3年里，他换了十几份工作，从小网站、游戏公司、电视台，一直换到政府事业单位；从研发、策划、市场、宣传一直做到节目制作；自己还开了家公司，给人家外包研发项目。他把自己积蓄的20多万元都当学费赔了进去，当然也见识到了各行各业、各阶层的门道。

2004年年底，茅侃侃又一次碰上一个曾经合作过的国有企业老板。当年为他做项目，从后台数据处理到市场推广策划，效果超出了老板的预料。这一回茅侃侃把想了一年的 Majoy 项目跟他交流：把网络游戏搬到线下，模仿其后台数据运行，但用实景，由玩家实际扮演。两个人一拍即合，茅侃侃以智力入股他的公司，双方正式运营 Majoy，对方予以 3 亿元投资，茅侃侃为总裁。

茅侃侃是个聪明人，他懂得运用自己的优势进入自己擅长的领域，经过多年的坚持与努力，在事业上有了非凡的成就。

曾担任 UT 斯达康总裁兼 CEO 的著名企业家吴鹰说："作为一名企业家，选择项目的时候，首先是要认清自己，充分利用自己，发挥自己的优势。你跟人不同在什么地方？你凭什么做？别人做跟你做有差别，才能做。我们国家现在强调创新，如果没有独特性，千万不要做。"

了解自己，就是要客观、全面地了解自己的个性、特长、天赋、潜力等方面情况，也许你擅长编程，也许你在某一商业领域有着广泛的商业网络，也许你有着极好的耐性，能以贴身式服务赢得别人的信任和尊重……

一个人要在商场上打拼，要想取得成功，就必须拥有自己的"一招鲜"，学会经营自己的强项。李嘉诚能够有声有色地经营自己的企业，就是因为他有自己的"一招鲜"绝活。

优势那么多，总有一个适合你，帮你致富。如果还做不好，就是自己不够好，还得不断学习，只有持续学习，我们才能不断掌握新知识、新技能，为经营强项积累知识资本。

匆忙出手，等于自己找死

保持宁静吧，考察应当做什么，因为这不受眼睛而是受另一种观照力的影响。宁静，才能听到花开的声音；宁静，才能听到雪落的声音。即使是处在喧嚣的都市，只要让你心中那些噪音沉寂下来，你就能知道自己到底应该做什么，你就能听到别人听不到的声音，抓住别人抓不住的机遇。

很多人认为按部就班难以成为富豪，所有富豪都是走在时代的前端，都是乘风破浪之人。有这样想法的人都有一个认识误区，认为冒险才能获得大的财富，其实有时候，匆忙出手，反而会忙中出错，自己找死路。

李嘉诚从不会这样，他做任何事情都是准备得很缜密，他从不打无准备的仗。1978 年，李嘉诚打算收购和黄的时候，就做出了精心的准备，随后经过长达 10 年的耐心等待，才在 1988 年推出了这个计划。

　　漫长的 10 年时间，李嘉诚才磨砺出锋芒的宝剑，利润突破了百亿元。人们在称赞李嘉诚的过人胆识和气魄时，更是惊讶他的忍耐力。许多人都会在漫长的时间等待中丧失斗志，但是李嘉诚却能够忍耐到胜利的最后一刻。

　　像李嘉诚这样做大事的人，明白更多的时候不能操之过急，要有足够的耐心等待和创造机会，这是李嘉诚给我们的启迪。

　　拿破仑·希尔说：只有最充分的准备才能换来最好的结果。相反，如果没有做好准备，匆忙出手，那么很可能就是自寻死路。

　　在吸引了几乎全世界人眼球的拳坛世纪之战中，当时正如日中天的泰森根本没有把已年近 40 岁的霍利菲尔德放在眼里，自负地认为可以毫不费力地击败对手。同时，几乎所有的媒体也都认为泰森将是最后的胜利者。美国博彩公司开出的是 22 赔 1 泰森胜的悬殊赔率，人们也都将大把的赌注压在了泰森身上。在这种情况下，认为已经稳操胜券的泰森对赛前的准备工作——观看对手的录像，预测可能出现的情况及应对措施，在保证自己充足的睡眠和科学的饮食方面都敷衍了事。但是，比赛开始后，泰森惊讶地发现，自己竟然找不到对手的破绽，而对方的攻击却往往能突出自己的漏洞。于是，气急败坏的泰森做出了一个令全世界都感到震惊的举动：一口咬掉了霍利菲尔德的半只耳朵！世纪大战的最后结局当然是：泰森成了一位可耻的输家，还被内华达州体育委员会罚款 600 万美元。泰森输在准备不足。当霍利菲尔德认真研究比赛录像，分析他的技术特点和漏洞时，泰森却将教练准备的资料扔在一边；当对手在比赛前拼命热身，提前进入搏击状态时，他却和朋友在一起狂欢。虽然泰森的实力确实比对手高出一筹，从年龄上也占尽了优势，但他最后却输得一败涂地。

　　《哈佛箴言》里有一句话：每一次失败都因准备不足，每一项成功都和准备的足够充分有关。李嘉诚的成功和泰森的失败皆因准备。很多时候，比赛中比的并不是谁的实力最强，而是谁犯的错误最少。李嘉诚的经验告诉我们，只有真正地重视准备，扎实地把准备工作做到位，才能从根本上保证你不犯或者少犯错误。当准备的习惯成为你身体的一部分，它就会帮助你取得令人惊讶的胜利。

第
十
二
章

▼

善于借势

——善借真功夫，左右天下商势

巧妙筹划，四两拨千斤

有人曾做过一个比喻，国际大企业为恐龙，国内大企业就是老虎，国内中小企业是狼。那么当你是狼时，如何才能战胜兽中之王——老虎，甚至庞然大物——恐龙呢？答案很简单，四两拨千斤，巧妙筹划，巧妙借势才可。

20世纪70年代，香港最浩大的公共工程堪称地铁工程。很多人都说，这是一块真正的肥肉，自然，恐龙老大置地觊觎以待，很多大企业也虎视眈眈。彼时，李嘉诚在刚刚闯入地产业没多远，怎么才能吞下那块肥肉而让其他人干瞪眼呢？李嘉诚做了一个周密的计划。

他先是通过各种渠道多方打听，获悉地铁兴建经费不足。而地铁公司的意向是：用部分现金、部分地铁股票支付购地款。香港特区政府坚持要全部用现金支付。于是眼前一亮的李嘉诚立刻意识到，只要以全部现金的条件去接触地铁公司，胜利必然在望。而彼时置地定会以自己的老大地位难以撼动而高姿态强势出马，只能引起反感，坐失良机。

因此，李嘉诚找到了作为支点的"四两"：第一，满足地铁公司急需现金的需求，由长江实业公司一方提供现金做建筑费；第二，商厦建成后全部出售，利益由地铁公司与长江实业共同分享，并打破对半开的惯例，地铁公司占51%，长江实业占49%。

在双方的对局中，要善于观察形势，抓住解决问题的关键环节。关键环节找到了，从容发力，可以收事半功倍之效。李嘉诚就是利用了这一点，他的巧妙筹划立刻收到了立竿见影的效果。

"四两拨千斤"源自太极拳《打手歌》："任他巨力来打我，牵动四两拨千斤。"所谓顺势借力，以小力胜大力。其不但在现在常用，在古代亦是应用频繁，可敌无数。

西汉初年，刘邦的军队被匈奴大军包围在白登山，欲退无路，欲战不能胜，形势十分危急。最后，陈平不费一兵一卒，只是"搞定"了一个女人，就巧妙地解了汉军之围。当时，匈奴仍不断侵扰北方边境。刚刚做了皇帝不久的刘邦决心一劳永逸地解决匈奴问题。公元前200年，匈奴单于冒顿率师南下，刘邦亲率30万大军迎战，不想在城白登山（今山西大同东北）中了匈奴兵的埋伏，被30万匈奴骑兵包围。当时，匈奴兵的阵势十分壮观，战阵的东面是一色的青马，西面是一色的白马，北面是一色的黑马，南面是一色的红马，气势逼人。刘邦在白登山被围了七天，救兵被阻，突围不成，又值严冬，粮断炊绝，许多士兵的手指都冻掉了。刘邦焦急万分。双方力量相差悬殊，硬拼是不可能成功的，而对手又是死敌，没有商谈的余地。真是一个板上钉钉的死局啊。可是，办法是人想出来的，总是有的。

正在这危难之际，刘邦手下大臣陈平想到一个妙计，他派使者求见冒顿单于的阏氏，给她送去一份厚礼，其中有一张洁白的狐狸皮，并对阏氏讲，如果单于继续围困，汉朝将送最美的美女给单于，那时你将失宠。同时，陈平又令人制造了一些形似美女的木偶，装上机关使其跳舞。阏氏远远望去，见许多美女舞姿婆娑、楚楚动人，担心汉朝真的送美女来，于是，她说服单于放开了一个缺口，刘邦趁机冲出重围。这就是历史上的"白登之围"。

陈平的巧妙筹划就在于其抓住了一个最有力的支点——阏氏。自古英雄难过美人关，一向精明的单于被蛊惑似乎也不在话下了。阿基米德说过，"给我一个支点，我可以撑起一个地球。"

一个人的力量是弱小的，要想四两拨千斤必须借用别人的力量作为成功的支点，才能让自己变得强大，才有改造世界成就未来的动力。善用外力的人往往最先得到胜利。善于借支点以拨千斤，如此左右天下亦不是难事。

李嘉诚正是懂得这个道理，才能在商场中游刃有余。

化敌为友，借友杀敌

多一个朋友就会多一条路，无论什么身份的人都希望自己能够有贵人相助，在关键时刻遇上熟人提携。胡雪岩说的"花花轿子要人抬"就是这个道理。多一个朋友，就少一个陌生人，有时候甚至是少一个敌人。德川家康当年打天下的时候，凡是有才华的人他都想结交，因为如果不是自己的朋友，就会成为对手的下属，有利的资源一定要占尽。但是有时候难免与人结仇，这时候，要学一学《资治通鉴》第二卷中的蜀汉大将蒋琬。

蒋琬做大司马时，他与杨戏谈论，杨戏有时不应答。有人就对蒋琬说："您与杨戏说话而他不应答，他太傲慢了！"蒋琬说："人的内心不同，各自像人的面孔一样。当面顺从，背后说相反的话，这是古人的告诫。杨戏想要赞许我对呢，那么不是他的本心；想要反对我的话，那么宣扬了我的错误。所以他沉默不语，这是杨戏为人直爽呀。"

杨敏曾经说蒋琬办事糊涂，不如前人，有人把这话告诉了蒋琬，蒋琬说："我实在不如前人，没有什么可追究的。"后来杨敏因事犯罪拘囚狱中，大家还担心他一定会死，而蒋琬内心没有厚薄，杨敏得以免掉了重罪。

虽然蒋琬没有很快将杨戏和杨敏两人争取为自己的密友，但他既往不咎、不责人过的做法，为他接过诸葛亮的交接棒管理蜀汉赢得了很多资源。在很多人只服诸葛亮的时期，这本身就达到了化敌为友的目的。

蒋琬深明大义的做法为自己赢得了战友，李嘉诚虽然没有过像蒋琬这样的举动，但是，在李嘉诚经商的过程中，他也是个十分善于借势的人，不论是好的势头还是坏的势头，李嘉诚都可以应对得当。

在做企业过程中，广告是十分重要的，广告可以创出独一无二的影响力。李嘉诚是一个很会为自己、为自己的公司做广告的人。在他创业初期，他就懂得如何借外力为自己做广告，而在他成为商界名流之后，他更是懂得如何用广告去开发无限的商业价值。

李嘉诚的成功让很多人羡慕，同时也让很多人嫉妒。嫉妒李嘉诚的对手，为了达到打压他的目的，对手们将拍摄到的长江厂破旧不堪的厂房照片刊登在了报纸上。他们用照片向人们说明李嘉诚的长江厂规模很小，而且很不正规，让顾客对其失去信心。

李嘉诚并没有被这种不正当的手段击倒。他反而利用对手拍下的照片，四处去走访香港百家代销商。李嘉诚坦言自己创业初期，厂房的确比较破旧，但丝毫不影响产品的质量，李嘉诚的坦诚，和对手的险恶形成了鲜明的对比。最终，李嘉诚赢得了代销商的信任，他们钦佩李嘉诚敢于将弱点示人，李嘉诚的这种魄力使得代销商们纷纷订货。

很快，李嘉诚的生意红火起来。对手们采用恶劣的招数并没有影响到李嘉诚的事业，反而为李嘉诚的事业作出了贡献。

李嘉诚经过艰辛奋斗，在强手如林的商业界站稳脚跟，并一一击败对手，终于发展成为商界第一号人物，以上所讲的正是他化敌为友的典范。李嘉诚的化敌为友，并非是和敌人握手言和，而是利用敌人所出的招数，化用为自己的招数。敌人本想搞垮李嘉诚，却被李嘉诚巧妙地将这些恶意宣传当作为自己做了一次实惠的广告。

李嘉诚的过人之处就在于：他既消除了竞争对手，又没有过分树敌，而且还成就了自己，使得自己成为了最后真正的赢家。这种超越常人的谋略，让人叹为观止。

将对手的招数化作自己的招数，借着对手，除去自己路前的障碍，这是借势中的真功夫。但是也要注意，一般说来，谁是化解干戈的主动者，谁就会在日后的结交中占据主动的位置。就像蒋琬和李嘉诚一样，在精神上，主动者就是领袖，而被动者是下属。

所以要把握好"铸剑为犁"的时机，尽量不要让对方先占了时机。因为只有自己占据先机，才能令这化敌为友之招发挥效用。

借别人的钱为自己赚钱

西方商业界有句名言："只有傻瓜才拿自己的钱发财。"

美国有位亿万富翁说："别人的钱是我成功的钥匙。"

李嘉诚有句名言："尽量用别人的钱赚钱。"

把别人的钱和别人的努力结合起来，再加上自己的梦想和一套行之有效的方法，成功就在眼前。

李嘉诚为了获得更多的资金，除招股集资之外，他还努力博得银行的支持。为此，他需要想办法与汇丰银行处理好关系。香港经济界人士常说："谁攀上了汇丰银行，谁就攀上了财神爷；谁攀上了汇丰大班（大班是指香港大机构的主席、董事总经理或行政总裁），谁就攀上了汇丰银行。"

这话一点儿也不夸张，说起汇丰银行，在香港几乎家喻户晓，当时所有的港币全部由汇丰银行发行。汇丰一直奉行所有权与管理权分离的原则，管理权一直由英籍董事长掌控。当时的汇丰集团董事局常务副主席是沈弼。李嘉诚寻求与汇丰合作发展华人行大厦，正是与沈弼接洽的，两人还由此建立了友谊。

在香港，经汇丰扶植成为富商巨贾的人不计其数。20世纪60年代，刚入航运界不久的包玉刚，靠汇丰银行提供的无限额贷款，成为人所共知的"世界船王"；李嘉诚取得汇丰银行的信任，建立了合作关系，发展旧华人行地盘，业界莫不惊讶于李嘉诚"高超的外交手腕"。后来，他也正是在汇丰银行大佬的鼎力资助下，成为"香港地王"的。借汇丰的钱扩大自己的实力，这种借势真可谓不费吹灰之力。

借别人的钱，为自己挣钱，这样既省力气，还能够获得大利润的方式，是许多商人都乐于采用的。

美国也有这样的例子。阿克森是位亿万富翁，他的事业也是靠借钱做起来的。

阿克森原是一位犹太律师。有一天，他突发奇想，觉得借用银行的钱可以赚大钱，于是他很快找到一家银行的借贷部经理，说要借一笔钱修缮律师事务所。由于他在银行里人头熟、关系广，因此当他走出银行大门的时候，手里已经有了1万美元的支票。阿克森一走出这家银行，紧接着又进了另一家银行，在那里，他存进了刚才借到手的1万美元。这一切总共才花费了1个小时。看看天色还早，阿克森又走进两家银行，重复了刚才发生的那一幕。这两笔共2万美元的借款利息，用他的存款利息偿还，大体上也差不了多少。几个月后，阿克森就把存款取出来还债。此后，阿克森在更多的银行进行这种短期借贷和提前还债的做法，而且数额越来越大。不到一年光景，阿克森的银行信用已经"十足可靠"，凭他的一张签条，就能借到10万美元，他用贷来的钱买下了费城一家濒临倒闭的公司。几年后，阿克森成了费城一家出版公司的大老板，拥有15亿美元的资产。

没有之前的铺垫，阿克森就不能拿到银行的10万借款，买下一家自己心仪的公司，成就以后的辉煌。富翁们都明白，不能仅凭空空两手打拼天下，费时费力，结果也未必如意。只有审时度势地借钱，才能在关键时刻加足马力追赶财富的身影。

银行的主要业务是放款，把钱借给诚信的人，赚取利息；借出愈多，获利愈大。汇丰银行正是看准了李嘉诚的诚信和才干才敢放手一搏的。

用别人的钱为自己赚钱，是许多成功人士走向致富的方法。威廉·尼克松总结了许多百万富翁的经验说："百万富翁几乎都是负债累累。"银行是诚信的人的朋友，通过放款赚取利息；借出愈多，获利愈大。

当然，"用别人的钱"的方式应该是正当、诚实的，绝不能违背道德良知。只有在合适的契机借势，才能真正做到用别人的钱为自己做灶火，把自己的企业烧得越来越旺。

在中国，有个人叫汪来进，他就是凭着借钱贷款成为远近闻名的"核桃大王"。

故事从一场大火说起。汪来进本来有一家建材门市，因为一场大火化为灰烬，损失近50万元。后来他看中了村里山上的核桃，觉得这是个发财之道，就转手收购核桃，果然小赚一笔。但是在一次给外地客户送货的时候，他的7000公斤核桃全被骗走，几年的心血没有了。就在汪来进无比消沉的时候，县核桃厂厂长跟他说杭州等地的核桃市场很值得一做。经过深思熟虑，汪来进决定办厂，他大胆向信用社贷款12万，买设备、进材料，经过几个月的努力初见成效，2004年他的核桃销售额500万，现在的销售额已超过1000万。

汪来进在最困难的时候向银行借钱，最终成就自己，这是他从一贫如洗到成为富翁的关键原因。试想一下，如果当初因为缺乏资金放弃办厂的念头，他就不会"一雪前耻"，改变贫穷的面貌，汪来进就会一直被贫困压迫，长久翻不了身。创业初期缺乏资金并不可怕，可怕的是不懂得借钱。借钱并不丢人，而是掌控大局看清未来的明智之举。"借"是解燃眉之急的最佳办法，不借才会葬送自己。

穷不能打动别人，也不是别人借钱给你的理由，只有让别人觉得你迟早能还给他，他才会借钱给你，学会了这个小窍门，财富或许来得更快。借钱并不是丢脸的事情，只要能够让借来的钱用得其所，如李嘉诚那样，发挥其应有的效用。那么，借钱就不应该被看作羞于提起的事情。

借壳上市，省时省力又省财

胡雪岩曾说过，一个生意人既要懂得如何筹措资金，更要学会如何去使用资金。我们可以引申为，一个生意人既要懂得如何使用资金，更要懂得如何去借壳上市。

以钱生钱，这是很多商人都能做到的，可是在有钱却没有时间的情况下，我们该怎么办呢？答案很简单，借壳借资质，借鸡生蛋。能够移花接木，借鸡生蛋，就只有大智慧的人才能够做到。

胡雪岩办钱庄用的就是借鸡生蛋这一招，他挪用公款，作为自己的流动资金，维系了钱庄的运营。当然，在古代是可以公款做借贷的，如果现代人也采用同样的策略，势必会触犯法律。但是胡雪岩借鸡生蛋，以智生财的谋略，值得现代人学习。

李嘉诚在 20 世纪 90 年代的时候，迎来了事业的高峰期，他推出的大型屋村先后竣工，利润滚滚而来，挡也挡不住。他在进军海外市场的时候，也没有放弃在香港的事业，但是事情往往难以两头兼顾，李嘉诚为了稳住势头，不让楼市被他人占据，便于 1990 年起，与中资中信、首钢联手合作，借壳上市，新组中信泰富、首长国际两间上市公司。

所谓借壳上市，其实是一个股市术语。就是说一家公司上市，原则上需要 5 年以上的经营实绩，按正式手续在交易所上市，需花费相当的人力、财力和时间。很多急于上市的公司无法等待，便通过收购他人的小型上市公司，以实现自己上市的目的。

但他们收购的这些小型上市公司资产和营业额都极少，就像一个"空壳"一样，所以，买家不需要很多资金就可以收购。李嘉诚正是通过这样的方法，成功上市，还没有花费太多的资金。

其实，很多公司在壮大自己的过程中，都会选用借鸡生蛋，借壳发展的方法。例如，有的公司在海外上市，就是在替自己融资，突破资金方面的瓶颈。

有道是："造船不如买船，买船不如借船。"很多精明的温商在创业之初，都是白手起家，凭借的就是"借船出海"、"借鸡生蛋"的生财良方。在温商看来，善于借外力的人总是能成功借别人的力量、金钱、智慧、名望甚至社会关系，用以扩充自己的大脑，延伸自己的手脚，提高赚钱能力。正所谓借他人之光照亮自己的"钱"程。一个穷人到富人家里讨饭。他先要求在富人家的火炉上烤干衣服，仆人认为这不需要花费什么，就答应了。在烤衣服的过程中，穷人又请求厨娘给他一口锅，好煮一锅"石头汤"喝。厨娘从来没有听说过石头可以煮汤，就好奇地答应了。在煮"石头汤"的过程中，穷人请厨娘为这锅汤加了些作料，有油、盐、豌豆、薄荷、香菜、肉末。最后穷人将石头扔到了外面，将肉汤美美地喝到了肚里。这个故事可以给人很多启迪：从某种意义上说，这个穷人就是社会资源的组织者，聪明的巧借，使得"石头汤"成了美味的肉汤，喝进肚里，得以充饥。在商场中，谁能做一个聪明的社会资源利用者，谁就能喝到那碗美味的"石头汤"。

世人眼中所谓生意的成功，并不是只顾实行自己的构想，而是巧妙地运用他人的智慧和金钱，以创造另一番事业。中国有句俗话说"吃不穷，穿不穷，用不穷，不会算计一世穷"。在温州人看来，一个人能否真正成为财富的主人，关键不在于他眼下拥有多少资本，而是在于他是否有去拥有、去运作的能力。一个善于赚钱的人，应该是懂得"以钱生钱，以小钱生大钱"的人，是懂得财富倍增原理的人。

所以，当我们自己的力量还不够强大时，最好找棵大树来乘凉，用他人的影响力，来帮助我们做事。善于借助别人的力量，让弱小的自己变得强大，让强大的自己变得更加强大，可以使自己的成功更持久。

审时度势，捕捉机会最重要

看清形势，等待时机，抓住合适的机遇是成功的关键，商人经商，也要讲究这样的计策，不然白白让机会浪费，那就太可惜了。正如梭罗说过的那样："生命很快就过去了，一个时机从不会出现两次，必须当机立断，不然就永远别要。"

能否抓住机遇是一个人平庸或者卓越的分水岭。决定一个人成败的不是才华，也不是性格，而是他是否有善于抓住机遇的能力。

李嘉诚就是一个善于捕捉机会的人，1966 年末，香港房地产业从近两年的低迷状态中开始复苏。但随之而来的则是一件又一件不好的事情。局势的突变，令香港人心惶惶，老百姓都不能安心好好地过日子。人们担心战争再度爆发，会殃及自己，为了避免受到波及，香港许多人开始移民，发生了第二次世界大战后第一次大移民潮。

能够移民的人自然大多都是有钱有势的人，他们纷纷贱价抛售物业。这样一来，刚刚有了复苏苗头的楼市，再次沉入谷底。新建成的楼房无人问津，整个地产业陷入僵局，房地产市场卖多买少，有价无市。地产商、建筑商焦头烂额，一筹莫展。

这个时候，李嘉诚在观察时势，经过深思熟虑之后，做出了一个惊人的举动，便是将楼市人弃我取，趁低吸纳。李嘉诚在整个大势中逆流而行。虽然从表面上看，他的举动很不符合常理，但实际上仔细分析，可以看出李嘉诚这样做其实是很有道理的。

李嘉诚能够冷静地分析局势，认为战争不会轻易打响，那么，既然如此，楼市还是有复苏的可能性。所以他做出"人弃我取，趁低吸纳"的历史性战略决策，并且将此看作是千载难逢的拓展良机。

结果李嘉诚不负己望，到了 1970 年，香港百业复兴，地产市道转旺，李嘉诚一举成了这场房产大地震的赢家。

善于把握事态发展变化的局势，抓住有利的时机，是成事的必需条件。商机往往和危机连在一起。每个进取者都希望求取势能，只有那些乘势敢为，通过自身的努力，谋求发展的人，才能成就大业。

和李嘉诚一样有眼光，有见地的还有项羽。

公元 208 年，秦将章邯率军攻打赵国巨鹿。赵王歇向楚国求救。楚怀王任命宋义为上将军，项羽为次将军，率军去营救赵国。楚军到达安阳后，宋义畏缩不前，驻留此地长达 46 天之久。项羽劝说宋义立即攻秦救赵，被宋义拒绝了。当时天寒多雨，将士挨冻受饿，痛苦不堪。而宋义却亲自跑到无盐大摆宴席，为自己的儿子到齐国做相送行，并借机扩展个人势力。

乘宋义离开之际，项羽鼓动将士们说："我们奉命攻打秦军，救援赵国，现在却留在这里不能前进。这里遇到灾荒，将士只能吃个半饱，军中存粮也不多。上将军对此丝毫不放在心上，只顾饮酒作乐，根本没想到要率军去赵国征粮，并与赵军合力抗秦，反而美其名曰'等待秦军疲惫之机再打'。如果强大的秦国攻击刚刚复国不久的赵国，必然能把赵国灭掉。赵国灭掉之后，秦军只会更加强大，根本无机可乘。况且我军刚刚在定陶吃了大败仗，大王正坐卧不安，将全军交给上将军指挥。国家安危，就在此一举了。不料上将军却如此不爱惜将士，只顾徇私，这样的人怎么能做社稷之臣！"

项羽的话立刻在全军中引起共鸣。当宋义返回安阳时，项羽乘机将其杀死，然后号令全军，说道："宋义与齐国密谋反楚，楚王命令我将其杀死！"将士上下无不服从。消息传回国内，楚怀王只好正式任命项羽为上将军去营救赵国。此后，项羽破釜沉舟，九战九捷，歼灭了秦军主力，解除了巨鹿之围。

项羽审时度势，把握住了时机。既杀了宋义，夺取了兵权，又歼灭了秦军，解除了巨鹿之围，可谓一箭双雕，两全其美。

其实，捕获机会，见机而动，这个道理并不难理解，但许多人却令人遗憾地失去了成功的机会。失机的原因恐怕体现在两个环节上，一个是识机，一个是择机。时机来到，有的人能及时发现，有的人却视而不见，有的人虽然有所发现，但认识不清，把握不准。对机会的认识决定了对机会的选择。

不能识机，也就无所谓择机，识机不深不明，便会在选择上犹豫徘徊，左顾右盼，不能当机立断，最终错失良机。因此，必须养成审时度势的习惯，随时把握客观形势。透过现象，发现本质，方能及时抓住时机。

巧借局势"东风"，顺流行船

富兰克林说："聪明人在他的举动未被证明为成功之前，他的言行总会被绝大多数并不聪明的人嘲笑。"的确如此，机遇对每个人都是一个样的，如果你没有捉到，让机遇白白溜走，那就是你的损失了。要想抓住机遇，关键是看你是否具有准确的判断力、坚定的信念和果断的决策。

李嘉诚是一个善于捕捉机遇的人，虽然他在塑胶公司步步高升，前途光明，但他并没有满足于现状，就此止步。但是实际上他没有，他有着更大的野心和抱负。

他的信心已经被激发出来，他要做的是更广阔的天地，他觉得这个世界在他面前已经小了许多，李嘉诚决定辞职，开始创业。决定创业的李嘉诚并没有盲目选择项目，而是对时势进行了一个精准的判断之后，才着手进行创业的。

1950 年夏，李嘉诚在筲箕湾创立长江塑胶厂。之所以选择塑胶产业，是当时的西方国家对中国进行经济封锁，香港物资匮乏，经济出现了低迷，为了调整香港的经济，当时的政府及时调整产业政策，使香港经济由转口贸易型转向加工贸易型。

一时之间，加工业兴起，塑胶、玩具、日用五金、手表装嵌等众多行业相继崛起，而李嘉诚选择塑胶，是出于两种考虑，一是他在塑胶公司积累了充足的全盘经营塑胶厂的经验，有丰富的经验。二是塑胶业在当时世界上尚属新兴产业，发展前景十分广阔。

在这两点的考虑下，李嘉诚开始创业之路。事实很快证明，李嘉诚是一个善于把握时局、抓紧机会的人。加工业相对其他产业比较容易做，投资少、见效快，适宜小业主经营。而且塑胶原料从欧、美、日进口，产品既可在本地市场销售，还可以扩展到海外，销售渠道很宽广，是一个有潜力的产业。

李嘉诚借着整体局势的"东风"，找到了一条属于自己的道路，并且还越走越宽广。和李嘉诚一样有眼光的人，还有另一个小伙子。

1973 年，英国利物浦市一个叫科莱特的青年，考入了美国哈佛大学，常和他坐在一起听课的是一位 18 岁的美国小伙子。大学二年级那年，这位小伙子和科莱特商议一起退学，去开发 32Bit 财务软件，因为新编教科书中已解决了进位制路径转换问题。

当时，科莱特感到非常惊诧，因为他来这儿是求学的，不是来闹着玩的。再说对 Bit 系统，墨尔斯博士才教了点皮毛，要开发 Bit 财务软件，不学完大学的全部课程是不可能的。他委婉地拒绝了那位小伙子的邀请。

10 年后，科莱特成为哈佛大学计算机系 Bit 方面的博士研究生，那位退学的小伙子也是在这一年，进入了美国《福布斯》杂志亿万富豪排行榜。

1992 年，科莱特继续攻读，读到了博士后；那位美国小伙子的个人资产，在这一年则仅次于华尔街大亨巴菲特，达到 65 亿美元，成为美国第二富豪。1995 年科莱特认为自己已具备了足够的学识，可以研究和开发 32Bit 财务软件了，而那位小伙子则已绕过 Bit 系统，开发出新的财务软件——Eip，它比 Bit 快 1500 倍，在两周内就占领了全球市场。

这一年，小伙子成了世界首富，一个代表着成功和财富的名字——比尔·盖茨也随之传遍全球的每一个角落。

其实任何事都没有万事俱备的时候，可能永远都"欠东风"。强者之所以强，就在于他能看准时机，勇于借东风，而不会坐以待毙。李嘉诚和比尔·盖茨的成功，并不是因为他们比别人更聪明，而是因为他们能够把握到"风向"，随着风向而行，这样就比有些逆风而行的人前行得更快、更巧。

第十三章

投资智慧

——找准切入点，演绎投资神话

细节决定大事的成败

有道是"治大国若烹小鲜"，小事成就大事，细节决定成败，一切伟大的事业都是从大处着眼、小处着手的。很多时候，我们的成功不是取决于我们有多么高的智商，而是取决于我们有没有做好一件件小事。

在李嘉诚的一生中，绝大多数决策都与细节有关。他能够从小事中看到大趋势的发展，也能从一件小事的变动中，找到一些不可逆转的原因，从而为企业的发展及时拟定策略。李嘉诚说过一句话："20 世纪 80 年代时中东国家和美国有分歧，石油供应紧张，加拿大有石油，政治环境相当稳定，就趁赫斯基亏蚀的时候把它买过来。"

这些细节性的问题，许多人都没有注意到，但李嘉诚关注了，他不但关注了，还用思维认真思考，并总结出了一套可执行的方案。事实最后证明，李嘉诚是正确的，他最后赢得了满堂彩。

做企业的人，如果没有宏观的眼光，是无法将企业做大的。但同样，如果没有关注细节的眼光，也是无法把企业做起来的。李嘉诚的故事告诉我们，细节往往是决定大事成败的关键。下面这个故事，就是因为忽视了细节问题而失败的。

当宝洁公司刚开始推出汰渍洗衣粉时，市场占有率和销售额以惊人的速度向上飙升。可是没过多久，这种强劲的增长势头就逐渐减缓了。宝洁公司的销售人员非常纳闷，虽然进行了大量的市场调查，但一直找不到销量停滞不前的原因。

于是，宝洁公司召集很多消费者开了一次产品座谈会，会上，有一位消费者说出了汰渍洗衣粉销量下滑的关键，他抱怨说："汰渍洗衣粉的用量太大。"

宝洁的领导忙追问缘由，这位消费者说："你看看你们的广告，倒洗衣粉要倒那么长时间，衣服确实洗得干净，但要用那么多洗衣粉，计算起来很不划算。"

听完这番话，销售经理赶快把广告找来，算了一下展示产品部分中倒洗衣粉的时间，一共 3 秒钟，而其他品牌的洗衣粉广告中倒洗衣粉的时间仅为 1.5 秒。

就是在广告上这么细小的疏忽，对汰渍洗衣粉的销售和品牌形象居然造成了严重的伤害。这是一个细节制胜的时代，对于自己的工作无论大小，都要了解得非常透彻，数据应该非常准确，事实也应该非常真实，这样才能脚踏实地完成宏伟的目标。

"差之毫厘，谬以千里"，有时细节关键到足以致命。所谓的小事情因其小而被人们忽略了，然而它却造成了大难题，常常会给人们带来大麻烦。因此，无论做什么事情，千万不可忽视细节的存在，否则就有可能付出极其惨重的代价。其实，细节是一种创造，也是一种征兆，从中可以看出一个人的命运去向和事情的成败。一些明智的人善于从小事情做起，从而使自己的命运得到彻底的改观。

什么是不简单，就是做好每一件简单的事情；什么是不平凡，就是做好每一件平凡的事情。只有注重细节变通，留心细节的人，才能构筑理想的大厦，走向成功的殿堂。

小事成就大事，细节成就完美。细节就像每一根树根，每一片树叶。没有根，没有叶，何为大树？在竞争日益激烈、残酷的今天，任何细微的东西都可能成为"成大事"或者"乱大谋"的决定性因素。不要让细节成为身体里的那个"癌细胞"，不要让细节成为粥锅里的一粒老鼠屎，不要让细节成为成功路上的一块绊脚石。从细小处着手，致力于从细小处创新，才能达到预期的效果。

长线投资要有绝对的竞争意识

成功的商人都有很好的投资意识，李嘉诚的投资策略是十分大胆和进取的，而且他对长线投资更是颇有心得和经验。他在全球 3G 的投资，就是长期的投入。1999 年，李嘉诚卖掉了 2G 业务两个月后，便开始部署 3G 业务。

3G 业务可以代表电信的发展方向，前景十分广阔，但是要想做好这项业务，则需要十分大的耐心和毅力。李嘉诚做好了打持久战的准备，他进行了周详细致的行动，很快就取得了成功，3G 业务在欧洲掀起了热潮。

3G 成功后，李嘉诚有一次在接受访问时，发表了他对于长线投资的看法，他认为长线投资是可以让投资更上一层楼的。长线投资能够让企业的业务发展持续性更长，而且还能挖掘出企业更大的潜力来。

"1999 年，我们以 317 亿美元的价格售出橙（Orange）公司的 2G 业务。我们预计全球 3G 业务的总成本不会超过 144 亿美元，其中包括执照费、设备费、利息以及创建消费者群体的费用。假设这两项业务拥有相同数量的客户群，如果要让我在二者之间做出选择，我会选择 3G，因为它的发展潜力更大。"

李嘉诚的这段话表明了他对长线投资持有的肯定态度。而长线投资之所以能够在李嘉诚的操作下，将 3G 业务运营成功，很大一部分原因则是因为李嘉诚有着绝对的竞争意识。有人的地方就有竞争，更不用说瞬息万变的商场了。

商场如战场，人们在商场中彼此相处，有合作，也有竞争。

竞争是多维心理结构的协同活动：为了获得成就的需要而参加竞争；有争取优异成绩和获胜的明确的奋斗目标；参与竞争的双方成就高低是在同对方比较中显现的，出于自尊和荣誉，竞争者都肩负着压力；竞争者有决心去克服困难，争取胜利。

由于多种心理活动的协同活动，使参与竞争者精神饱满、斗志昂扬、富有成效地完成任务。可以说，竞争是人类社会向前发展和个人成长的推动力量。

竞争有利于提高工作效率和学习成绩，增强智力和操作能力。在竞争的过程中也能培养良好的人格品质。列宁在谈到竞赛对人格品质形成的作用时说，竞赛"在相当广阔的范围内培植进取心、毅力、大胆和首创精神"。

与李嘉诚有同样投资眼光和竞争意识的，还有创立了世界上最大的比萨饼外卖公司的莫纳汉。他拒绝出售三明治或任何其他产品，以防止店铺的经理分心，保证实现用最快时间送出最美味比萨饼的主要目标。这种策略终于成功了，他成了美国的大富豪，成为一名世界级的企业家。

莫纳汉在 1986 年出版的自传《比萨虎》一书中说："我决心获胜，决心使我们公司的业绩更上一层楼并击败竞争对手。"无论是优秀的政治家，还是成功的企业家，这种态度是普遍存在的。心理学的研究证实，企业家的竞争意识一般都比较强烈，无论是在工作中还是在游戏里，他们都热衷于竞争。

汤姆·莫纳汉是一位勇于竞争的创新者，他用竞争描述他的童年生活。他说："我玩拼图玩具最出色，打乒乓球最出色，扔石头弹子最出色。在每一项集体运动中，我都是出类拔萃的。"一些有识之士认为，企业家在工作中和游戏时的行为没有什么两样。

1989 年，莫纳汉曾打算出售多米诺比萨饼公司，退休从事慈善事业并过悠闲的生活。当无人愿意购买他的公司，他不得不重新埋头于经营企业时，他声称自己"重新参加比萨饼大战"。

汤姆·莫纳汉喜欢竞争，但必须是公平的竞争。他说："生活和工作的真正意旨是参与超越他人的长期战斗……可在我看来，除非你严格地按照规则行事，否则，即使在企业经营上获得成就也毫无意义。"

莫纳汉相信迅速送货上门。多米诺比萨饼公司的成功是莫纳汉勇于竞争、善于竞争的结果，也是他不懈地坚持和努力的结果。更是因为他有着长线投资，不为蝇头小利所动，而敢于坚持自己梦想，看准市场后就坚持走下去的结果。

不论是莫纳汉的成功，还是李嘉诚的成功，他们的例子都告诉我们，做任何事情，都要有耐心和远见，正如李嘉诚所言："把热水烧开也需要时间。"所以，长线投资也不能操之过急，只要孜孜不倦地保持追求，便会成为一流的企业家和创新预见者。

人弃我取，果断投资

任何事物的发展都不是一条直线，聪明人能看到直中之曲和曲中之直，并不失时机地把握事物迂回发展的规律，通过迂回应变，达到既定的目标。如果只按照一条路线行进，而不会"绕道而行"，最后只能搞得筋疲力尽，劳累不堪。

李嘉诚就从不会这样做，他是个商人，自然懂得经商之道的多变性和通融性，李嘉诚曾经说过一句话："要永远相信，当所有人都冲进去的时候，赶紧出来，所有人都不玩儿了，再冲进去。"

正是因为有着如此清醒的头脑，李嘉诚才可以在商界叱咤风云几十年，并一直不断开拓。在塑胶花的领域中，李嘉诚可谓是捷足先登，他有着"塑胶花大王"的美誉，李嘉诚的事业在这块领域达到巅峰。

如果换作其他人，必然会考虑成就全球霸业，继续深入发展。但李嘉诚明白，世间所有事情，一旦到了巅峰，无法再上升的地步，必然会走入下坡路。塑胶花虽然成功了，为他开拓出了数以千万计的资金，但是塑胶花不过是他积累资本的手段。真正的事业，还在前方等待着他。

为了寻求新的发展和突破，李嘉诚并没有像有些商人那样，只是盲目地看重热点就开始奋进。他选择了观察，他要选择的行业并不一定是当时的热点，但一定要有发展潜力和适合自己的项目。

很快，在李嘉诚的长期深思熟虑和周密部署下，他决定挺进地产业。这是一个在当时的人们看来很冒险和难以理解的举动。

在李嘉诚那个时代，房地产还远远没有发展壮大起来，许多富商都不看好这项事业。不过，李嘉诚却有自己独到的见解。他看到了当时的香港长期闹房子饥荒，房屋的增长数量远远跟不上需求量，这一点让李嘉诚坚信，房地产的前景是很客观的。

而最终的事实也证明了，李嘉诚独到的市场眼光和商业手腕，他在1958年，于最繁华的工业区北角购买了一块地，修建了一幢12层的工业大厦，从此，李嘉诚进军地产业的锣鼓正式敲响了，并且一发不可收。

李嘉诚的成功就在于他能够看到别人看不到的机会。人人都看着那些热门，摆在明处的优势，却忽视了隐藏起来的商机。而恰恰是这些被人们忽视掉的商机，往往蕴含了巨大的商业利润。

俗话说："变则通，通则久！"在一些暂时没有办法解决的事情面前，我们应该学着变通，不能死钻牛角尖，此路不通就换另一条路。有更好的机会就赶快抓住，不能一条路走到黑，生活不是一成不变的，有时候我们转过身，就会发现，原来我们身后也藏着机遇，只是当时我们赶路太急，忽略了那些美好的事物。

人弃我取，学着变通并不是只是一句书面话，应用在商场里也非常厉害，有着扭转乾坤之势。当从事到行业尽头，已经看不到任何发展前景的时候，就算是这个行业有着再丰厚的利润，也要及时抽身。因为看不到前景就意味着这个行业已经失去了发展的活力，再做下去，只有可能将这个行业做死。

就好像那个两只蚂蚁的故事：有两只蚂蚁想翻越一段墙，寻找墙那头的食物。一只蚂蚁来到墙脚就毫不犹豫地向上爬去，可是每当它爬到大半时，就会由于劳累和疲倦而跌落下来。可是它不气馁，一次次跌下来，又迅速地调整一下自己，重新开始向上爬去。

而另一只蚂蚁则是先观察了一下周围的环境，然后从不远处的地方绕过墙去。很快地，这只蚂蚁绕过墙来到食物前，开始享受起来，而另外一只还在"坚持不懈"地向上爬。

李嘉诚就好像那只绕道的蚂蚁，他冷静清醒地观察了形势，从而再做出判断，他在茫茫的商海中，随机应变，找准切入点，果断投资，最终走到了一条属于自己的道路上。这就是审时度势，及时做出合理判断的重要性。

找准投资的最佳切入点

在股市中，投资家与投机家的区别在于：投资家看好有潜质的股票，进行长线投资，既可趁高抛出，又可坐享常年红利，股息虽不会高，但它持久稳定；投机家热衷短线投资，借暴涨暴跌之势，炒股牟取暴利，自然会有人一夜暴富，更有人一朝破产。在香港有许多曾经显赫一时的商贾大亨，就是在股海翻船，将多年心血顷刻间化为乌有。只有投资家才能在股市中长时间盈利。

在商场中也是如此，投资的能力关键点就在于找准市场投资最佳的切入点。就好像一只猎豹一直潜伏不动，当它等到猎物走到最利于它捕捉的位置时，便立刻以迅雷不及掩耳之势将猎物捕捉到。这种能力是投资高手所具备的。

李嘉诚在投资中一向也是奉行这样的原则的，他一向都是在正确的时候做正确的事情。20世纪80年代到90年代，那个时候，谁在香港拥有了实有产业，谁就好像拥有了打开财富大门的钥匙。

当时的政策是限制新地进行房地产开发的，李嘉诚一面和其他地产商一样，继续抬高房产价格，一面观察市场，寻找其他的投资机会。结果被他发现，做集装箱港口生意比做房地产更合时宜的时候，他便开始转向投资集装箱生意。

后来，李嘉诚又在何时出击海外，何时转战新领域的过程中，都做出了正确的决策。李嘉诚每次决定投资，都是会选在最佳的时机，而因为他找准了投资的最佳切入点，他的投资便每每都是胜利的。

下面这个故事中的老板也有着敏锐的商业眼光，他同样能够发现市场的空隙，做出投资的正确选择。

一家在市中心，开业好几年的理发店，因为理发师手艺不错，价格公道，已经有了大批固定的老顾客常去光顾了，店内生意红火，理发师通常都不休息，这样下来，理发店每个月的利润相当可观。但是因为理发店的地方太小，很多前来理发的顾客因为等得不耐烦而只能去别家理发，这样老板就失去了一批潜在客户。老板想要解决这个问题，便是开一家分店，可是他此时手里的流动资金不够，开分店要花费很多，通过老板几日的冥思苦想，他终于想到一个方法可以筹措到开分店的钱。

平时很多熟客要求理发店给他们打折，优惠，自己平时给他们都是打9折优惠，这次他要推出新的方式，就是推出 10 次卡和 20 次卡：一次性预收客户 10 次理发的钱，对购买 10 次卡的客户给予 8 折优惠；一次性预收客户 20 次的钱，给予 7 折优惠。对于客户来讲，如果不购理发卡，一次剪发要 40 元，如果购买 10 次卡（一次性支付 320 元，即 10 次 ×40 元 / 次 ×0.8=320 元），平均每次只要 32 元，10 次剪发可以省下 80 元；如果购买 20 次卡（一次性支付 560 元，即 20 次 ×40 元 / 次 ×0.7=560 元），平均每次理发只要 28 元，20 次剪发可以省下 240 元。

通过这种优惠让利活动，吸引了许多新、老客户购买理发卡，结果大获成功，两个月内，该店共收到理发预付款达 7 万元，解决了开办分店的资金缺口，同时也稳定了一批固定的客源。就是用这种办法，店老板先后开办了 5 家理发分店和 2 家美容分店。

找一个现有的企业或者市场，考虑它的不足之处，然后以一种全新的方式，从侧门进入市场。以独特的方式，服务于独特的行业。把目标定位于以前没有得到服务的客户。开拓这个市场，然后占有这个市场，这就是投资缝隙企业，也是找到了投资的最佳切入点。

寻找缝隙企业虽然很有吸引力，但是也要注意区分出好的缝隙和坏的缝隙，投资者要能够了解到缝隙企业的特征，真正看清它的未来有多大的发展空间。因为有些缝隙会最终随着时间的推移而消失的，比如航空服务中提供的打包快餐服务就是一个典型的失败例子。

每个市场总会有缝隙存在，只要投资者善于抓住这些缝隙，那就会为自己的投资生涯上增添很多的财富机会。归根结底，还是要认准投资的切入点，选择最佳时刻进入，才是从商的王道。

以奇制胜，拓展投资空间

《孙子兵法》给像李嘉诚一样的商人支了很多奇招，它说："凡战者，以正合，以奇胜。"意思是大凡打仗，一般都是用正兵抗敌，用奇兵取胜。战斗的方式不过是正兵、奇兵两种，但它们的变化方式数不胜数，奇正相转化，就如一个不可穷尽的循环。

从商业角度来讲，李嘉诚极其重视"正"的一面。所谓"正"，指的是企业本身的实力，包括产品的质量、品牌、企业的形象、资金、技术和人才、销售渠道、顾客的忠诚度等；但是李嘉诚从来不是个固执守旧的商人，他同样也善于使用"奇兵"取胜，这里我们所说的"奇"，指的是企业的产品、策略、技术、管理等不同于别人的独到之处。李嘉诚很清楚，一方面，企业要靠实力来站稳脚跟，在市场上赢得足够的信赖；另一方面，还要出奇制胜。这种"奇"，包括各种领域的创新，而李嘉诚就是一个以"奇兵"制胜的典范。当年他的塑胶厂，如果一味走生产中低档产品用具的路子，很难说李嘉诚的事业能发展到多高。虽然他的塑胶生产在当时看来已经小有成就，但是李嘉诚不满足于此。就在香港塑胶业仍在蒸蒸日上的蓬勃发展之中时，李嘉诚却发现了一支行业奇兵——塑胶花。李嘉诚果断出师，一战获得了个"塑胶花大王"的美誉，从此才算得上是真正踏上了他叱咤商场的征途。

在今天的商业市场最怕的就是抱残守缺，只有出奇制胜，锐利投资，才能让企业拓展实业，立于不败之地。

2005 年 7 月 2 日，当装有"信芯"的彩电在青岛海信集团破壳而出时，中国的彩电产业就掀开了一个新的篇章。这个引人注目的成就的背后蕴涵着海信人1600 个日日夜夜的辛苦探索，以及 3000 万元的资金投入。海信为什么要花如此大的力气来打造这颗"中国芯"呢？在 2005 年之前，海信彩电的年产量已达 800万台。每年制订生产计划时，原材料"集成电路"的采购是一笔庞大的支出——这笔支出全部是给国外企业的，因为没有别的办法，海信自己没有芯片，中国企业都没有芯片。根据公开的数据，截至 2004 年年底，我国境内共有彩电企业 68 家，实际年产量达 73288 万台，中国已经成为世界上最大的电视生产国了。然而，这7000 多万台电视机中所使用的核心视频处理芯片均为进口。据商务部统计，仅2004 年上半年我国芯片进口额就高达 262 亿美元。2003 年，我国芯片进口累计416.7 亿美元，贸易逆差 340 亿美元，超过当年全国进出口 255 亿美元的贸易顺差值。近两年来，芯片贸易逆差年均增幅达 60%，芯片已超过飞机成为美国对华第一大出口商品。因此，无论是从自身考虑，还是从中国市场考虑，一颗小小的芯片不仅能让自己不再受制于人，更能够带来巨大的经济效益。为了拓展海信的发展之路，海信集团董事长周厚健意识到必须打造一颗属于中国人的彩电之"心"。为此，海信在 2000 年设立了"专用集成电路设计所"。历经 4 年自主研发，终于在 2005 年 2 月制造出了可以完全替代国际同类产品的芯片，并达到了国际先进技术水平。装备了"信芯"的数万台海信电视已经上市。海信计划在更大规模的海信电视上以自有芯片替代外国芯片。

无论是海信还是李嘉诚，他们都给以奇制胜的商业成功法则做了一个很好的示范。在激烈的市场竞争中，并没有固守原有的经营方式，而是把"奇"运用在了新领域、新产品的开发上，用自主创新为自己发掘了一个极具潜力的市场，并已经开始迅速获得利润。"适者生存"是自然界的法则，而这个"适"就是以变制变。无论是苦练内功以修"正"气，还是捕捉市场空白以耍"奇"招，任何一个生意人都不要忘了"正"、"奇"这两只手中的任何一只。埋头苦干需要一点巧劲，投机取巧需要踏实的基础。通过用"奇"来吸引用户，扩展市场，从而增加正面力量；而增强后的"正"，又可以为灵活应变创造更大的活动范围和更强的吸引力，二者相辅相成，共同推动企业顺利成长。

大投资才有大收益

大投资，大收益。做生意必须要有大手笔，才能赢得大利益。这是许多人都心知肚明的一个道理。小投资未必不能获得大利益，大投资也未必就总是会大获全胜，这期间的落差要经商的人自己把控。

李嘉诚在这一方面就做得很好，他如果要做大投资，那他最终必定是有大收益的。他在一开始起步做塑胶花的时候，就做成了把发达国家的塑料花向发展中国家转移的第一人，他成了塑胶花大王，挣得了人生的第一桶金。

后来，他又进军房地产，成就了长江实业。李嘉诚做这些投资驾轻就熟，他非常擅长在投资方面做出大动作。他在 1988 年的时候，与人合伙，以 32 亿的惊人低价，投得温哥华一块比铜锣湾还大的地皮。在物业计划全部完成的时候，投资已经在百亿以上，其中李嘉诚占一半股权。

做这样的投资其实是很冒险的，因为加拿大地广人稀，这就决定了那里不会像香港那样地产巨商辈出，所以，在这样的地方做地产投资，既好做，又非常不好做。李嘉诚肯冒这样的风险，说明他心中有大抱负。

可其他商人却没有这样的魄力，当然，他们最后也没有获得像李嘉诚这样的成功，在很多人对海外发展心存忌讳的时候，李嘉诚一直努力将海外作为他事业的第二春，尽管在海外投资遭到了众人的非议时，也没有阻挡李嘉诚拓展海外事业的决心。

同李嘉诚一样有冒险决心的，还有比尔·盖茨。

1974 年 12 月的某一天，比尔·盖茨的朋友保罗·艾伦来到坎布里奇看比尔·盖茨。在报亭里他看到了一份《大众电子学》，封面上面醒目地写着："世界上第一部微型电脑，堪与商用电脑匹敌。"

　　艾伦急忙买了一本，随便翻了几页，便向比尔·盖茨的宿舍跑去。他见到盖茨就说："我们现在终于有机会动用 BASIC 做点事情了。"盖茨明白艾伦的意思：个人电脑将会创造一个奇迹！一旦电脑像电视机一样普及，对软件的需要将无穷无尽。到那时，他们这些软件设计的天才，前途将不可估量。

　　很长一段时间，他们曾想自己制造电脑。艾伦对电脑的硬件感兴趣，而盖茨对电脑的软件颇有研究，他认为软件才是电脑的生命，经过一场激烈的争论，艾伦最终认识到的他们的优势是电脑的灵魂——软件。然而，当时的电脑非常稀少，只有少数政府部门、学校、大企业及个别私人拥有。这等于没有"肉体"，而有"灵魂"。因此，盖茨和艾伦可谓英雄无用武之地。20 世纪 70 年代初，是电脑发展史上的一道分水岭。在此之前，电脑距普通百姓非常遥远。

　　1971 年，"电脑解放"的伟大革命在美国开始了。这年，英特尔公司制造出人类历史上第一个微型信息处理器。这个指甲盖大小的芯片，开创了电脑发展史的新纪元。

　　1974 年，新墨西哥州的一个电脑迷——罗伯茨制造出了世界上第一部微型电脑。盖茨和艾伦都觉得机会就在眼前，决定立即采取行动。他们给罗伯茨打电话，自称是西雅图交通数据公司的代表，说他们研读了《大众电子学》杂志上那篇介绍阿尔塔家用电脑的文章，还说他们正好开发了一种 BASIC 语言，只要稍微改动，就可以用到阿尔塔 8080 上，询问罗伯茨对此是否有兴趣。罗伯茨从声音上听出了是两个孩子。他冷冰冰地告诉他们，至少有 50 个人对他说过相同的话，而他只想看结果，谁最先向他提供成熟的语言，他就跟谁做生意。盖茨和艾伦都知道这个机会来之不易，他们不想等待，让机会溜走。

　　于是立即给罗伯茨写了一封信，说他们已研制成了一种可以在所有 8080 微处理器上使用的 BASIC 语言翻译器，他们愿意通过罗伯茨的公司，出售拷有这个软件的磁带或磁盘，每套仅收 0.5 美元。罗伯茨看见信，才改变了主意，认为这两个孩子说的可能是真的，于是他按信封上的电话号码给他们去了一个电话。

　　比尔·盖茨和保罗·艾伦心里很清楚，关键是赶快拿出东西来，说得再多也没用，说不定还有别的人在做一样的工作，他们必须抢在前面。一连 8 个星期，比尔·盖茨没有去上课，也没工夫再去玩牌。他和保罗·艾伦夜以继日地待在机房。照说，要为阿尔塔 8080 电脑编程序，首先应当有一台这样的机器。可是迄今为止，他们还只是在《大众电子学》的封面上见过一台这种机器的空壳子。好在他们已经十分熟悉 PDP-10 型电脑，在 PDP-10 型电脑上可模拟阿尔塔的微处理器，而 PDP-10 型电脑在哈佛大学是不难找到的。

此前，保罗·艾伦已读过关于 8080 芯片和阿尔塔电脑的各种文章，他用了两个星期的时间，在 PDP-10 型电脑上做出了阿尔塔处理器的模拟器，比尔·盖茨则为该机的 BASIC 语言编制了设计要领。

他们两个在机房中废寝忘食，埋头苦干，每天只睡一两个小时。当盖茨力不能支的时候，就躺在工作台后打个盹儿。一醒过来，又接着干。与此同时，他们曾多次与罗伯茨交涉，希望多得到一些在《大众电子学》上见不到的有关阿尔塔电脑的资料。罗伯茨问他们何时能去阿尔伯克基演示他们的 BASIC 语言。最初，盖茨说只需 3 到 4 个星期。他的确只用 3 周时间就编完了程序，但接下来，却耗费了 4 周时间对其进行修改，直至满意。盖茨事后说，在他写的所有程序中，他最骄傲的就是在哈佛苦干 8 周而完成的这个 BASIC 程序。他说："这是我写得最棒的一个。"

1975 年 7 月，比尔·盖茨和保罗·艾伦在新墨西州的阿尔伯克基正式创建了微软公司。这一年，盖茨和艾伦的年龄分别是 20 岁和 22 岁。按照盖茨和艾伦当时的决定，公司的权益按个人投入的劳动分配：盖茨为 60%，艾伦为 40%。一开始，他们合住在"汽车旅馆"中的一间小屋里，后来，他们搬进了市区一个价格低廉的公寓。微软公司成立后，他们就同罗伯茨的微型仪器公司签订了第一个合同，把销售 BASIC 语言软件的专利权授予微型仪器遥测系统公司。

从此，他们的一生开始了巨变。今天，微软已是全世界最大的软件生产商。

人们遇到一些突发情况，往往会犹豫不决，生怕白费力气，结果，机会就在迟疑和等待中白白错过了。而李嘉诚和比尔·盖茨则有一种魄力，那就是他在做任何事时，敢于冒险，认准了就毫不犹豫地去干，用行动和勇气来证明一切。这种风格无论是在他们创业之初还是在后来，都为他们争取来了更多的机会，这无疑是他们取得成功的一个重要因素。

人生短短数十载，能够做成大事，成就非凡人生的机会并不多。每一个人都应该学会抓紧时机，为自己的人生投下大资本，才能争取大利润。但也要量力而为，不要超出自己的能力范围之外。

下篇

李嘉诚的处世哲学

第
一
章

▼

诚信为本

——商道亦人道，打造人格品牌

做人与经商一脉相连

李嘉诚，一位白手起家的亿万富翁，人人赞赏有加的事业成功者，一生中很少有负面新闻的大人物，有德财兼备的儒商称誉。面对这样一位传奇人物，我们不禁要问，是什么让他有着如此成功的人生？很简单，他拥有一个很重要的成功因素：做人。

《论语·为政》曰："人而无信，不知其可也！"纵观世上所有成功之人，很少有不诚信的。诚信是一种智慧，是一个人、一个企业的生存之本。日本赫赫有名的富商岛村芳雄的创业经历与李嘉诚十分相似。他在几年时间内迅速崛起，当人们问他在短时间内成为富商的秘诀是什么时，岛村芳雄说："诚信，我是从一毛钱的诚信起家的。"

李嘉诚亦然。他的成功得益于逆境中自强不息的奋斗精神，以及出色的商业谋略，然而从根本上讲，成就他的却是他那种最为朴实的做人原则和为人行事的方式。纵观李嘉诚几十年的商海生涯，无处不透露着一个儒商的道德水准和独特的人格魅力。他始终坚持诚信为本，处世低调，待人豁达，做生意从不做绝，与对手竞争从不乘人之危，成功而不忘回馈社会……

在鱼龙混杂的商海里，他不但没有远离做人的道德标准，随波逐流也运用厚黑学"无商不奸、无奸不商"的那套理论，反而贯彻始终，真正做到了做人经商一脉相连。

在李嘉诚一生的商海浮沉中，这样的实例委实不少，与此相对的，我们能够想到一个人——周正毅。

李嘉诚号称"华人首富"，周正毅号称"上海首富"。李嘉诚和周正毅有很多相同的地方。譬如都是少年艰苦起家，靠炒地产、烂尾楼一鸣惊人。两个人都是个人奋斗的典型，不同的是发迹之后，李嘉诚成为财富的榜样，而周正毅成为问题富豪。同样的起点，为什么两个人的结局竟有如此大的差别？答案也是两个字：做人。

香港京华山的首席顾问刘梦熊曾做过一个对比：

2002年，一个人旗下的长虹生物科技公司要上市融资，当时长科公司全年的营业收入才几十万港元，根本就不盈利，但是股票发行时还是获得了好几倍的认购。为什么？因为香港人相信其信誉。

也是2002年，几乎在同一时间，一个人请人帮他收购香港的公司，对方十分认真地接手这件事情，百般努力为他找到了一个拥有几亿现金的干净公司"上海地产"。结果呢？事成之后他却赖掉了几千万元的佣金。

在这个故事中，前者是李嘉诚，后者即周正毅。被赖掉佣金的人，就是刘梦熊。他下判断道：这样没诚信，注定要完蛋。

事实很快就验证了：同样的利润，李嘉诚总是少拿一个或几个百分点，周正毅要的却是多拿几个，甚至更多。周正毅缺钱吗？他不缺钱，但是他最终还是栽在钱上，根源就在一个"贪"字上。面对金钱的强大诱惑，总有人愿意铤而走险，置道德、法律、名誉与良知于不顾，而金钱最终也成为引他们走向沦落深渊的魔鬼。周正毅无疑是个反面的典范。

"问题富豪"落马是必然的，而李嘉诚的成功也是必然的。贪婪的结果往往是满盘皆输。

常常有人认为，传统道德与商业文化大相径庭，水火不容。但商界"超人"李嘉诚，却用实践证明，两者不但能很好地融为一体，还能从中迸发出更为强烈的能量。沈正伟也曾说，做人是一门艺术，经商也是一门艺术。是艺术就要揣摩，就需加以领会和感悟。的确如此。做人要诚，经商要奸，在这两种看来完全相悖逆矛盾的思维形态中，我们却能发现经商与做人其实无二，商场上一次两次的奸猾可能会得利，但他们不是常胜将军，没有人会长期与这种没有诚信道德的商人打交道。奸商，无疑是自毁门庭。而诚信的人不管走到哪里，不管际遇现状如何，从长远来看，他们才是商场上真正的胜者。

商道亦是人道。做人与经商一脉相连。经商即是做人，商人同样也要有道德操守，以诚为本，勿以诚信为名行欺诈。

做生意，要诚信，更要巧妙地运用诚实。要在适当的时候，以适当的方式，对适当的人讲适当的内情。始终讲一些圆滑的话语，就如狼来了一般，即使讲的是真话也无人相信。故而，信用的作用很大，比起奸商来讲不知多收获了多少。"经商"助"做人"，"做人"助"经商"。

纵观李嘉诚一生商海浮沉，可以看出事实上他始终是把做人看得比任何东西都要重要。要会经商首先要会做人，要做成功的商人，首先要做一个成功的人。李嘉诚不但身体力行，在对子女的教育上亦是如此。他曾坦言在与后辈交谈时，"约1/3谈生意，2/3教他们做人的道理"。

做生意无信不立

要成就一番事业并不容易，然而如果有信，则利尽可"擒手可得"。有句古话说得好，成大事者以"信义而著于四海"。李嘉诚精于经商，善于做人。谈到做生意的秘诀，李嘉诚最看重的就是一个"信"字。他曾反复强调："要令别人对你信任，不止是一个商人，一个国家亦是无信不立。"

关于无信不立，还有这样一个典故：

《论语》提到，有一次，弟子问孔子如何治国，孔子说要做到三点：要"足食"，有足够的粮食；"足兵"，有足够的军队；还要得到百姓的信任。弟子问，如果不得已必须去掉一项，去哪一项？孔子回答："去兵。"弟子又问，如果还必须去掉一项，去哪一项？孔子说："去食。民无信不立。"

从中可以发现，"足食"可以等同于做生意中的"钱"；"足兵"可以等同于做生意中的"员工"；"百姓的信任"则可以等同于做生意中的"信用"。这样一来就是说，做生意，没有很多钱不怕，没有很多人也不怕，但就怕没有信用。没有信用做生意是绝对好不到哪去的，李嘉诚要告诉人们的，就是这个道理。

早年李嘉诚创建长江塑胶厂时，生意火爆，产品供不应求。由于有大量订单，再加上工厂生产能力和水平的限制，李嘉诚在经验不足的情况下过度扩大生产规模而缺乏注意产品质量，结果导致了许多产品质量问题。结果，许多客户要求退货，银行追债，客户追款，塑胶厂顿时陷入困境，濒临破产。

此时李嘉诚才明白，做生意，要时时刻刻注重信用，不能为求快而放弃质量监管。于是，李嘉诚知错就改，大力加强工厂的产品质量管理，做到保质保量，按时完成。不久,李嘉诚就用他的诚信打动了银行、供货商和员工,形势因之好转,危机转化为了商机。

如果李嘉诚并没有领悟到做生意无信不立,那么很明显,他的工厂将极有可能就此破产,从此背上繁重的债务。

不论是对于一个人,还是对于一个企业集团,诚实守信都是它生存的根本所依。没有了诚信,就失去了别人的信任与尊重,就无法在社会上立足,更不要说发展与成功。

人无信不立。要立事,应先立信。孔子有言:"人而无信,不知其可也。"强调"君子一言,驷马难追"的铿锵落地之声,这种声音代表着一种高贵的品质,尤其在信用缺失的时候,倘若有人依然秉持诚信的品质,那无疑是令人肃然起敬的。

在一次采访中,李嘉诚道出了他的坚持,他说:我在 1950 年开始创业时只有 5 万块港币,开业的那一天是 5 月 1 日,公司只剩下几千块港币,所以当时最大的艰难是财政。但是在这样的财政威胁下,他依然坚持了一个字"信"。由于在离开万和塑胶公司前曾经对老板许诺绝不会抢他的客户,所以他拒绝了前来他的公司主动找他合作的原客户,坚持重新开发的新销售渠道来进行销售。

正是因为这种讲信用,让李嘉诚得以有了很好的声誉,在困难时期得到了许多客户的谅解和支持,从而渡过了难关。

李嘉诚曾经说过:"其实我不是做生意的材料。为什么不是材料?因为第一,我这个人怕应酬;第二,我不懂得逢迎;第三,诚信的事,我答应人家,就会守信用,但是人家答应我的,就不是很守信用。

"但是我想通了,就一直做下去吧。生意虽然困难,但是因为我肯求取新的知识,所以我的困难只是非常短的时间。一方面做好自己经常的业务,一方面努力去创新,创新虽然有时也会失败,但是成功了就能赚大钱。这是我的经验,困难是一种锻炼的形式。"

在人的一生中,能够做到坚持诚实与守信并不是一件容易的事。然而,唯其难为,所以可贵。那些经受了考验、能保持诚实与守信品格的人才会得到人们的信任,从而有机会取得更伟大的成就。而铸就李嘉诚的辉煌的,无疑信用是其中极其重要的一个因素。

信誉带来财路

一个平时不怎么讲信誉的人，你愿意跟他做朋友、做生意吗？答案是不愿意。一个虽然不认识，但所有人都说他很讲信誉的人，那么你是否愿意跟他交朋友、谈生意呢？毫无疑问，答案一定是愿意，甚至于还会主动去找他去做生意，因为和诚信的人打交道让人放心。

李嘉诚也说："一个企业的开发意味着良好信誉的开始。有了信誉，自然就会有财路，这是必需具备的商业道德，就像做人一样忠诚、有义气。"

这就是信誉的力量。越有实力的企业，越能得到人们的信任，也就越容易发展起来。

其实，在某种意义上，诚信如同哲学家康德所说："诚实比一切智谋更好，而且它是智谋的基本条件。"不论企业或个人，信用一旦建立起来，就会形成一种无形的力量，成为一种无形的财富。

1959 年，李嘉诚的长江公司已经彻底立稳脚跟，但他并没有止步，而是选择了继续前进——进军国外。恰好当时来了一位外商，李嘉诚抓紧时机与其获取了联系。一切都很顺利，到签合同时，这位欧洲的批发商给他提出了要求——找一个担保人。这是一种很常见的方式，怕的就是对方不讲信用，难以完成承诺的事情。

李嘉诚为此四处联络，但始终没有找到担保人。没有找到担保人，李嘉诚并没有彻底放弃，他期望能以样品打动批发商，便连夜赶制。这一举动彻底征服了欧商。欧商认为，此次合作不是没有担保人，那个担保人不是别人，正是李嘉诚自己。

这几乎是一件不可思议的事情，但李嘉诚做到了！由此可见，信誉带来成就事业的机遇，并且是最可靠的担保，最有说服力的佐证。

李嘉诚就是这样经商的，他也收获了很多，譬如有一次，李嘉诚要和一家拥有大片土地的公司进行合作，其董事跟其他的同业是好朋友，却选择李嘉诚所管辖的长江集团合作。因为这位董事长说，跟李嘉诚合作，合约签好以后你就高枕无忧，麻烦就没有；跟其他的人，合约签好后，麻烦才开始。

在商界，李嘉诚以诚信闻名，他说："一生之中，最重要的是守信。我现在就算再有多 10 倍的资金也不足以应付那么多的生意，而且很多是别人主动找我的，这些都是为人守信的结果。"然而很多人并没有意识到这一点，而由此带来的信誉缺失造成的不良影响和经济损失，已经成为制约企业和个人事业发展的一大障碍。

有一对夫妻在一家国营企业上班，后来因为企业效益不好，夫妻就双双辞去了工作，自己开了家烧酒店。丈夫是个老实人，为人真诚、热情，烧制的酒也好，人称"小茅台"。有道是"酒香不怕巷子深"，一传十，十传百，烧酒店生意兴隆，常常是供不应求。看到生意如此之好，夫妻俩便决定把挣来的钱投进去，再添置一台烧酒设备，扩大生产规模，增加酒的产量。这样，一可满足顾客需求，二可增加收入，早日致富。

这天，丈夫外出购买设备，临行之前，把烧酒店的事都交给了妻子，叮嘱妻子一定要善待每一位顾客，诚实经营，不要与顾客发生争吵……一个月以后，丈夫外出归来。妻子一见丈夫，便按捺不住内心的激动，神秘兮兮地说："这几天，我可知道了做生意的秘诀，像你那样永远发不了财。"丈夫一脸愕然，不解地说："做生意靠的是信誉，咱家烧的酒好，卖的量足，价钱合理，所以大伙才愿意买咱家的酒，除此之外还能有什么秘诀？"

妻子听后，用手指着丈夫的头，自作聪明地说："你这榆木脑袋，现在谁还像你这样做生意。你知道吗？这几天我赚的钱比过去一个月挣的还多。秘诀就是，我往酒里兑了水。"丈夫一听，肺都要气炸了，他没想到，妻子竟然会往酒里兑水，他冲着妻子大吼了一句，就把屋内剩下的酒全部都倒掉了。他知道妻子这种坑害顾客的行为将他们苦心经营的烧酒店的牌子砸了，他知道这意味着什么。

那以后，尽管丈夫想了许多办法，竭力挽回妻子给烧酒店信誉所带来的损害，可"酒里兑水"这件事还是被顾客发现了，烧酒店的生意日渐冷清，后来不得不关门停业了。

诚信是世界上最好的广告。自古以来，大至国计民生，小到经商开店，唯有恪守职业道德，以诚信为本，才能创出事业的品牌，很多大商行、大公司的名字和品牌就价值数百万美元。近年在现实生活中，为促进发展，多数企业崇尚诚信，并相继建立了诚信机制，将其融入企业发展。但仍有一些部门和单位只顾眼前利益，忽视或无视长远利益及他人利益，甚至公然侵犯别人的利益。要知道，一时骗人可能能够得逞，但终究会被发现，由此买单的将不再仅仅是所贪之利那么少了！

诚信是一把锋利的宝剑，在漫长的人生旅程中，要想赢得别人的信任、尊重和良好的合作，就必须高举诚信之剑，它会帮助你在人生的征程中披荆斩棘，走向成功。诚信之剑不是用钱可以买到的，必定要用诚信才能换得。

信誉要实实在在，不要夸夸其谈

对于个人，信誉是很重要的东西；对于企业，信誉同样是很重要的东西。我们知道，在很大程度上成功依靠实力，但如果没有信誉，那么实力将很容易变为恃强凌弱。只有信誉，可以让实力成为一种正大光明的竞争力，从而在商海中立住脚跟。

"信誉是事业的生命。综观华商的创业历程，没有哪一个成功的人是不讲诚信的。"年届古稀的香港中华总商会副主席曾宪梓言辞恳切："广东话讲'牙齿出金石'，就是说一言九鼎，落地成诺。无论企业大小，都要以诚信作为首要的出发点。"

信誉也有虚的，譬如"人前人后不一样"，这是做给人看的，时间长了必然露馅，这是人所共知的道理。但很多人往往不愿意花费太大的力气在维持良好信誉上，夸夸其谈也许不好，但至少会有短期效应，譬如签合同。但是，在李嘉诚看来，这样是很不聪明的行为，他说："一个人一旦失信于人一次，别人下次再也不愿意和他交往或发生贸易往来了。别人宁愿去找信用可靠的人，也不愿意再找他，因为他的不守信用可能会生出许多麻烦来。"而"当你建立了良好的信誉后，成功、利润便会随之而至"。

踏踏实实做事、实实在在做生意讲诚信，赢得信誉才是做生意的根本。这个世界上太多人想要创立一番大事业，却并没有都成功。有人说："中国，立志要做李嘉诚第二人若要排起队来，从尖沙咀一路排到天安门想必绰绰有余。"说得很逗，却很真实。不是因为他们没有讲诚心的资本，而是因为他们没有坚持。没有坚持的诚信，不是夸夸其谈是什么？

讲信誉不要做表面文章，要实实在在地拿出实际行动来，用事实说话。

我们来讲个故事，便能很好地说明李嘉诚的话并不是空谈。

20世纪50年代，李嘉诚常去皇后大道中一间公爵行接洽生意。彼时李嘉诚已经是一个十分富有的大商人了。

他在那里遇到了一个乞丐，后来，他和这个乞丐发生了一些故事，这个故事也曾被他反复提起过。

"我经常看见一个四五十岁很斯文的外省妇人，虽是乞丐，但她从不伸手要钱。我每次都会拿钱给她。有一次，天很冷，我看见人们都快步走过，并不理会她，我便和她交谈，问她会不会卖报纸。她说她有同乡干这行。于是，我便让她带同乡一起来见我，想帮她做这份小生意。时间约在后天的同一地点。客户偏偏在前一天提出要到我的工厂参观，客户至上，我也没办法。

"于是在交谈时，我突然说了声'Excuse me'，便匆匆跑开。客人以为我上洗手间，其实我跑出工厂，飞车跑到约定地点。途中，超速和危险驾驶的事都做了，但好在没有失约。见到那妇人和卖报纸的同乡，问了一些问题后，就把钱交给她。她问我姓名，我没有说，只要她答应我要勤奋工作，不要再让我看见她在香港任何一处伸手向人要钱。事毕，我又飞车回到工厂，客户正着急：'为什么在洗手间找不到你？'我笑一笑，这件事就这么过去了。"

这件事情也被李嘉诚多次谈起，此事虽小，但细微之处足见李嘉诚讲信用是多么地实实在在。在平日里，若说李嘉诚遵守信用或许只是分内之事，那么面对一个普通乞丐却仍然信守承诺是不是就有些过分呢？而且还插客人的空，把客人晾在一边……

我们可以知道，李嘉诚的信誉并不是凭空来的，也不全是对客户守信来的，而是对每一个人一视同仁。李嘉诚把诚信比作他的第二生命，说有时候比自己的第一生命还重要，这绝不是虚妄之言。

曾有记者问李嘉诚做生意最大的收获是什么时，他说："那就是诚信，就是不妨把自己看得笨拙一些，而不是投机取巧。"

李嘉诚是笨拙的，因为他无论对谁都是讲信誉的，他把恪守信誉当成一种习惯，从未想过要投机取巧，要夸夸其谈。也因此，他的成功似乎是绝对的。

诚信聚才，"得人才者兴"

古有云"得民心者昌，失民心者亡"，今有云"得人才者兴，失人才者亡"。前者为治国之本，后者则为企业的生存之本。一个国家得民心，才有国运昌隆；一个企业得人才，才有前程似锦。一个人能力很强也可成事，但单枪匹马总不如群力为之。聚拢人才于自己麾下，凝练他人的智慧为我所用，其事业才能少走弯路，蒸蒸日上。

李嘉诚说："以诚待人是我生活上坚守不移的原则。"正是李嘉诚那广为传颂的诚信美德，使得众多出类拔萃之才纷纷因他而来，由他而聚，心悦诚服地为李家商业王国奉献自己的聪明才智。

在李嘉诚创业之初，遭遇了严重的倒闭威胁，李嘉诚知道是自己的冒进惹了祸。于是他回到工厂召集员工开会，坦诚地承认是自己的经营失误拖累了工厂，也连累了各位员工。为了工厂能够存活，只能暂时辞退一部分员工。他当众向员工赔礼道歉，并承诺道：经营一旦有转机，辞退的员工如果愿意都可回来上班。

这看似只是一种权宜之计罢了，若公司倒闭了还罢，若是经营状况好了何必请他们这些技术并不够好、被裁员了的人呢？

然而李嘉诚并没有食言。1955 年的一天，李嘉诚召集全体员工开会。在会场上他表示，经过亲自拜访每一位当初离开的员工，几乎全部员工都回到了公司，每一个人都热血沸腾。

李嘉诚以实际行动证明了自己的诚信，也因此收获了万众一心的团结力量。接下来的日子里他们同舟共济，终于杀出了一条血路，立稳了脚跟。诚信聚才就是这样发挥了不可替代的作用。

若是这些不够人才的资格，那么我们还可以举出很多例子，譬如李嘉诚的"左右手"、"客卿"、"洋客卿"。对于李嘉诚的用人之道，有人以一言以蔽之：以诚待人者，人亦以诚应之。

一直追随李嘉诚左右长达 30 年的盛颂声，直到 1985 年因为举家移民加拿大才离开长江实业。而身为集团公司副董事总经理的元老重臣周千和，则至今仍追随在李嘉诚身边，继续为他出谋划策，共守江山。"客卿"杜辉廉备受李嘉诚青睐和赏识，却坚决拒收薪而为其出谋划策。我们无法知道这些人这样做具体是怎样想的，但我们起码可以从这些现象中感觉到李嘉诚的诚信待人之道在其中产生的巨大力量。

不仅高层如此，就连最为普通的底层员工也对李嘉诚赞叹有加，说其所在的公司从未出现拖欠工资的情况，而且福利很好，关心体贴员工。

朱元璋曾说："子思英贤，有如饥渴。"要招徕人才，诚信是基本原则。

牛根生离开伊利后，他在伊利的手下的几员"大将"也跟了出来，他们愿继续跟着牛根生一起干。他们把手中的伊利股票卖掉，凑了 100 多万元，在一间花 200 元租到的办公室里成立了内蒙古蒙牛乳业集团，牛根生任董事长兼总裁。业界某元老闻知此事，不由拍案大笑："100 万元能干什么！"消息传开后，从伊利集团一下子跑过来三四百人，要和牛根生一起干。在这些人的带动下，他们的亲戚、朋友、所有业务关系都开始把钱投给牛根生，最终筹集到的钱达到了1300万。

他们之所以愿意和牛根生干，愿意投资蒙牛，不仅是因为相信牛根生的经营能力，还因为信任牛根生的人品。牛根生是个绝不会让人吃亏的人，他信奉"小胜凭智，大胜靠德"，"财散人聚，财聚人散"。

牛根生说："企业的第一个战利品，也许只不过是锅盖大的一块蛋糕，可是，这第一块蛋糕的分割却很有学问。假如领头的将军切走五分之四，只给冲锋陷阵的众弟兄们留下五分之一，你说下一次这个仗还怎么打？有的人抱怨，有的人怠工，有的人想走，有的人说闲话，这第二仗还没开打呢，人心就先散了一半。"

所以，古人说"将欲取之，必先与之"，佛经也说"舍得，舍得，有舍才有得"。这世界上挣了钱的有两种人，一种是"精明人"，一种是"聪明人"。精明人竭泽而渔，企业第一次挣了100万，80%归自己，然后他的手下受到沉重打击，结果第二次挣回来的就只有80万。聪明人放水养鱼，他第一次挣了100万，分出80%给手下人，结果，大家一努力，第二次挣回来的就是1000万！即使他这次把90%分给大家，自己拿到的也足有100万。等到第三次的时候，大家打下的江山可能就是一个亿，再往后就是10个亿。这就叫多赢。独赢使所有的人越赢越少，多赢使所有的人越赢越多，所以，"精明人"挣小钱，"聪明人"赚大钱。"精明"与"聪明"，一字之差，谬以千里。

诸葛亮说："士为知己者死。"只要你真心对待人才，让他们相信你有与他们有福同享的信义，必然能换来他们忠诚的追随。

如今，经济全球化，人们隔省、隔市、隔州、跨洋仅凭一纸合同、一张信用证即可交易，有的在网上都可以交易，那么一个没有诚信的企业，谁敢与你交易？如此，不仅不会有顾客与客户，甚至连员工都难以忠心"护主"了。

诚信是一种公众的认同感，不仅包括企业的诚信、企业与员工之间的关系，还包括与股东的关系及社会影响和环境影响。诚信是一种财富，诚信是企业招徕顾客的吸铁石，更能为企业吸引最优秀的人才。每年毕业时节，看看有多少毕业生慕名去投大企业的简历？他们为的是什么？企业若无诚信，人人诟之。

《李嘉诚成功之路》一书中这样写道："正因为李嘉诚善于把一批确有真才实学的智囊人物团结在自己的周围，'博采天下之所长，为己所用'，从而保证了他每在关键时刻能出奇制胜，化险为夷。"

得人才者兴，李嘉诚因此而发达。

让你的敌人都相信你

有这样一些人，他们耍小聪明，爱办"一次性买卖"，于是他们没有成功，并且为人不齿；有这样一些人，他们讲诚信，但只对他们的合作伙伴，对对手、敌人却是无所不用，于是他们有些人过得不错；又有这样一些人，他们讲诚信到执拗，就是吃亏也不违约，就是对敌人也不捅黑刀，于是这种人成功了。它的其中一个代表，便是李嘉诚。就是这种"不捅黑刀"的行为，让李嘉诚做到了敌人都相信他、都信任他的奇迹。

在一次访谈中，李嘉诚讲了这样一番话：

"曾经，我有个对手，人家问他，李嘉诚可靠吗？他说，他讲过的话，就算对自己不利，他还是按诺言照做，这点是他的优点。"

李嘉诚答应人家的事，错的还是照做。让敌人都相信你，你就成功了。

对于这种平和的叙述，很多人并不感冒。但是这就是李嘉诚的风格，只有细细品读，方能见其中真谛。正因为他心态放得正，做事行得正，并且讲求仗义，所以才得到了"敌人"的赞赏，而不是故意踩扁。

他模拟了一场采访，自问自答说：有人问我做人成功的要诀为何？我认为做人成功的重要条件是：让你的敌人都相信你。要做到这点，第一是诚信。他强调的第一点，便是诚信。由此可见，诚信的重要性的确非同一般。

让敌人相信你是一个名副其实的技术活。关于"让敌人相信你"，如果你简简单单以为只是诚信就可以做到，那么很遗憾，这并不能奢想敌人会在利益面前选择称赞你，因为他不够放心。我们仔细分析一下，会发现李嘉诚所说的"让敌人相信你"其实就是一种类似的攻心计，让对手相信你、信任你，最终成就你，这样的例子在历史上也有不少，诸葛亮七擒孟获的故事就是其中一例。

诸葛亮出兵征讨孟获时，参军马谡对诸葛亮说："孟获叛将依仗那里地势险要，离成都距离遥远，很久以来就不服从朝廷的管束。你今天用武力打败他，你一回师，他明天又可能叛变。所以，对付他攻城为下，攻心为上。这次出征我认为不应该以消灭他的人员为目的，而应该从心理上征服他，这样才能收到好效果。"马谡的话，也正是诸葛亮心里所想的。诸葛亮赞许地点点头，说："你的建议很好，我一定照这样去做。"孟获得到诸葛亮率军出征的消息，连忙组织人马进行抵抗。诸葛亮了解到孟获作战勇猛，力大无穷，性格耿直豪爽，说一不二，但缺少计谋。

于是，一个降伏孟获的作战计划便在诸葛亮的头脑里逐步形成。首先，他向全军发出命令：对敌人首领孟获，只能活捉，不要伤害。接着，他把大将王平叫到跟前，低声对王平讲了几句。王平会意，便带领一支人马，冲进孟获的营寨。孟获连忙迎战，交战没有多久，王平猛然调转马头，向荒野奔去。孟获见王平败逃，心头有说不出的高兴。他马上喝令手下的人，快速向前追赶。王平来到一个谷地，两岸是陡峭的绝壁，脚下是狭窄崎岖的小路。没走多远，王平猛地一下转过身来，眼睛望着紧随而来的孟获，仿佛要同他在这里决战。孟获不知是计，握紧战刀，催马前赶。还没接近王平，忽听后面喊杀声震天。转头一看，孟获才发觉自己已被蜀军包围。孟获任凭自己如何勇猛无敌、力大无穷，终究敌不过蜀军大队人马的轮番进攻。渐渐地，他感到体力不支、气喘吁吁了。又有一队蜀军从四面包围过来，孟获心里一惊，马儿突然向上一跃，孟获从马上跌落在地，被冲上来的蜀军捆了个结结实实。孟获被押到诸葛亮面前，以为自己必死无疑。不料诸葛亮走下帅台，亲自给他松了绑，并好言好语劝他归顺。孟获大声说："这次是我不小心从马上跌下来，被你们捉住，我心里不服！"诸葛亮也不斥责他，把他带到蜀军营地四处走走看看，然后问他："孟将军，你认为我蜀军人马怎样？"孟获高傲地说："以前我不知道你们的阵势，所以败了。今天看了你们的营地，我觉得也没有什么了不起！下次我一定能打败你们！"诸葛亮坦然一笑，说："那好哇，你现在就回去，好好准备准备，我们再打一仗。"孟获回到部落，重新召集人马，积极筹备同蜀军的第二次交战。有勇无谋的孟获，哪里是蜀国丞相诸葛亮的对手！没出一天工夫，孟获再次被蜀军将士生擒了。诸葛亮对孟获好言好语劝慰一番，又将他放了。这样捉了放，放了捉，反反复复进行了七次。孟获第七次被捉，终于被诸葛亮的诚意感动了。他流着眼泪说："丞相对我孟获七擒七纵，真可称得上是自古以来都没有的仁至义尽的事啊！我从心里佩服丞相。从今以后，我绝不再反叛了。"

李嘉诚认为，敌人相信你，不单只是因为你诚信，还因为他相信你不会伤害他。孔明用兵作战，就非常重视这种攻心谋略。他七擒七纵收服孟获，是夺敌将之心的典型例证。李嘉诚的话带给我们这样的启发：在与人竞争时，善于在"攻心"上下功夫，不仅仅靠蛮力，而是靠智慧和诚信，能让你的对手都相信你，就是赢得真正的成功的开始。例如我是他的竞争者，他相信我不会伤害他，不会用不恰当的手段来得到任何东西，或是伤害任何一个人，而是光明正大的较量，这是强者过招最欣赏的一种方式。

一诺千金，有诺当必践

看过李嘉诚，就常常会想到"一诺千金"这个词，似乎应该更为确切地说，"一诺亿金"。自然，这只是玩笑话，但看过实事，你会有一个更为清晰的印象。

李嘉诚曾这样讲："如果要取得别人的信任，你就必须做到重承诺，在作出每一个承诺之前，必须经过详细的审查和考虑。一经承诺之后，便要负责到底，即使中途有困难，也要坚守诺言。"李嘉诚的确也是这么做的。

1993 年，香港的经济因受世界经济危机周期的影响出现不景气景象，李嘉诚长实集团的生意受到严重影响。1992 年该公司净利下跌 5.256 亿元，比 1991 年下跌 62%，1993 年，该公司净利继续下跌 4 亿多元。社会上纷纷传闻："李嘉诚不准备办汕大了！"

但李嘉诚没有这样做，他立刻写信给汕大筹委会主任吴南生承诺："鉴于汕大创办的成功与否，较之生意上以及其他一切得失，更为重要。"同时强调，"我在事业上，一切都可以失败，但汕头大学一定要办下去！"

一声承诺，重于泰山。下承诺很容易，履行诺言却并不轻松。汕大创办至今23 年，李嘉诚捐资已逾 20 亿港元。捐出这笔巨资，他属下的长江及和黄集团要达到 1100 亿元的营业额，才可能有 20 亿元的税后股息，真是"一诺亿金"啊！

同样一诺千金的品质在一些小人物身上也会闪耀，安东尼就是其中的一个。

安东尼开了一家电脑公司，他向顾客承诺：当天订货，当天送货上门。

有一天，一个用户急需计算机配件，但他却在离城 40 公里的开发区里。安东尼得知后，想派人送去，但员工都下班走光了，于是他便决定自己去送。途中，突然下起了倾盆大雨，河水猛涨，交通阻塞，安东尼的汽车无法行驶。按常理遇到这种特殊情况，安东尼完全有充分的理由返回，但他并没有被艰险吓倒，仍勇往直前，巧妙地利用原来存放在汽车里的一双旱冰鞋，滑向目的地，平时只要二十几分钟的汽车路程，却变成了 4 个小时的跋涉。安东尼到达用户所在地后，又不顾疲惫，及时解除了用户的困难，使用户大为感动。

安东尼的坚守用了艰难的 4 个小时，而李嘉诚却用了几十年，并且走得更为艰辛。

同样面临环境的压力，同样面临不支的困境，却仍然坚持完成，不计成果。一诺千金，就是自己说话一定要算数，自己许下的诺言一定要去实现它。安东尼实现了，李嘉诚更实现了。

财富人物，"股市金手指"黄鸿年曾经说过，在经商与人生道路上，除了父亲之外，李嘉诚是对他产生很大影响的人。

据他回忆，1989年，他向李嘉诚购买加拿大温哥华世界博览会旧址的3栋建筑，谈妥以4000万美元成交。之后，市场价格开始上涨，李嘉诚的一个儿子提出要再加500万美元，黄鸿年没有同意，因此产生一些周折。李嘉诚知道后出面调停，请黄鸿年吃饭，当面给儿子打电话，要求他按照原价进行交易，并特别强调"这件事一定要圆满解决"！

朴素的讲述透露出了李嘉诚重义不重利、一诺千金的良好品德。

黄鸿年说，诚信不单体现在做生意方面是否守时等小细节，也是一个人的信誉。李嘉诚就非常注重小节。

一次，李嘉诚请黄鸿年一起午餐，因为在牙医诊所耽误了一些时间，所以迟到了5分钟，到了之后他一再道歉，请黄鸿年不要介意。当时李嘉诚已经功成名就，而黄鸿年只是初绽锋芒的商场新兵，听着前辈一再道歉，黄鸿年反而觉得非常不好意思。李嘉诚作为一个已经功成名就的大人物，却依然没有忘记遵守承诺，在因为一些客观原因耽搁之后，表现了十分的歉意，让人觉得心中一暖。

遵守诺言就像保卫财富一样重要，一旦失去了信用，就会一无所有。一个人既然做出郑重的承诺，就应该想方设法地实现它，不应该寻找任何不能兑现的理由。

诚信是企业成功的保证

在人的一生中，有很多高潮，也有很多低谷。这一点同样也适用于企业。作为企业大脑的李嘉诚感同身受。简要概括李嘉诚与其企业的一生，我们大致可以分出个上、中、下篇。上篇可以说是"化危机"，中篇可以说是"定大业"，下篇可以说是"保江山"，篇章分明，堪称一部宏伟的诗篇。

其中，是什么起了最大作用，可以让他江山不倒，江水长流？是诚信。

创业初期李嘉诚的长江厂遭遇质量危机，这是"化危机"。李嘉诚用诚信赢得了改正的时间，从而逆转了整个局势。

而关于"定大业"和"保江山"，由于版本太多，我们只截取其中一个来说，那就是有关"虎豹别墅"的建设问题。

在香港，有一处著名的旅游景点"虎豹别墅"，十分有名。与其说其是一座私人花园住宅，倒不如说是一个规模宏伟、饶有特色的公园。凡到过虎豹别墅的人，都对它的美丽多姿、富丽堂皇而流连忘返、交口称赞。

1977年6月，继地铁中标后，李嘉诚又购入大坑虎豹别墅的部分地皮计15万平方英尺。李嘉诚购得地皮后，在上面兴建了一座大厦。

盖大厦是好事啊，但是由于设计者并没有考虑地理位置，只是"闭门造车"，设计出来的大厦虽美，却破坏了整个别墅的美感，游客们多有非议，毫不客气地指责大厦破坏了整个布局的统一和美观，影响了原有的人文景观。

李嘉诚得知此情后，立即下令停止在那块地皮上继续大兴土木，尽量保留别墅花园原貌。并表示，以诚待公众，宁可损失巨款也不能失信于大众的期望。真可谓有大将风范。

这件事情终于落下帷幕了，李嘉诚却收获了一个意外，不是因糗事而为人所垢，竟然是汇丰老大的一个"钟情"，从而为两家"联姻"创造了极为有利的条件。

"打江山容易，保江山难"，这并不是一句虚话。正是因为李嘉诚时刻注重顾客与客户的需求，以诚待人，诚信做事，从不一意孤行，这才有了一生的好名誉，从而生意源源不断。

关于诚信，很多人都做过解释，联想集团总裁杨元庆的想法大体与李嘉诚有着异曲同工之妙。他是这样理解诚信的："诚信是一个人乃至一家企业生存的根本。诚信的意义不仅在于一笔交易的成败赚赔，还在于它标志着一个企业的品质。事实上，有了诚信，不一定能取得长远成功；但没有诚信，一定不能取得长远成功。

"诚信，是一切行为取得成功的基础，有了这个基础，再加上其他因素，成功就不远了。对短期利益来说，坚持诚信，可能会导致企业失去一部分眼前利益；但从长远发展的角度来看，诚信是在竞争中取胜的最好法宝之一。诚信可以使我们得到客户的认同，得到合作伙伴的认可。在这个交流互动的时代，诚信的态度不但是重要的，而且是最基本的。"

有一次，美国亨利食品加工工业公司总经理亨利·霍金士突然从化验室的报告单上发现：他们生产食品的配方中，起保鲜作用的添加剂有毒，这种毒的毒性并不大，但长期食用会对身体有害。另一方面，如果食品中不用添加剂，则又会影响食品的鲜度，对公司将是一大损失。

亨利·霍金士陷入了两难的境地，到底诚实与欺骗之间他该怎样抉择？最终，他认为应以诚对待顾客，尽管自己有可能面对各种难以预料的后果，但他毅然决定把这一有损销量的事情向社会公布，说防腐剂有毒，长期食用会对身体有害。

消息一公布就激起了千层浪，霍金士面临着相当大的压力。他自己公司的食品的销路锐减，而且所有从事食品加工的老板都联合了起来，用一切手段向他施加压力，同时指责他的行为是别有用心，是为一己之私利，于是他们联合各家企业一起抵制亨利公司的产品。在这种自己的产品销量锐减又面临外界抵制的困境下，亨利公司一下子跌到了濒临倒闭的边缘。在苦苦挣扎了 4 年之后，亨利·霍金士的公司已经危在旦夕了，但他的名声却家喻户晓。

　　后来，政府站出来支持霍金士。在政府的支持下，加之亨利公司诚实经营的良好口碑，亨利公司的产品又成了人们放心满意的热门货。由于政府的大力支持，加之他诚实对待顾客的良好声誉，亨利公司在很短时间里便恢复了元气，而且规模扩大了两倍。也因此，亨利·霍金士一举登上了美国食品加工业第一的宝座。

　　在诚信与欺骗之间，霍金士没有因为暂时的利益而选择欺骗，而是顶住重重压力，退而居守诚信，终于获得了肯定，取得了成功。诚信是做大事的前提，是立业之基，是企业成功的保证。

　　诚信是一种美德，更是一种品质，李嘉诚以每一个实际行动彰显着其巨大的魅力。一个企业能不能在市场中站稳脚跟，关键是看能不能树立起企业的形象，而这种形象的树立并不需要什么公关公司，什么危机达人，它只需要四个字，那就是"以诚为本"。

第二章

▼

正气当先

——做正直商人，有为有不为

不以小利伤大局

顾全大局的人，不拘泥于区区的小节；要做大事的人，不追究一些细碎的小事；得巨材的人，不为其上的蠹蚀而怏怏不乐。因为一点瑕疵就扔掉玉圭，还是得不到完美的美玉；因为一点蠹蚀就扔掉巨材，天下就找不到完美的良材。要做成大事，须统观全局，不可纠缠在小事之上。

李嘉诚的扩张之路便正好说明了这个问题。20 世纪 70 年代初期，长江地产成立仅五六年，公司的业绩便直线上升，年利润便达到近 6000 万港元，拥有物业地产 600 多万平方英尺，资产净增达 5 亿多港元。

在人们的印象里，在一个人接近成功，大富大贵之后往往随之而来的便是"破例"，便是过于张扬。然而，李嘉诚却并非如此，他以极其谦逊的为人走过来自己的一生，哪怕是顶峰时刻。当然，无论于谁，没有半点儿私心似乎并不现实，所谓私心无人不有。但智慧的人总是会恰当抉择，能够克制私心，以大众的利益为重。李嘉诚便是如此。

20 世纪 80 年代，故子李嘉诚踏上了数十年没有走过的土地。自然，重修祖屋、恢复家园的心愿无不震动着李嘉诚的心扉。于是，1979 年他筹建"群众公寓"，这是以大局为重了，因为他不在故乡居住，却为故乡添土，而且先动工的不是自家祖屋。而能表现其不以私心论断的，则是家乡人给予的建议。

在完工之时，家乡政府部门提出"优先安排其亲属入居"的建议，李嘉诚坚决反对，他在给家乡的信中说："本人深觉款项捐出，即属公有，不欲以一己之关系妨碍公平分配。"其时，他的一些兄妹们并没有十分好的居所，并且，家族内也有亲属提出原有祖屋面积过于窄小，族人居住多有不便。但李嘉诚并没有因己之所盖，而选择徇一点点私情，哪怕别人甘心让出面积来。

由于李嘉诚的举措，潮州市政府和左邻右舍的乡亲们对李嘉诚祖屋的修复十分重视，从心理上乃至行动上都做好了搬迁让地的准备，欲积极配合与支持李嘉诚祖屋的扩建工作。然而李嘉诚并没有这样做，他对这个问题考虑得更全面、更深远。在认真思考之后，李嘉诚决定不扩大面积，打算就在原有面积的基础上建造一栋四层楼房供族人居住。他说："虽然目前要拿多少钱，扩充多大的面积都不是问题。但是要想一想，这样做的后果必然会影响到左邻右舍的切身利益，我们不能拿乡亲们的祖屋来扩充自己的祖屋，绝对不可以以富压人，招致日后被人指责。"

由李嘉诚的经历不难看出，他是十分照顾自己的家族的，无论族人富裕与否，逢年过节依然要额外给每一位族人一些资金补贴家用。平心而论，如此孝心、爱亲的李嘉诚，又何尝不希望有一个优雅的居住环境，修复一座宽大舒适的祖屋，解决族人的居住问题呢？但他没有答应。在修复祖屋的问题上，李嘉诚小心谨慎的态度、以大局为重的处理方法可谓无不体现出他的过人之处。

能够在行善进取中这样顾及大众，能够将一己私利放到这样的角度去认识，特别是对以一个传统观念浓厚的商人来说，我们不能不说李嘉诚的"正"是发自内心的，绝不仅仅是做做样子就算的。

纵观商界，能够立住脚跟，不仅仅以小利伤大局是重要的一条原则，同时我们也可以反过来说，不以小害伤大局也是精明人士的睿智之举。柳传志就是其中一位。

2001年，柳传志急流勇退，将仅仅三十出头的杨元庆扶上了联想集团CEO的宝座，从此，杨元庆放开手脚开始打造"高科技的、服务的、国际化的联想"。然而从2003年开始，联想集团在各个IT战场上遭遇了接二连三的失利，导致海外资本市场对联想集团的管理层信心不足，面对这种情况，柳传志再度出山并亲自出面向市场做解释，重新向投资者积极推介联想……他以商业领袖的人格魅力和联想的品牌效应终于消除了市场对联想的负面印象，又一次为杨元庆解决了后顾之忧。

2004年12月8日，联想集团宣布收购国际商业机器公司个人电脑事业部，并于2005年5月1日完成了并购交易。然而，并购完成后的新联想将何去何从受到了企业界和媒体的广泛关注，另外，对于新舵手杨元庆是否有足够能力带领联想进入新纪元也是业界人士质疑的一个焦点。

面对质疑，柳传志从大局出发，时刻把公司利益放在首位，做出再次力挺杨元庆的举措。因为他认为杨元庆本人有三个优点在如今的联想是十分难能可贵的：杨元庆能够把股东的利益放在首位；为人诚实，面对投资不会说假话；更为重要的是，经过柳传志几年有意无意的历练，他逐渐学会了妥协和沟通，学会了从大局出发全面考虑问题。

柳传志举例说："谈判期间，联想原计划设立双总部，但新联想的行政总裁Stephen Ward力陈纽约大本营对稳定客户的重要性，身为统帅的杨元庆最终欣然接纳，打消了在中国做总部的念头。"柳传志认为在IT行业发生这么大转折的时候，杨元庆能够做到这一步已经是很不错了："在我前十多年的企业生涯中，也没有遇见过行业发生这么大的转折，都是处于中国形势好、行业好双好的情况下在做；在行业发生很大转折时应该怎样处理，我也是没有经验。"

凭着对行业的透彻了解，柳传志深知IT行业不同于传统行业，这需要企业领导人具备敢于去闯、去冲、去拼的精神，更要了解逆水行舟不进则退的道理。虽然杨元庆在决策上曾经有过失误，但总体上看这些都是小错误，公司应该允许高管的试错行为，因此，选择公司领导人要把统一的价值观作为第一要务。

柳传志说："在香港或海外找一名能当大任的管理人，可能不是太难，但在内地要找一名不管遇到多大压力都能说实话、并且有上进心的年轻人实在是很难。考察高管不能只看短期业绩。"在柳传志看来，一个完全跟着业绩风向转的领导并不是一个合格的领导。一个优秀的企业领军人应该时时刻刻把企业的利益放在第一位，在全局利益的基础上推动长期业绩。而杨元庆恰恰就是这样的一个人。所以我们不能因为一次小失误就否定了全部，任何时候，以大局为重，从大局出发做出判断都是最重要的。而不是在于一点一滴的利害。而这可以用一个字来概括，那就是——正。

"正"字在李嘉诚看来是重中之重，这种重就在李嘉诚心中。如果自己的行为能够打动人心，如果自己的谋略能够以大局为重，那么又有谁会遏制你前进的步伐呢？

重义轻利，以德报德

在很多书的版本里，商人都被塑造成为唯利是图的模样，如"商人皆为利来"、"商人不是慈善家"等。然而李嘉诚在很多事情上的作为却可以用一个词来形容，那就是"重义轻利"。

香江才女林燕妮曾经与李嘉诚有一些业务往来，她说道，塑胶花早过了黄金时代的那个时期，根本无钱可赚。当时长江地产业的盈利已十分可观，就算塑胶花有微薄小利，对长江实业来说，增之不见多，减之不见少，但李嘉诚仍在维持小额的塑胶花生产。

经过仔细询问才发现，李嘉诚这样做原来"不外乎是顾念着老员工，给他们一点儿生计"。有人就说："不少老板待员工老了就一脚踢开，你却不同。这批员工，过去靠你的厂养活，现在厂没有了，你仍把他们包下来，怪不得老员工都对你感恩戴德。"李嘉诚回答说："一个企业就像一个家庭，他们是企业的功臣，理应得到这样的待遇。现在他们老了，作为晚一辈，就该负起照顾他们的义务。"

不以员工、企业能否创造利润为目的的商人并不多见。李嘉诚重义轻利，故而面对询问十分坦然。

白居易的《琵琶行》里有一句说"商人重利轻别离"，可见商人重利是人们心中固有的观念。但事实上，在传统中国，商人的血脉里同样也流淌着重义的血统。

电视剧《大染坊》曾经塑造了一位清朝末年享誉全国的山东商业巨子陈寿亭。他原名陈六子，是山东周村人，年幼时父母双亡，他只能以讨饭为生。一个冬天的早上，他昏倒在了一家染坊的门口，染坊的周掌柜为人和善，见他可怜便收留了他。后来他又成为了染坊的伙计，并认了周掌柜为义父，并改名陈寿亭。周掌柜本出于一份仁义之心收留他，但因此捡回一条命的陈寿亭感念周掌柜的恩情，并且秉持着周掌柜与人为善、讲究仁义道德的家风，振兴了通和染坊，并将染厂开到了青岛、济南。陈寿亭并非完全杜撰出来的人物，在鲁商历史中有原型可考，这位传奇人物便是张星垣。在周村，张星垣的故事可谓家喻户晓，他流浪乞讨时被周村的商人石茂然收留，才保住了性命，并得到石茂然提供的一笔资金开了染坊，字号叫作"东元盛"，后来发展成为周村最大的染坊，20世纪30年代后陆续迁往济南，慢慢发展到在各地开分号。张星垣的发迹虽然带有一定的偶然性，但这个故事恰恰也能说明山东人对义气的重视。石茂然收留张星垣无非是出于同情和乡情，但他的一番善意既成就了张星垣的事业，也为自己事业的发展打开了一个更加广阔的局面。其实，豪爽的山东人并不会只将自己的人际关系局限在老乡范围之内，他们习惯以仁为处世核心，以礼为待人之道，所以无论对待朋友还是陌生人，他们都有一副仁者的情怀，更有义士的肝胆。鲁商之中，"义利合一"、"重义轻利"者不胜枚举。

在山东，有一位因一时"不忍"而创业的民营企业家，他就是力诺集团董事长高元坤。按照他的说法，创办力诺集团并非出于经商挣钱的目的，他本来在东省医药管理局工作，从没想过要离开这种稳定的生活。但是有一天，他的一位朋友找到了他。这位朋友是沂南玻璃厂的领导，朋友告诉他自己的企业垮了，数百名员工的生活都将受到影响。高元坤听完之后心里非常难受，他一想到那么多人将要丢掉赖以为生的饭碗，心中便觉得"不忍"，于是他决心为大家找条出路，这才有了从银行贷款 50 万元创业的举动。像高元坤一样，很多鲁人经商都注重仁义。山东省商业集团董事长季缃绮在诠释企业的使命时，曾说过山东省商业集团的核心思想是"仁智合一，商行天下"，仁为前，智为后，然后才谈商行。以仁者思想、义士情怀经商的鲁商虽然有时候很难从市场的角度看问题，但却往往也能因此积累厚实的人际关系，人际关系即钱脉，厚积而来。可见一个义字，成就的不仅仅是仁义品格，同样也成就事业。

重情重义的人总是能够得到人们的欢迎，赢得人们的敬佩。当年，李嘉诚离开塑胶公司自己创业时，就用实际行动证明了自己是一个以德报德、重义轻利的人。

临走前，老板约李嘉诚到酒楼，设宴为他辞工饯行。李嘉诚并没有闪烁其词，而是很诚恳地说了这么一番话："我离开你的塑胶公司，是打算自己也办一间塑胶厂。我难免会使用在你手下学到的技术，也大概会开发一些同样的产品。现在塑胶厂遍地开花，我不这样做，别人也会这样做。不过，我向你保证，我绝不会带走一个客户，绝不用你的销售网推销我的产品，我会另外开辟销售线路的。"

这种承诺对于一个年轻的创业者来说，并不是一件轻易就能够实现的事情。因为是新厂，必然要开发客户，但旧有的一切资源都不能用，而没有丝毫名气的新厂要想开发新客户则是难上加难。但是，李嘉诚并没有就此违背承诺。他重义轻利，甚至推辞了主动上门来的客户，希望这些客户继续与原公司保持往来关系。

有人曾经说过，人之所以慷慨，是拥有的比付出的多。那时李嘉诚拥有的并不多，甚至可以说非常贫乏，但是李嘉诚依然慷慨地把客户送回到了原公司。

以重义轻利、以德报德的情怀经商的人，虽然有时候显得很傻，但却往往也能因此积累厚实的人际关系和口碑。

关键时刻，挂帅救市

做一个商人易，做一个不唯利是图的商人不易，而做一个关键时刻救市不图利，甚至赔利的商人则更是不易。然而李嘉诚做到了，他由成功到优秀，由优秀到卓越，无不在果断抉择，成为一个以身作则的楷模、坚守责任的典范。

1973 年，石油危机波及香港。由于香港的塑胶原料全部依赖进口，香港的进口商趁机垄断价格，将价格炒到厂家难以接受的高位。石油危机必然引发塑胶原料暴涨，年初时，每磅塑胶原料是 6 角 5 分港币，秋后竟暴涨到每磅 4 ~ 5 港元！同时，进口商哄抬垄断价格，不少生产厂家被迫停产，濒临倒闭。

当时，李嘉诚的经营重心已转移到地产上，因此，这场塑胶原料危机，对他影响不大。况且，李嘉诚一直坚持"稳中求进"，所以长江公司本身有充足的原料库存，并不像其他厂家那样无措。

但是，身为香港潮联塑胶制造业商会主席的李嘉诚并没有坐山观景，在倒声一片中，李嘉诚毅然决策，选择挂帅救业。他冷静思考，并且利用自己的影响力和信誉力牵头倡议，终于使得数百家塑胶厂家入股，共同组建了联合塑胶原料公司。

如同欧盟一般，组建联合塑胶原料公司有两个好处。首先，原先单个塑胶厂家无法直接由国外进口塑胶原料，是因为购货量太小。现在，由联合塑胶原料公司出面，需求量比进口商还大，因此可直接交易。其次，这种联合方式打破了进口商垄断。所购进的原料，按实价分配给股东厂家。

在厂家的联盟面前，进口商的垄断被彻底打破。

同时，李嘉诚在救业大行动中并没有空喊口号，而是将长江公司的 1243 万磅原料以低于市价一半的价格救援停工待料的会员厂家。而且直接购入国外出口商的原料后，他又把长江本身的配额 20 万磅以原价转让给需量大的厂家，直接带动了塑胶业的复兴。

有李嘉诚这一系列的抢救措施，在不图分毫利、只求帮人渡难关的信念带动下，笼罩全港塑胶业两年之久的原料危机，一下子烟消云散。有人曾进行统计表示，在这场危难之中，得到李嘉诚帮助的厂家达几百家之多。李嘉诚也因此举措，被称为香港塑胶业的"救世主"。

李嘉诚救人危难的义举，为他树立起崇高的商业形象，他的信誉和声望如日中天。很多人评价说，李嘉诚"倒贴"此举，不过是在为自己做"软"广告，与小额利益相比，公众们的好感与支持才是李嘉诚的最大收获。的确，李嘉诚的这一举动为他赢得了很高的声誉。但同时我们也需要看到，李嘉诚也可以只进行联盟。但他没有那么做，而是以自己的实际行动支持了救市。美国海军陆战队和以色列陆军的指挥官都有一句座右铭——跟我来。这句话表明了富有领袖气质的领导者应持有的领导方法。同时，这也是富有领袖气质的领导者身上熠熠生辉的特色之一。李嘉诚正是以自己的领袖魅力组成了一支上下同欲、万众一心的"常胜军"，赢得了这场商战的胜利。

在李嘉诚后来的商业生涯中，他不止一次做出类似挽救塑胶业的义举。1987年10月1日，香港股市恒生指数飙升到历史高峰的3950点，几乎所有人都认为此时正是售股集资的最好时机。因为此前李嘉诚曾进行了香港证券史上最大一次集资行动，宣布"长实系"四家公司——"长实"、和黄、嘉宏和港灯合计集资103亿港元。

然而，美好总是短暂的，股灾的阴影转瞬即至，10月19日，美国华尔街股市突然狂泻508点，造成香港股市恒指暴跌420多点。10月26日，香港股市恒指更暴挫1121点，全面崩溃。这场突发性股灾令全球股市行家及学者大惑不解。

"长实系"上市公司市值下跌，但实际资产依旧。股灾中，李嘉诚由于是与其他公司联合集资，所以分摊下来依然算是集资成功。但他并没有因此而感觉侥幸，随即，使"百亿救市"的举措凌空而出。他主动向香港有关当局提出"稳定港市"的方案，虽然他强调"此举的目的是希望看到本港股市和经济不要有太大波动，希望能稳定下来"，"绝非为个人利益，完全是为本港大局着想"，但是仍然有人认为他"有为私之嫌"，舆论压倒性评论无疑给了李嘉诚很大压力。而且，当时李嘉诚家族控有"长实"35％以上股权，和黄的股权也近35％。按照收购及合并条例，已超过35％股权的人士要再增购股权，就必须提出全面收购。李嘉诚无法全面收购，要求当局放宽限制。

李嘉诚的努力富有成效，委员会决定接纳李嘉诚的"救市建议"，暂时取消有关人士购入属下公司股份超过35％诱发点而必须履行的全面收购条例，但规定所购人最高限额之股份，必须在一年内以配售方式出售，同时购入股份时必须每日公布详情。李嘉诚对放宽限制表示欢迎，但认为既放宽收购点又限期售出，这是矛盾的，"难消危机"，不能根本解决问题，故表示对附带条件的失望。这意味着，如一年限期内，股价继续下跌，那么他收购的股票则必亏无疑。

在此之中，李嘉诚能够顶住舆论压力，以大局为重，首先站出来"救市"，认购数亿股票支持股市，实在难能可贵。虽然后来李嘉诚化险为夷，从中得利，但是就当时情况来言，李嘉诚挂帅之举真可谓正义之举。一系列的行为很能体现李嘉诚的特色，即分清什么钱可赚，什么钱不能赚；什么钱不可花，什么钱必须花；什么事不做，什么事必须做。这种有为有不为的"正"，正是每一位涉足商界的人士都应该学习的。

创业过程没有秘密

成功的人，他的经历和素质本身就是一笔财富。成为华人首富，李嘉诚是每个想要成功的人的理想和榜样。然而李嘉诚这样告诉我们，创业过程没有秘密。尔虞我诈的商海里，怎么可能没有创业秘密？有一位成功人士说过：创业者的第一桶金往往不是那么干净。只要在法律许可的范围内，找点其他门路也未尝不可。

有人便据此得出一些结论：我觉得只有做违法不犯罪的生意你才能快速致富，因为现在的社会秩序已经形成，社会资源已经被利益集团占有，你想出头，就不能走寻常路。这世界没规定擦边球不能玩啊！什么是违法不犯罪的生意，我看还是老四样：黄、赌、毒、假。

但李嘉诚说："我的金钱，我赚的每一毛钱都可以公开。"没有侥幸，没有暗箱操作，没有抛弃德行。李嘉诚的成功不是偶然，因为他明白，什么样的事情可以做。因为只有这样，良心才可以挺立一世。纵观商海，财运恒久的大商人几乎都恪守着与李嘉诚类似的守则，经历过与他相似的创业经历。

1996年被美国《财富》杂志评定为美国第二大富豪的巴菲特11岁就开始投资第一张股票，把他自己和姐姐的一点儿小钱都投入股市。刚开始一直赔钱，他却坚持认为持有三四年才会赚钱。结果，姐姐把股票卖掉，而他则继续持有，最后事实证明了他的看法。

1954年他如愿以偿到葛莱姆教授的顾问公司任职，两年后他向亲戚朋友集资10万美元，成立了自己的顾问公司。该公司的资产增值30倍以后，1969年他解散公司，退还合伙人的钱，把精力集中在自己的投资上。

巴菲特从11岁就开始投资股市，历经几十年坚持不懈。因此，他认为，他今天之所以能靠投资理财创造出巨大财富，完全是靠近60年的岁月慢慢地创造出来的。他的经历告诉我们，在创业中，只要你做得好，只要你勤于观察思考，每一个小买卖里都蕴藏着无限的商机，任何小事都包含着做成大事的种子。这并不需要秘密操作，每一处的智慧都是闪光点。

德鲁克认为，创业者要有社会责任感和使命感，否则即使他能发财，也不能赢得人心。显然，德鲁克所说的品德，正是企业的使命、责任和信念。对于创业者而言，根本的问题在于虚心学习、端正自我道德取向，而不要将目的仅仅局限在利润、资本的原始积累等浅层的问题上。蝇营狗苟，暗箱操作，并不能成就真正成功的企业家，只有眼光放远，以德服人，才能让事业走得更远。

可赚的钱应该赚，不可赚的钱绝对不赚

某报刊曾经刊登过一篇李嘉诚演讲的摘录，其中几句发人深思：

我相信只有坚守原则和拥有正确价值观的人，才能共建一个正直、有序及和谐的社会。

一个没有原则的世界是一个缺乏互信的世界。

我相信没有精神文明，只有物质充斥的繁荣表象，是一个枯燥、自私和危险的世界。

我绝不同意为了成功而不择手段，如果这样，即使侥幸略有所得，也必不能长久。

当你看到这几句话时，你能想到什么？回顾李嘉诚一生中所做的事，我们便能有一些清晰的认识。

自李嘉诚在海外投资开始，李嘉诚的事业更上一层楼。他在加勒比海巴哈马国投资，拥有货柜码头、飞机场、酒店、高尔夫球场及大片土地，成为当地最大的海外投资商。巴哈马政府拿出很多商人求之不得、一定赚大钱的赌场牌照，作为酬谢李嘉诚的礼物。面对送来的钱财，李嘉诚婉转地拒绝了。若说当着政府人员的面可以拒绝是情理之中，那么面对领导人呢？李嘉诚仍然没有答应要牌照。

当时，巴哈马总理亲自找到李嘉诚解释他"投桃报李"的行为原因："一大堆商人追着要这个牌照，我们都没给，你这么大的投资，我一定要给你，你有三家酒店，随便放哪家都可以。"

李嘉诚还要在此营业，所以忤逆领导人的下场应该说不难猜到。但常年与政府打交道的经验让他有了一个明智选择：盛情难却之下，李做了"妥协"，决定不接受赌场牌照，但在酒店外面另盖独立的房子给第三者经营，并由经营者直接

与政府洽谈条件，和黄只赚取租金。"酒店客人要去哪儿我不管，但我的酒店绝不设赌场。"这样，既买了政府的面子，又坚持了自己的原则，还让人看到了李嘉诚"正字为先"的一面，敬意陡升，真是处理得恰切非常。

在后来的采访中，李嘉诚谈到："我对自己有一个约束，并非所有赚钱的生意都做。有些生意，给多少钱让我赚，我都不赚。有些生意，已经知道是对人有害，就算社会容许做，我都不做。"或许用现代的生意眼光来考量，会有各种不同的说法，但"这是我的原则，原则必须坚持"，明确体现了其立场和态度。

作为一位有着广泛交际的人，难免会遇到种种问题，或是极大的困境，或是朋友的馈赠等。有些困境难以逾越，很多人便会选择屈从，不择"手段是否不正当"，如那位卖坟地的"仁兄"；有些则是丰腴却并不太"正"的馈赠，如那位总理的盛情给予，很多人会选择顺水推舟，因为这是"潜规则"嘛。

但李嘉诚没有，他避过了这些很顺的东西，而选择了一步一个脚印走。对于李嘉诚来说，不择手段的成功就是那颗"烫手山芋"，也许很香甜，却会给自己烙下不光明的痕迹。

纵观茫茫历史大潮，有人成功，有人失败；有人流芳百世，也有人遗臭万年。希望成功的愿望是美好的，用不择手段去获取成功却是令人羞耻的。李斯，渴望成功，最后却成了"嫉贤妒能"的代表人物。他原本应该是一代名相，却因对成功的渴望蒙蔽了双眼，不择手段打击韩非，制造了焚书坑儒的惨剧，最后却变成了遗臭万年，这恐怕不是那些不择手段追求成功的人的夙愿吧。

不光李嘉诚如此，世间的每一个商人，甚至每一个人都应牢记：绝不能为了成功而不择手段。20世纪80年代，中国崛起的不少企业家，因被媒体指责其资本原始积累的黑恶化和手段不正当性，其企业因此而陷入困境。这非常值得人们反思。所以，要警惕投机取巧、不择手段的创业方式的危害。不要为达到目的而滥用手段，手段的不正当性会扭曲目的。因为，一旦有一天事情败露，人们的道德拷问会使你的企业颜面扫尽、形象尽失，再难立足。

在大多数人的印象里，钱赚得越多越好。但李克华表示，我只赚我研究透彻的股票的钱，不赚没有研究或者研究不透彻的股票的钱。只赚该赚的钱，不赚不该赚的钱；只赚理性的钱，不赚运气的钱。李克华讲的是稳健赚钱。李嘉诚也是如此，并且用得更加彻底。

对于很难赚到的钱，李嘉诚如果认为可以赚，那么就是再难他也会去做。然而对于送到面前的利润非常诱人且法律也准许的赚钱机会，如果他认为是不应该做的，那他情愿牺牲这次赚钱的机会也不会昧着良心去做。他说："在一个商业社会，钱当然是赚得越多越好，假使有一项赚钱的事业，非常非常吸引人，前景好得不得了，法律也准许，这个事业可以做。但是就算这样的事业，如果带有疑问在我心里，我情愿牺牲。

美国俄亥俄大学曾经做过一项研究，即对2500名受试者进行人类行为研究，归纳出了人类15种基本欲望和价值观，这15种是：好奇心、食物、荣誉感（道德）、被排斥的恐惧、性、体育运动、秩序、独立、复仇、社会交往、家庭、社会声望、厌恶、公民权、力量。

若想满足这些欲望，离开了财富是办不到的，所以人人爱财。但是，财富取得的方式却多种多样。绝大多数人取之有道，通过自己的努力奋斗，发挥自己的聪明才智，合理合法地发家致富，不少创业英雄成了人们崇拜的偶像，如盖茨、巴菲特、香港富豪李嘉诚、大陆富豪刘永行兄弟等。

也有很多人是通过不光彩手段致富的，我们也能归结成15种，这15种是：官倒、非法承包、回扣、制假、邪教、传销、三陪、性病游医、巫师、走私、贩毒、贪污、索贿、受贿、卖官，等等，巧取豪夺，偷盗抢劫，无所不用其极。

前者赚钱，心安理得，"日里不做亏心事，半夜敲门不吃惊"；后者赚钱，疑神疑鬼。君子爱财，取之有道；小人爱财，不择手段。两相比较，真是大相径庭。

曾经有人劝李嘉诚收下礼物，说：这不是枪，这是一个新的武器。大概只有这么大吧（比画），但是放在这里的话，一平方公里所有的computer都动不了了，这最新的我也不要。这个国家的prime minister到香港来，他说："整队兵跟着我向我要牌照，我给你，因为你有发展在这里，你为什么不要？"李嘉诚说："我的经营理念是：可以赚的钱应该赚，不过要合法合理。可以赚足last penny，可以想办法赚到最后一分钱，但是不能伤天害理。"难怪公司员工说："我们的主席（指李嘉诚）啊，最容易的生意他就不要，辛苦得不得了的生意他却做。"

1997年亚洲金融风暴发生后，香港经济亦受到很大冲击，地产及股市大跌，人心惶惶，国际对冲基金及大炒家多次利用股市溃击联系汇率及期指市场，以期获取暴利。当时也曾有人多次向长江集团要求借取股票在市场抛售，借以增强沽售压力，加速股市崩溃，以遂攫利目的。经估算，当时如果肯借出股票，随便就可获得数以10亿元计的利润。

但李嘉诚没有这么做，他认为此举会对香港构成很大损害，故而一口拒绝，对这样的钱，李嘉诚说他是绝对不会赚的。当他认为当这样一桩生意与自己心中的"义"有冲突时，他的选择只有两个字：放弃。

在公司的一次重要会议上，李嘉诚让人记下这样一句话，公司经营要"有所为，有所不为"。

他说，一个有使命感的企业家，在捍卫公司利益的同时，更应重视以努力正直的途径谋取良好的成就，正直赚钱是最好。这种"可赚的钱应该赚，不可赚的钱绝对不赚"的态度打破了人们眼中唯利是图的商人形象，为商界树立了一道亮丽的风景线。

第三章

▼

磨难立人

——逆境中成长，积累成功资本

苦难是人生最好的锻炼

如今，人们写信或者和朋友告别时，总喜欢说"一路顺风"、"一路平安"、"一切顺利"等词。从这些祝语中我们可以看到大家都希望日子过得顺顺利利、平平安安的，没有谁会喜欢苦难，渴望经历苦难。但事实上，万事如意只是人们的美好愿景，每个人在一生中，总会经历这样或那样的苦难，只不过是轻重多寡各不相同罢了。

一位智者说过："没有苦难的人生不是真正的人生。"一个人只有经过困境的砥砺，才能焕发生命的光彩，这句话用在李嘉诚的身上实在不为过。如果他幼小幸福至今，那么或许会出现一位学者，一位教书育人的老师，但绝不会成为一个富甲天下的华人首富。命运是公平的，历经苦难将给人以新生，从而有所成就。

李嘉诚说，苦难是最好的学校。于是在他心爱的两个儿子面前，并不表现出宠溺的神态。李嘉诚每次给孩子零花钱时，先按 10% 的比例扣下一部分，名曰"所得税"。看起来让人啼笑皆非，好似经商人的惯用思维在作怪，其实不然。李嘉诚之所以这样做，就是为了教育自己的小孩在花钱时不得不事前进行仔细盘算，做一个全盘和长久的考虑。他比普通父母更进一步的是，他给的是现实的锻炼。这种"苦难"，应该是李嘉诚数年来的心得吧。

对于一个人来说，苦难确实是残酷的，但如果你能充分利用苦难这个机会来磨炼自己，苦难会馈赠给你很多。要知道，勇气和毅力正是在这一次次的跌倒、爬起的过程中增长的。

1940年，李嘉诚一家逃往香港，一路上风餐露宿十分辛苦。这对于一直在温泉里长大的李嘉诚来说不能不是一件吃力的事。然而面对苦难，李嘉诚忍耐着，并且尽自己的力量帮助父母照顾弟妹。

1943年，李嘉诚的父亲因病不治去世，临逝前叮嘱李嘉诚照顾好这个家，年仅十几岁的李嘉诚扛起了全家的重担。这一次苦难几乎是致命的，尤其在陌生的香港，但李嘉诚依然坚强地接受了这个锻炼。他日以继夜地工作，在业余时间拼命苦学。

就是在这样的情境下，李嘉诚迎来了自己打工的黄金时期"高级打工仔"生涯，又迎来了"塑胶花王"生涯，最终迎来了"地产大亨"、"华人首富"的地位。由此看来，经历苦难并不是一件坏事，相反，它是成功人生必经的阶段。可以说，苦难是一种财富，是未来人生的本钱。

帕格尼尼，世界超级小提琴家。他是一位在苦难中把生命之歌演奏到极致的人：4岁时得了一场麻疹和强直性昏厥症；7岁患上严重肺炎，只得大量放血治疗；46岁因牙床长满脓疮，拔掉了大部分牙齿；其后又染上了可怕的眼疾；50岁后，关节炎、喉结核、肠道炎等疾病折磨着他的身体与心灵；后来声带也坏了。他仅活到57岁。

身体的创伤没有将他击垮。他从13岁起，就在世界各地过着流浪的生活。他曾一度将自己禁闭，每天疯狂地练琴，几乎忘记了饥饿和死亡。这样的一个人，却奏出了最美妙的音乐。3岁学琴，12岁开了首场个人音乐会。他令无数人陶醉，令无数人疯狂！乐评家称他是"操琴弓的魔术师"。歌德评价他："在琴弦上展现了火一样的灵魂。"

也许上帝成就一个人的方式，就是让他在苦难这所大学中进修。的确，苦难是最好的大学，只要你能不被其击倒，你就能成就自己。苦难是蹲在成功门前的看门犬，怯弱的人逃得越急，它便追得越紧……

生命中所有的艰难险阻都是通向人生驿站的铺路石。学会接受这些宝贵的苦难，并努力去克服，只有这样你才会真正成长起来，像李嘉诚一样，迎来属于自己的那片天。

靠人不如靠己

"求人不如求己"是当今很多人的共识，而在李嘉诚这里则更进了一步，靠人不如靠己。的确，成功者总是自主性极强的人，他总是自己担负起生命的责任，而绝不会让别人驾驭自己。哪怕是在自己并不足够强大的时候。靠"拐杖"走的人常常会身不由己，于是只能靠自己。对于李嘉诚来说，逆境很多，但最力不从心的时候却是将自己靠在别人身上的时候。

1959 年，一位欧洲的批发商来到了李嘉诚的面前，此时李嘉诚正为如何打开国外市场而发愁。李嘉诚很热情地接待了他。一切都很顺利，临到签合同，欧洲批发商表示，依照惯例应找一位资历深厚的担保人才行。此时李嘉诚虽然已经立稳脚跟，但并未到让众商接踵而来的程度。几天的寻找给了李嘉诚很深的挫败感，因为他找不到能"靠"的人。

靠不了别人，李嘉诚并没有放弃，而是选择了一位更得力的可靠之人，他不是别人，就是李嘉诚自己。终于，连夜赶制的精美艳丽的塑胶花和李嘉诚的行动彻底征服了欧商。也从此，李嘉诚在焦头烂额的困境之后选择了一个一生中遵守的原则：靠人不如靠己。

的确，曾国藩曾说，危难之际，不要靠别人，只能靠自己。这不是句空话。在自己企业还没有做起来之前，与其四处寻求托付，不如加强自己的实力。因为在你的"被利用价值"还不突出的时候，能帮上忙的人不会把视线投向你；即便是投向你，也不会尽心尽力。而只有自己，才是世界上最可靠的、最尽心尽力的人。而当自己做强之后，便再也不会有靠别人之说了，因为那将是实力与实力的合作，是旗鼓相当，那才是尊严与双赢的开始。

在中国的商界潮商和温商都是一大派别，同时又有很多相通之处。在温州人的脑子里，也从来没有遇到困难就去寻求别人帮助的依赖思想，他们总是认为要想要创造成功，只有依靠自己。

1997 年，尚虎高考落榜，他不想再靠家里养活，于是就随在北京某酒店当保安的表哥来到了北京。可是他发现，像他这样没文凭、没技术的外来打工者在北京找工作是很难的。

但他并不想就这样灰溜溜地离开北京，于是就在市里到处寻找财路。这一天，他看到一位老人把一盆花扔进了垃圾桶里。"好好的花为什么扔掉呢？"他走过去问。老人无奈地说："养久了，花盆中的泥土越来越少，只能扔啊！"

俗话说："说者无意，听者有心。"尚虎一想，既然城里人养花缺少泥土，那何不从自己居住的郊区给他们弄些泥土来卖呢？也许，这样也能赚到钱！事实也正如他所料，北京的泥土非常值钱。只不过，在他叫卖了一段时间后发现根本没有一个买主。辗转反侧的尚虎在经过思考后发现，让人家接受自己才是最关键的。于是，他用自己省吃俭用的钱买了一个旧手机，还印了一盒名片。他心想：喜欢养花的人多半也会志趣相投、互相来往，只要认识一小部分养花的人，就可以通过他们去认识另外的一大部分人。（这与李嘉诚的推销方式是多么类似！）这一招还真管用，不到半个月，他每天至少要接十几个业务。一天下来，就有几十元钱进账。

然而，这样的日子过了两个多月，他接到的业务慢慢地少了。他百思不得其解，问过以前的客户才明白，原来泥土的肥被植物吸收后便再没有营养了，所以植物也枯死了。知道了问题的所在后，他立刻就去书店买了一些相关的书籍学习。之后，他特地买了一些包装纸将泥土包装好，注明"高肥花盆土"的字样，然后再去兜售，效果非常好！

3个月后，尚虎有时候一天能挣500多元。为了进一步扩大业务和稳住顾客，他先后推出了多种花盆土品种，分别标明富含钾、磷、氮等元素，适用于种植月季、菊花等不同的花卉。他还聘请了一位农科院的技师做顾问，为养花人解决实际问题。后来，办起了自己经营"花盆土"的公司，将泥土推销到了京城各处，总资产竟然超过1000万。

正是凭着一种独立自强、敢于创业的精神，才使许多像尚虎这样一度挣扎在贫困之中的人们，找到了自己的生财之道，过上了富裕的生活。

有依赖，就不会想独立，其结果只会给自己的未来挖下失败的陷阱。李嘉诚的经历告诉我们，必须独立，必须依靠自己。只有自己的双手，才能开拓自己的前程，也只有依靠自己，才能经受住一切挫折，最终走向胜利。

磨难中悟真经

莎士比亚曾说过："多灾多难，百炼成钢。"磨难就像是一把炼制宝剑的烈火，只有经历，才能变成锋利无比的利器。孟子曾说过："天将降大任于斯人也，必先苦其心志，劳其筋骨，饿其体肤，空乏其身，行弗乱其所为，所以动心忍性，曾益其所不能。"磨难就像是上天的使者，在磨砺你之后才给你希望。

今成大事者李嘉诚这样描绘他少年时的经历：小时候，我的家境虽不富裕，但生活基本上是安定的。我的先父、伯父、叔叔的教育程度很高，都是受人尊敬的读书人。抗日战争爆发后，我随先父来到香港，举目看到的都是世态炎凉、人情冷暖，就感到这个世界原来是这样的。因此在我的心里产生很多感想，就这样，童年时五彩缤纷的梦想和天真都完全消失了。

因为世态炎凉，李嘉诚遭受了很多磨难，先是课业问题，后是父亲的身体问题。有人把李嘉诚刚刚进入香港的那几年视为"那一段时光是一种压缩性的经验"，因为"我告别童年、投身社会，悲惨的经历催促我快速成长，短短的几年内，我为自己空白的人生确定了方向"。为什么李嘉诚能够如此快速地成长？因为磨难让他领悟到生的不易，领悟到一些原本不曾想到过的东西。

有一个故事很能说明磨难的真谛。铁匠打了两把宝剑。刚刚出炉时，两把剑一模一样，又笨又钝。铁匠想把它们磨快一些。其中一把宝剑想，这些钢铁都来之不易，还是不磨为妙。它把这一想法告诉了铁匠，铁匠答应了它。铁匠去磨另一把剑，它没有拒绝。经过长时间的磨砺，一把寒光闪闪的宝剑磨成了。铁匠把那两把剑挂在店铺里。不一会儿，就有顾客上门，他一眼就看上了磨好的那一把，因为它锋利、轻巧、合用。而钝的那一把，虽然钢铁多一些、重量大一些，但是无法把它当宝剑用，它充其量只是一块剑形的铁而已。

同样出自一个铁匠之手，用同样的工夫打造，两把宝剑的命运却有着天壤之别！锋利的那把又薄又轻，而另一把则又厚又重；前者是削铁如泥的利器，后者则只是一个不中用的摆设。

李嘉诚勇敢地承受了这一切磨难，他说："如果你说我以前困难的情形，我不止是'负资产'，我什么资产都无。"但李嘉诚赢了，赢得干净彻底。2006年，李嘉诚在演讲时说道："经验是人生无价之宝，尤其是从艰苦忧患中成长的一代。"美国财经杂志《福布斯》评价李嘉诚道："环顾亚洲，甚至全球，只有少数企业家能够从艰苦的童年，克服种种挑战而成功建立一个业务多元化及遍布全球50个国家的庞大商业王国，涉及的产业从地产、通讯、能源、基建、电力、港口到零售。"福布斯公司总裁兼首席执行官史蒂夫·福布斯称李嘉诚不仅是"我们时代最伟大的企业家"，而且"在任何时代，都是最伟大的企业家"。

成功的大道上注定充满坎坷，布满泥泞。想要追求卓越的生活，必然要经过一条布满荆棘的道路。磨难是上天给所有人的一份赐予，只有在经历磨难之后，才会品尝到王者所能拥有的美丽人生。

成大事者要能吃苦、会吃苦

胡雪岩曾说过，走哪条路都不会一帆风顺。商道亦无平道。生活中，每个人难免会遭遇挫折和苦难，就如同一年四季，必须要经历冬天一样。遭遇苦难时，我们只有能吃苦，学会吃苦，才能重新站立起来，开拓属于自己的那片蓝天。如果我们就此消沉了，放弃了，那么我们就永远也体会不到成功的甘甜，也永远实现不了自己的人生价值。

曾有一次活动要说出高层经理人心中的十大"商业偶像"，其中李嘉诚就榜上有名，被誉为"最能吃苦的人"，因为李嘉诚好学，能吃苦，在李嘉诚的少年时代，因为要上夜校及到工厂跟单，李嘉诚每天回家时已经非常晚，而住处每晚12时后便会熄灯，他只好摸黑走楼梯，"一步步计算，数到一定的数目就知道到了家"。或许只是一个微不足道的细节，却能看出一个十几岁孩子面对变故、面对苦难的坚持与乐观的情怀。

古有言：能吃苦中苦，方为人上人。意思很明确，一个人能吃苦，才能走向成功。就如李嘉诚。但是有人提出疑问，"在他那个年代，有很多人都能吃苦。那时候谁不能吃苦呀，不能吃苦就没饭吃啊！可为什么却没有几个人能够成功的？"因为李嘉诚不但能吃苦，而且会吃苦。他的每一次吃苦都是在为他的甜奠基。香港人常说一句话："力不到不为财。"意思就是：从来不会有天上掉下来的馅饼，若要成功，就得不怕吃苦。苦难有时也是一笔财富，富足、舒适的环境会使人慵懒，而苦难却能使人奋发、拼搏、积极向上。而很多人却一生都在重复一个动作，又怎能跑到李嘉诚的前面呢？

1946年，李嘉诚离开了中南公司，开始在一间小五金厂做推销员。这是一个艰苦的工作，他由店里的学徒变为一个行街仔，整日不停奔波，但所获却甚少。但李嘉诚并没有退却，也没有一股脑地吃苦，而是选择如何吃苦。

李嘉诚经过思考，独具匠心地发现，众多的推销员只着眼于卖日杂货的店铺，而他可以直接向酒楼旅馆进行直销业务，直接向小区居民推销啊。但很明显这个苦头将会比其他推销员受的更大。不过，没关系，谁让他是李嘉诚呢！

于是，李嘉诚打动了酒楼老板，获得了单次要货达100只桶的成绩；同时，他发现了只要卖给一个老太太，其他的就会不请自来的规律，因为老太太们爱唠嗑，一来二去总会在无形中做了义务推销员。这种吃苦法很快为他带来了巨额效益，五金厂生意由此兴旺非常。

后来，他创办了长江塑胶厂，在那里，他将自己6年来学习和观察到的生意经验和技巧运用于工厂的管理，终于获得了丰硕的果实。

与此类似的吃苦方式不胜枚举，李嘉诚用他的智慧证明了磨难不是一种可怕的瘟疫，而是一个锻炼、积累实力的阶梯。可见，李嘉诚不仅能吃苦，而且会吃苦。人无全才，各有所长，亦各有所短。作为商人，要了解自己的优点，发挥自己的潜能，做适合自己长处的生意，这才是会吃苦的真实体现。

在西班牙的华侨中，西班牙三E公司总裁王绍基算是闯荡商海的佼佼者之一。当年踏入商海时，他曾经历了种种艰难、困惑、迷茫、无奈和挣扎。

生于浙江温州的王绍基，曾在杭州音乐学院和上海音乐学院先后专攻指挥和管弦乐器。1985年他在一个朋友的帮助下到马德里谋生。初到西班牙，身上只有20美元的王绍基做过中餐馆洗碗工、跑堂，还到邻国葡萄牙跑过小买卖。他在一家小小的成衣加工厂里做熨衣工，度过了一生最困难的时期。拥挤的车间非常简陋，白天在这里做工，晚上也在这里睡觉。没有床，就睡在从马路边捡来的破床垫上。

马德里的夏天非常炎热，通风不良的车间气温有时高达40℃以上。熨衣工手握滚烫的熨斗，更是热得难以忍受。王绍基负责熨烫裤子，半分钟必须熨烫好一条裤子，这在常人看来，的确是个又苦又累又紧张的工作。

但王绍基坚持了下来，而且时常抽空到当地中国人办的西班牙语学校学习。在西班牙，语言不通几乎是所有华侨都遇到过的一个难题。不通当地语言，就等于是个睁眼瞎，更谈不上有什么发展。西班牙语用途很广，但却非常难学，尤其是听和说方面。西班牙人语速极快，不经过多年的苦学是听不懂也说不出的。经过苦学苦练，王绍基逐步掌握了西班牙语，为以后的发展打下了必要的基础。

20世纪90年代初，几年的苦心经营，王绍基创办的三E公司已经成为西班牙进口中国商品的主要合作伙伴，而且从2003年起，王绍基又将经商的触角伸展到新闻媒体方面，创办了一家中文报纸《欧华报》，这使他的事业有了更大发展，人生也更加辉煌。

有一位哲人曾说："人类中最伟大的人和最优秀的人，都出生在苦难这所学校中。这是一所催人奋发的学校，也是唯一能出伟人和天才的学校。"这句话在李嘉诚的身上得到了充分的验证。不懂受苦就不懂做生意，学会吃苦才是成大事的必要保证。

谁也不是天生优秀

很多人似乎天生优秀，很多人似乎天生幸运，很多人似乎天生聪慧……很多人常常这样说，用以掩盖自己的平庸。然而，李嘉诚很直白地告诉我们，人们赞誉我是超人，其实我并非天生就是优秀的经营者，到现在我只敢说经营得还可以，我是经历了很多挫折和磨难之后，才领会一些经营的要诀的。话是朴实无华的，交流是语重心长的。

的确，没有哪个人天生就是优秀者。每一位成功的企业家都不可避免地要经历成长的快乐与烦恼。

1984 年，高中毕业的叶显东开始涉足童装业。第一次出门跑业务时，叶显东还搞不清怎样洽谈生意，可凭着聪慧和勤奋，一个多月跑下来，初出茅庐的叶显东居然拿回了货值 8 万元的合同。初战告捷，让叶显东对童装业一见钟情。很快，他就和亲戚合作，在家乡办起了自己的童装厂。1996 年，在叶显东的努力下，红黄蓝童装有限公司成立了。

谈起他对这些年服装行业发展的感受，叶显东说："我有一个很形象的例子，那是我的亲身经历，一路走来，看看我的交通工具的变化，就知道我们温州童装业的发展脚步了。" 20 世纪 80 年代是自行车的时代，20 世纪 90 年代初是摩托车的天下，到 90 年代中期，汽车时代来临，而如今生产商已有固定客源，送货也是全物流操作了。这个过程是辛苦的，也体现着叶显东对市场逐步成熟的认识。

1971 年 6 月，李嘉诚宣布成立长江地产有限公司，集中精力发展房地产业。在第一次公司高层会议上，李嘉诚踌躇满志地提出：要以置地公司为奋斗目标，不仅要学习置地的成功经验，还要力争超过置地。后来，李嘉诚说："世界上任何一家大型公司，都是由小到大，从弱到强。赫赫有名的遮打爵士由英国初来香港，只是一个默默无闻的贫寒之士，他靠勤勉、精明和机遇，发达成巨富，创九仓、建置地、办港灯。我们做任何事，都应有一番雄心大志，立下远大目标，才有压力和动力。"

为此，他树立了一个远期目标，并且在树立目标时他已经做到了知己知彼。事实证明，到 1979 年，在不到 10 年的时间里，长江实业集团已拥有楼宇面积达

1450万平方英尺，超过了当时拥有1300万平方英尺的"置地"，成为香港最大的地产集团。置地的优势，是每单位面积的楼宇价值昂贵。李嘉诚扬长避短，把发展重心放在土地资源较丰、地价较廉的地区，大规模兴建大型屋村，最终以量取胜。

正因为谁也不是天生优秀，天生出众，所以李嘉诚做事之前，往往三思，言语表达非常的谨慎，一般会留有余地。1992年8月6日，李嘉诚发布本集团中期业绩报告，阐明投资重点转移到内地的条件及方针：中国未来之国民经济将有较大幅度之增长，前景令人鼓舞。香港整个经济体系亦将由此而得益，为平稳过渡做好准备。自年初邓小平南行深圳后，中国改革开放的势头得到深化，本集团在中国内地的投资的确增大了。

这种谨慎与稳健措施正是源自李嘉诚在创业初期吃的苦头与磨难，因为站在近乎失败的肩膀上，所以才有这一次次的成功。

永不言败，磨难中积累资本

丘吉尔曾说，想成功就绝不能轻言放弃。不轻言放弃，是成功必备的心态。

有一次牛津大学举办了一个"成功秘诀"讲座，邀请到了当时声誉极高的丘吉尔来演讲。三个月前媒体就开始炒作，各界人士都翘首企盼。这天终于到来了，会场上人山人海，水泄不通。世界各大新闻机构都到齐了，人们准备洗耳恭听这位大政治家、外交家、文学家的成功秘诀。丘吉尔用手势止住如潮的掌声后，说："我的成功秘诀有三个：第一，绝不放弃；第二，绝不、绝不放弃；第三，绝不、绝不、绝不放弃！我的演讲结束了。"说完，他立即走下讲台。

这是一种启迪。在这个世界上，很少有人能一次就成功的。所以，看看每一个成功人士背后失败的经历吧，包玉刚、松下幸之助、史玉柱、李嘉诚等，每个人的成功路上都撒有泪水与汗水。磨难立人，只有永不言败才能体会到立人那一刻的辉煌。

14岁时，李嘉诚的父亲离世。从此，他毅然辍学求职，想要挑起一家生计的重担。但当时他一无所有，根本难以在香港立足。即便是这样，李嘉诚独立、自信、倔强的秉性却使他拒绝了舅父让其到他的中南计表公司上班的好意。李嘉诚不愿受他人太多的荫庇和恩惠，哪怕是亲戚。

正是这样一种永不言败、永远进取的血性，促使李嘉诚一步步走上商界的巅峰。从他的成功之路可以看出他一直严格要求自己，激励自己。

推销其实没有什么秘诀，如果说有，那就是绝不放弃、永不言败，只有这种精神，才能在不断地遭遇挫折、失败后崛起，即使百战百败，也仍百败百战，直至成功。

李嘉诚年轻时做推销数年，尽管他的成绩非常不错，但他总觉得有一种强烈的不安感。

"难道我就这样继续生活吗？推销员的生涯能够保障我的未来吗？"这是对人生观、职业观的迷惘，是对未来的不安。于是，他总是为自己寻求更高的目标，跳槽，跳槽，跳槽，只是为了成长。其中，他不是没有遇到困难，面临三个月不挣一分钱的困境，他咬牙坚持了下去，在永不言败中获得了最终的成功。正是出于这种对目标的自我激励和坚定不移的信念，让李嘉诚赚足了走向成功的资本。

成功的路上总会布满荆棘，常人通常对此望而却步，只有意志坚强的人才会执着前驱。

希拉斯·菲尔德先生退休的时候已经积攒了一大笔钱，然而他突发奇想，想在大西洋的海底铺设一条连接欧洲和美国的电缆。随后，他就开始全身心地推动这项事业。要完成这项工作不仅包括建一条电报线路，还包括建同样长的一条公路。整个工程十分浩大。

菲尔德使尽浑身解数，总算从美国政府那里得到了资助。然而，他的方案在议会上遭到了强烈的反对，在议会上院仅以一票的优势获得多数通过。随后，菲尔德的铺设工作就开始了。不过，就在电缆铺设到 5 英里的时候，它突然被卷到了机器里面，被弄断了。

菲尔德不甘心，进行了第二次试验。在这次试验中，在铺到 200 英里的时候，电流突然中断了，就在菲尔德先生即将命令割断电缆、放弃这次试验时，电流突然又神奇地出现，一如它神奇地消失一样。夜间，船以每小时 4 英里的速度缓缓航行，电缆的铺设也以每小时 4 英里的速度进行。这时，轮船突然发生了一次严重倾斜，制动器紧急制动，不巧又割断了电缆。

但菲尔德并不是一个容易放弃的人。他又订购了 700 英里的电缆，而且还聘请了一个专家，请他设计一台更好的机器，以完成这么长的铺设任务。随后，两艘船继续航行，一艘驶向爱尔兰，另一艘驶向纽芬兰，结果它们都把电线用完了。两船分开不到 3 英里，电缆又断开了；再次接上后，两船继续航行，到了相隔 8 英里的时候，电流又没有了。电缆第三次接上后，铺了 200 英里，在距离"阿伽门农"号 20 英尺处又断开了，两艘船最后不得不返回到爱尔兰海岸。

很多人都泄气了，公众舆论也对此流露出怀疑的态度，投资者也对这一项目没有了信心，不愿意再投资。但菲尔德没有就此放弃。菲尔德继续为此日夜操劳，甚至到了废寝忘食的地步，他绝不甘心挫败。于是，第三次尝试又开始了，这次总算一切顺利，全部电缆铺设完毕，而没有任何中断，几条消息也通过这条漫长的海底电缆发送了出去，一切似乎就要大功告成了，但突然电流又中断了，几乎所有人都感到绝望。

但菲尔德仍然坚持不懈地努力，他最终又找到了投资人，开始了新的尝试。他们买来了质量更好的电缆，这次执行铺设任务的是"大东方"号，它缓缓驶向大洋，一路把电缆铺设下去。一切都很顺利，但最后在铺设横跨纽芬兰600英里电缆线路时，电缆突然又折断了，掉入了海底。他们打捞了几次，但都没有成功。于是，这项工作就耽搁了下来，而且一搁就是一年。

所有这一切困难都没有吓倒菲尔德。他又组建了一个新的公司，继续从事这项工作，而且制造出了一种性能远优于普通电缆的新型电缆。1866年7月13日，新的试验又开始了，并顺利接通、发出了第一份横跨大西洋的电报！电报内容是："7月27日。我们晚上9点到达目的地，一切顺利。感谢上帝！电缆都铺好了，运行完全正常。希拉斯·菲尔德。"

不久以后，原先那条落入海底的电缆被打捞上来了，重新接上，一直连到纽芬兰。现在，这两条电缆线路仍然在使用，而且再用几十年也不成问题。菲尔德的成功证明了只要持之以恒，不轻言放弃，就会有意想不到的收获。

天下事最难的不过十分之一，能做成的有十分之九。要想成就大事大业的人，尤其要有恒心来成就它，要以坚忍不拔的毅力、百折不挠的精神、排除纷繁复杂的耐性、坚贞不屈的气质作为涵养恒心的要素。李嘉诚之所以成功，不是上天赐给的，而是日积月累自我塑造的。当我们为了完成这个计划已经付出了很多时，那就坚持下去，也许最艰难的时候，也是离成功最近的时候。

第四章

闯在当下

——胸中怀大志，敢闯才能成功

有志则断不甘下流

李嘉诚曾在汕头大学校友会成立典礼上引用曾国藩于道光二十二年手书的内容，用以激励学生。李嘉诚说："曾国藩曾说：'士人第一要有志，第二要有识，第三要有恒，有志则断不甘为下流，有识则知学问无尽，不敢以一得自足，有恒则断无不成之事。'各位同学，成功的关键，在于我们能否凭着我们的意志，凭着我们的毅力，运用我们的知识、我们的原创力将之融入我们的生命，融入我们承传的强大文化，使之转化成为我们的智慧，使之转化成为我们的力量，为我们民族缔造更大的福祉、繁荣、非凡的成就和将来。"

李嘉诚少时立志，决心将来要创一番大业。在李嘉诚 15 岁时，他要为自己、为母亲、为弟弟妹妹摆脱贫困的生活而奋斗。李嘉诚所想的并不是个人利益，而是他作为家中长子，就需要担起整个家庭的重担。当时香港的经济环境比现在落后得多，生活艰难，人浮于事，哪有现在香港人这般富裕？贫困使不少香港人三餐不继，莫说是企求他日显贵，就是能够保证温饱，已是不少人的理想，甚至是梦想。但是，李嘉诚就是在这样一个如此恶劣的环境之下，除了洁身自好、不自暴自弃之外，还毅然立志要开创一番事业。

成大事者首先要立志，要有见识，李嘉诚在推销行业业绩卓然之时辞职，独力创立长江；他以小吞大，入主和黄；他拓土开疆，建立一个世界级财富帝国；他创建汕大、李嘉诚基金会，为华人挣了一大口气……

1940 年初，12 岁的李嘉诚随家人逃难到香港。在香港，李嘉诚接触到了完全不同的文化，粤语、英语等让他眩晕。窦应泰曾经鲜活地描述过这样一个场景，"虽然那时香港尚不十分繁华，不过毕竟与广州大不相同。仅仅古怪的街名就让他不可理喻了，什么铜锣湾，什么快活谷、荷里活道，什么旺角和尖沙咀。""香港那些狭窄街道上的路标几乎都是英文书写，而人与人之间的对话则是难懂的英文，即便偶尔遇上几个广东人，说起话来也都掺杂着难懂的英语。"而且，李嘉诚十分清醒，由于香港是英国殖民地，受英国人统治多年，其官方语言是英语，这是在香港生存必须要掌握的重要的语言工具，尤其是在上流社会。

于是，没有选择逃避的李嘉诚为了能让自己具备一定的交际能力，他抓紧时间适应环境。李嘉诚不怕被人笑话"水皮"，敢于大胆与人交流，从中学习。因为学英语困难，李嘉诚找了表妹做辅导，日夜刻苦训练。终于，李嘉诚克服了这一难关，就此在香港扎下根来。

上海人姚贵1990年代移民到香港，以外来人的身份对记者解释："在这个地方，如果你勤奋、努力，上天会很公平地让你一定能赚到钱，过上好的生活。"李嘉诚就是活脱脱的一个例子。而李嘉诚的志向并不仅仅在于"过上好的生活"，他的视野在全世界。当一个有志者奋起时，即使经历再多的波折，承受再多的痛苦，他也不会觉得苦，不会觉得累，因为他是为了梦想而努力。这样的经历不由得让我们想起那些过往的成功者，李小龙就是一典范。

由于父亲是演员，李小龙从小就有了跑龙套的机会，他渐渐产生了当一名演员的梦想。可由于身体虚弱，父亲让他拜师习武以强身。但在心底，他从未放弃过当一名演员的梦想。一天，他与朋友谈到梦想时，在一张便笺上写下了这样一段话："我，布鲁斯·李，将会成为全美国最高薪酬的超级巨星。作为回报，我将奉献出最激动人心、最具震撼力的演出。从1970年开始，我将会赢得世界性声誉；到1980年，我将会拥有1000万美元的财富，那时候我及家人将会过上愉快、和谐、幸福的生活。"

当时，他穷困潦倒。可以预料，如果这张便笺被别人看到，会引来什么样的白眼和嘲笑。但他牢记着便笺上的每一个字，克服了无数常人难以想象的困难，终于成为"最被欧洲人认识的亚洲人"，一个迄今为止在世界上享誉很高的华人明星。

安德鲁·卡内基说："我是不会帮助那些缺乏成为企业领袖的雄心壮志的年轻人的。"人生志向提升人生的价值。没有远大志向的人，就像一艘没有目的的航船，永远漂移不定，甘于顺流而下。

曾国藩说，自己不立志，则虽日与圣人同住，亦无所成矣！可见，志向对于一个人的发展是多么的重要。李嘉诚就是一个少时代即有凌云之志的人，他不会拘泥于眼前，总是会严格要求自己，摒弃生命中很多的诱惑，不畏惧挫折，在遭受磨难时从不妄图依赖他人。因为在李嘉诚的眼中，只有一条路要走，那就是成功之路。

乐观者胜于悲观者：迎向阳光，就不会有阴影

李嘉诚常说："永不知足。"他之所以会取得如此大的成功，就是因为他不满足于所取得的成绩，不断进取，始终激励自己向前发展，并且给自己自信，而不是悲观停滞，最后终于实现了自己的理想，达到了他所向往的地位。而很多人常常容易满足，或是因为惧怕下一次失败会让自己一无所有而选择停滞，而成为沧海一粟。这就是乐观者与悲观者的区别。

有个小故事《乐观者与悲观者的差别》可以很确切地说明这个问题。

乐观者与悲观者在争论三个问题。

第一个问题：希望是什么？悲观者说：是地平线，就算看得到，也永远走不到。乐观者说：是启明星，能告诉人们曙光就在前头。

第二个问题：风是什么？悲观者说：是浪的帮凶，能把你埋葬在大海深处。乐观者说：是帆的伙伴，能把你送到胜利的彼岸。

第三个问题：生命是不是花？悲观者说：是又怎样，开败了也就没了。乐观者说：不，它能留下甘甜的果。

突然，天上传来一个声音，也问了三个问题。

第一个：一直向前走，会怎样？悲观者说：会碰到坑坑洼洼。乐观者说：会看到柳暗花明。

第二个：春雨好不好？悲观者说：不好！野草会因此长得更疯！乐观者说：好！百花会因此开得更艳！

第三个：如果给你一片荒山，你会怎样？悲观者说：修一座坟墓。乐观者说：不！种满绿树。

就这么你一言我一语，针锋相对，只不过他俩都不知道，在空中提问的是上帝。

他们更不知道，就因为这场争论，上帝给了他们两样不同的礼物。

给了乐观者勇气，给了悲观者眼泪。

那么，何以最终前者会失败而后者会成功呢？因为，乐观的人心里始终是向

阳的，始终坚信，只要我做，就可以做好的信念；而悲观的人心里始终是向阴的，所以总是踟蹰不前，终被时间抛弃。一切伟大的领导者，不论他们是在人生的哪个领域中有杰出成就，都知道全心追求理想所能发出的力量是无比的。而李嘉诚所选择的，正是这种积蓄实力，在坚信我能做到的信念中勇敢踏出去，努力闯天下的。结果也十分公平，李嘉诚成为了全世界华人首富。

回顾李嘉诚及其集团的发展历程，我们只能说，李嘉诚的乐观是自己储备的。在长江集团 57 年的发展中，最重要的几个历程，分别是：第一，击败英商置地，夺得地铁中环站与金钟站上盖的物业发展权，成为香港地产的新霸主；第二，购并和记黄埔，取得香港四大英资公司之一的控制权，亦创下华商购并外资最大交易案；第三，购并加拿大赫斯基能源公司，拥有全球可发展油砂储存量最高的能源公司之一。这三个历程，分别代表李嘉诚从"塑料花大王"变成香港地产大王，再跨行成为全球货港与零售商霸主，及未来可能的能源巨擘。

每一次都是在与强大阻碍力对决中赢的。第一次，在别人都笃定是置地赢的时候，他并没有悲观放弃，而是相信自己能够打败置地；第二次，在别人都觉得和黄是一头大象根本吃不下的时候，李嘉诚以蛇吞象的方式缔造了一个奇迹，原因依然在于他足够乐观，相信自己能吃得下，并且能消化得下；第三次，当别人都如躲瘟疫般躲着这堆烂摊子的时候，李嘉诚客观估计形势，乐观认为前景很好，于是果断购买，从而为 22 年后的崛起创造了又一项奇迹……

孔子曰："欲得其中，必求其上；欲得其上，必求上上。"大凡那些成功的政治家、著名的企业家、优秀的艺术家、杰出的科学家、创纪录的运动员都有一种一般人所没有的成就动机，都有乐观的精神。

每个人在一生中都有一门重要的学问要学，那就是怎样去面对"失败"，李嘉诚说，若一夜之间所有财富都没了，我不担心，因为"相信我可以再赚一笔钱，足够生活"。既然可以把失败当成一个无足轻重的事，那么为何不前进呢？

一直把目标定在前方

美国成功学家拿破仑·希尔说："你过去或现在的情况并不重要，你将来想获得什么成就才最重要。有了目标，内心的力量才会找到方向。"目标是构成成功的基石，是成功路上的里程碑。目标能给你一个看得见的靶子，一步一个脚印去实现这些目标，你就会有成就感，就会更加信心百倍地向高峰挺进。一直把目标定在最前方，是对自己的一种推动力，它能长时间调动创造的激情，让你不懈追求。

李嘉诚如果当年没有胸怀大志，也许他只是一个熟练推销工；如果没有不懈的追求，那么他也许只是一个小长江厂的老板；如果没有持续的进取，那么他也许走进和黄就可以永远退休了；如果没有走向世界的目标，也许，世界华人首富将就此易主。然而，李嘉诚一步步走过来了，他的目标随着他的进步而增大，而他的进步则随着目标的增大而愈加进步。这就是目标的力量。

罗马纳·巴纽埃洛斯是一位年轻的墨西哥姑娘，16 岁就结婚了。在两年当中她生了两个儿子，丈夫不久后离家出走，罗马纳只好独自支撑家庭。但是，她决心谋求一种令她自己及两个儿子感到体面和自豪的生活。

她带着用一块普通披巾包起的全部财产，在得克萨斯州的埃尔帕索安顿下来，并在一家洗衣店工作，一天仅赚 1 美元。她想，要在贫困的阴影中创建一种受人尊敬的生活。于是，口袋里只有 7 美元的她，带着两个儿子乘公共汽车来到了洛杉矶。她开始做洗碗的工作。

她想，我要为自己而工作。于是，她拼命攒钱，终于与姨母一起买下一家拥有一台烙饼机及一台烙小玉米饼机的店。她们共同制作的玉米饼非常成功，后来还开了几家分店。不久，她经营的小玉米饼店铺成为全国最大的墨西哥食品批发商，拥有员工 300 多人。

然而，她并没有因此享受。她又有了一个新目标，那就是提高她美籍墨西哥同胞的地位。我们需要自己的银行，她想。后来她便和许多朋友在东洛杉矶创建了"泛美国民银行"。如今，银行资产已增长到 2200 多万美元。后来她的签名出现在无数的美国货币上，她由此成为美国第 34 任财政部长。

有了明确高远的目标，还要有火热的、坚不可摧的、向上的、奋进的力量，才会产生坚决有力的行动。一个人只有不畏困难，不轻言失败，信心百倍，朝着既定的目标永不回头、奋斗不止，才会在自己的人生道路上创造出辉煌的业绩。

除了要成就一番大业，使企业成为行业领袖外，李嘉诚的大志还包括做到最好。如果一个企业规模是最大的，但所生产的产品在品质上有问题，这个大企业或迟或早都会出现问题。但李嘉诚没有只是追求最大，而是追求最好。要做到最好、最优质。做到最好、做到最优质是李嘉诚一贯的生意手法，也是李嘉诚的处世哲学。

高尔基曾说过："一个人追求的目标越高，他的才力就发展得越快，对社会就越有益，我确信这也是一个真理。这个真理是由我的全部生活经验，即我观察、阅读、比较和深思熟虑过的一切确定下来的。"

自己给自己施加压力，这是李嘉诚一生的信条。因为他知道，目标之于事业，具有举足轻重的作用。目标是信念、志向的具体化，奋斗者一定要有梦想，梦想正是步入成功殿堂的源泉。一个人之所以伟大，首先在于他有一个伟大的目标。

看准目标，绝不半途而废

《劝学》写道："锲而不舍，金石可镂；锲而舍之，朽木不折。"

伏尔泰曾说："要在这个世界上获得成功，就必须坚持到底，剑至死都不能离手。"

任何人成功之前，必然会遇到很多挫折。碰到不如意的事，选择放弃也许是最简便的做法，却再难有所成就。一个人若要有所成就的话，就必当有恒心，持之以恒，绝不能半途而废。李嘉诚便是这样一个能闯之人，于绝境中不放弃、于困境中不半途而废的人。

被同乡李嘉茂挖过来，李嘉诚是奔着自己的目标努力的。然而很快他便发现，李嘉茂是个急性子，喜欢按自己的主见行事，对手下7个工人每天制铁桶要有定额。如若完不成定额，轻则扣发薪水，重则当场解雇。李嘉诚明白，这是采取强制措施以便完成每天定额。由于如此精明实用的奖罚方法在当时是不多见的，所以第一次试水的他不禁铆足了劲儿。

做推销员自然是十分辛苦的，除了每天都要风雨无阻地奔波之外，还要看各色人的脸色。因为这种小铁桶的购买者多为香港的下层贫民。而小铁桶的使用者们大多都有旧桶可使就不再购新桶了，有些居民即便是买，一般也会采取能省则省，能压价就压价的做法。有时李嘉诚费了许多唇舌讲好了一桩生意，屈指一算，利润几乎刚好与成本持平。这种沮丧感是难以形容的。而随时都有可能被"炒鱿鱼"更是让李嘉诚坐如针毡。想起钟表店的那段时光，不能不让人感叹。

然而李嘉诚并没有因此而退却，他那绝不半途而废的性格给了他坚强的支撑。于是，他拼命开动脑筋，而不再一味蛮干。他想："如果我想在五金厂立稳脚跟，就必须做几单大生意，否则我在五金厂迟早会栽跟斗的。"

一开始，李嘉诚把目光盯在香港几家大酒店。譬如君悦、半岛、文华、西港城、聚星楼酒店等。为了能不盲目，他多次前往各大酒楼调查了解，发现这些酒店的客房中均需要这类小铁桶。但是，麻烦的是这类用量较多的酒楼饭店不会轻易购买像李嘉茂这样没有影响的五金小厂的产品。李嘉诚自己有把握吗？

答案是没有。但是没有也不能让这个目标就此流产。于是，他偷偷进了君悦大酒店，并且说服了老板的女秘书，让他见到了老板。

但这仍然不等于成功，因为大老板还没有点头。当老板发现李嘉诚时，李嘉诚已经足足等了几个小时。他见了老板，刚提到五金厂的小铁桶，不料老板竟不客气地打断了他的话，说："年轻人，你就不必费口舌了，我们君悦大酒店是绝对不会进你们五金厂任何产品的。即便你们的产品确如你所说的那样质高价廉，我也不会同意进货的。"计划终于还是夭折了。李嘉诚知道即便继续纠缠下去，也不会再有转机。于是他礼貌地向老板致意，然后告辞出门。

但是，突然，一个想法冒了出来。走到楼下的李嘉诚忽然又转身上了楼梯谦逊地对老板说道："是这样，我刚才就这样匆忙下楼其实是不礼貌的，因为我还没有征求先生对我推销方式的意见呢？因为我很年轻，也是刚做这种生意，所以难免有些不谙此道。我对先生并无其他所求了，只求先生能以长辈的角度，给我的推销方式提一点儿宝贵的意见！"

老板不仅对他刮目相看，还很坦诚地说："年轻人，并不是你在推销过程中有什么不礼貌，应该说你是个很会做事的人，你当推销员也很称职。只是你们五金厂太小，产品也不可能登大雅之堂，尤其是像我们这样的大酒店，一般都从有名气的厂家进货，所以我只能拒绝你了，请你原谅。"

这是一个契机，李嘉诚意识到。他果断地判断出了他们这个大酒店是从香港名气很大的凯腾五金店厂进小铁桶的。而凯腾五金店厂有一个极大的漏洞：他们的产品质量不够硬，因为他们用的并不是进口镀锌板材，虽然他们在出售产品时是打着日本材料的招牌，其实他们只是使用五金厂不用的边角余料进行再加工，然后再以进口镀锌板的名义上市罢了。

李嘉诚的陈词令这位老板不禁吃了一惊，后来他果然查出了真相，正是李嘉诚所言。而且李嘉诚推销的小铁桶非但都用上好镀锌板制成，价格也更低廉。于是，这位老板马上派人照李嘉诚名片上的地址找到了位于新界一处荒凉郊外的工厂，一下子就订下了500只小铁桶的订单。

李嘉诚正是因为没有半途而废，这才从中绝境中发现了成功的制胜之机，从而一举成名。

有人曾统计过，全美国的富豪中，有500人以上亲口说过，他们最轰轰烈烈的成功和打击他们的挫折之间相距仅有一步。要想成功，就不能被放弃的心情左右，你要知道黄金只在三尺之下。世人往往惊羡于李嘉诚现时的地位与金钱，而忘记其所付出的这一切。如果资历最浅，情况最不利的李嘉诚中途放弃了，那么等待他的，说不定就是一文不名的市井小民，抑或一辈子的穷光蛋了。

只有锲而不舍，才可达成目标。这种持之以恒的精神对经商者便如同一双翅膀，带他们飞越他人，走向成功。

自己做老板最潇洒

世界上，敢跳槽者很多，能跳出大名堂的却很少；世界上，打工挣钱者很多，能成大富者却很少；世界上，欲成大事者很多，能成大事者却很少。这就是症结所在。要想成就大事，便要敢闯，敢于跳槽，敢于自己做老板。

在潮汕，有着中国最富的一批人，也有着世界级的富人。亚洲首富李嘉诚，甚至加拿大、澳洲、新加坡、泰国的华人首富，几乎都出自这个地方。是一方水土养一方人吗？也许，不仅仅是，很多人都是这样，犹太人、温州人……

扎根香港的李嘉诚曾对儿子说，要"自己做老板"，因为如果不能抛开身边"拐杖"独立自主，又怎么成就你的雄心壮志，出人头地呢？回首李嘉诚几十年的人生，无不印证着这一句话。

做堂仔，他注重观察，揣摩人的心思，练就了扎实的经商基本功；做学徒，他暗自下苦功旁观学习，掌握了钟表技术，发现了自己的目标；做销售员，他磨炼了自己的耐性和思考力……无论走到哪一步，李嘉诚都在完成自己为自己设定的一次次挑战，在每次完成中都积累雄厚的人生与商业经验，无数次成为同事中的佼佼者。

这些都是为什么？答案很清晰，因为他希望有朝一日自己可以熟络全部过程，成长为一名成熟的全局控制者，自己做老板，实现自己的理想和抱负。李嘉诚说："只要你愿做某件事情，就不会在乎其他的。"因此他可以忍受每一步的艰辛，依然在荆棘路上奋勇前进。

他不满足于现状，不愿享受一劳永逸的生活，于是，他辞去总经理的职位，以个人资金开创自己的事业，有了自己的长江。这时他的目标开始清晰了，就是首先要开办一所塑料花厂，作为事业展开的第一步。但这只是第一步。因为在他心中，塑料花厂的建立和运作成功只是他的众多目标之一，李嘉诚还有很多更远大的目标。

李嘉诚的塑料花厂办得非常成功，他因此赢得了"塑料花大王"的称号。但对李嘉诚来说，塑料花厂只不过是起步而已，他下一个目标就是进军当时的地产界。后来，他终于成功地在地产行业中打出名堂，而且创建了香港最有实力的地产发展公司。

李嘉诚通过一连串的收购活动，不断地将自己的企业壮大。这仍然是他逐步实现个人理想的过程。每一个目标完成之后，他都会有另外更多的目标，而且通常都是更高的目标。他在实现自己的理想的过程中，不断订立不同的、较为具体的目标，然后一步一步地向这些具体目标进发。

有了自己的和黄，可以自主决策，可以育人，可以追求自己的理想，为公益事业而不懈坚持。

在李嘉诚麾下，曾出了数名"打工皇帝"，其中霍建宁的年收入达香港一家上市公司市值的1.7倍。但在人们的心目中，依然为"皇帝"前面加了两个字"打工"。可见人们对"老板"二字的重视。事实也正是如此，只有自己做老板，才能真正做到实现自我价值的最大化，才能不在大决策上受人制衡。

几乎所有立志于有所成就的人似乎都有着相同的目标，自己做老板。

1986年，退役的林戈到深圳找朋友玩，红红火火的装饰业让他留在了这座城市。"连我自己也没有想到，这会是我后来的主业。"他在接受采访时说道。

林戈在做好自己分内的工作外，还去大学听一些设计方面的培训。林戈与众不同的举动被公司老板看在眼里，两年时间过去，他找到林戈，要提拔他为公司装饰部经理，并承诺当时看来是"天价"的薪酬：月薪8000元。他以为这个年轻的潮汕人会感激涕零地接受，令他大感意外的是，林戈婉言谢绝了。因为他要自己做老板，自己开公司。

"两年的时间，我已经摸清了装饰行业的每一道脉络，就拉了一帮兄弟出来单干了。"林戈就从这里开始起步、壮大。1992年，英协地产进军郑州，在郑州接的第一个工程是丰产路的一家酒店。他带着空压机、射钉枪这些当时在内地还很稀罕的工具进驻工地，只用了一个晚上，就完成了几百平方米的吊顶。

"当时流行全国装修看深圳，林戈从深圳带回的不光是这些新奇的玩意儿，还有南方装饰业独特的超前理念，这些把业主震得目瞪口呆，他的装饰公司在河南就这样一炮打响。"潮汕商会秘书长黄楚明说。

正是志在闯荡一番，建功立业的心态让李嘉诚褪去平凡，走向卓越。这一心态也的的确确影响到他后来的事业。无论是在经营地产的狂潮中，还是在向世界扩张中，李嘉诚都表现出了一种高瞻远瞩的魄力，而这种魄力，正是源自一种老板角度的考虑，而不是甘于被人领导。

事业的成功，是先要有理想，然后再有具体的目标。跨过一个又一个的目标，理想就可以慢慢实现。这一点我们从李嘉诚事业发展的过程中可以学习到。

持之以恒是成功的基石

立定志向是不难的，难的是持之以恒地按照自己既定的目标计划不断地奋发，不断地进取。有道是"有志者立长志，无志者常立志"。工作是一步一个脚印扎扎实实才能做好的。

确立人生目标，不断地鞭策自己，持之以恒地做，必会使自己更好地成长，拥有成功人生。

持之以恒是成功的基石，这一点在李嘉诚身上也得到了很好的印证。

李嘉诚出身于社会基层的知识分子家庭，父亲李云经一度经商，失败后回家乡教书，因此李嘉诚在童年受到很好的学校教育和家庭教育。然而，这一正常的健康的成长岁月很快就被时代的车轮所碾碎，由于日本入侵，父亲不得不带着一家人从潮州逃难到香港。

到港之后，李云经对儿子的教育大有改观。他不再以古代圣贤的言行风范训子，而是要求李嘉诚"学做香港人"。

人与人首要的交际工具是语言。

香港的大众语言是广州话。广州话属粤方言，潮州话属闽南方言，彼此互不相通。在香港，不懂广州话寸步难行。

香港的官方语言是英语，这是香港社会的一种重要语言工具。

李云经要求李嘉诚必须攻克这两种语言，一来立根于香港社会，二来可以直接从事国际交流。将来假若出人头地，还可以身登龙门，跻身香港上流社会。

李嘉诚把学广州话当成一件大事对待，他拜表妹表弟为师，勤学不辍。他年纪轻，很快就学会一口流利的广州话。

困难的是英语关。李嘉诚进了香港的中学念初中。香港的中学，基本上都是英文中学，即便是中文中学，教材也是英文教材占了半数以上。

这是港英政府推行殖民化教育的结果。从客观上讲，这也有助于提高港人商业文化的素质。

香港之所以能成为国际化大都市，与港人的整体英语水平较高分不开。懂得英语，就能更直接地接受西方文化，从事国际间的经济文化交流。

自小备受娇宠的李嘉诚到了香港，不再是昔日学校的骄子，他坐在课堂听课时，如同听天书一般，完全不知所云。看看其他同学，都是从小便开始学习英语。李嘉诚深深知道自己身上的不足，心底不由升起一股自卑感。

李云经经常询问儿子在学校的情况，说道："在香港，想做大事，非得学会英语不可。"

李嘉诚点头，他明白父亲的苦心。且不说为了前途，单是为了这来之不易的学费，他也会刻苦勤学以求上进来报答父恩母爱。多少年以后，每当李嘉诚回忆起当年父亲生病而不求医，却省下药钱来供他读书，母亲则是缝补浆洗，含辛茹苦地维持一家生计时，每每都是禁不住神色怆然。

李嘉诚学英语的刻苦，几乎达到了走火入魔的程度。上学、放学的路上，他边走边背单词。夜深人静，李嘉诚为不影响家人休息，常常一人独自跑到外面路灯下读英语。天蒙蒙亮时，他便起身，什么也不顾，就念起英语来。

即使后来父亲早故，李嘉诚辍学到茶楼、到中南钟表公司当学徒，在一天的多少个小时的辛苦劳作后，他也从不间断地坚持业余时间来补习英语。

有时实在是太累了，筋疲力尽，连走路的力气都没有，李嘉诚也依然坚持每天自学到深夜才睡，从不懈怠。

果然皇天不负有心人，几年后，李嘉诚便能熟练地掌握和运用英语了，同时还练就了一口流利的广州话。

李嘉诚在晚年接受采访时还说："我每天晚上都要看英文电视，温习英语。"

在日后的商战风云中，广州话和英语使李嘉诚受益匪浅。

要成功，最忌"一日曝之，十日寒之"，"三天打鱼，两天晒网"。遇事浅尝辄止，必然碌碌终生而一事无成。世上愈是珍贵之物，则费时愈长，费力愈大，得之愈难。即便是燕子垒巢、工蜂筑窝也都非一朝一夕的工夫，人们又怎能企望轻而易举便获得成功呢？天上没有掉下来的馅饼，数学家陈景润为了求证"哥德巴赫猜想"，他用过的稿纸几乎可以装满一个小房间；作家姚雪垠为了写成长篇历史小说《李自成》，竟耗费了 40 年的心血……大量的事实告诉我们：点石成金须恒心。

俗话说得好：滚石不生苔，坚持不懈的乌龟能快过灵巧敏捷的野兔。如果能每天学习 1 小时，并坚持 12 年，所学到的东西，一定远比坐在学校里接受 4 年高等教育所学到的多。正如布尔沃所说："恒心与忍耐力是征服者的灵魂，它是人类反抗命运，个人反抗世界，灵魂反抗物质的最有力支持，它也是福音书的精髓。从社会的角度看，考虑到它对种族问题和社会制度的影响，其重要性无论怎样强调也不为过。"

人类迄今为止，还不曾有一项重大的成就不是凭借坚持不懈的精神而实现的。

因为有了恒心，才有了埃及平原上宏伟的金字塔，才有了耶路撒冷巍峨的庙堂；因为有了恒心，人们才登上了气候恶劣、云雾缭绕的阿尔卑斯山，在宽阔无边的大西洋上开辟了通道……

滴水可以穿石。如果三心二意，哪怕是天才，也势必一事无成；只有仰仗恒心，点滴积累，才能看到成功之日。勤快的人能笑到最后，而耐跑的马才会脱颖而出。

凡是用恒心当作资本从事事业者，他成功的可能比那些以金钱为从事事业资本者要大得多。人们的成功史，每时每刻都在证明拥有恒心可以使人脱离贫穷，可以使弱者变成强者，变无用为有用。

切莫安于现状

成功者往往有颗不安分的心，想赚大钱的人也往往是不安定分子。他们很多都在心中"养"了只兔子，活蹦乱跳，永不原地踏步。所以，也在心中养只兔子吧，让它的不安分引领你向更多的财富奔去。

失败的原因很多：缺乏个人能力、遭遇困境无法逾越、单打独斗无人帮助、失去梦想……追寻财富的过程总是困难重重，失败在所难免，也在意料之中。当功成名就或者已经拥有一定钱财和地位时，失败是否就会远离自己？当然不是，一个贪图享乐的人仍会将财富葬送，只有怀有远大梦想，将既得财富视为新的台阶，人生才能有更大的发展。

李想，北京泡泡网信息技术有限公司首席执行官，身价过亿，2006年被评为"中国十大创业新锐"。他的泡泡网在2005年的纯利润达1000万，市场价值达2亿元。

李想2000年创建泡泡网，2001年下半年将公司从石家庄转移到北京，2005年向汽车行业扩张。一系列的动作显得迅速而具有野心。李想从不否认自己是个不安于现状的人。在将事业重心转移到北京的过程中，他遇到了点麻烦：一是之前的个人网站让他赚了点钱，第二便是最初和自己创业的朋友中途退出。前者是利益相诱，短时间内吃穿不愁，继续前行还是安于现状？后者是遭受伙伴打击，失去左膀右臂，前进还有动力吗？思索再三，李想毅然选择继续为事业奋斗。他不相信自己仅仅能赚几万块钱，也不相信自己的事业就此完结。

来到北京，李想重整旗鼓，扛过短暂的危机，使泡泡网取得了巨大发展。

试想如果当初李想安于享受几万块钱的财富，将继续奋斗的念头抛到脑后，他就不会有现在的成绩。一个不安于现状的人才有争取更大财富和成功的野心。相反，人如果被一时的利益迷住了双眼，安于现状，停滞不前，只会让自己慢慢"堕落"，直至重归贫穷，失去已有的一切。这样的例子在生活中也并不少见。

有一个叫李刚的人，他曾经在一家合资企业任首席财务官。在成为首席财务官之前，工作非常卖命，也取得了突出的成绩。老板非常赏识他，第一年就把他提拔为财务部经理，第二年提拔为首席财务官。

当上首席财务官后，拿着丰厚的薪水，驾着公司配备的专车，住着公司购买的华宅，他的生活品质得到了很大的提升。然而，他的工作热情却一落千丈，他把更多的精力放在了享乐上。

当朋友问他还有什么追求时，他说："我应该满足了，在这家公司里，我已经到达自己能够到达的顶点了。"李刚认为公司的CEO是董事长的侄子，自己做CEO是不可能的，能够做到首席财务官就到达顶点了。

他做首席财务官差不多一年的时间，却没有干出值得一提的业绩。朋友善意地提醒他："应该上进一点了，没有业绩是危险的。"

果不其然，几天之后，他被辞退了，丰厚的薪水没了，车子也归还给了公司。一切都是因为他的懒惰和缺乏进取心。

永不满足是促使事业成功的动力。青年时期轻而易举地获得成功，如果就此心满意足，不思进取，最初的成功就会成为失败的源头。"10岁是神童，15岁是才子，但是20年之后，可能又成为平凡之人。"这句俗语，说透了其中的含义。

少年贫困的李嘉诚能白手成家；反之，继承父母财产的人，却往往家道中落。如此看来，没有欲望的人，就好比没有上发条的钟表一样，要钟表走动，必须费些力气，亲自上紧发条。卡莱尔说："没有追求的人很快就会消沉。哪怕只有不足挂齿的追求也总比没有要好。"所以我们不妨学习像李嘉诚一样，做一个事业上永不知足的"野心家"，无论取得了怎样的成绩，心中总想着下一个，不安于现状，成功之路便会走得更远更高。

第五章

▼

以勤为径

——勤奋能补拙，努力就有超越

天道酬勤，挑战自我：8 与 16 有天壤之别

曾有人问李嘉诚成功的秘诀，李嘉诚讲了一则故事：

日本"推销之神"原一平在69岁时的一次演讲会上，当有人问他推销的秘诀时，他当场脱掉鞋袜，将提问者请上讲台，说："请你摸摸我的脚板。"

提问者摸了摸，十分惊讶地说："您脚底的老茧好厚呀！"

原一平说："因为我走的路比别人多，跑得比别人勤。"

提问者略一沉思，顿然醒悟。

李嘉诚讲完故事后，微笑着说："我没有资格让你来摸我的脚板，但我可以告诉你，我脚底的老茧也很厚。"

任何人想要成功，都需要付出行动。天道酬勤，如不付出根本性的行动，到最后只可能是竹篮打水一场空。李嘉诚作为其财富帝国的掌舵者，如果没有付出"天道酬勤"的努力，又怎可能拥有天之赐予，赢得财富的资本，走向成功？时间，总是给懒惰者留下空虚和懊悔，给勤奋者带来智慧和力量。

李嘉诚曾在1981年谈到自己走向成功的因素，第一句话便是说："在 20 岁前，事业上的成果百分之百靠双手勤劳换来。"无论你是富有还是贫穷，只要你勤劳，你就有可能登上事业之基。

陈文祥曾经评论说："真是万万想不到，李嘉诚发家致富的制胜法宝，居然是简单得不能再简单的'勤劳'二字。……尽管想当'李嘉诚'的青年人数不胜数，可香港为何至今仍只有一个李嘉诚？"

当年李嘉诚放弃舅舅的供给，踏入社会，做最没有地位的堂仔抑或学徒；后来又离开舅舅的钟表店，走街串巷，风雨无阻做推销员。在推销五金制品之时，面对塑胶制品的巨大威胁，李嘉诚没有选择半途而废。天道酬勤，挑战自我。如果没有这8个字，李嘉诚又怎么走出那一条条弄巷，踏上飞机奔赴世界各地？路艰辛，才有今天的辉煌。

李嘉诚说："别人做8小时，我就做16个小时，起初别无他法，只能以勤补拙。"如果李嘉诚和别人一样按部就班干8个小时，而不是自己给自己施加压力，以勤补拙干16个小时，仅一年工夫，李嘉诚又怎么会实现超越另外6个推销员，销售额是第二名的7倍的壮观成绩？

在这个世界上，任何成功的人都不是靠单纯的幸运或是后盾活的。而是以勤为径，一步步走向成功之路。

美国前总统亨利·威尔逊出生在一个贫苦的家庭，当他还在摇篮里牙牙学语的时候，贫穷就已经冲击着这个家庭。威尔逊10岁的时候就离开了家，在外面当了11年的学徒工。其间，他每年只有一个月时间到学校去接受教育。

经过11年的艰辛工作之后，他终于得到了1头牛和6只绵羊作为报酬。他把它们换成了84美元。他知道钱来得很艰难，所以绝不浪费，他从来没有在玩乐上花过1分钱，每个美分都要精打细算才花出去。

在他21岁之前，他已经设法读了1000本书——这对一个农场里的学徒来说，是多么艰巨的任务呀！在离开农场之后，他徒步到150公里之外的马塞诸塞州的内蒂克去学习皮匠手艺。他风尘仆仆地经过了波士顿，在那里他看了邦克希尔纪念碑和其他历史名胜。整个旅行他只花了1.6美分。

在度过了21岁生日后的第一个月，他就带着一队人马进入了人迹罕至的大森林，在那里采伐原木。威尔逊每天都是在东方刚刚翻起鱼肚白之前起床，然后就一直辛勤地工作到星星出来为止。在一个月夜以继日的辛劳努力之后，他获得了6美元的报酬。

在这样的穷困境遇中，威尔逊下定决心，不让任何一个发展自我、提升自我的机会溜走。很少有人像他一样深刻地理解闲暇时光的价值，他像抓住黄金一样紧紧地抓住了零星的时间，不让一分一秒无所作为地从指缝间白白流走。12年之后，这个从小在穷困中长大的孩子在政界脱颖而出，进入了国会，开始了他的政治生涯。

一个人的发展与成长，天赋、环境、机遇、学识等外部因素固然重要，但更重要的是自身的勤奋及敢于挑战自我。没有自身的勤奋，就算是天资奇佳的雄鹰也只能空振双翅；有了勤奋的精神，却不敢挑战自我，只能永远埋于尘埃之中做一颗无名小草。成功不能单纯依靠能力和智慧，更要靠每一个人自身孜孜不倦地勤奋工作和不惧困境的自我挑战。

关于李嘉诚，香港某报曾有如下诚恳评价："李嘉诚发迹的经过，其实是一个典型青年奋斗成功的励志式故事，一个年轻小伙子，赤手空拳，凭着一股干劲儿勤俭好学，刻苦而劳，创立出自己的事业王国。"

李嘉诚不但自己刻苦耐劳，就连对儿子的教育，也是以勤为主，"勤能补拙，吃得苦中苦，方为人上人"。

富力地产集团总裁张力曾表示："任何一个成功的老板首先应该勤奋，以香港第二代巨商们的子弟来说，像长江、新鸿基这几家的小孩都很勤奋，还有几家的小孩很懒，他们的企业就走下坡路了。在广州我也看到一些有钱的老板，赚了钱就打高尔夫球，公司慢慢就倒闭了。"

"书山有路勤为径，学海无涯苦作舟。"这绝不是句虚话。

止惰和守勤是成功的信条

古话有云："只要功夫深，铁杵磨成针。"有人曾说，在香港，李嘉诚也许是走路步伐最快的人，直至今日，李嘉诚依然健步如飞，很多年轻人都赶不上他。李嘉诚自己也说，他的手表永远比别人调前 20 分钟。守勤的"守"字，永远是那么让人尊敬。

守勤是李嘉诚的重要的人生准则，也是他成功的经验之一。如今李嘉诚虽然已进入老年行列，但依然精神矍铄，每天都要到办公室中工作，从来不曾有半点儿懈怠。据李嘉诚身边的工作人员称，他对自己业务的每一项细节都非常熟悉，这不能不说是其守勤的最好明证。

在人世间，似乎很多东西都可以通过不正当的渠道而获得，像财产、权力、机遇，等等，但是，唯有才能、知识、经验……必须通过诚实和辛勤的劳动而获得。因此，一切要成才的人，都必须面对一个重大而严肃的问题，那就是准备艰苦奋斗 10 年、20 年、30 年，甚至奋斗一生。同时，还要同自己本身的各种弱点进行艰苦的斗争，尤其是懒惰。不这样，就很难成功。

古语有"业精于勤而荒于嬉"，学业如此，事业亦如此，成大事者必须勤。

李嘉诚曾因电影《阿甘正传》而潸然泪下，因为阿甘在那样一个懵懂的世界里生活，却依然为此奋斗，勤于做任何事情，而从未懒惰。

华罗庚说："勤能补拙是良训，一分辛劳一分才。"所有成功者的足迹都洒满了勤奋的汗水。无论多么聪明的人，倘若没有辛勤的耕耘，一切都是空谈。想成名，又不想经过勤奋、经过艰苦奋斗，那不是白日做梦吗？

爱因斯坦说："在天赋和勤奋两者之间，我毫不迟疑地选择勤奋，她几乎是世界上一切成就的催产婆。"

马克思认为，在科学上是没有平坦的大路可走的，只有那在崎岖的小路上攀登、不畏劳苦的人，才有希望达到光辉的顶点。

居里夫人说："在捷径道路上得到的东西绝不会惊人。当你在经验和诀窍中碰得头破血流的时候，你会知道：在成名的道路上，流的不仅是汗水，更多的是心血；他们的名字不是用笔而是用生命写成的。"

郭沫若说："形成天才的决定因素应当是勤奋。"

卓越的英国物理学家和化学家、近代电磁学的奠基人法拉第，家境贫苦，没有进过什么高等学府，但是他以顽强的精神，勤奋自学，终建伟业。他有多项科学发现，其中重要的一项，他用了整整 10 年的时间，克服了很多困难，经历了无数次失败，终于发现了电磁感应现象。这一发现具有划时代的意义。

伟大的发明家爱迪生，小时候由于患猩红热病，到 8 岁半才上学念书。但是，他被老师斥为"糊涂虫"，仅仅 3 个月就退学了。后来，爱迪生顽强地自学，参加工作后，一边工作，一边学习和做实验。经过长期顽强地奋斗，他终于成才，成为人类历史上最伟大的发明家。至今，在技术发明上，还没有人超过他。

要想做一名成功的商人，有一个精明的头脑还远远不够，2003 年 10 月，李嘉诚在接受香港一家媒体记者采访时说道："我的成功是有一个过程的，从最初的起点来看，止惰和守勤是我的信条。"

李嘉诚曾被香港电台评为"风云人物"，当时他很谦虚地说是"时势造英雄"。17 年后当他终于尘埃落定，再次被香港电台采访之时，他坦白地说："最初创业的时候，几乎百分之百不靠运气，是靠勤奋，靠辛苦，靠努力工作而赚钱。"

1987 年 3 月 30 日晚，人们期盼已久的第 59 届奥斯卡金像奖的颁奖仪式正在这里举行。当主持人宣布玛莉·马特琳在《上帝的孩子》中表演出色，获得最佳女主角，全场立刻爆发出雷鸣般的经久不息的掌声。手里拿着小金人的玛莉·马特琳激动不已。她似乎有很多很多话要说，可是人们没有看到她的嘴动，她把手举了起来，竟是哑语！

玛莉·马特琳出生时是一个正常的孩子，但出生 18 个月后，她在一次高烧中失去了听力和说话的能力。但是，她并没有被生活的磨难打倒，依旧对生活充满了激情。

8 岁，她加入了伊利诺伊州的聋哑儿童剧院。9 岁，就在《盎斯魔术师》中扮演多萝西。但 16 岁那年，玛莉被迫离开了儿童剧院。玛莉·马特琳并没有放弃，而是在被邀请用手语表演一些聋哑角色中努力锻炼自己，提高演技。1985 年，19 岁的玛莉参加了舞台剧《上帝的孩子》的演出。她饰演的是一个次要角色，可就是这次演出，使玛莉走上了银幕。

女导演兰达·海恩丝在看过《上帝的孩子》的之后，决定将其拍成电影。但她几经周折都没有发现合适的演员，于是她又回到了美国，观看了舞台剧《上帝的孩子》的录像。她发现了玛莉演技高超，立即决定起用玛莉担任影片的女主角，饰演萨拉。

玛莉扮演的萨拉，在全片中没有一句台词，全靠极富特色的眼神、表情和动作，揭示主人公矛盾复杂的内心世界——自卑和不屈、喜悦和沮丧、孤独和多情、消沉和奋斗。玛莉十分珍惜这次机会，她勤奋、严谨、认真地对待每一个镜头，用心去做每一个动作，因此表演得惟妙惟肖，让人拍案叫绝。就这样，玛莉·马特琳实现了人生的飞跃，成为美国电影史上第一个聋哑影后。

其实，命运对待每个人都一样公平，都很重视。只要不断地努力，每个人都可以品尝到成功的果实。一个依靠勤奋获得成功的斗士，在她身上所显示出的坚韧是那么超脱，不同寻常。所以，上帝把小金人颁给了这个美丽的女人。

李嘉诚的止懒守勤的确成为成功的信条。不单他的事业如鱼得水，就连其儿子也同样如此。李泽钜工作非常努力，每天经常工作 10 多个小时。他说："压力来自自己。我喜欢接受挑战，我永远不会让自己停下来！"李泽楷对其工作也十分投入和勤勉，竟然获得了"小超人"的荣耀称号。

由此可见，止懒是人们对于人心弱点的排除，而守勤则是对于可望成功的坚持。坚守这一信条，成功就在不远处。

珍惜时间，时刻充电

时间平凡而常见，从早到晚都在一分一秒地运行，无声无息。但时间又是宝贵非常，一个年轻人若要学习或许能够轻易得到，但更多的人却是被苑囿于各种俗事而脱不开身。是真的没有时间吗？李嘉诚可以告诉我们，时刻充电是能做到的。

在李嘉诚眼里，有一个著名的公式，"时间 + 复利 = 财富"。我们可以这样算一下，如果一个 25 岁的年轻人每年用 1.4 万元投资一项年利润 20% 的项目，经过 40 年，他得到的应该是 1028 万元。如果能把时间掰成几块分，似乎利润就多到难以计算了。但似乎很多人都不想这么计算时间，从而这么珍惜时间，而是做很多事情，做很多无用功。正所谓"一寸光阴一寸金，寸金难买寸光阴"，如果你将失去的时间用金钱计算，确实意味着失去的时间就是金钱。

李嘉诚的惜时如金是人所共知的。很多时候，整间公司的人都下了班，唯独李嘉诚留在自己的办公室中研究生意，制定决策。他的工作时间比公司内任何员工都多。也正是因此，李嘉诚才练就了一种出色的记忆力，甚至可说出庞大数字的精确数。

对此，爱迪生也有着深刻的体会，他说："人生太短暂了，太短暂了，要节省时间，多做事情啊！"

有一次，爱迪生要助手去买试验用的容器。这位助手深知爱迪生的习惯，工作的时候不能有丝毫的懈怠。于是，他马不停蹄地跑到外面买回来，还是被爱迪生狠狠地训了一顿。爱迪生大声地问他的助手："为何这么久才回来，为什么不能再快一点儿呢？"

爱迪生的成功跟与生俱来的天赋有关，更与他数十年如一日地待在实验室工作的忘我精神有关。正是因为爱迪生对时间的"吝啬"，让他在一生中发明了两千多件的东西，并成就自己非凡的一生，进入世界著名科学家的殿堂。

每一个成功者都非常珍惜自己的时间，无论是老板还是打工族。一个做事有计划的人总是能判断自己面对的顾客在生意上的价值，如果有很多不必要的废话，他们都会想出一个收场的办法。同时，他们也绝对不会在别人的上班时间，去海阔天空地谈些与工作无关的话，因为这样做实际上是在妨碍别人的工作，浪费别人的生命。

在美国近代企业界里，与人接洽生意能以最少时间产生最大效率的人。非金融大王摩根莫属，为了珍惜时间他招致了许多怨恨。

摩根每天上午 9 点 30 分准时进入办公室，下午 5 点回家。有人对摩根的资本进行了计算后说，他每分钟的收入是 20 美元，但摩根说好像不止这些。所以，除了与生意上有特别关系的人商谈外，他与人谈话绝不超过 5 分钟。

通常，摩根总是在一间很大的办公室里，与许多员工一起工作，他不是一个人待在房间里工作。摩根会随时指挥他手下的员工，让大家按照他的计划去行事。员工走进他那间大办公室，是很容易见到他的，但如果没有重要的事情，他是绝对不会欢迎任何人的。

摩根能够轻易地判断出一个人来接洽的到底是什么事。与他谈话时，一切转弯抹角的方法都会失去效力，他能够立刻判断出来人的真实意图。这种卓越的判断力使摩根节省了许多宝贵的时间。有些人本来就没有什么重要事情需要接洽，只是想找个人来聊天，而耗费了工作繁忙的人许多重要的时间。摩根对这种人简直是恨之入骨。

从摩根的事例中，我们可以悟出一个道理：节约时间实际上是在为自己赚钱。

没有什么比时间重要，也没有什么比守时更能节省你自己和他人的时间。能否对时间进行有效的管理，直接关系到成就的大小。一位作家在谈到"浪费生命"时说："如果一个人不争分夺秒、惜时如金，那么他就没有奉行节约的生活原则，也就不会获得巨大的成功。而任何伟大的人都是争分夺秒、惜时如金的。"

所以，假如你想成功，就必须认清时间的价值，珍惜时间，利用眼前点点滴滴时间进行充电。以勤为径，我们才能获得成功。

勤奋敬业，功到自然成

自古以来，人们都推崇努力。然而真正的成功境界却可以用五个字来形容，"功到自然成"。不是不用努力，而是将用功当作了一种吃饭和睡觉，从而获得一种持续积累的量变后的质变。

王国维曾引用三句古词来形容成大学问人的三种境界。第一种境界是"昨夜西风凋碧树，独上高楼，望尽天涯路"；第二种境界是"衣带渐宽终不悔，为伊消得人憔悴"；第三种境界是"众里寻他千百度，蓦然回首，那人却在灯火阑珊处"。归纳来讲就是：第一境界为求学与立志之境，此为"知"之大境界；第二境界为"行"之境界，为实现远大理想而坚忍不拔；第三境界为"得"之境界，功到自然成。

只要你努力了，只要你选择了，只要你功课做足了，功到怎么能不自然成呢?

李嘉诚曾说他自己是在"披星戴月去，万家灯火归"才走到了有立足之地的地步。他最初做推销员时是把勤奋当成一种习惯的，勤于跑路，勤于思考，所以在思考充分用功到位后获得了成功。

李嘉诚在开始独立创业时也把勤奋当成一种习惯，每天早早地起床外出推销或采购。等赶到办事地点时，别人刚好上班。办完事后，李嘉诚又匆匆忙忙赶回工厂，先检查工人上午的工作。他还手把手地教工人如何出产品。李嘉诚从不把自己当作高高在上的老板，而是一个全能技工。他不但是操作工，还是技师、设计师、推销员、采购员、会计师、出纳员，等等。就是在这样的一步步如习惯般奔波劳碌中，李嘉诚的厂子红红火火办了起来。

由此可见，"勤奋敬业"对一个初创的企业起到了不可估量的作用。中国工商银行董事长姜建清曾发表过获奖感言，也说：希望通过我们服务的改革、改进，能真正使客户感受到工商银行是您身边的银行，可信赖的银行。我想只要我们认真，我们会做到这一切，功到自然成。

一个屡屡失意的年轻人觉得在工作单位很没面子，单位领导并没有给他重要的岗位去锻炼，也没有提拔他的迹象……于是他决定外出寻求指点。他千里迢迢来到普济寺，慕名寻到老僧释圆，沮丧地对释圆说："人生总不如意，活着也是苟且，有什么意思呢?"

释圆静静地听着年轻人的叹息和絮叨，末了才吩咐小和尚说："施主远道而来，烧一壶温水送过来。"不一会儿，小和尚送来了一壶温水。释圆抓了茶叶放进杯子，然后用温水沏了，放在茶几上，微笑着请年轻人喝茶。杯子冒出微微的水汽，茶叶静静浮着。年轻人不解地询问："宝刹怎么用温水沏茶?"

释圆笑而不语。年轻人喝一口细品，不由得摇摇头："一点儿茶香都没有呢。"

释圆说："这可是闽地名茶铁观音啊。"

年轻人又端起杯子品尝，然后肯定地说："真的没有一丝茶香。"

释圆又吩咐小和尚："再去烧一壶沸水送过来。"

又过了一会儿，小和尚提着一壶冒着浓浓白汽的沸水进来。释圆起身，又取过一个杯子，放茶叶，倒沸水，再放在茶几上。年轻人俯首看去，茶叶在杯子里上下沉浮，丝丝清香不绝如缕，望而生津。年轻人欲端杯，释圆作势挡开，又提起水壶注入一线沸水。茶叶翻腾得更厉害了，一缕更醇厚、更醉人的茶香袅袅升腾，在大禅房弥漫开来。释圆这样注了五次水，杯子终于满了，那绿绿的一杯茶水，端在手上清香扑鼻，入口沁人心脾。

释圆笑着问："施主可知道，同是铁观音，为什么茶味迥异吗？"

年轻人思忖着说："一杯用温水，一杯用沸水，冲沏的水不同。"

释圆点头："用水不同，则茶叶的沉浮就不一样。温水沏茶，茶叶轻浮水上，怎会散发清香？沸水沏茶，反复几次，茶叶沉沉浮浮，释放出四季的风韵，既有春的幽静、夏的炽热，又有秋的丰盈和冬的清冽。世间芸芸众生，也和沏茶是同一个道理，也就相当于沏茶的水温不够，想要沏出散发诱人香味的茶水是不可能的；你自己的能力不足，要想处处得力、事事顺心自然很难。要想摆脱失意，最有效的方法就是苦练内功，提高自己的能力。"

年轻人茅塞顿开，回去后刻苦学习，虚心向人求教，不久就受到了单位领导的重视。

水温够了茶自然香，功夫到了自然成。历史上凡是有所建树的人，往往都是很勤奋、很努力的人。任何一项成就的取得，都是与勤奋和努力分不开的，只要功夫做到家，自然能获得成功。

21 世纪，是充满挑战的世纪，历练自己，将勤奋当作一种习惯，你就会把别人远远扔在后面。无论是作为领导人、管理者，还是作为工作者，都要做到时刻努力，贵在坚持。形成一种好习惯，几十年如一日便能滴水穿石，功到自然成。

幸运成功一时，努力成就一世

人之于运气，与努力虽然没有必然的联系，可对人的影响却是直接的、重要的。努力是人对事业的态度和在这种态度的支配下，付出的功力的大小。按词典的解释，就是把自己的力量尽量地使出来。它是由人的主观能动性决定的，是人的主观意志的反映。运气则是客观的、出乎意料的，是指人的命运和人们对命运的看法。从某种程度上说，努力是自我挑战的过程，运气是客观事物形成的结果。大量的事实说明，一个人的事业成败，关键在于他是否努力。而运气，则很多时候只是锦上添花，并非一世应倚仗之物。

时至今日，提起"超人"，无人不知指的是谁。有人写对联称"高人高手高招，超人超智超福"。与此同时，不少人在承认李嘉诚"高人之术，超人之智"的同时，莫不羡慕他的幸运。

鸿硕先生在《巨富与世家》一书中提到："1979 年 10 月 29 日的《时代》周刊说李氏是'天之骄子'，这含有说李氏有今天的成就多蒙幸运之神眷顾的意思。

英国人也有句话：'一安士（盎司）的幸运胜过一磅的智慧。'从李氏的体验，究竟幸运（或机会）与智慧（及眼光）对一个人的成就孰轻孰重呢？"

不止鸿硕，还有其他人做过细致的估算，李嘉诚幸运，他经营塑胶花时，无人担保，就可获得大客户的全额订金；他将长江上市，适逢股市牛市大好时机；他得到地铁公司主席唐信的垂青，获得车站上盖的发展权；1980 年，他被委任为汇丰银行董事，成为继包氏之后的第二位华人董事；与汇丰合伙重建华人行；收购和黄……

那么李嘉诚的确是靠运气起家和成功的吗？李嘉诚说过一句既经典又恳切的话："在 20 岁前，事业上的成果百分之百靠双手勤劳换来；20 ~ 30 岁之间，事业已有些小基础，那 10 年的成功，10% 靠运气好，90% 仍是由勤力得来；之后，机会的比例也渐渐提高；到现在，运气已差不多要占 3 ~ 4 成了。"

也许会有很多人觉得自己很委屈，李嘉诚有三四成的运气，为什么自己什么也没有呢？

但李嘉诚解释说："对成功的看法，一般中国人多会自谦那是幸运，绝少有人说那是由勤奋及有计划地工作得来。我觉得成功有三个阶段：第一个阶段完全是靠勤力工作，不断奋力而得成果；第二个阶段，虽然有少许幸运存在，但也不会很多；现在呢？当然也要靠运气，但如果没有个人条件，运气来了也会跑去的。"

李嘉诚说得直白，因为有基础，而且即便是有基础，靠勤奋换来的成就依然占着六之七八。这很明白地告诉我们，靠幸运或许会成功，但并不能真正永胜无敌，只有努力与勤奋方能成就一世之基。

李嘉诚炒股一个多月家产蒸发 55 亿，对他来说，也许不足为奇，但对于普通百姓来说，就是一个天文数字。所以，只有正确认识、科学把握努力和运气与事业成功的关系，才是赢得潇洒人生、事业成功的保证。

在李嘉诚刚开始经营塑胶花的时候，一天，一位美国人突然找到他，说经某贸易公司的负责人推荐，认为长江厂是全香港最大规模的塑料花厂，这令他一时语塞，因为当时他的厂房并不太大。这种幸运是天上掉馅饼吗？经过仔细询问李嘉诚才发现，这是因为之前有一家退自己货的贸易公司因为自己没让对方赔偿，对方感激，遂主动为他推广的原因。双方很愉快地做成了这单交易。

由此我们明白，幸运也是要有努力做后盾的，不然就是来了自己也难以把握。

在人们的心目中，李嘉诚成了幸运与财富的象征，成了"火眼金睛"的神一般的人物，似乎只要他想要做的事就会成功。美国《时代》周刊因此早在 1979

年称他为"天之骄子"。但其实，幸运只能说是努力得来的结果，是实力通向成功的捷径。爱因斯坦曾经说过："天才等于百分之九十九的汗水加百分之一的灵感。"这句话放在李嘉诚身上似乎再恰当不过了。

一分耕耘，一分收获

努力是取得事业成功的重要手段。俗话说，一分耕耘，一分收获。事业就像耕种一样，你在事业的田地耕耘了多少，付出了多少，他回报你的就有多少，甚至会更多。相反，如果一个人在事业上庸庸碌碌，无所作为，那么，天上不会掉馅饼，事业的成功就会与你擦肩而过。因此，在实际生活和工作中，我们只有不断努力，事业才有成功的希望。

李嘉诚说："我认为勤奋是个人成功的要素，所谓'一分耕耘，一分收获'，一个人所获得的报酬和成果，与他所付出的努力是有极大的关系。运气只是一个小因素，个人的努力才是创造事业的最基本条件。"

甘·史图尔特白天进行建筑工作，每天都做得很晚，甚至整个周末都加班，务求他的事业可以蓬勃发展。布莱恩·布洛辛仍在巴尔的摩小马队打球时，一星期便花两晚在大学修会计学位，同时建立他的事业。罗恩和托比·赫尔用他们的积蓄，买了25卷"安利"录音带，送给他们的朋友。艾尔·汉弥尔顿初次陈述时十分紧张，开始前吃螺蛳。对福特而言，公开演讲是要老命的事，他演讲时会害羞、恐惧，但毕竟会把它完成。

在日本广岛，修治和花本知子想从套牢他们的"小而昂贵的笼子"中逃出，"自由自在地在广袤蔚蓝的天空飞翔"。他们必须放弃全部津贴，包括固定的收入、公司在冲绳岛的潜水旅行、利益和红利等，来开始他们自己的事业。更糟的是，当修治的父亲知道他加入安利的行列后，他表现出旧式日本人的愤怒与失望："不准踏入家门。"没比违逆父母的事牺牲更大的了，但他为了梦想，甘愿付出如此代价。

他俩认真工作，成就也如日中天，如今他们收入稳定，不用花太多时间工作，可以更享受人生。值得一提的是，修治邀请他的父亲参加广岛大会，有2000人起立恭贺修治和知子领奖。当晚，修治的父亲坐在最前排，不时对儿子微笑，并且赞美他们。

耕耘与收获是成正比的，要想比别人取得更多的成就，唯一的方法就是比别人多做一点儿。

德尼斯最早开始在杜兰特的公司工作时，只是一个很普通的职员，但现在他却成为了杜兰特先生最得力的助手，成为一家分公司的总裁。他如此快速地得到升迁就是因为他总是设法使自己多做一点儿工作。

"我刚来杜兰特公司工作时，我发现，每天大家都已下班后，杜兰特依旧会留在公司工作到很晚，于是我决定自己也留在公司里。是的，谁也没有要求我这样做，但我觉得我应该留下来，在杜兰特先生需要时给他提供帮助。

"杜兰特先生在工作时经常找文件和打印材料，最开始他都是亲自做这些工作。后来他发现我时刻在等待他的吩咐，于是他让我代替他去做这些工作……"

杜兰特之所以主动让德尼斯为他工作，就是因为德尼斯比别人多留在办公室一会儿，使杜兰特随时可以见到他。尽管德尼斯并没有多获得一分钱的报酬，但他获得了更多的机会，让老板认识了他的能力，从而也为自己的晋升创造了条件。

其实每天多做一点点，初衷也许并非为了获得更多的报酬，而结果往往获得的更多。就像李嘉诚所说，自己的努力是最终成就我们的最基本条件。我们要想超过别人，就一定要有"多走几步路"的习惯！

第六章

▼

学无止境

——学海永无涯，知识改变命运

抢知识就是抢未来

作为香港人中成功的典范，李嘉诚具有敏锐的洞察力和准确的判断力，正是因此，李嘉诚一次次地抓住了转瞬即逝的机遇，从此翻身，终于成就了一番大事业。我们都知道，这些能力并非与生俱来，那么，这一切又是如何形成的呢？对于这个问题，李嘉诚创造了一个名词"抢学问"——"人家求学，我是在抢学问"。正是这个词反映了他几十年来不屈不挠追求知识、创造财富的艰辛历程。

他曾这样说明抢知识的重要性："求知是最重要的环节，不管工作多忙，我都坚持学习。白天工作再累，临睡前，我都要翻阅经济类杂志，我从中汲取了大量的知识和信息，我的判断力由此而来。"判断力由此而来，则未来的成就即由此而来。

在现代社会，知识不仅能转化成财富，而且它本身就是一种财富。拥有它的人会成为大富翁——这既是物质上的，更是精神上的。

财富堆积的背后，少不了汗水的汇聚。李嘉诚的勤奋，突出地表现在学习上。14岁那年，他历经了常人少有的坎坷：家道中落、漂泊异乡、少年失学、父亲过世。本来漂泊异乡、寄人篱下的打工生活已经非常苦了，但他依然坚持不懈地学习。

李嘉诚说："别人是自学，我是'抢学'，抢时间自学。一本旧《辞海》，一本老版的教科书，自己自修。"他对自己要求很严格，除了《三国志》与《水浒传》，不看小说，不看休闲读物。在昏黄的灯光下，他摸索教学，演绎做题的逻辑，寻找每个篇章的关键词句，模拟师生对话，自问自答。没有学历、人际关系、资金，想出人头地，自学是他唯一的出路。

李嘉诚认为，善于"抢学问"，就是在抢财富，抢未来。

常常听见有人说这样一番话："说知识改变命运，其实仅靠知识是难以改变命运的。一个富翁和一个穷人的收入可以相差成千上万倍，难道他们的知识也相差成千上万倍吗？何况好多自诩才高八斗、学富五车的人不照样穷困潦倒吗？"

但李嘉诚说："先父去世时，我不到15岁，面对严酷的现实，我不得不去工作，忍痛中止学业。那时我太想读书了，可家里是那样的穷，我只能买旧书自学。我的小智慧是环境逼出来的。我花一点点钱，就可买来半新的旧教材，学完了又卖给旧书店，再买新的旧教材。就这样，我既学到知识，又省了钱，一举两得。"只要有志在此，你就能一步步走向成功。

经过数年辛勤打工和努力创业，李嘉诚终于松了一口气，即养活了家，也不再需要像当初那样勤奋用功。但是，他仍然没有放松学习。他订阅了《当代塑料》等英文塑料专业杂志，抓紧分秒时间补充知识，不让自己与世界塑料潮流脱节。李嘉诚说："年轻时我表面谦虚，其实内心很骄傲。因为同事们去玩的时候，我去求学问；他们每天保持原状，而我自己的学问日渐提高。"

很快，李嘉诚的知识便派上了用场。像未来的昭示一般，李嘉诚发现了海外美轮美奂的塑胶花。于是，他抢先一步踏上了飞机，奔向了那个生产塑胶花的国度；抢先一步取经，带回了塑胶花的核心技术，抢先研制出了塑胶花；抢先一步把塑胶花推向市场，占领了市场。于是，李嘉诚赢得了未来发达的第一个基础。

当今社会，就是应聘，也会被知识、学历这一关卡着，所以，抢知识才能抢到未来。

纽约的一家公司被一家法国公司兼并了，在兼并合同签订的当天，公司新的总裁就宣布："我们不会随意裁员，但如果你的法语太差，导致无法和其他员工交流，那么，我们不得不请你离开。这个周末我们将进行一次法语考试，只有考试及格的人才能继续在这里工作。"

散会后，几乎所有人都拥向了图书馆，他们这时才意识到要赶快补习法语了。只有一位员工像平常一样直接回家了，同事们都认为他已经准备放弃这份工作了。令所有人都想不到的是，当考试结果出来后，这个在大家眼中肯定是没有希望的人却考了最高分。

成功从来离不开知识的作用。一个人，如果能每天进步一点点，哪怕是1%的进步，试想，有什么能阻挡得住他最终的成功？故事中离开的员工，并不是他不热衷于学习，而是实际上他每天都在学习，所以当所有人涌进图书馆恶补的时候，他却独自回家，因为他知道学习是终身的事，是每天都要做到事，而他也一直是这样做的。所以最终是他得到了最高分。

知识确有强大的功能，它能改造世界，能造就人自身。它能增强人的智慧、能力，充实人的精神世界。它能化为强大的物质力量，也能改变人，使人更加完美。

知识改变命运

英国哲学家培根曾说过，"知识就是力量"，"知识能塑造人的性格。人的天性就如野生的花草，求知学习好比修剪移栽"。所以，一个人如果想充分发挥自己的能力，改变自己的命运，首先应该开发自己的学习能力，潜心求知。

中央电视台曾利用黄金时段推出过"知识改变命运"系列公益广告，用摄像师顾长卫的话说，就是要把"知识就是力量"这样一个抽象理念变成有血有肉的现实。这一系列公益广告是谁赞助的呢？答案很简单——李嘉诚。他认为，民族富强人才为最重要因素，而知识更是推进经济、社会、文化建设的最大动力。

李嘉诚曾语重心长地告诫人们："知识改变命运。"他以自己一生的经历告诉人们，"今天的商场要以知识取胜"。这都是李嘉诚积几十年从商历程的肺腑之言和经验之谈。

谈到参与这套公益广告的构思，李嘉诚说："这是一个创新的尝试，希望以媒体的感染力，将'知识改变命运'的主题广泛传播。这套公益广告中的人物，有的举国闻名，有的是穷乡僻壤的无名英雄，把他们的奋斗，活灵活现地展现出来，让故事深入人心，帮助人们建立崇尚知识、尊重知识的观念。"

据李嘉诚基金会有限公司介绍，这套公益广告由 1998 年 4 月开始构思，拍摄非常认真，每一集都以胶片拍摄近 50 分钟，再经剪辑为一分钟一集，成本相当高昂。由此可见，李嘉诚对于这次宣传有多么重视。

后来，李嘉诚演讲集的书名也叫《知识改变命运》，不知是不是一种重合呢？

19 岁背上行李离开山西阳泉到梦想中的北大读书，23 岁远渡重洋赴美国布法罗纽约州立大学主攻计算机，31 岁创建中国最大的搜索引擎公司——百度网络技术有限公司，知识改变了命运！35 岁的百度公司创始人、CEO 李彦宏坐在北京中关村的海泰大厦会议室，望着北京四环繁华地段，想起这些年的寒窗苦读，感叹不已。

正如国际经合组织在关于知识经济的报告中所指出的那样："在知识经济中，学习是极为重要的，可以决定个人、企业乃至国家的经济命运。"

有记者问李嘉诚："今天你拥有如此巨大的商业王国，靠的是什么？"李嘉诚回答："依靠知识。"正如李嘉诚自己所说："我们身处瞬息万变的社会中，全球迈向一体化，科技不断创新，先进的资讯系统制造新的财富、新的经济周期、生活及社会。我们必须掌握这些转变，应该求知、求创新，加强能力在稳健的基础上力求发展，居安思危。无论发展得多好，你时刻都要做好准备。财富源自知识，知识才是个人最宝贵的资产。"

除了严格要求自己，李嘉诚对孩子也丝毫不娇纵。中国有句古话，叫"富不过三代"，李嘉诚非常注重这一点，他对儿子绝不娇惯，而是努力培养他们吃苦、拼搏的精神。在两个儿子都很小的时候，李嘉诚就要求他们列席旁听董事会。他说："带他们到公司开会，目的不是教他们做生意，而是教他们明白做生意不是简单的事情，要花很多心血，开很多会议，才能成事。"

李嘉诚说："他们年龄小还不懂事，但是我想早一点对他们进行启蒙教育，让他们从小就知道父辈创业的艰难，学习父辈顽强拼搏的精神，长大了才能成为栋梁之才。如果现在放松了对他们的早期教育，等他们成了只知道吃喝玩乐的纨绔子弟，再教育就迟了。"

追求最新的知识

在李嘉诚的访谈里，我们常常能发现，他曾数次谈到知识的重要性。因为数年的经验告诉李嘉诚，没有知识，很难做成大事业。直到老年，李嘉诚自学不辍的习惯依然没有丝毫改变。他说："非专业书籍，我抓重点看。如果跟我公司的专业有关，就算再难看，我也会把它看完。"

也因此，李嘉诚对自己有着充足的自信。在回忆过去时他这样说："年轻时我表面谦虚，其实内心很'骄傲'。为什么骄傲？因为我在孜孜不倦地追求着新的东西，每天都在进步。"

当李嘉诚离开家乡来到香港时，他选择了努力学习广州话和英语。因为这能使他尽快融入新环境；当李嘉诚决定开办自己的厂子时，他选择了自己非常熟悉的塑胶业，并且努力阅读与塑胶有关的报纸杂志。因为他不想碌碌无为的一直处于一种状态……李嘉诚正是在这一次次的针对性阅读、学习中获得了前进的动力。

他认为，今天的社会已容不下滥竽充数的人，而知识就是人最核心的价值。"现代大学生需要知识面广，不断求取新的知识，做'有识'之士。"新知识是什么，是要找自己所关注行业的前沿信息。他举例道：有一次开会，"讲到 Facebook 从最初的几家大学开始，有人说 2011 年还是 2012 年才达到 4800 万名用户，其实这公司上个月已达 4500 万活跃用户，但是如果你没有这个信息（Information）的话，要分析 Facebook，你的资料就不足够"。"所以呢，做哪一行都是，最要紧的就是要追求最新的 information，做哪行都是一样"。

假如李彦宏没有成立百度，也许今天他还在美国继续做着他喜欢的计算机研究工作；假如他当初卖掉了百度，今天也不可能看到百度成长为中国市场份额第一的搜索引擎公司；假如李彦宏没有看到网民的需求这一当前最新信息，他也未必能与 Google 相抗衡。

2002 年 3 月，北京正是春寒料峭的时节，李彦宏匆匆赶回了国，亲自挂帅坐镇指挥以雷鸣为首的"闪电计划"。他的目标很明确，要让百度在搜索引擎技术上全面与 Google 抗衡，部分指标还要领先 Google。

雷鸣的"闪电小组"很快就行动起来。李彦宏给他们下达了具体的指标，要求"闪电计划"完成后，百度的日访问页面要比原来多 10 倍，日下载数据库内容比 Google 多 30%，页面反应速度与 Google 一样快，内容更新频率要求全面超过 Google。此项计划的核心是想办法提升在地域方面信息搜索的能力，即加强地域性搜索。在现实生活中，虽然信息随处可得，但往往我们找不到自己想要的。比如中关村有一套房子出租，这个信息就跟地域有关系。但以往的搜索引擎跟地域没有太多关系，结果跟网民的实际需求有很大的差距。这是成为"闪电计划"要重点攻关的一个问题。

Google 的研发能力在同行业中可是首屈一指的，对自己要战胜这么强大的对手心有余悸。于是李彦宏不间断地鼓励，并在 8 月决定自己亲自兼任组长，身先士卒带领小组成员做研发。由于他在搜索引擎方面的技术积淀很深，加上长期以来关注当时世界的前沿技术。他的加盟，使"闪电计划"的进展比原来大幅提高，到 2002 年 12 月，当老楼下的那棵老槐树掉下了最后一片叶子的时候，新楼里的"闪电计划"也终于宣告大功告成。一段紧张而忙碌的攻坚岁月终于有了成果。

他们的努力得到了回报，其结果是辉煌的。在百度，有人悄悄地删掉了 Google 的链接，理直气壮地用起了自己的百度。李彦宏高兴地率领百度的市场队伍，白天约见客户，晚上拜见媒体，开始推广自己最新研发的"闪电"产品。他们要让每一个中国网民知道，中国人自己的搜索引擎，不比 Google 逊色。

阅读有针对性，才能在广泛涉猎的同时保持机敏的商业嗅觉，同时又不脱离时代；追求最新的知识才能在他人忙于当时流行的赚钱方式之外，嗅出真正有潜力的行业以及真正有价值的信息，从而先发制人。学无止境，学会才会成功。

没有大学文凭也能成大业

从小到大，人人都在念叨文凭。寒窗数十载，似乎最终却成了为一张证明学历的文凭。但是，李嘉诚告诉我们，社会是一个大舞台，它需要的不是文凭，而是能在舞台上展示自我的演员。李嘉诚 14 岁辍学择业，至今都没有机会真正进过学校求学，但他学识之渊博、才智之卓绝，广为人知。

他从清贫困苦的学徒少年到"塑胶花大王"，到地产大亨，到股市"巴菲特"，到商界"超人"；从行业的至尊到现代高科技的急先锋……李嘉诚一路走来，几乎每每出手都能占得先机，争得巨大的财富，成为全球华人首富，广为人知。

一句"知识改变命运"道出了人生的真谛。这不是由于他的运气，而是源自他那犀利的眼光。而这眼光，正是在丰富知识与转化为自我能量中成长成熟的。

很多人没有大学文凭，却能赢得人们的青睐，这在一定程度上也是成就了自己大业的第一步。

一位中国北方农村的中年妇女，因为女儿在美国，便申请去了美国；她只读完小学，连汉语表达都不太好。可就是这样一位英语只会说"你好"、"再见"的中国农村妇女，也在申请绿卡，她的申报理由是有技术专长。美国移民官看了她的申请表后，问她："你会什么？"她回答说："我会剪纸画。"说着，她从包里拿出一把剪刀，轻巧地在一张彩色亮纸上飞舞，不到 3 分钟，就剪出栩栩如生的各种动物图案。

美国移民官瞪大眼睛，像看变戏法似的看着这些美丽的剪纸画，竖起手指，连声赞叹。这时，她从包里拿出一张报纸，说："这是中国《农民日报》刊登的我的剪纸画。"美国移民官一边看，一边连连点头，说："OK！"她就这么 OK 了，旁边和她一起申请而被拒绝的人又羡慕又嫉妒。

明智的人懂得什么是最重要的，不是文凭，而是学识，而是能力。李嘉诚一生博览群书，靠知识引导前行，敢于不断尝试新的未曾涉猎的领域，并屡有丰厚的斩获。他的每一次战略抉择，既能适应产业、行业趋势的变迁，又能够推动社会的进步和发展。有学者评价李嘉诚说"他是跃进到现代化的永无止境的变动之中的人"，绝无虚言。

李嘉诚说："一个人只有不断填充新知识，才能适应日新月异的现代社会，不然你就会被那些拥有新知识的人所超越。"李嘉诚正是这样奋力追逐着时代的脚步，在现代社会的激流中领跑急行。

他曾鼓励年轻人努力学习，充实自己。"一定要有探索的好奇心，英语一定要好，才可以汲取新资讯，要听取别人的经验之谈……我深信知识可以改变命运。"追求知识，抢时间学习，是李嘉诚数年来的奋斗历程。他常说："一个人没有金钱还可以乞讨过活，但一个人大脑里没有文化知识，那和植物人、动物又有何区别呢？"

在这斑斓多彩、日新月异的时代，要培养能力、提高素质、挖掘内在的潜能，其中最主要的是我们的手中必须有自己的奋斗目标，学无止境，从而让他人看到我们的亮点，让他人从心底真正认可我们，才能在激烈的社会竞争中立于不败之地。随着社会的进步，一个人的能力已经与成功挂上了钩，你的能力越强，你的成功可能就有了更多的保障。而能力的由来，正是不断学习，不断进步。

任正非曾经说过："我认为一个人文凭如何并不重要，一个人要努力提高自己的基础知识和技能，这很重要。"拥有学历的人他们曾受到很好的基础训练，容易吸收新的技术与管理。但是有知识的人不一定有很好的技能，我们要以贡献来评价薪酬。如果说这人很有学问，里面装了很多饺子，倒不出来，倒不出来就等于实际上没有饺子。企业不是按一个人的知识来确定收入，而是以他拥有的知识的贡献度来确定的。

李嘉诚之所以能成功，正因为他时刻在学，时刻在积累经验，并且运用于实际。即使在后来他逐渐走向成功之时，他也从未放弃学习各种知识，并运用各种知识，这才使得他在一次次的决策中，有独到的眼光和见解，从而走在竞争对手前面，成就自己的一番大业。没有文凭，照样可以成大业。

做"领袖"，不做老板

"我常常问我自己，你是想当团队的老板还是一个团队的"领袖"？"这是李嘉诚的疑问。你有过吗？

谁都知道，做老板简单得多，你的权力主要来自你地位之便，这可来自上天的缘分或凭仗你的努力和专业的知识。做"领袖"较为复杂，你的力量源自人性的魅力和号召力。有近何必求远？但是李嘉诚的回答是：""领袖"领导众人，促动别人自觉甘心卖力；老板只懂支配众人，让别人感到渺小。"所以李嘉诚愿做"领袖"。

在商界里，只有真正的"领袖"才能最终征服众人。正是由于做"领袖"的独特魅力，让他们变得伟大，夺目，得人敬佩。或者简言说，优秀的企业"领袖"会赋予企业以火的生命。

戴尔公司是全球第一大个人计算机厂商，对于其创始人迈克尔·戴尔来说，他的事业做得这么大，公司发展得这么好，他还有必要努力提升和发展自己吗？很多人肯定认为不需要。事实上，迈克尔的态度截然相反，他常常与全公司所有干部一起，讨论他在领导力方面存在的问题。他把自己的不足摆在桌面上，作为大家学习的负面案例。对戴尔公司的所有员工来说，他是当之无愧的学习榜样。由于他的作用，傲慢自大的领导风格、"没什么需要提高的"之类的言论在戴尔公司没有市场。

要保证企业生生不息，管理者要赋予企业生命，这不单是像时下流行的那样，在介绍企业的PPT上打上"使命"二字，或是说上两句富含人文精神的语言，而应在日常经营中保持着企业的激情和活力。聪明的企业家都不会以老板的角度命令人，而会以"领袖"的角度影响人。

企业的火车头是经理室，经理室的火车头是"领袖"。因此，一个好"领袖"如果能强劲有加并且让其他人服从敬佩的话，那么整个车厢将更加团结一致，火车将跑得更快。柳传志认为，联想做大需要几个条件，首要的就是要有能够带队伍和能够制定战略的人才。否则联想集团的战略设计无法实现。他习惯以处理问题的方式和水平来判断人才的可塑性，像要求他自己一样，他首先要求自己的部下要有信誉，然后才是能力。

李嘉诚也是如此。李嘉诚手下最为平常的低阶层员工提到李嘉诚时连连称赞，言语之中充满着敬佩。这就是"领袖"的魅力，而不是一个老板的魅力。

善于灵活运用知识

有人说，人生实际上是在无知和求知之间的一场斗争。一旦一个人停止寻求知识和信息，就会变得无知。因此，人们需要不停地与自己做斗争：是通过学习打开自己的心扉，还是封闭自己的头脑。

学校是非常重要的地方。但如果没有能力去求学也不要忘了自学。因为知识的奥妙就在于它是自己学，别人的教授只不过是个辅助问题罢了。李嘉诚认为，不论是学校学的知识，还是自学来的知识，最重要的是要自己灵活运用。事业之路应该是拥有企业而不是为企业工作。仅仅学习好，然后找个好工作的想法是陈旧的。李嘉诚永无止境的努力，正是为了自己的事业，而不是寻求一份好的推销工作。

1996 年，研究智力的一流权威之一美国的罗伯特·J.斯特恩伯格博士出版了《成功者的智力》一书。该书指出：分析能力与各种成功之间几乎不存在内在的联系。斯特恩伯格博士发现，成功者的智力包括三个方面的内容，分析能力只是其中之一，此外还有创造能力和实践能力，或实际经验。

在成为百万富翁的人当中，有许多并不是成绩最优秀的 A 等生，但他们在学校里的确学到了许多东西。那并不只是非常关键的基础课，自我约束与坚忍顽强也是学校经历中所学到的重要的东西。

很多人以为读工商管理硕士（MBA）是做生意赚钱的捷径，很多没有大学文凭的经营者，也往往羡慕那些高学历的人，他们总觉得高学历等于财富，学历高的人赚钱自然会很容易，财源也会滚滚而来。这其实是一个很大的误解。

如果你没有大学文凭，千万不要泄气，虽然说高学历有助于你的事业成功，但真正的成功与高学历之间并非完全是个等号。不要以为有高度的书本知识水平，便是成功的象征，许多大学生因为高不成、低不就而最终一事无成，就是因为他们误解了学问与成功的关系。

能够踏上高等学府的台阶，只是代表你对课本知识的领悟能力比较高，仅此而已。至于在社会上能否取得成就，则是另外一回事。读书成绩好的人，未必能够在商场上得心应手，特别是那些死读书的"书呆子"，在商场上的成绩，很可能跟在学校里的成绩截然相反。谁也不敢保证一个医学硕士在商场上肯定会强过一个初中生，也没有人能够打保票，一个哲学博士可以在商场上赚个大满贯。正如一个读书不成的小伙子，不一定穷困潦倒一生一样。假若学历能够为经营者带来利润，那么大学的教授岂不统统都成了商场巨子。

实际上，当今许多富可敌国的超级大亨，真正是高学历属于知识分子的并不是很多。全球闻名的"松下电器"创始人松下幸之助的人生经历可说是非常坎坷的。

他出生时家境贫寒，刚上到小学四年级就不得不离开父母，来到大阪，开始了个人独立生活的历程。刚到大阪时，松下在一家小店当学徒；比尔·盖茨可谓当今尖端技术领域最叱咤风云的人物，他的名义学历也不高，充其量只能算是个"本科"吧，可他所取得的成就却让一个个博士望尘莫及。知识本身不是力量，知识的力量在于使用，在于创新，在于活学活用。

知识创新是真正强大的力量，只有知识不断创新，才能使认识不断深化，转化为改造世界的力量。

对于经营者来说，从书本上获得的知识固然重要，但是实地走访厂商，向各地挨家挨户推销，可以获得更实用更有益的经验。因此，没有学历不可怕，关键是自己不要看轻自己。因为一个人在学校里所学的知识毕竟是有限的，有很多知识是在社会这个大课堂所学到的，而且许多真正管用的"生意经"也是不可能在书本里学到的。

没钱事小，没知识事大

李嘉诚在荣膺世界华人首富以后，并没有退休养老的打算，而是仍在不断地学习，每天在他的办公室里工作。他是一位真正身体力行、"活到老，学到老"的杰出企业家。他说，"在知识经济的时代里，如果你有资金，但是缺乏知识，没有最新的讯息，无论何种行业，你越拼搏，失败的可能性越大，但是你有知识，没有资金的话，小小的付出就能够有回报，并且很可能达到成功"。

很明显，这是由其实际经历得来的。他见过很多人，都有资金，却守着自己的小厂子，不关注前沿知识，只是拼命要求员工多为他卖命，即便是这么苛刻，却仍然收获不好，甚至因为一次意外濒临绝境，最终失败。他说："不读书，不掌握新知识，不提高自己的知识资产照样可以靠吃'老本'潇潇洒洒过日子，是旧时代不少靠某种'机遇'发财致富的生意人的心态。如今已经不可取了。"也因此，他自己吸收了这些经验，虽然在创办长江厂之初他一无所有，但他却能够时刻学习新知识，寻求新资讯，努力拼搏，最终在塑胶业，在地产业站住了脚。

不管一个人是多么地才华横溢、天资过人，如果其缺乏足够的知识来对才华和天资进行有效的引导，那么他还是无法有效地施展和运用自身的才华。

很多人都曾对学习有过怀疑，觉得是死教育，甚至为此而让自己的后辈年纪轻轻就辍学打工。但是有一个事例却可以很清醒地说明这个问题。

在中央二台一套现场访谈节目里，请来的几位80后成功人士众口一致地说，读书是有用的。有一位甚至说，他就没离开过学校，尽管他遇到天大的挫折，几乎逼的要跳楼，但他爬上高楼，却在那里看起了书，书让他产生了力量，他挺过了难关，如今成功了。他们的话不约而同地映照了李嘉诚对于知识的理解，我们不能不说，知识对于成功的重要性。

很多人不懂证券，跳进去大胆地操作，却在1996年股市崩盘那次输了精光。一夜之间从纸上富贵变成穷光蛋，想想人人都能理解其对未来的迷茫。其实，如今受教育程度低、知识少的人并未因为他们不够聪明，不够有钱而失败，而是因为他们没有摸透其中的真正关系。

为什么有的人最早发财，而如今又穷了呢？为什么有的人年轻时穷得叮当响，如今却又富得流油呢？因为他们手中掌握的东西不同。钱仍是钱，知识却能转化成更为厉害的能量。如今知识就是知识，有着原子弹般的威力。"知识就是力量"，已经不再是口号。

第七章

▼

推销自我

——要做强自己，实质在自我推销

要谦虚，也要表现自我

李嘉诚为人谦虚谨慎，毫无风头意识，尽可能地保持低调，但他又做不了彻底的隐士。他还得在社会上周旋，他在公众与记者面前，会自觉不自觉地宣传他的人生观、价值观。

在儿子李泽楷选择单飞的时候，李嘉诚送他两句话：一是"树大招风，保持低调"。二是"做事要留有余地，不把事情做绝。有钱大家赚，利润大家分享，这样才有人愿意合作。假如拿10%的股份是公正的，拿11%也可以，但是如果只拿9%的股份，就会财源滚滚来"。这两句话，不仅是他对两个儿子的要求，同时也是他自己一生经商的准则。就是这个人人明白却难于实现的准则，让李嘉诚赢得了无数商界朋友，广大股东和公司职员的信赖和支持，为他赢来了无数的财富和荣誉，并最终登上香港首富、世界华人首富的宝座。

李嘉诚深知中华民族自古崇尚中庸之道，讲究"枪打出头鸟"，"木秀于林，风必摧之"，就是老百姓也懂"以和为贵"、"财不外露"的道理。超人李嘉诚谦虚的品质随处可见。

有一次，李嘉诚参加汕头大学的奠基典礼，本来，他作为汕大创建人，应是当之无愧地在贵宾签名册首页上写下他的名字，但李嘉诚没有这样，而将自己的名字签在第三页上。在这次宴会中，他不论地位高低，跟每一位宾客都敬酒、握手、交谈，的确没有让人产生"隔离感"。李嘉诚已是世界上屈指可数的巨富，但他并不骄奢淫逸、大肆挥霍，依然是坚持以俭养德、养廉、养身，淡泊宁静、朴实无华。

在汕头大学第五届学校董事会上，李嘉诚虚怀若谷地对在汕大成长的每一位同仁再三表示衷心的敬意和感谢。在此，不禁想起李嘉诚曾经在汕大讲的一句话："成就加上谦虚，才最难能可贵。"

孔子曰："三人行，则必有我师。"谦虚自古就是中华民族的传统美德。当然，谦虚并不意味着不表现，尤其当今社会，仅有谦虚也是不可行的。在21世纪知识竞争时代，我们在保持着自我的情操和品行时也要适时地表现自己，善于表现自己才能让自己越接近成功。在机遇面前人人平等，这时关键就在于你会不会表现自己了。能很好地表现自己，把自己的才华展露出来，被大家认同，被社会接受，你就抓住成功的尾巴了。

有一次在加拿大的飞机场，当李嘉诚的私人飞机要离开时，突然看到一辆车飞快地驶来，驶近后，司机交给李嘉诚一封信，李嘉诚打开一看，这是一封由中国的学者、讲师、副教授、教授联合签名写的信，信上说第一批中国人来时，建设了从加西到加东的铁路，很多人都死了。虽然我们现在的知识水平高了，我们有职业，在这里有很多的业界人士，可是我们的专业人士一升到工程师，就没有办法再升上去做行政管理者，今天，也有中国人做大老板。下面有超过1000名的外国人是助理员工，我们终于可以扬眉吐气了。

李嘉诚在22年前收购赫斯基能源的股份时，这只不过是一家资本支出与负债过高的中型石油公司，当年的石油价格曾跌至每桶11美元。其后那家石油公司业务发展不理想，国际投资者希望从李嘉诚手里收购。"但想起这些海外华人对我说的话，我便舍不得卖掉它。"李嘉诚说道。结果，赫斯基能源在2008年上半年，为和黄贡献了85.4亿港元的盈利。"超人"又一次成功了。

所以说，谦虚加表现自己是通往成功的有利法则。而这中间要怎么平衡，怎样权衡两者的关系很重要，掌握好了，成功就是迟早的事！

不卑不亢，一眼留下好印象

"圣贤自有中正之道，不卑不亢，不骄不谄，何得如此。"从教育者朱之瑜口中，不难折射出"不卑不亢"执行的难度性与其将赋予拥有者的无穷的人格魅力。

从古至今，"不卑不亢"伴随着多少英雄走过匆匆历史，留下的是一段段的佳话，体现的是一串串的智慧，深化的却是一道道魅力之墙。晏子使楚，以睿智和镇定，实现了自身的不卑不亢。毛遂自荐，却以超群的胆识和气度力挽狂澜，征服了他的不卑不亢。

当年还只是个小小推销员的李嘉诚，因为有"不卑不亢"，所以可以从容不迫，理直气壮，伸缩有度，天生儒雅的气质使他显得更是风度翩翩，不少和李嘉诚打过交道的人都会在初次见面时就被他的这种独特气质打动。给人留下很好的第一印象，使得李嘉诚在生意场上得意春风，一切也似乎变得唾手可得。

他一贯淡定的心态、从容的外表、超强的自信和非凡的智慧和勇气，往往可以坐拥现场，逢凶化吉。不但使李嘉诚可以在生意场上左右逢源，同时又不知给他赚足了多少人情面和印象分。因此受益的不仅是事业成功，也是好的人缘及声望与名誉。

虽说如此，但要做到"不卑不亢"并非一件容易的事。历史长河中，众多先人可以叱咤风云、独占疆场、挡万人之敌，其骨子里实着无"卑"的缩影，却最终往往败于"亢"之上。

关羽身高9尺，单手拎82斤青龙偃月刀，胯下骑赤兔。曾温酒斩华雄，三日之内连杀袁绍上将颜良、文丑，可谓威风秉然，神勇之巅，有慑天之霸气。却因一个"亢"字导致刚愎自用，继而大意失荆州，最后落得可叹可惜的凄惨下场。

吕布勇冠三军，可令敌手闻风丧胆。每遇战事，其皆曰："吾有方天画戟和赤兔，何足惧哉"，然其不知其士兵皆无此等宝物，此时战必败。就其狂妄自大，目中无人而言，吕布可谓"亢"中一绝。

行"卑"者，将坐失良机、碌碌无为、悲愤一生，并将淹没历史滚滚长河中！

由此，不妨先释何谓"不卑不亢"，然后才知何以可为"不卑不亢"。"卑"者，乃"卑微，自卑"也；"亢"者，"高傲"也。因此，整句话可以理解成"既不会感到自卑，也不会高傲"，行中庸之礼，显大方之智。

许多人之所以为"卑"，可大致分如下几点：

（1）对于未来的迷茫，自身方向严重迷失。

（2）家庭某些不客观的因素，或过分地攀比。

（3）自身可见条件不理想或严重被挫折所伤。

然"亢"者，亦有其几种原因：

（1）自身素养低下，很难正确处理好成功带来的冲击。

（2）自恋导致贬低他人，唯我独尊。

（3）环境导致的种种习惯。

若为"卑"者，整日垂头丧气、精神委靡、潜能流失、导致埋葬自我。然"亢"则使人得意忘形、不知进取、惹人嫌弃，进而自取灭亡。

冰冻三尺，非一日之寒，我们也不可能用一日之暖去融化这冰天雪地。想要拥有"不卑不亢"，必须拥有虚怀若谷的胸襟和洞若观火的卓见和独领风骚的智慧。取他人之优，祛自身之弊，沉起伏之心，树雄心之志，

自尊自强，并深思满遭损，谦受益。唯有如此，方能借之为己用，察四海之现状，在风云世间独占鳌头。

当今社会，物欲横流。人们在不断追求物质财富的同时，不能忽略那些无形的财富。那些诸如"不卑不亢"者，它可以先控制你的灵魂，然后指挥你的行动，继而决定你的生活方式，由此可见，它的存在与否有着至关重要的价值意义。

对于外交官来言，它却是维护和展现国家形象的灵丹妙药，使得刚毅与和谐集于一身，团结与实力充分体现，谦谦使者，不怒自威！

"不卑不亢"，需要拿捏，分寸间显出高低。李嘉诚无疑把握得很好，或许这也和他超强的自信心以及早年传统文化熏陶有关吧。

买方市场，别人为何选你

这是一个"酒香也怕巷子深"的年代。21世纪，人才济济，到处都是博士、硕士，在这样一个买方市场里，就要学会向别人推销自己，让别人注意自己，了解自己，从而实现自我推销。如果你不主动推销自己，谁又能看出你就是"千里马"呢？如果不懂得推销技巧的话，再好的酒，再优秀的人才，也可能被人忽视，从而徒呼英雄末路。

在1915年的巴拿马万国博览会上，我国的贵州茅台酒由于包装简陋，备受冷遇，眼看就要无功而返。情急之下，中国参展人员在展览大厅里故意失手，将一瓶上好的茅台酒掉在地上。随着酒瓶的碎裂，酒香也散溢出来，引来一群外商的叫好声。这一记奇招征服了外商，也征服了巴拿马万国博览会，从此，茅台酒走向了国际市场。这个小故事对酒香也怕巷子深进行了形象的诠释。

早在李嘉诚创业的时代，"桃李不言，下自成蹊"已然是古老的传说，"酒香不怕巷子深"的老经验也已不灵验，纵然我们是"皇帝的女儿"，要想嫁出去，也免不了要走出深宫，主动推销自己。在这个世界上，真正比我们聪明的人只有5%，而比我们愚蠢的人，也只有5%，我们大多数人都是普通人。既然这样，我

们又能靠什么理由去说服买家,证明自己比别人有更高的身价,更值得他选择呢?

李嘉诚几十年的商海磨砺,告诉我们一个道理,"学得好更要卖得好"。自我推销是一种才华,一种艺术。生活是一连串的推销,有了这项才华,我们才能像李嘉诚一样彰显自己的优势。

那么,如何才能提高自我推销的质量呢?这里给你提供几个技巧。

(1)确定交往对象。请考虑一下:你在公司里喜欢与哪些人交谈?他们对你抱有什么期望?你有哪些特点能够对你的"对象"产生影响?请注意观察优秀同事的行为准则,并吸取他们的优点。

(2)善用别人的批评。了解别人对你的评价,应该坦诚地接受批评,从中吸取教训,应当注意言外之意。例如,如果你的上司说,你干活很快,那么在这背后也可能隐藏着对你的批评。

(3)要善于展示自己。要尽量展示自己的优点,扬长避短。

(4)精心包装自己。超级市场的货架上灰色和棕色的包装为什么那么少?这是因为没有人喜欢这些颜色的包装。你要不想成为滞销品,也应当检查自己的"包装"——服装、鞋子、发型、打扮。要敢于经常改变自己的"包装",那常会给人耳目一新的感觉。

(5)说话要明确。说话言简意赅,不要用"也许"或"我想只好这样"等词句来表达。上司一般都喜欢下属能有一个明确的态度,不论对人还是对事。

(6)占领"市场",建立关系网。例如在夏天组织一次舞会或与同事们一道远足;要与以前的上司们保持联系,建立一张属于自己的关系网。

(7)当你自己的公关部门首脑。不要怕难为情,找准时机,在上司面前显示自己的成绩,没有必要总是以谦虚的"我们"形式说话。但要注意的是不要将之天天挂在嘴边,那样会使人厌烦,注意适可而止。

(8)不要害怕危机。如果一个项目真的遭到失败,不要惊慌失措,也不要转而采取守势,而应勇敢地承担责任,积极寻找解决问题的办法。在紧张状态下头脑清醒、思路敏捷的人会得到同事和上司的器重。

大众认可的商品大都是推销做得好的商品,只有走向市场,大胆推销,才能香飘万里,李嘉诚就是得到了许多人的认可,包括朋友、同事、员工、下属、合作伙伴,甚至是竞争对手。一个人欣赏你,可能是你们惺惺相惜,但只有让大多数的人认同和欣赏你,那才称得上是真正的魅力人生,只有那样,众生面前,成功之神最终选择的将是你。

注重推销自己

想要认识新的朋友，想要得到理想中的工作，想要获得意中人的芳心，想要在工作中取得成绩，想要有一个成功的人生，所有的这些都不简单，但所有一切都有一个简单的前提——把自己推销出去。

要做好一名推销员，一要勤勉；二要动脑，李嘉诚对此有深切的体会。

李嘉诚推销新型产品——塑胶洒水器，走了几家都无人问津。这一天上班前，李嘉诚来到一家批发行，等职员上班联系洽谈。清洁工正在打扫卫生，李嘉诚灵机一动，自告奋勇拿洒水器帮清洁工洒水。李嘉诚期望遇到提前上班的职员，眼见为实，这样洽谈起来更有说服力。果真就有职员早到，还是负责日用器具的部门经理。李嘉诚很顺利地就达到了目的，该经理很爽快地答应经销塑胶洒水器。李嘉诚的机灵，可见一斑。他让产品自己说话，这比一个推销员夸夸其谈地讲产品的用途优点，要可信得多。

李嘉诚做推销，愈做愈老练，他深谙一个推销员在推销产品之时，也在推销自己，并且更应注重推销自己。

李嘉诚有意识去结交朋友，先不谈生意，而是建立友谊，友谊长在，生意自然不成问题。他结交朋友，不全是以客户为选择标准。如俗话所说："人有人路，神有神道。"今天成不了客户，或许将来会是客户；他自己做不了客户，他会引荐给其他的客户。即使促成不了生意，帮着出出点子，叙叙友情，也是一件好事。李嘉诚的收入不高，家庭负担很重，他还要攒钱办大事，因此，他交友不允许花太多的钱。这样倒好，大家以诚相见，以诚共处。李嘉诚不是健谈之人，说话也不风趣幽默。他总是推心置腹地谈他的过去和现在，谈人生与社会。李嘉诚广博的学识、待人的诚恳，形成一种独特的魅力，使人们乐意与他交友。有朋友的帮衬，李嘉诚在推销这一行，如鱼得水。

李嘉诚把推销当事业对待，而不是仅仅为了钱。他很关注塑胶制品的国际市场变化。他的信息，来自报刊资料和四面八方的朋友，他建议老板该上什么产品，该压缩什么产品的生产。他把香港划分成许多区域，每个区域的消费水平和市场行情，都详细记在本子上。他知道哪种产品该到哪个区域销，销量应该是多少。

加盟塑胶公司，仅一年工夫，李嘉诚实现了他的预定目标。不仅超越了另外6个推销员，销售额还是第二名的7倍！全公司的人，都在谈论推销奇才李嘉诚，说他"后生可畏"。

被提拔为总经理之后，却把自己当小学生。他总是蹲在工作现场，身着工装，同工人一道干，极少坐在总经理办公室。每道工序他都要亲自尝试，兴趣盎然，一点儿也不觉得苦和累。

李嘉诚以勤奋和聪颖，很快掌握生产的各个环节。生产势头良好，销售网络日臻完善，许多大额生意，他都是通过电话完成的，具体的事，再由手下的推销员跑腿。李嘉诚是塑胶公司的台柱，成为高收入的打工仔，是同龄人中的杰出者。

按理说，才20出头的年纪，走到这个位置，任何人都该是相当满足了，然而，李嘉诚是个例外。在李嘉诚的人生格言里似乎永远没有"满足"两个字。此时也算是小有成绩的李嘉诚，放下暂时笼罩在身上的光环和令人垂涎的地位，再一次选择了跳槽，重新投入冒险中去，他要考自己的聪明才智，来开拓自己的真正的天地。

老板自然舍不得李嘉诚离去，再三挽留。

曾有个相士，拉住李嘉诚看相，说他"天庭饱满，日后非贵即富，必会耀祖光宗，名震香江"。此事在公司传为佳话，老板不信相术，但笃信李嘉诚是具备与众不同的良好素质，他不论做什么事，都会是最出色的。

因此，李嘉诚绝非池中之物，他谦虚沉稳的外表，实则蕴涵着勃勃雄心，他未来的前程，非吾辈所能比拟。这是老板与李嘉诚相处几年得出的判断。老板挽留不住李嘉诚，并未指责李嘉诚"羽毛丰满，不记栽培器重之恩，弃他远走高飞"。老板特意为李嘉诚在酒楼设宴辞行，令李嘉诚十分感动。李嘉诚怀着愧疚之情离开塑胶裤带公司。但这是他人生必然的选择，也是他人生中最重要最关键的选择，从此以后看，李嘉诚真正地迈上了布满荆棘但又孕育无限希望的创业之路。

人人都是推销者，人的一生就是在不断地推销自己——不论是在工作、生活还是爱情中。推销自己，就是让别人注意到自己，做人生舞台上的主角；推销自己，就是让更多的人接受自己，自然地融入人际关系中；推销自己，就是完美地展现自己，真正实现人生的价值。

成功地推销自己，让人生因为推销自己而变得不一样，这不是一个简单的事情，不是一蹴而就的，需要你从内到外认识自己、完善自己，从行为到态度去不断地纠正自己，然后，别人会看到一个不一样的你，你也会因为自己的改变感到惊喜，最重要的是你会离成功越来越近。

先成朋友，后谈生意：友情改变商情

有句俗话叫作"是金子总会发光"，然而事实上，是金子也未必会发光！如果金子没有光的反射，它自己永远也发不了光。就像一个有才华的人，如果不善于借助人际关系的力量，那么他成功的几率仍将大打折扣。在这个世界上，到处可以看见很多有才华的"穷人"。他们才华横溢，能力超群，有的甚至有着"上天入地"的本领，但最终却落了个颗粒无收，一事无成、默默无闻地度过一生。所以，即便是金子也要为自己寻找能发光的环境，创造能发光的条件，抓住发光的机遇。如果你觉得自己是块金子，有发光的强烈欲望，就要注意培养自己的人际关系，给自己创造发光的机会。

先交朋友，再做生意。无疑是最具李嘉诚特色的人际交往模式。在某种意义上说，它已经成为中国生意人心照不宣的成功规则。一个不懂游戏规则的人会被视为"傻子"，只有洞悉这一成功规则，为自己赢得更多的朋友，才能在生意场上立于不败之地！

刘军现在是广州一家大公司的总裁，他的成功源于他在给别人打工的时候就开始积累人际关系了。那时候，他在一家很出名的报社广告部工作。工作期间，他时常接触到海尔、百事、联想等这些大企业的负责人。刘军不仅在搞创意或争取版面时很卖力，尽量让他们满意，而且还非常注重与他们保持和谐的关系。比如每隔一段时间，不管有没有合作的项目，他都会给他们打个电话或者发个信息问候一声，节日的时候，也约他们吃个饭或者送一份小小的礼物。这样，在工作的 3 年间，刘军就积累了相当丰富的资源，后来他出来注册了自己的公司。这时他自然想到了这些过去的伙伴，而某知名空调恰好在广州市还没有专卖店，他就跟销售部的负责人谈起此事。由于他们的关系一直不错，在众多竞争对手条件都差不多的情况下人家就把独家销售权给了他。

人际关系就是机会，人际关系越丰富，意味着成功的机会就越多。2002 年，中国数十位成功企业家认为他们取得成功的条件中，机遇排到了第二位，而人际关系成为第一。一定要记住，是金子也不一定会发光！假如你是一个词曲创作者，除非你很有名，否则不可能会有人自动求上门。要想让别人知道自己，听到你写的歌，就需要找专门人士帮忙推销，比如说经纪人。如果你性格内向，不善交际，那么你即使关门在家写了 100 首好歌，也不会有人听到，只能是白费工夫而已。

在李嘉诚的《财富之书》中我们不难看到，"超人"非常重视感情的投资、人际关系的积累。"超人"认为比做生意更重要的是做人，只有做好为人处世，才能更好地做生意，因此他对自己提出了一系列做人的人生哲理："为人宽厚，广结善缘；人之交，信为本，答应的事，就要负责到底，有错就改；利益共享，放下架子来做人；做人不要太"精明"；宁可吃些亏，也不得罪他人等。"

21世纪的今天，不管是保险、传媒，还是金融、科技、证券，几乎所有领域，人脉竞争力都起着日益重要的作用。专业知识固然重要，但人脉更加重要。从某种意义上说，人际关系是一个人通往财富、荣誉、成功之路的门票，只有拥有了这张门票，专业知识才能发挥作用，否则，即便你是英雄也无用武之地！

获得他人的支持最重要

所谓"一个篱笆三个桩，一个好汉三个帮"，要想有所作为，得到他人的支持是非常重要的。政治家常常强调，成为一个成功的组织者，30%是得自于天赋、地位与权限，其余的70%则是由该组织成员的支持程度所构成。

所谓的天赋是指自小就活跃于群体中，且有不愿屈居于他人之下的个性。地位及权限是指被上级任命为组织领导者之后，在组织内所拥有的职务及权力。相比之下，在构成领导能力的要素中，群体成员的支持及信赖显然比天赋、地位、权限重要多了。相反，不管获得多大的权限和地位，不论自己如何重视，若无法获得团体成员的支持，则只能算拥有1/3的领导力，将来必会完全丧失权威。

李嘉诚认为，能设身处地为人着想者，才能获得别人的好感。要想推销自我，整合大家的意见，就要尽量综合所有成员的意向及想法，再经过分析整理，得出最具有代表性的结论。

要想获得他人的支持，管理大师彼得·德鲁克发现，一项既定的目标，即使是十分科学的，要他人来认知和认同也是十分困难的。然而，如果一项管理目标不能被下属所接受，并转化为下属自己的目标，那么这项目标的实施就会遇到障碍。只有那些实现了"上下同欲"的目标，才能充分调动执行者的积极性、主动性和创造性，使管理目标得到切实有效的贯彻和执行。

那么，怎样才能做到这一点呢？德鲁克认为，请下属参与目标的制定是有效的手段之一。李嘉诚经常布置给下属一个任务，却不去过多干涉，这样，下属们便会努力地去达到，从而在客观上支持了自己的建议。

在一起制定目标的过程中，因为各个下属部门或个人都会根据自己的需要，从自己的利益出发，提出对即将制定的目标的种种建议或见解，争论是不可避免的。但就在这一过程中，管理者却可以洞察到目标的确立应遵循什么样的原则才能更为下属所认同，而不至于使提出的目标高高在上，不合民意。另外，在这一过程中，正确的意见得到阐述，偏执的意见也会得到自我修正，实质上也是一个教育、说服和发动的过程。

李嘉诚说，要令下属有归属感。因为有归属感才会有主人翁意识。作为企业领导者，才能在真正意义上得到下属和员工的最大支持。对于下属来讲，他们需要的是一种实在的"主人翁"的感觉。请下属参与目标的制定，亲身的体验使他们认识到了自己主人翁的地位，认识到目标决策的科学性，从而自然而然地产生了与管理者一致的看法，相应地，主人翁的责任感也就油然而生了。而这种责任感从某种意义上来说才是对于领导者最大的支持。

第八章

广结善缘

——长袖要善舞，建立通达人际关系

要成就事业，就要有能够帮助你的人

对于打理跨几十个国家的事务，就算再精力充沛的人恐怕也应付不来。那么，如何在有效的时间内保证质量同时自己又能放心呢？李嘉诚表示："个人智慧和精力是有限的，把生意做大、把企业搞活，必须借助专业人才的力量。企业经营者要在人力资源管理上花费更多的时间，为企业发展寻找合适、优秀的人才。"他曾动情地说："假如今日，如果没有那么多人替我办事，我就算有三头六臂，也没有办法应付那么多的事情，所以成就事业最关键的是要有人能够帮助你，乐意跟你工作，这就是我的哲学。"

一次，林肯总统遇到某议员。"你为什么要试图跟他们做朋友呢？"这位议员质问道，"你应当试图去消灭他们。""难道我不是在消灭我的敌人吗？"林肯温和地说，"特别是当我使他们变成朋友的时候。"

这种高深的策略在交际中发挥了不可估量的作用，不能不引起我们的重视。这也就是《孙子兵法》上提到的"不战而屈人之兵"。要想成就事业，就要有能够帮助我们自己的人，敌人总是多，如果把敌人化为朋友，不但为自己增加了资源，更为自己前进路上排除了障碍，岂不是最好的选择？人与人之间不会完全相同，这种不同最明显的差异常常会体现在一个人的爱好中，并通过行为、习惯等表现出来，我们在接触不同的人时，要注意并尽力把他们与自己融合在一起。而这种无意识的行为常常能在不经意间为我们带来意外的财富。

人际关系是个人通往成功的门票，特别是在当前发展迅速的知识经济时代，人际关系已成为专业的支持体系。拥有强大的人际关系，对内，可以服众；对外，

则可以取得客户的信任。社会上曾流传着这样一句话：一个人能否成功，不在于你知道什么，而在于你认识谁。

查尔斯·华特尔，是纽约市一家大银行的职员，奉命写一篇有关某公司的机密报告。他知道某一个人拥有他非常需要的资料。于是，华特尔先生去见那个人，他是一家大工业公司的董事长。当华特尔先生被迎进董事长的办公室时，一个年轻的职员从门边探出头来，告诉董事长，他今天没有什么邮票可给他。"我为我那12岁的儿子收集邮票。"董事长对华特尔解释。

华特尔先生说明他的来意，开始提出问题。董事长的说法含糊、概括、模棱两可，他不想把心里的话说出来，无论怎样好言相劝都没有效果。这次见面的时间很短，没有实际效果。"坦白说，我当时不知道怎么办，"华特尔先生说，"接着，我想起他的秘书对他说的话——邮票，12岁的儿子……我也想起我们银行的国外部门搜集邮票的事——从来自世界各地的信件上取下来的邮票。

"第二天早上，我再去找他，传话进去，我有一些邮票要送给他的孩子。结果，他满脸带着笑意，客气得很。'我的乔治将会喜欢这些。'他一面抚弄着那些邮票，一面说，'瞧这张！这是一张无价之宝。'

"我们花了一个小时谈论邮票，瞧他儿子的照片，然后他又花了一个多小时，把我所想要知道的资料全部都告诉我——我甚至都没提议他那么做。他把他所知道的，全部告诉了我，然后叫他的下属进来，问他们一些问题。他还打电话给他的一些同行，把一些事实、数字、报告和信件全部告诉我。"

查尔斯·华特尔用很短的时间就巧妙而成功地打造了一条关系网，同时也完美地解决了他的问题，可见人际关系对一个人的成功是何等重要。

很多人常常能够发现，周围的朋友有些是同学或同事，有些则是直接通过朋友的介绍而变成朋友。如此一来，认识的人越来越多，人际网就越来越密了，因情感作用而相互帮助、关心及支持就越多，有助于解决生活中发生的难题。

广结善缘，你就能收获很多。

先播种，后收获

播种一种行为，收获一种习惯；

播种一种习惯，收获一种性格；

播种一种性格，收获一种命运。

这是著名哲人萨格雷论习惯的一段名言。由此可见，习惯在每个人事业发展中的极端重要性。同样，若要广结善缘，单单临时抱佛脚是不行的，只有养成这样一种习惯，我们才能最终获得他人的信任。

现实中的李嘉诚不仅善待同仁，而且善待员工，深得人心，所以企业的发展有相当大的凝聚力。李嘉诚总是讲求信用，为他人着想在先，为自己着想在后。但这种声誉是如何来的呢？答案很简单，因为他习惯性地付出，因为他明白，只有先播种，才能看见收获，而不是想秋天收获就秋天种植。有这样一个故事很能说明李嘉诚的广结善缘。

20世纪70年代后期，一个著名记者为了他的广告公司租借场地，跑到长江大厦——李嘉诚第一幢工业大厦去看楼，发现李嘉诚还在生产当时早已过时的塑胶花。

当时长江地产已创出自己的名号，盈利丰厚，可李嘉诚仍然维持已过时的塑胶花的生产，就算已过时的塑胶花小有薄利，对长江地产的利润而言也只是九牛一毛。于是这位记者问道："为什么还要维持生产？"李嘉诚说："这是为了给以前的员工留一些生计，为了让他们衣食富足。"这个记者感叹道："终于明白了老员工对你感恩戴德的原因。"李嘉诚说老员工是企业的功臣，他们为企业作出了重大贡献。如果说企业是一个家庭，那么老员工就是家庭中的长辈，我们作为晚辈，看到他们老了，理应承担照顾他们的义务。提倡人和观念，懂得感谢员工，多为员工着想，并且时时处处善待同仁，这是李嘉诚对人生的领悟，也是他成就商业辉煌的秘诀之一。

正是这种播种德行的行为让老员工心暖，从而为公司更加卖力，帮助李嘉诚把公司坚持了下去。其实，李嘉诚的诚意何止感动了那些老员工，更是感动了那些还处在事业发展阶段的员工们，为这样重情重义的老板做事，还有什么怨言和顾虑呢？

不管是有意为之，还是无心之举，李嘉诚的作为可以概括成以一句话：那就是用心对待每一个人。声誉也许是无心播种而来，但事业的成功却需要一份兢兢业业的态度，没有超出别人的付出就不会有出类拔萃的成就。打工皇帝唐骏的经历很好地诠释了这个道理。

唐骏可以说是当今 IT 界的精英。他刚进微软时，担任微软最基层的程序员，成为微软这个大"蜂巢"里千千万万的"工蜂"之一。

微软当时正在开发 Windows，先做英文版，然后再由一个 300 人的大团队开发成其他语言版本。以中文版为例，并不只是翻译菜单那么简单，许多源代码都需要重新改写。比如 Word 里打完一行字自动换行，英文是单字节的，中文却是双字节。比如一个"好"字，如果照英文版来，可能"女"在上一行末尾，"子"就到了下一行开头。为此，大家不懈努力修改了大半年，才改出满意的中文版。所以最初 Windows 上市后，中文版过了 9 个月才上市；到了 Windows3.1，中文版上市时间更是滞后了 1 年多。埋头开发 10 个月后，唐骏越想越觉得不对劲：常年雇那么多人做新版本，成本太高；其他语言版本推迟那么久上市，实在是贻误良机。能不能改进一下？下了班，唐骏开始动脑筋，琢磨怎样才能解决这个问题。半年后，他写出了几万行代码，反复运行，证明他的程序经得起检验，才找老板面谈。公司又花了 3 个月时间进行认证，于是，原先的 300 人团队一下子缩到了50 人。凭借这个业绩和对待工作精益求精的精神，唐骏得到了提升，在微软一直做到微软(中国)总裁的位置，也获得了微软很少颁发的"比尔·盖茨终身成就奖"。

唐骏的成功，告诉我们一个人只要尽职尽责地努力工作，就会不断发掘出自身的潜力，做出优异的业绩；而对待工作漫不经心、得过且过的人，纵然才华横溢，也会逐步流于平庸。只有先播种事业，然后才能收获事业。所以，无论你拥有什么样的教育背景，无论你拥有多么高的学历，无论你曾经做出过多么大的业绩，你都应该树立尽职尽责的工作态度，把工作做得尽善尽美。因为只有这样，你才能充分发挥出自己的潜力，从而使自己的执行力得到不断提高，成为公司里的佼佼者。

当然，唐骏也许并不是师法李嘉诚，但是他们的成功却都显示了同一个道理，那就是你如何对待生活，生活就如何对待你；你如何对待工作，工作就会如何对待你。"一分耕耘，一分收获"，人生给予你的回报，就是对你努力程度的反映。李嘉诚的事业和声誉都不是凭空得来的，那是几十年努力的积聚。先播种，后收获，应当是每一个人的不变的人生信条。

没有架子的首富惹人爱

世间很多人都易摆架子，因为很有气派，然而李嘉诚却一贯平和。加拿大记者 John Demont 曾描述说："他不摆架子，容易相处而又无拘无束，可以从启德机场载一个陌生人到市区，没有顾虑到个人的安全问题。他甚至亲自为客人打开车尾箱，让司机安坐在驾驶座上。后来大家上了车，他对汽车的冷气、客人的住宿，都一一关心到，他坚持要打电话到希尔顿酒店问清楚房间订好了没有。当然，这家世界一流酒店也是他名下的产业。"

这种小事亦躬亲，从不为自己的身份而介怀的没有架子的首富是多么惹人爱啊。而李嘉诚由此广结善缘的事情更是不胜枚举。

陈衍俊也曾谈到，1987年，李嘉诚来汕头大学出席会议，"和他握过手的几个新闻界同行，都敏感地发现，李嘉诚的手心有些发烫，说话的鼻音也浑重了。李嘉诚显然是感冒了，发烧还没退"。连续两天的会议，李嘉诚"太劳累了，感冒又加上胃痛。但他仍然不动声色地打起精神坚持着。只是到了会议中间，他才走近我的身旁悄然地告诉我：'我要吃胃药，需要几块饼干送药，能找到几块饼干吗？'学校的人马上去买来肇庆产的菜汁饼干，李嘉诚吃过药，又回会议室开会。事后，他非要交还买饼干的钱，我向他说明，几块饼干，区区小事，不足挂齿，他才作罢"。

这件事传开，汕大师生甚为感动。要知道，李嘉诚是汕大的独资赞助人，是汕大的恩公啊。这样没有架子真让人不敢相信是首富所为。

曾有一则新闻最能说明李嘉诚的平易近人，广结善缘。

专程前往北京看奥运开幕式的华人首富李嘉诚忙里偷闲，来到著名的王府井商业街，一来逛街，二来为自己开发的商业街捧场，在商场里引起了一阵小小的骚动。

"我正在选一个奥运福娃商品，突然觉得眼前这个老人有点儿熟悉，在哪里见过！"提起8月6日晚突遇偶像李嘉诚，在北京中关村做IT生意的李先生就激动不已。他回忆说，当天晚上8时许，他陪女友来到北京王府井某著名商场选购奥运特许商品。偶然抬头，看到一个戴着黑框眼镜的老人。老人头发稀疏，穿着深蓝色西服、洁白衬衣、灰色西裤，一双皮鞋擦得锃亮。李先生觉得面前这个冲着自己微笑的老人很熟悉，像是在哪里见过。"李嘉诚！"他突然眼睛一亮，兴奋得要叫出来。这时，李嘉诚也好像遇到熟人一样，向周围的顾客微笑起来。

这时，很多顾客都认出了李嘉诚，商场里出现了一阵小小的骚动，有的拿出了手机拍照，有的举起了DV。

"李嘉诚很随和，根本想不到他就是华人首富，一点儿架子都没有，穿着也很休闲，没有打领带！也不阻止顾客拍照！"一提起心中的偶像，李先生的崇敬之情溢于言表。

该商场奥运特许商品专店的王小姐介绍，李嘉诚只带了两个随从。在"福娃"专柜前，李嘉诚拿起一个福娃，一边看一边问价格和销售情况。"这个商场本来就是他的和记黄埔开发的商业街,他来商场,一是逛街,二是来了解商场的经营情况!"王小姐说。

我们都知道,"架子"常常是"尊贵人"向"平凡人"摆出的专利,高高在上的冷漠态度,目中无人的藐视目光,爱搭不理的"嗯呵"官腔,动辄训人的蛮横专断,因为讲不出新意而说些老话、套话等。

其实,很多"尊贵人"都是"平凡人"变的,如靠机遇。但"机遇先生"也常常跟人开玩笑,有那么一天,"尊贵人""尊贵"不下去了,也会变成"平凡人"。所以,"尊贵人"和"平凡人"只有一线之差,并非相隔万水千山。

然而李嘉诚却没有因为"尊贵"而摆起架子。他虽然处于"尊贵"地位,但却相当平易近人。地处"尊贵",做了许多不平凡的事,仍然觉得自己平凡,这本身就是伟大。李嘉诚正是用自己的平易近人广结善缘,从而建立了通达的人际关系。

多结善缘才能多得帮助

要成就事业,就要有能够帮助自己的人。李嘉诚说:"对人诚恳,做事负责,多结善缘,自然多得人的帮助。"在李嘉诚的收购史上,汇丰这个大财神为他做出了不可磨灭的功绩。李嘉诚感激汇丰,汇丰也力助李嘉诚。事实上,李嘉诚跟汇丰的合作由来已久,除了最初的华人行之外,汇丰还多次帮助李嘉诚完成一系列收购计划。

1985年李嘉诚属下的和记黄埔,一举收购香港电灯公司的大部分款项来自汇丰,汇丰银行为李嘉诚财团充当了一个主要"供血者"的角色。

1987年9月,李嘉诚财团各上市公司供股集资103亿港元,进行了一系列重大的扩张收购活动。其中的供股集资项目,是由汇丰总行属下的获多利财务公司和美国万国宝通银行等协助包销的。1988年10月,李嘉诚透过长江实业全面收购英资青洲水泥,再次得到了汇丰银行的支持,并由汇丰银行属下之获多利财务融资出面安排。

1989年,李嘉诚属下的和记黄埔之国际货柜筹措105亿元银团贷款,也是由汇丰银行出面组织得以实施的。汇丰银行因此成为李嘉诚财团一系列庞大的收购活动和集资活动的幕后资金雄厚的支持者。

做生意就一定要与人打交道,与各种各样的人打交道。不管是否认识,都要真诚相待，表现出自己负责的一面，这样才能发展良好的关系，最终形成一个庞大的人际关际网。丰富自己的人际资源，相互扶持，要知道，好的人际关系是成大事的重要前提。

有人曾经说过，没有周凯旋与李嘉诚之间的人事关联，就没有东方广场。这座建筑地处北京金街王府井路口，是李嘉诚投资近 200 亿元人民币兴建的当时中国最大的商业地产项目，其规模之宏大，建筑之奢华，已成为京城最亮的风景。

当时，30 岁出头的周凯旋在董建华旗下的地产分公司做事，当她费尽心力拿下这个地块的开发权时，董建华却因要出任首届香港特首或因资金问题而要放弃。周凯旋心有不甘，于是问董建华华人圈谁能做这个项目？她得到的答案是李嘉诚。于是周凯旋说服了董建华为自己创造一次见面的机会。

不久后，在北京饭店的一次商务聚会上，周凯旋见到了李嘉诚。就是这次难得的见面，成就了李嘉诚一直想在北京建设一个超大型商业地产项目的想法。按照香港的商业规则，李嘉诚给了周凯旋总投资几个百分点的佣金，使她在一夜之间身家数亿。

两家都获得了共赢。这是一个典型的人际关系连接特例。如果没有董建华与李嘉诚的关系，如果没有周凯旋与董建华的关系，那么李嘉诚与周凯旋可能谁都得不到这个意外的帮助。在商业化的社会进程中，每天都在演绎着这样的财富传奇。多结善缘，多得人际已经成为个人成功、企业发展、财富聚积的重要资源。

与人为善，建立良好的关系，经商活动错综复杂，每完成一笔生意，都包含许多社会关系在里面，有许多关口不是轻而易举容易通过的，需要生意人运用技巧去打通关系，攻克挑战。实际上，这都是"信任"、"信用"的问题，你有好人缘，赢得了别人的信任，一切问题就迎刃而解了。从某种意义上说，经商就是经营人际关系。

有一个美国女人叫凯丽，她出生于贫穷的波兰难民家庭，在贫民区长大。她只上过 6 年学，也就是只有小学文化程度。她从小就干杂工，命运十分坎坷。但是，她 13 岁时，看了《全美名人传记大成》后突发奇想，要直接和许多名人交往。她的主要办法就是写信，每写一封信都要提出一两个让收信人感兴趣的具体问题。许多名人纷纷给她回信。再一个做法是，凡是有名人到她所在的城市来参加活动，她总要想办法与她所仰慕的名人见上一面，只说两三句话，不给人家更多的打扰。就这样，她认识了社会各界的许多名人。成年后，她经营自己的生意，因为认识很多名流，他们的光顾让她的店人气很旺。于是，她也成了名人和富翁。

由此可见，每一个伟大的成功者背后都有另外的成功者在支撑着。多结善缘，你就能在不经意间播下善意的种子，从而在他人的帮助下茁壮成长。美国成功学大师卡耐基经过长期研究得出结论："专业知识在一个人成功中的作用只占15%，而其余的85%取决于人际关系。"所以说，无论你在做什么，都要明白多结善缘的重要性。有时候，善缘就意味着助你成功的一双手。

生意不成人情在

有句俗话叫作"常用的钥匙最有光泽"。大千世界，茫茫人海，没有永远在一起的朋友。很多时候，虽相处时间不长，但关系值得珍惜，这将是每一个人心愿吧，尤其对于商人。哪怕是敌人，也会有惺惺相惜，那么当彼此合作不甚愉快时，又何必斤斤计较呢？最成功的生意哲学莫过于"宁失利益，不失关系"，最成功的生意道义莫过于"生意不成人情在"。

在当今社会，做生意的人很多，但能成为生意高手的却并不多。为何？正是因为缺少一种撒网式纽带的关系。要做好生意，要获得财富，就要建立广泛的社会关系。刘备之所以能取天下，正是因其广结善缘、不吝人情的缘故。

当年刘备读私塾时，十分聪明，讲义气，经常帮助同学。即使后来大家分开了，刘备还与同学常保持联系。其中有一个叫石全的朋友，十分真诚，家中很贫苦。刘备不嫌石全家贫，常邀石全到自己家做客，谈论天下局势。后来，刘备在一次战役中兵败受到敌人的追杀，是朋友石全冒着生命危险将刘备藏了起来，救了刘备一命。

由此可见，很多时候朋友能在很危急的关头帮上大忙，无疑是人情在这里起到排忧解难的作用。

李嘉诚信奉"生意不成人情在"，他认为，人要去求生意难，生意跑来找你容易。很多时候做好感情投资，才能长袖善舞，财源广进。所谓感情投资，说简单点儿，就是在生意之外多了一层相知和沟通，能够在人情世故上多一份关心，多一份相助，即使遇到不顺当的情况，也能够相互体谅。

有一位博友曾经讲述她老公的经历，最终的总结是，生意不成人情在。

那段时间老公早出晚归，常从郊区赶回家时，已是凌晨。那单生意是老公战友介绍的，说一个朋友承包了机场附近一条道路的绿化工程，要大量收购树苗，让老公找找关系，联系十几万棵沙地柏，老公已联系运作了很长时间。可树苗联系到了后，买家一直说再等等。老公等到心灰意冷，说估计是没戏了时，又突然接到电话说可以送树苗了。尽管拖的时间较长，得个善终也还算不错。

老公回来就说："这树苗子我不做了。"问其缘由，他说："没法做了。今天工人挖了3000棵沙地柏，打好包，修剪完枝叶已经傍晚，给工人买来饭，吃完装车，再拉到机场已快凌晨。送到机场了，说土包不够大。连车都没让卸就拉回来了，又给司机加了车费，才拉回树苗基地去。"

等老公他们回到基地，基地的老板才说出缘由。原来，在老公跟基地联系好通知买家时，买家根据线索私下来过这个树苗基地，想与基地老板直接合作，但因当时买家出言不逊、态度傲慢，而且条件苛刻，最后没谈成，但当时基地老板不知道现在来谈的人是老公要供树苗的买家。等到供苗时，押车的基地老板到机场看见接货的人，就觉得面熟，再细想，原来最后是同一个买家。

基地老板做树苗生意很多年了，他说："就今天挖的树，土包这么大应该没问题，可他们愣说不行。咱们是一点儿办法也没有。"机场那边说好第二天他们找人来挖。老公嘴上说不做了，第二天还是一大早又赶到郊区，这次倒是机场找的人挖的，土包仍然是那么大，但挖树苗的费用每棵增加两角。尽管老公同意了，可挖了没几棵，他们又以土质不好为借口，要求每棵再降一角的费用。老公一算账，最后挣不到多少钱了。

尽管付出了很多，但这钱还真不是好挣的。老公跟基地老板说："看来，他们就是想方设法不让我挣这点儿钱，我把他们的电话给你，你单独跟他们联系吧。您也不必太计较他们的态度，咱不看他们的脸色，只挣他们兜里的钱。另外，第一天挖的那3000棵成本算我的。"基地老板说什么也不肯收钱，对我老公说："自今儿起你就是我的兄弟了。"

老公说，做这行的一圈儿就这么多人，山不转水转，不定哪天又能坐到一起，这事儿心里明白就行了，伤脸面的话没必要说，说了也没用。再说做生意讲究和气生财，一看对方这架势，就没必要再掺和，有那工夫生气，还不如再做点儿别的。把树苗买家的电话给基地老板，我挣不到钱，至少还得了人情。这不，没多久老公就接到树苗基地老板的电话，说要跟他签个订酒的单子。生意不成人情在，这句老话没错的。

在商场上，很多时候每个人都为各自的利益做事，彼此都晓得商人多诈多奸，人与人交往不能不防，所以很容易互相起疑心。好朋友常常会变陌生人，这在商场上屡见不鲜。然而，李嘉诚却说，以和为贵，广结善缘。独木不成林，只有互相帮助才是正道。

于是，有一次客户因为自己的原因要求退货时，李嘉诚没有追讨违约费，而是选择理解，不但没有追讨，还笑脸迎出去。结果当有一天一个大客户主动找上门时，才知道是自己的"生意不成人情在"帮了大忙。

以仁义赢得对方的尊重，广结善缘，才能建立通达的人际关系。

善待员工，有容乃大

林则徐说："海纳百川，有容乃大；壁立千仞，无欲则刚。"一个人的胸襟如果足够开阔，那么他的为人将会受到很多人尊敬。李嘉诚不仅事业有成，而且与人为善，广结善缘。就连在他领导下的员工，他都亲切有加。李嘉诚不仅善待员工，更对那些即将离职的员工充满歉意。他总是说："公司有员工辞职，是因为我们做得不够好，没能给员工充分的施展空间，希望他们都能找到一份好的工作。"只要他能抽出时间，就会亲自为离职员工举行饯别酒会，并对他们说："公司的大门永远为你们开着，只要在外面做得不开心，随时都可以回来。"

这样的行为有多少个大富豪可以不打折扣地办到？

在沃尔玛，山姆·沃尔顿会把所有的上下级员工都当合伙人来看待，和他们共存亡、同利益。而员工也把他当成合伙人，大家齐心协力产生的效益是无可比拟的。平时他表现得像沃尔玛的一个家务总管，不会随意向任何人发号施令。他鼓励员工入股，允诺他们优惠的股份和他们离休后的待遇。不论是关于工作还是生活，山姆·沃尔顿会尽可能多地跟员工交流。他认为，员工知道得更多，他们也就更能理解你；他们更能理解你，对沃尔玛的事务也就更上心。他们一旦真正开始上心，就会长期坚持不懈地做下去。如果总是对员工隐瞒一些他们其实应该知道的事情，他们也就会对你隐藏一些他们真实的想法。到这个时候，你就可能处在一个非常危险的境地，并最终让你的竞争对手得益。

沃尔玛每一次战略成功后，山姆·沃尔顿都会感谢员工所作的贡献。奖励通常是一张支票和一份股份，这些可以换来他们的忠诚。山姆·沃尔顿说："每个人都希望被别人感谢，尤其当他们做了些引以为豪的事情。一句真诚的表扬所起的作用往往是别的东西所无法替代的，而且完全免费。"

山姆·沃尔顿规定，沃尔玛的管理者必须真诚地尊敬和亲切地对待员工，不能靠恐吓和训斥来领导员工。他认为，好的领导者要在管理和业务的所有方面都融入人的因素。如果通过制造恐怖氛围来经营，那么员工就会感到紧张，有问题和意见也不敢提出来，结果只会使问题变得更糟，形成恶性循环。而且沃尔玛的管理者必须了解员工的个人品行及其家庭状况，帮助他们的解决困难和完成心愿，尊重和赞赏他们，常常关心他们，这样才能帮助他们快速成长和发展。山姆·沃尔顿就是一个好表率。

美国《华尔街日报》曾有篇报道，有一次凌晨两点半结束工作后，山姆·沃尔顿经过沃尔玛的一个发货中心时，和一些刚从装卸码头上回来的员工聊了一会儿，了解了他们的需要，事后便为员工改善了沐浴设施，员工们都深为感动。在山姆·沃尔顿看来，沃尔玛最大的财富不是它的资本，而是沃尔玛的所有员工。

山姆·沃尔顿就是这样用他的诚恳与善意感染了所有员工，后来他们一起创造出了许多佳话。

善待员工，不仅要表现在善待好员工上，对于表现不太令人满意的员工也应给予善意的支持。李嘉诚不但对那些有功的属下自然倍加珍惜，而且对犯错误的员工也没有心存怨恨，而是给他们改过的机会。他曾经不止一次地说："作为一个企业家就要做到'用人不疑，疑人不用'，只要你选定的人才就要敢放手让他们去干，不要怕他们犯错误。一次犯错，两次犯错，不可能永远都犯错。""任何人都会对自己部下犯错误感到不痛快，但是这样能解决问题吗？管理人员就应该为员工的错误交学费，只有付出代价才会感受深刻，减少犯错误的概率。"

很多员工都非常钦佩李嘉诚并没有因为他们一次的失误，就让他们失去了做事的机会，而是帮助他们找出存在的问题，力求在下次不再重犯类似的错误。公司的许多人才都是从失败中接受教训，进而慢慢地成长起来的。

有一次，公司的一个年轻经理和外商谈判。结果，外商非常傲慢无理，根本不把部门经理看在眼里，对合同的条款一再地挑三拣四。也许是没有经验，也许是不够冷静，年轻经理没有顾及公司的形象就和外商在谈判桌上吵起来，合同最后也没有签下来。

李嘉诚知道这个事情后，叫人把年轻经理找来。年轻经理心想："这次把生意谈砸了，还和客户大吵起来，肯定被老板痛骂。"哪知道走进办公室后，李嘉诚根本没有批评他，而是让他回去好好地总结一下教训，以后多注意一下谈判的技巧，为下次的谈判做好准备。

年轻经理以为听错了，但李嘉诚斩钉截铁地告诉他："你已经和客户打过交道，对具体的事务也比较了解，没有人比你更适合担任这份工作。"果然，年轻经理没有让李嘉诚失望，后来终于成功地与外商签订了协议。

任何人在通往成功的道路上不可能不犯错误。普通人会犯错误，成功人士也会犯错误，重要的是我们从错误中得到什么。如果每次都能从中获取新的东西，犯错误又有何惧怕呢？

具有宽大心胸的人，看出他人的优点比看出他人的缺点更快。也因此，成功的几率大大增加。为企业之道，先存员工。如果损害员工的利益，以积累个人财富，财富积累起来了，也就是众叛亲离的时候。存员工，看上去很平常，却是商场上的至理。这不是一般的问题，而是涉及一个人、一个企业家如何把握自己的责任和使命的问题。

得人心者成事

李嘉诚说，决定大事的时候，我就算百分之百地清楚，也一样要召集一些人，汇合各人的资讯一齐研究。这样，当我得到他们的意见后，看错的机会就微乎其微。

华人首富李嘉诚，14岁投身商界，22岁踏上创业之路，半个多世纪的拼搏奋斗铸就了他今日辉煌的业绩，今天的李嘉诚早已成为全世界华人中最成功的企业家典范。李嘉诚主张"人和"的创业理念，这为他日后的成功奠定了坚实的基础。李嘉诚创业时总是有意识地去结交朋友。所谓友谊之树长青，生意自然好谈。

在这一点上，日本的柴田和子的经历与李嘉诚十分相似。

被誉为"日本销售女神"的柴田和子出生在日本东京，从东京新宿高中毕业后，进入三洋商会株式会社就职。后因结婚辞职回家做了4年的家庭主妇。1970年，31岁的她进入日本著名保险公司——第一生命株式会社新宿分社，开始其充满传奇色彩的保险行销生涯，创造了一个又一个辉煌的保险行销业绩。

1988年，她创造了世界寿险销售第一的业绩，并因此入选吉尼斯世界纪录，此后逐年刷新纪录，至今无人打破。她的年度成绩能抵上800多名日本同行的年度销售总和。

虽然她从1995年起担任日本保险协会会长，但业绩依然不衰。柴田和子说话机智幽默，衣着奇特，已经成了当今营销精英分子们心中最酷的偶像。

在全球寿险界，谈到寿险销售成绩的时候，人们常常说"西有班·费德文，东有柴田和子"。既然是销售行业，肯定离不开客户的支持。柴田和子是如何利用人际关系资源进行销售的呢？

柴田和子认为擅得人心是最重要的一点。一方面抓牢旧的人际关系资源，同时不断认识新朋友。柴田和子高中毕业就到"三阳商会"任职，直到结婚为止，良好的人际关系后来给了她极大的帮助。最初的这些人际关系资源完全是以"三阳商会"为基础，后来则是通过他们的介绍以及转介绍而来的。柴田和子的成功用中国的一个成语来概括就是"人情练达"。柴田和子说："保险行销要成功，必须要懂得体谅别人。"行销绝不是一个人唱独角戏、单打独斗地埋头苦干。使对方打开心扉、依赖自己，才是最重要的。要达到这个目的，就要体谅对方，要有为对方着想的心意。一个人的成功不如我们想象得那么简单，在他的背后肯定有坚强的后盾，而柴田和子的后盾就是她广结善缘的结晶——得人心，或者干脆说就是客户。

李嘉诚长袖善舞，人际关系通达，但是他的交友原则，从来不是仅仅为了生意，为了客户。事实上，生意是暂时的，客户也不是永久不变的，只有朋友才能常来常往，友谊之树长青，现在不是生意伙伴，说不准哪天就会有生意往来；他自己暂时不是客户，可能会引荐其他的客户给你。生意不是天天做，但友情却是永远的。即便没有生意可谈，多交个朋友，也总是件好事。

当年包玉刚想收购九龙仓集团，本来李嘉诚也有意入主的。但他知道包玉刚已经买了不少九龙仓股份，如果自己加入战圈，和包玉刚一起争夺九龙仓的控制权，正所谓两虎相斗，必有一伤。李嘉诚处世的态度是处处以他人利益为先。于是他放弃了争夺九龙仓的机会，还将手中的九龙仓股份转让给包玉刚，成人之美，使包玉刚能够顺利得到九龙仓的控制权。包玉刚后来就和李嘉诚成了好朋友。

当时，他们两个集团的影响力、实力不分伯仲。两位集团的领导人因为这一次机会结识，成了好朋友。之后，他们合作发展了不少项目。李嘉诚和香港汇丰银行集团的关系也极为密切。李嘉诚曾经任汇丰银行的副主席多年。这是继包玉刚之后，香港第二位登上汇丰银行副主席之位的华人。其实，李嘉诚在业务发展期间已经和汇丰银行的关系发展得极为良好了。李嘉诚的信誉，得到汇丰银行的欣赏，于是就在业务上支持李嘉诚。李嘉诚业务不断扩张之后，仍然很珍惜和汇丰银行的关系，所以，到今日，汇丰银行仍然是长江实业及其下属机构众多往来银行中重要的一家。

中国人讲究"以和为贵"。这不仅是在商场上存在的哲学，更是人生处世的哲学。李嘉诚在商界能够处处结交朋友，值得我们认真学习。精于用人之道的李嘉诚深知，不仅要在企业发展的不同阶段大胆起用不同才能的人，还要在企业发展的同一阶段注重发挥人才特长。因此，他的智囊团里既有朝气蓬勃、精明强干的年轻人，又有一批老谋深算的"谋士"。

　　李嘉诚的一番话极为透彻地点出了用人之道的关键所在，他说："大部分人都有长处和短处，必须各尽所能、各得所需、以量材而用为原则。这就像一部机器，主要的零件需要用五百匹马力发动，虽然半匹马力与五百匹相比小得多，但也能发挥其部分作用。"当然，这句话或许不仅仅只局限于用人哲学上，在整个金融领域里乃至整个社会中，人与人的关系都彼此关联的，孔夫子有句话说得好："己欲立而立人，己欲达而达人。"或许这正是我们应当奉行的交人原则，善于成全别人而获得人心者方能成事。

▼

第九章

魅力服人

——修己可安人，魅力儒商风范

修养，让气质出众不在话下

李嘉诚，一位在商场中人尽皆知的最成功的企业家之一。为何李嘉诚会有这样成功的事业？注重修养是他通往成功的一把钥匙。

何为修养？修养是指一个人的品质、道德、气质，对生命的领悟等，经过锻炼和培养达到的水平。一个有修养的人，不仅有志气，而且能拼搏；不仅热爱事业，而且热爱生活，积极上进；不仅有着高尚的道德和情趣，丰富的阅历，而且还有着百折不挠的意志和奋斗开拓的精神。有修养的人，一定是善于理论联系实际，从而使自己的修养不断得到加强和提高的人。

在李嘉诚身上，包含了修养四法。

少年立志

人要少年立志，而且是立大志，才会有成功的一日。

李嘉诚曾说过："我17岁时已经知道自己将来会有很大机会开创事业，因为我抱着坚定不屈的信念。年轻时，其他同事每日工作8小时，我每日工作16小时，以争取成就。我们做任何事情，都应该有一番雄心壮志，立下远大志向，有压力才会有动力。"他在14岁时就不幸失去父亲，同时也失去了在学校读书的机会。他为了家里的母亲和弟妹不得不出来到社会上做事，也正是踏足社会之生，他找到了人生成功的路线，为自己确立了一个目标，并一直朝这个方向去走，才有了今日的成功。

我们假设一个80岁的人，才立志要创一番事业，虽然一样有机会得到成就，但在 80 岁之前这个人是没有什么志向的，只是得过且过，或许是过去浪费时间太多，才突然醒悟过来。相反，如果一个人在十几岁就已经立志将来要干一番事业，之后不断磨砺自己，不断学习，不断吸取工作经验，创业经验，不论是工作学习都孜孜不倦，最后他可能会经过一段时间努力后得到成功，这不是比那一位在 80 岁才立志的人，成功得更早，之后的生活来得更加有意义？

因此，立志，应该越早越好。

加强自律

自律是修身立志成大事者必须具备的能力和条件。自律，使人能够自知；自律，使人养成良好的行为习惯；自律，使人学会战胜自己；自律，使人身心健康，助人建立良好的人际关系；自律，使人高尚起来。自律是发自内心的，是内蕴，与别人加诸己身的纪律不同。自律是听命于自己，所以自律的人自立，有气度，吸引力自然而生。

李嘉诚本人就是一位能够高度自律，而且坚持终身的典范。他曾经说过："只要勤奋，肯去求知，肯去创新，对自己节俭，对别人慷慨，对朋友讲义气，再加上自己的努力，迟早会有所成就，生活无忧。当生意更上一层楼的时候，绝不能贪心，更不能贪得无厌。"

当自律成为一种习惯，一种生活方式时，我们的人格和智能才因此更完美。正如诙谐作家杰克森·布朗的比喻："缺少了自律的才华，就好像穿上溜冰鞋的八爪鱼，眼看动作不断，可是却搞不清楚到底是往前、往后，或是原地打转。"我们也渐渐意识到成功与快乐取决于许多因素：智力、教育、体力、父母的支持、运气，但当别人陷入平庸时，那个激发你去努力实现理想的关键因素不是你的才能，不是你的教育，也不是你的智商——而是你能否自律。自律和意志是紧密相连的，意志薄弱者，自律能力较差；意志顽强者，自律能力较强。加强自律也就是磨炼意志的过程。

自律的养成是一个长期的过程，不是一朝一夕的事情，因此要自律首先就得勇敢面对一次次来自各方面的对自我的挑战，不要轻易地放纵自己，哪怕它只是一件微不足道的事情。自律，同时也需要主动，它不是受迫于环境或他人而采取的行为，而是在被迫之前，就采取行为。

家庭熏陶

大家都知道，李嘉诚从小没有接受过正规的学校教育，在当年当伙计时，要给他的人力资本质量打分，一定令人失望。他所具有的只有父母给予的健康身心，正是这个男儿的健康之躯，凭着他奋斗不止的精神，使自己进入了"人力资本价值（良性）循环链"中。李嘉诚一生对学知识、练技能、悟智慧、修道德、优化个性、营造身心健康的努力都没有停歇过。李嘉诚的商业智慧和生存技能是个人拼搏的结果，而商德的培养，母亲却有不可磨灭的功劳。

李嘉诚当年创建长江塑胶厂，一时间生意火爆。由于产品供不应求，出现了降低产品质量来应付订单的情况。结果许多客户对低质量的产品要求退货，银行追债，客户追款，塑胶厂顿时陷入困境，濒临破产。

这天，母亲庄碧琴问李嘉诚："你是否认识开元寺法号叫元寂的住持？"未等李嘉诚回答，庄碧琴继续说道："元寂年事已高，希望找个合适的接班人。候选人是他的两个徒弟，一个法号一寂，另一个法号二寂。元寂把这两个徒弟都叫到跟前，说：'我现在给你俩每人一袋稻谷，明年秋天以谷为答卷，谁收获的谷子多，谁就是我的接班人。'第二年秋天到了，一寂挑来满满的一担谷子，二寂则两手空空。元寂却当众宣布二寂担当接班人。一寂听了，不服气。元寂微微一笑，高声地对众人说：'我给一寂和二寂的谷子，都是用滚水煮熟的。显然，二寂是诚实的，理应由他来当住持。'于是，众人悦服。"庄碧琴忽然话锋一转，"经商如同做人，诚信当头，则无危而不克了。"李嘉诚听了母亲的话，深有感悟。不久，李嘉诚的诚信打动了银行、供货商和员工，形势因此好转，危机成就了商机。

李嘉诚的成功与母亲的教诲是分不开的。中国人普遍不信仰神，德、行的修得很大一部分要靠自我修养，当人的学历、经历、阅历不够，悟性不到时，能得到德高望重的母亲教诲，会避免很多人生的挫折，对人品性的提升和人力资本的增值会大有帮助。

注重德行

做事如做人，安人先修己——"修人安人"是孔子提出的仁爱道德的修养方法。

对任何领域而言，道德是获胜的首要因素。德商，是指一个人的德性水平或道德品质。德商的内容包括体贴、尊重、容忍、宽恕、诚实、负责、平和、忠心、礼貌等各种美德。

科尔斯说："品格胜于知识。""小胜在智，大胜在德。"一个有高德商的人，一定会得到他人的信任和尊敬，也自然会有更多成功的机会。古人云："得道者多助，失道者寡助。"不论我们在生活中还是在工作中，都要以道德来规范自己的行为，不断修炼自己，才能获得人生的成功。古今中外，一切真正的成功者，在道德上大都达到了很高的水平。

在职场中有这样一个广为流传的例子：

王勇在一家软件公司从事技术开发工作。一天，他突然接到要求待岗的通知，待岗比辞退稍微好一些，每月可领取一些生活费。工作以来，他的工资一直都不高，没有什么积蓄，待岗之后一家人的生活顿时陷入了困境。在他待岗在家的几天里，他一连接到三个奇怪的电话。电话里的人自称是王勇所在那家公司的竞争对手，希望王勇能给他提供一些公司的机密，他可以给王勇找一份工作或者给王勇10万元作为回报。第一次接到电话时，王勇断然拒绝了。第二次，报酬提高到20万元，王勇仍旧拒绝了。第三次电话打来时，王勇正四处借钱以维持家庭开支，而这时，报酬已高达50万元，但王勇仍然拒绝了。从此，奇怪的电话再也没有打来，一切似乎都过去了。一周后，王勇意外地被通知去上班，老板把诚实奖章发给了他，同时，老板还聘任他担任公司开发部经理。原来，那三个电话都是老板安排人打的，根本就不是什么竞争对手，只不过是员工晋升前的一次考察而已。考察的是一名员工是否具有可靠的人品，能否即使在生活贫困的情况下也不出卖自己的人格。王勇经受住了老板的考验，他的确具备了出众的德商。

做人必须从"德"字开始，树立有德之人的品牌，这样才能成大事。《左传》中说："太上有立德，其次有立功，其次有立言，传之久远，此之谓不朽。"最上等的，是确立高尚的品德；次一等的，是建功立业；较次一等的，是著书立说。如果这些都能够长久地流传下去，就是不朽了。这就是告诉我们，要以道德来规范自己的行为，只有具备优秀道德的人，才能得到人生的乐趣、生命的精彩。

在李嘉诚的身上显示了一个道理，良好的修养乃是人在其神经系统中存放的道德资本。这个资本不断地增值，而人在其整个一生中就享受着它的利息，播种一个思想，你会收获一个行动；播种一个习惯，你会收获一个道德。培根在《论美》这篇文章中指出，形体之美胜于容颜之美，而气质之美是最高境界的美。人生有限，事业无涯，努力提高自身修养，才能使气质之美绽放光彩，使青春得以延续，使宝贵的生命得到永生。

谦虚为怀，细节决定成败

中国人古来便推崇谦虚为怀，正所谓"满招损，谦受益"。人无完人，没有任何人具有足以傲视一切的资本，任何人，即使在某个方面有很深的造诣，也总有他的劣势所在。"吾生也有涯，而知也无涯"，任何一个人都不可能在有生之年达到人生的最高境界。因而，应当谦虚为怀，而不应趾高气扬；应从小事着眼，注意细节，而非盲目而空泛。谦虚为怀，细节决定成败，这可谓是至理名言，而李嘉诚，亦对此深以为然。可以说，李嘉诚将谦虚为怀、注重细节的态度进行到底，在整个经商过程中都一以贯之，其结果也是有目共睹的。正是由于他的这种身体力行、不放过每一个细节的精神，使他得以成就如今这样的傲人业绩。

潘石屹博客中，曾经提到过参加李嘉诚宴客时的细节：李先生事先已经通过秘书仔细了解了客人的详细资料，并在宴请前等在电梯口迎接客人，每桌都会留有李先生的位子，宴会开始做简短发言后，李先生会在每桌轮流坐上约10分钟，向到场的每位客人致意、问好，并面带微笑倾听每位客人的自我介绍，每人都能感觉到自己是李先生今天宴请的重要客人，让人心暖。

作为商场大鳄的李嘉诚，依然能够如此谦谨待人，细心地照顾到每个细节，这样的精神，着实令人赞叹，令人由衷感佩。从这个例子中我们可以看到，谦谨待人的态度和注重细节的精神帮助李嘉诚成就了他的事业，而李嘉诚正是怀着虚怀若谷的心态，从这一个个看似微小的细节，慢慢地建立起了他的财富王国。

除了李嘉诚，许许多多的成功人士都有谦谨的心态和注重细节的习惯。

杨利伟在和其他几名航天员面对一个登上太空的名额时，尽管所有的队员都同样优秀，彼此难分伯仲，然而杨利伟每次进入飞船都会带上干净的鞋套，正是这个细节，使他受到了国家的信任，终于成为中国登上太空的第一人。

日常生活中也要把握细节，只有注意细节，才能顺利解决数学难题；只有注意细节，才能使高大的建筑巍然屹立；也只有注意细节，才能让各种机器正常运转。而更为难能可贵的是，在身居高位，抑或声名显赫之后依然怀抱着一个平常心，以谦虚为怀的态度，认真地对待每一个细节。也许这正是李嘉诚成功的关键所在。而在人心日益浮躁的今日，我们更应该好好地反思，从中获得启发。相信，培养谦虚的态度和注重细节的习惯，将成为你人生的一笔巨大而宝贵的财富。

广采博纳，不自作主张

人们期盼成功，有如期盼阳光。然而，若真正走上通往成功之路，必须具备成功者的基本资质。广采博纳、不自作主张，正是这基本资质中的两个。

李嘉诚的巨大成功，除了拥有"超人之术"外，还得力于他具备这两种资质，得力于它的"用人之道"。他的公司取名"长江"，是基于长江不择细流的道理。

他认为，经营者只有具有博大的胸襟，自己才不会骄傲，只有承认其他人的长处，才会得到其他人的帮助。否则就算自己有三头六臂，也没有办法应付那么多的事情。他认为："成就事业最关键的是要有人帮助你，乐意跟你工作，这就是我的哲学。"

有媒体在《李嘉诚的左右手》一文中探讨李嘉诚的用人之道时说：

"创业之初，忠心苦干的左右手，可以帮助富豪'起家'，但元老重臣并不都能跟得上形势。到了某一个阶段，倘若企业家要在事业上再往前跨进一步，他便难免要向外招揽人才，一方面以补元老们胸襟见识上的不足，另一方面是利用有专才的干部，推动企业进一步发展。故此，一个富豪便往往需要任用不同的人才……

"'长实'在20世纪80年代得以急速扩展及壮大，股价由1984年的6元升到90元（相当于旧价），和李嘉诚不断提拔年轻得力的左右手实在大有关系。"

在"长实"管理层的后起之秀中，最引人注目的要算霍建宁。

霍建宁1979年被李嘉诚招至旗下，出任"长实"会计主任。1985年被委任为"长实"董事，两年后提升为董事副经理。是年，霍建宁才35岁，如此年轻就任本港最大集团的要职，在香港实为罕见。"长实"全系的重大投资安排、股票发行、银行贷款、债券兑换等，都由霍建宁策划或参与抉择。这些项目，动辄涉及数十亿资金，亏与盈都在于最终决策。从李嘉诚如此器重他，便可知盈多亏少。而霍建宁的年薪和董事酬金以及非经常性收入如优惠股票等，年收入在1000万港元以上。

与霍建宁同任高职的少壮派，还有一位叫周年茂的青年才俊。周年茂的父亲是长江的元勋周千和。周年茂还在学生时代，李嘉诚就把他作为"长实"未来的专业人士培养，与其父一道送他赴英专修法律。周年茂回港后，李嘉诚指定他为公司发言人。两年后的1983年即被选为"长实"董事，1985年后与其父周千和一道擢升为董事副总经理，此时周年茂才30岁出头。

有人说周年茂飞黄腾达，是得其父的荫庇——李嘉诚是个很念旧的主人，为感老臣子的犬马之劳，故而"爱屋及乌"。

周年茂的"高升"，不能说与李嘉诚的关照毫无关系。但最主要的，仍是周年茂的实力。据"长实"的职员说："讲那样话的人，实在不了解我们老细（老板），对碌碌无为之人，管他三亲六戚，老细一个都不要。年茂年纪虽轻，可是个叻仔（有本事的青年）呀。"

周年茂任副总经理，是顶移居加拿大的盛颂声的缺——负责"长实系"的地产发展。茶果岭丽港城、蓝田汇景花园、鸭脷洲海怡半岛、天水围的嘉湖花园等大型住宅屋村发展，都是由他具体策划落实的。他肩负的责任比盛颂声还大。他不负众望，得到公司上下"雏凤清于老凤声"的好评。周年茂外表像书生，却有大将风范，临阵不乱，该竞该弃，都能较好地把握分寸，令李嘉诚感到放心。

李嘉诚的左右手还有不少"洋大人"。

在20世纪90年代，香港华人见了洋人，不再有见"洋大人"的感觉。港人自信香港是东方之明珠，是全球经济最发达地区，港人的收入及生活水平不比西方国家差。华人公司雇佣"鬼佬"（外国人）职员，理所当然。

在20世纪80年代初可不同，由于百多年来洋人歧视华人的惯性，经济上开始崛起的华人，仍存有抹不去的"二等英联邦臣民"的潜意识。那时候，雇佣心高气傲的洋人做下属，是一件颇荣耀的事。

曾有记者问李嘉诚："你的集团雇用了不少'鬼佬'做你的副手，是否含有表现华人经济实力和提高华人社会地位的成分呢？"

李嘉诚回答道："我还没那样想过，我只是想，集团的利益和工作确确实实需要他们。"

20世纪70年代初，李嘉诚为了从塑胶业彻底脱身投入地产业，聘请美国人Erwin Leissner任长江工业总经理，其后再聘请一位美国人Panl Lyons为副总经理。这两位美国人都是掌握最现代化塑胶生产技术的专家，李嘉诚付给他们的薪金远高于他们的华人前任，并赋予他们实权。

20世纪80年代中期，李嘉诚已控有几家老牌英资企业，这些企业有相当部分外籍员工。李嘉诚并不是没有能力直接领导他们，而是因集团超常规拓展，他的主要职责在于旗舰领航。最有效的办法，是用洋人管洋人，这样更利于相互间的沟通。还有更重要的一点，这些老牌英资企业，与欧、美、澳有广泛的关系，长江集团日后走跨国道路，启用洋人做"大使"，更有利于开拓国际市场以便进行海外投资。

在"和黄"、港灯两大老牌英资集团旗下，留任的各分公司洋董事长、行政总裁更达数十人之多。

李嘉诚曾说："你们不要老提我，我算什么超人，是大家同心协力的结果。"

李嘉诚少年时代，曾听父亲讲战国时孟尝君的故事：孟尝君能成大事，得"客卿"之助也。李嘉诚能成宏业，"客卿"功不可没。

他身边有300员虎将，其中100个是外国人，200个是年富力强的香港人。

300员虎将，除李嘉诚的"近臣"外，便是总部与分公司的负责人以及在长江系挂职或未挂职的"客卿"。"客卿"之中，数大牌律师李业广与当红经纪杜辉廉影响最大。

李业广是"胡关李罗"律师行合伙人之一。李业广持有英联邦的会计师执照，是个"两栖"专业人士，在业界声誉甚隆。人们称李业广是李嘉诚的"御用律师"，李嘉诚说："不好这么讲，李业广先生可是行内的顶尖人物。我可没这个本事独包下他。"

李嘉诚大概说的是实话。李业广不是那种见钱眼开、有酬（金）必应之士，一般的大亨还请不到他。长江上市，李业广便是首届董事会董事；长江扩张之后，李业广是长江全系所有上市公司的董事。在香港商界，拉名人任董事是常用之术，但李嘉诚并非这样，他敬重的是李业广的博识韬略。"长实"不少扩张计划，是两李"合谋"的杰作。

杜辉廉是英国人，出身伦敦证券经纪行，被业界称为"李嘉诚的股票经纪"，他是长江多次股市收购战的高参，并经理"长实"及李嘉诚家族的股票买卖。

杜辉廉多次谢绝李嘉诚邀其任董事的好意，是众"客卿"中唯一不支干薪者。但他绝不因为未支干薪，而拒绝参与"长实系"的决策，令重情的李嘉诚总觉得欠他一分厚情。

1988年，杜辉廉与他的好友梁伯韬共创百富勤融资公司，二人占35%的股份，其余股份由李嘉诚邀请包括他在内的18路商界巨头参股，旨在助其实力，壮其声威。有18路商界巨头为后盾，百富勤很快发展为商界小巨人，此时，李嘉诚等主动摊薄自己所持的股份，好让杜梁两人的持股量达到绝对"安全线"。李嘉诚对百富勤的投资，完全出于非盈利，以报杜辉廉效力之恩。

广采博纳，融会众人的"绝桥"（绝招），这便是李嘉诚超人智慧之源泉。

不自作主张，即能够善于听取别人的意见。

一个人的智慧是有限的，只有不断地从别人的见解中吸取合理、有益的成分，以弥补自己的不足，才能减少失误，取得成绩。故善于倾听别人的意见是每一个有志者必须具备的品格。

有成语云："兼听则明，偏信则暗。"早在汉代，王符在《潜夫论·明暗》中便说："君之所以名者，兼听也；其所以暗者，偏信。"在《新唐书·魏征传》和司马光的《资治通鉴》中也有类似的说法。

所谓"兼听"，即多方面地听取；其"明者"，就是明辨。成语告诉我们：

听取多方面的意见，就能明辨是非，正确地认识事物；单听信一方面的话，就会糊涂，犯片面性的错误。究其原因，就在于世界上的事物错综复杂，人们受自身知识、经历、观念、涵养等因素的局限，难免在见解上有所缺失；如果把多种意见集中起来，进行综合、比较、鉴别，从而去伪存真，舍其谬误，取其真诠，自然就更公正合理。

历史上，齐威王善于倾听邹忌的意见，以至于"燕赵韩魏闻之，皆朝于齐"；唐太宗善于采纳魏征的谏言，始有"贞观之治"；假若刘邦不听萧何的荐举，韩信不得拜将，何以有汉家邦国？如果赵奢不听许历的建议，何以能在领兵救韩中挫败秦军夜袭的阴谋而大败秦兵？

听取意见，能够补充主见之中的不足。主观意识自有主观意识的局限。所谓"众人拾柴火焰高"，表面在讲人多的力量，实际从某种角度而言，更为深层的意思，应该是对"智慧之集大成"的赞美。人人都有自己思维的局限，而听取意见，则能够协助你抑制主观判断的闪失。

"以铜为镜，可以正衣冠；以史为镜，可以知兴替；以人为镜，可以明得失。"广征博引，不自作主张，实在是成功的法宝之一。

胸中有乾坤，万事从容应对

为人持重，性格稳健，可以让你在职场中无往不胜。不浮躁而稳健，是许许多多成功人士面临机遇时的态度与成功的经验。

李嘉诚作为华人世界最成功的商人，不仅创造了大量的金钱和财富，而且还身体力行地创立了一套具有丰富内涵的人生韬略和经商哲学。在这个充满虎狼相争、你死我活的现代商场中，李嘉诚总是从容不迫、游刃有余，可以堪称从容、稳健、不浮躁的典范。

1946 年，他 17 岁，辞别舅父，开始自己的创业道路。结果他屡遭失败，几次陷入困境。但这个时候，他仍然不浮躁，不悲观，而是踏踏实实地一步一步往前走。

终于，1950 年夏，才 22 岁的李嘉诚创立了长江塑胶厂。这也是他稳健地思考观察的结果。他通过分析，预计全世界将会掀起一场塑胶花革命，而当时的香港，塑胶花是一片空白。可以说，他有审时度势的判断力。而这审时度势的判断力，亦来自于他的稳健与不浮躁。在工厂经营到 7 个年头的时候，李嘉诚开始放眼全球。

他大量寻求塑胶世界的动态信息。一天，他翻阅英文版《塑胶杂志》，读到一则简短的消息：意大利一家公司已开发出利用塑胶原料制成的塑胶花，并即将投入生产，向欧美市场发动进攻。他于是推想，欧美的家庭都喜爱在室内户外装饰花卉，但是快节奏使人们无暇种植娇贵的植物花卉，外形相似的塑料插花可以弥补这一不足。他由此判断，塑胶花的市场将是很大的。他又更长远地看到，欧美人天性崇尚自然，塑胶花的前景不会太长。因此，必须抢先占领这个市场，不然就会失去这个机遇。于是，李嘉诚以最快速度办妥赴意大利的旅游签证，前去考察塑胶花的生产技术和销售前景。正是由于他的这种稳健的工作作风，一条辉煌的道路由此铺开。从意大利回来，他就立即出重金聘请塑胶专业人才，开发技术，抢产出塑胶花，又迅速地占领并巩固了市场。在此之前，他早已料到其他厂家也会一拥而上、东施效颦，所以他采用低价位迅速抢占这一市场的策略。这样，等追随者跟来，他已站稳了脚跟。

塑胶花使长江实业迅速崛起，李嘉诚也成为世界"塑胶花大王"。1973 年，石油危机波及香港，香港的塑料原料全部依赖进口。香港的进口商趁机垄断价格，价格很快升高了，高得难以承受。而这时，李嘉诚已把重心转向房地产。转向房地产，是因为自 1964 年以后，塑胶花开始受到冷落。而随着香港工商业的发展，房地产在商业界中占着极其重要的地位，并且很有发展前途。1960 年，他在柴湾购地兴建工厂大厦，两座大厦的面积一共有 20 万平方米。在香港经济迅速发展的年代，香港的港岛和新九龙中心地价猛烈上升，等人们认识到这一行情时，洞察先机的李嘉诚已成为地产界的主力军。

1967 年香港局势不稳，严重动摇了投资者的信心，整个香港的地价、楼价处于有价无市的状态，建筑业几乎停滞不前。一部分港人卖房后远走他乡，香港再一次面临着房地产危机。在那个百业萧条的年代里，李嘉诚再次审时度势，洞察先机。他一方面加强稳固他的大后方，让长江工业有限公司继续在塑胶业中保持独占鳌头的地位；一方面他有计划有步骤地利用现金将购置的旧房翻新出租，再用所得利润全部换取现金大量收购土地，并且采取各个击破、集中处理的方式，使土地以点带面、以面连片地纵横交错地发展。就这样，李嘉诚以其稳健、不浮躁的审慎与胆略，稳中求进。

一个稳健、不浮躁的人，正是这样一位不断地要求自己、完善自己，使自己不断适应时代与社会发展变化的人。

荀子在《劝学》中说：（译文）蚯蚓没有锐利的爪牙，强壮的筋骨，但却能够吃到地面上的黄土，往下能够喝到地底的黄泉水，原因是它用心专一；螃蟹有八只脚和两个大钳子，它不靠蛇鳝的洞穴，就没有寄居的地方，原因就在于它浮躁而不专心。

在我们工作与生活过程当中，轻浮、浮躁，对什么事都深入不下去，只知其一，不究其二，往往会给工作、事业带来损失。若想在工作和学习上取得进步，无一不是专一而行，专心而攻。博大固然不错，精深才能成事。要求精深，想在某个领域中有所发展，就务必要克服浮躁的毛病。

浮躁之气生于心，行动起来就会态度简单、粗暴，徒具匹夫之勇，毛毛糙糙，应付差事。结果只能害了自己，误了自己，戒除浮躁才能更加专心地做好事情，要戒除浮躁一定要有顽强的毅力、坚定的信心，若非如此，必然会因为浮躁而误人害己。无论是学习还是工作，只有用心专一，戒除浮躁才会取得良好的效果，劝君做事要专心，处安勿躁好成事。成功之路，艰辛漫长而又曲折，只有稳步前进，才能坚持到终点，赢得成功；如果一开始就浮躁，那么，最多只能走到一半的路程，然后就会累倒在地。对于渴望成功的人，应该记住：你可以着急，但切不可浮躁。

台湾知名作家刘墉在《靠自己去成功》一书中所说的"求学最忌躁进，为学最忌随俗，处世最忌盲从"。美国人常说"I know what I am doing"（我知道我在做什么），其实也是同样的道理——搞清楚自己的定位与方向，不急不躁、踏踏实实地坚持做下去，才能最终实现自己的目标。

褪去浮躁，不再受取悦他人和急于表现的思想羁绊，才能沉下心去处理事情；保持一份淡定从容的心态，从容地走，稳健地行，踏实地做，才能看清楚自己与目标的位置，才不会在前进的道路上迷失了自我，迷失了方向。

请记住：万事从容应对，胸中自有乾坤！

树大招风，保持低调

"我从不担心我在历史中的角色。"带着些许的自信与固执，让人感觉李嘉诚身上似乎存在着一个显著的矛盾：他的事业经历拥有典型好莱坞电影式的情节——财富、权力、名声与时代风云。但他却以罕见的低调方式行事。

李嘉诚经常教育儿子们，要保持低调。虽然他看不惯儿子的打扮，但他不强求儿子。他希望的是儿子有出息，能够干大事业，至于个人的生活品味和作风，只要不太出格就行了。李泽楷独立门户创办盈科，他曾赠给儿子一句箴言："树大招风，保持低调。"虽然李泽楷某些高调做法可能有悖于父训，但李嘉诚本人却对这句箴言视为终生信条，奉行不渝。他的一些生活细节人尽皆知。比如他喜欢将手表调快 20 分钟，他自己的住宅没有游泳池，他的两个儿子在上学时只有有限的零花钱。在身价百亿后，他仍然过着清教徒式的生活。

他为人谦虚谨慎，毫无风头意识，尽可能保持低调，他特别忌讳树大招风，他曾自言："我喜欢看书，现代的、古代的都看，常常看到深夜两三点钟，看完就去睡，不敢看钟，因为如果只剩下两三个钟头，心里就会很怯。"他有感而发，"在看完苏东坡的故事后，就知道什么叫无故伤害。苏东坡没有野心，但就是被人陷害了，他弟弟说得对：'我哥哥错在出名，错在高调。'这个真是很无奈的过失。"

20 世纪 80 年代，李嘉诚不仅是香港屋村大王，还是货柜码头大王。他旗下的国际货柜码头公司在葵涌港坐大。葵涌集装箱港 6 个码头中，有 3 个归李嘉诚所有，另外 3 个码头由其他集团经营。1988 年 4 月，李嘉诚以 44 亿港元在政府招标中投得 7 号码头的经营权，该码头有 3 个泊位。两年后，国际货柜码头、现代货柜码头两家公司与中国航运公司联合投得 8 号码头，该码头有 4 个泊位。随着香港经济的迅猛发展，国际航运越来越集装箱化，葵涌现有和兴建中的码头越来越难以满足航运业的需求。9 号码头的选址及招标工作已经推上了议事日程。李嘉诚踌躇满志，志在必得。

李嘉诚至少占据地利和人和两方面的因素。论地利，国际货柜码头公司占据同业市场份额的 7/10，是同行业的绝对霸主；论人和，在香港有关当局决策机构立法局，9 名守议员中，就有 6 名是李嘉诚的"幕僚"，他们是"长实"集团的"特邀"董事，每年可享用不菲的酬金。行政当局通过的决议，港督一般不会否决。1992 年，英国职业政治家彭定康接任香港总督。彭定康上任后，撤换了一批议员，与李嘉诚关系密切的议员被撤，新一届议员上任后，将 9 号码头的招标方式由公开招标改为协议招标，9 号码头的 4 个泊位，批给了英资怡和与华资新鸿基等财团兴建经营。

招标结果出来后，舆论界普遍认为，香港有关当局确实有意削弱李嘉诚在货柜码头上的垄断地位。因为按照国际通则，如果一家公司在市场上的占有率已达到 5 成以上的话，便可以认定是处于垄断地位；假若是 7 成以上，那就是高度垄断了。

李嘉诚面对失利进行了自我反省，"坎坷经历是有的，心酸处亦罄竹难书，一直以来靠意志克服逆境；一般名利不会对内心形成冲击，自有一套人生哲学对待；但树大招风，是每日面对之困扰，亦够烦恼，但明白不能避免，唯有学处之泰然的方法。"

在与人相处时，李嘉诚平易近人，从不盛气凌人。加拿大的一位记者记录过李嘉诚的一件小事，从中我们不难看出李嘉诚的为人。

在日常工作和生活中，李嘉诚对每一个跟他打交道的人都能表示足够尊重，并设身处地为对方着想，并不以自己身份如何高贵而摆架子。

比如，他比较讨厌接受记者采访，因为香港的记者确实很能缠。有一次，一个比较让李嘉诚心烦的报社记者在公司楼下等他，想从他嘴里得到片言只语做新闻素材。李嘉诚出来后，照例拒绝了这位记者的采访。李嘉诚上车后，正要离去，一位下属告诉他，这位记者已经等了两个小时。李嘉诚立即叫司机停车，向记者表示可以谈一下。因为他不忍心记者"站了两个小时，回去没有东西交代"。

低调做人是非常值得赞赏的一种做人的品格，一种智者的风度，一种贤者的修养，一种强者的谋略，一种明者的胸襟，是做人的最佳选择。

低调做人是做人成熟的标志，是为人处世的一种基本素质，也是一个人成就大业的基础。所以做人有时候需要像无波澜、静静的流水一样安静。相反，如果过于张扬，则很可能会给自己带来很多麻烦。

郑庄公准备伐许。战前，他先在国都组织比赛，挑选先行官。众将一听加官晋爵的机会来了，都跃跃欲试，准备一显身手。

第一项是击剑格斗。众将都使出浑身解数，只见短剑飞舞，盾牌晃动，场面壮观不已。经过轮番比试，选出6个人来参加下一轮比赛。第二项是比箭，取胜的6名将领各射3箭，以射中靶心者为胜。第5位射箭的是公孙子都。他武艺高强，年轻气盛，向来不把别人放在眼里。只见他搭弓上箭，3箭连中靶心。他像一只斗胜的公鸡，昂着头，轻蔑地瞟了最后那位射手一眼，退下去了。最后那位射手是个老人，胡子有点花白，他叫颖考叔，曾劝庄公与母亲和解，郑庄公很看重他。颖考叔上前，不慌不忙，"嗖嗖嗖"三箭，也连中靶心，与公孙子都射了个平手，博得众人一片喝彩。

最后一局只剩下两个人了，庄公派人拉出一辆战车来，说："你们二人站在百步开外，同时来抢这部战车。谁抢到手，谁就是先行官。"公孙子都轻蔑地看了一眼自己的对手，两人同时向前奔跑。哪知跑了一半，公孙子都脚下一滑，跌了个跟头。等爬起来时，颖考叔已抢车在手。公孙子都哪里服气，提了长剑就来夺车。庄公忙派人阻止，宣布颍考叔为先行官。公孙子都为此怀恨在心。

此后，在进攻许国都城时，颍考叔果然不负众望，手举大旗率先从云梯上冲进许都城头。眼见颍考叔大功告成，公孙子都嫉妒得心里发恨，竟抽出箭来，搭弓瞄准向城头上的颍考叔射去，这个穿心箭一下子让颍考叔从城头栽下来。另一位大将瑕叔盈以为颍考叔被许兵射中阵亡了，忙拿起战旗，又指挥士卒冲城，终于拿下了许都。处世锋芒太露的颍考叔终落了个被人陷害的下场。

木秀于林，风必摧之；人浮于众，众必毁之。人获得了一定的权势、地位、声誉，往往因此遭受更多的猜忌、打击和迫害。故而人在风光尽显之时，若能居安思危，以低调的"厚甲"保护自己，不失为明哲保身、化险为夷的良策。

人要像这静静的流水，不论在什么情况下都安静地为人处世，才不至于让自己锋芒毕露，树敌太多。所以，我们就应当在日常的生活中，注意自己的言行，说话、做事要考虑到那些在某方面不如自己的人，不要过分地显露自己的能耐，否则很可能引起别人的嫉妒和不满，到头来很可能就像颍考叔一样落得从墙头栽下去的危险。

低调做人的人相信：给别人让一条路，就是给自己留一条路。低调做人的人懂得：才高而不自谕，位高而不自傲。做人不可过于显露自己，不要自以为是，更不该自吹自擂。低调做人的人知道：要想赢得友谊，就必须平和待人；要想赢得成功，赢得世人的敬仰，就必须学会低调做人。

人在失意时要静，很难，免不得要牢骚抱怨；待成功时要静，更难，谁会喜欢锦衣夜行？保持低调要有意志力，要有一颗平常心。

李嘉诚做到了这一点，因此，他成为一名传奇人物！

做人最要紧的是让人敬佩你本人

怎样才能取得下属的尊敬和追随？人格魅力当然是重中之重。

著名企业家李嘉诚在总结他多年的管理经验时说：如果你想做团队的老板，简单得多，你的权力主要来自地位，这可来自上天的缘分或凭仗你的努力和专业知识；如果你想做团队的领袖，则较为复杂，你的力量源自人格的魅力和号召力。领导者只有把自己具备的素质、品格、作风、工作方式等个性化特征与领导活动有机地结合起来，才能较好地完成执政任务，体现执政能力；没有人格魅力，领导者的执政能力就难以得到完美体现，其权力再大，工作也只能是被动的。

人格魅力是由一个人的信仰、气质、性情、相貌、品行、智能、才学和经验等诸多因素综合体现出来的。有能力的人，不一定都有人格魅力。缺乏优秀的品格和个性魅力，领导者的能力即便再出色，人们对他的印象也会大打折扣，他的威信和影响力也会受到负面影响。

《论语·里仁》篇说："德不孤，必有邻。"意思就是：有道德的人是不会孤独无助的，必有志同道合之人和他亲近，就像有了芳邻一样。

"德不孤，必有邻。"这话非常有道理，也是一种理想。按照儒家的思想，人的本性都是善良的，任何有德的行为必然会得到人们的欢迎。如果你真是一个有德之人，就不会孤独无助，一定会有与你同行的人，拥有朋友，有很多拥护你的人。蒙牛企业的牛根生就是这样的一个人。

牛根生爱"散财"，这是蒙牛上下皆知的事实。提到牛根生，除了他一手缔造的蒙牛的"火箭速度"，最著名的就是他那"中国捐股第一人"的名头了。2005年1月17日，牛根生宣布，将在有生之年把所有股份红利的51%捐赠给"老牛基金"。在其天年之后，将其所持的股份全部捐给"老牛基金"。其妻与子女每人只领取不低于北京、上海、广州三地平均工资的月生活费。2002年底，牛根生萌生了捐出自己全部股份的想法，作为蒙牛百年发展的基金保障。2003年，"老牛专项基金"成立，将捐股提上日程。次年，为"老牛专项基金"而创立的机构"蒙牛事业发展促进会"注册完成。2005年捐股消息公布之后，牛根生又于2006年2月9日，将自己在蒙牛集团2%的股份转至内蒙古"老牛公益事业促进会"，这部分股份当时市值2亿多。牛根生的"散财之举"，从未间断过，从小到大，从少到多。用牛根生自己的话说，在他有生之年，就享受到了"从无到有，再从有到无"的快乐。我们从蒙牛的发展历程中可以看到，正是牛根生这种散财的生存智慧造就了他独特的人格魅力。而正是他独特的人格魅力，蒙牛在"三无"的境况下，才吸引来了大量的人才与资金，从而为其成功打造蒙牛品牌形象，成就蒙牛百年基业注入了思想动力，奠定了物质基础。

不得不说，在李嘉诚和牛根生等人的身上，其高贵的德性所彰显出来的人格魅力是具有磁性的，随着时间的历练，有人格魅力的人周围就会聚足人气，而且芳名远播，形成一种无形而又无价的品牌，这是成功的最大助力。

以和为贵

李嘉诚在王府井大街南口进行他的工程之前，面临的最大一个难题就是拆迁的问题。这里人口聚集，不说居民住户，就仅仅商业用户也不是一个小数目。当时市府出面做好了原住户和业主的搬迁工作，而李嘉诚就负担地价和搬迁费。因此整个工程拆迁开始进展顺利。

不过，在顺利的当中却又蕴藏着不可避免的纷争，那就是跟麦当劳的利益冲突。从这场冲突中，能再一次体现了李嘉诚以和为贵、以大局为重、化干戈为玉帛的大商人气概。

大家知道，麦当劳是全球最著名的快餐集团。王府井麦当劳是该集团最大的一家分店，两层楼面共 2.8 万平方英尺，700 余个座位，每天平均有 1 万多人光顾，在开业之初，顾客排队竟有几里之长，盈利丰厚，自不待言。

面对政府的拆迁要求，麦当劳当然不愿意把这棵摇钱树从聚宝盆里连根拔出，就公然与北京市政府对抗。但是，北京市政府早就有了最新文件，责令麦当劳限期搬迁。于是，麦当劳抛出了它的撒手锏，即当年麦当劳集团与北京市政府签署的长达 20 年的经营合同，营业地区为王府井现址，租期要到 2010 年才满，现在才经营 2 年多。麦当劳以此契约为要挟，扬言要与北京市政府对簿公堂。

此时，王府井这块地盘已经快夷为平地，只剩下麦当劳孤零零地站在空旷的废墟上。某外国通讯社记者拍下了这一景象，于是世界传媒上大都出现了这张既滑稽、又可怜的"麦当劳孤立无援"的照片，国际舆论对麦当劳变得十分有利。香港民间也有传言，说李嘉诚为了当北京地王，不惜把契约在手的麦当劳撵跑，只许自己发大财，不准他人赚小钱。

其实搬迁只是北京市政府与拆迁户之间的事，李嘉诚并不用承担什么责任。但李嘉诚一直奉行以和为贵，不想把事情闹得太僵，于是出面与北京市政府协商，表示只要麦当劳答应迁出王府井，日后东方广场将留一个比现在面积更大的铺位给麦当劳。

北京市政府只好与美国麦当劳公司重新进行谈判，除了李嘉诚提出的条件外，又列出了一系列更优厚的条件，例如，批准麦当劳在北京多开若干家分店等。面对如此优厚的条件，麦当劳当然同意搬迁了。

本来，一场官司引得全球瞩目。李嘉诚将战火消弭于谈判桌上，既显示了李嘉诚的高姿态，又避免了势同水火的对簿公堂。握手言和，以退为进，是商战的高境界。李嘉诚维护了自己的整体大利益，也显示了他以和为贵、弃小赢大的全局观念。

牟宗三先生指出，"以和为贵"是儒家在处理人际关系当中最为看中的一项品德，子有说礼之用，和为贵，孟子说"天时不如地利，地利不如人和"，都是在强调这一品德。牟先生认为，"以和为贵"能够让我们少些埋怨，远离仇隙，是一种"制动的能力"，这种能力是让我们为达到一个共同目标放弃个人私益与成见。故此，众志成城，大事可成。

曾国藩在家守孝期间，他的弟弟曾国荃与一乡绅发生了口角，对方说曾国藩是假道学，是想借着守孝的名义博取好名声，今后能做大官，曾国荃替哥哥气愤不已，与那乡绅大打出手，说他骂曾国藩是为了出名。这件事传到曾国藩的耳朵里。此时，他正在书房看书，得知此事后，就让人叫来曾国荃，对他说："心中痛快了？"曾国荃气呼呼地回道："不痛快，要不是你让我回来，我还得在那里骂他。"曾国藩继续问道："骂完之后，是否会心中痛快？"曾国荃回道："这种事，过个十天半个月我的气也消不了。""既然骂人时心中不快，骂人后还是心中不快，那骂来骂去有何意思？"见曾国荃不吭声，曾国藩继续说道："况且，大家彼此为邻居，这世上的事，向来讲以和为贵，才能百业繁盛，而不至于生出邪念之心，为一时口快伤了和气，见面冷眼相对，背后诽谤诬陷，这日子我看也就没多大意思了。"后来，曾国藩带着曾国荃向那个乡绅道歉，那个乡绅也说自己太过无礼，向曾家赔罪，两家和好如初。日后，曾国藩办团练，这个乡绅出力不小。在曾国藩的处世之道中，"以和为贵"一直是他非常看重的一点，他日后成为清廷的"中兴之臣"，于这一点上得力不少。曾国藩所说的这番话，即使放在现在，依然有着深刻的现实意义。

人们常说"相见容易，相处难"，难就难在我们有各自的打算需要实现、各自的利益需要保护，于是难免斤斤计较。商场如战场，这里更是到处充满了利益的纷争，而一贯有儒商之誉的李嘉诚，却很讲究善意原则，大局进退，以和为贵。不能不说这是种品质，更是韬略智慧。

成功的现代企业家

由日本人佐佐克明提出并强调：一是领导者资质上，首先是灵活的头脑，然后是个人魅力与果断力；二是领导者不断发掘新秀，并确保人才；三是领导者没有权力欲,是协调型的;四是实施"例外管理",领导者不轻易干涉日常工作,不使自己站在事件前头去冒险,主要准备处理最需要领导者来应付的例外现象;五是自觉应用文化沟通,使受企业文化气息影响的视听者成为自己的消费者。

企业家是在管理实践中自我造就的,且得到社会行家的评选公认。企业家与在思维习惯、行为方式、领导风格等方面都具有自己的基本特征。

李嘉诚正是一个特点鲜明的成功企业家。

李嘉诚具有装着"经济"和"效益"的大脑,即要以最小的投入求得最大的产出。他不是一个急功近利的目光短浅者,而是一个深谋远虑、高瞻远瞩、审时度势的战略家。他能从繁忙的日常工作中超脱出来,进行一种眼前看不到的具有未来色彩的战略构思。他不拘泥于过去和现状,敢于开拓创新,不断寻找新的信息和经验,努力探求先进的科学技术和管理方法,为未来的发展开辟新路。他面对错综复杂的现实,能谙熟各种领导方法、原则和规律,具有非规范化的经验和创造性的领导艺术,采取抓大放小的策略。正如加拿大麦克吉尔大学管理教授明兹伯所指出的,企业家所扮演的角色并不单纯是一个科学家、一个会计师、一个工程师……而是一个集各种才能于一身的艺术家。

李嘉诚能具有"伯乐识马"的眼力,冲破世俗偏见和陈腐观念,善于选拔人才;他能把有专长的能人安排到用武之地,尽其才干,激励能者多劳,大胆使用人才;他能舍得花本钱,进行智力投资,积极培养人才。他有着丰富的经营能力,善于思索,运筹帷幄,及时确定企业的最佳经营方式。

作为领导,李嘉诚认为要坚决果断,豪爽行事。这是领导最为重要的内在素质。无论是说话、办事、决策都干脆、利落,决不犹豫不决,不拖泥带水,不朝令夕改。这是一个管理者才能、魄力最直观的表现,对维护自身形象具有尤为重要的作用。

在现代经济社会,像李嘉诚一样具备成功企业家气质的不乏其人,马云就是其中优秀的代表。

2006年3月,一档名为《赢在中国》的节目在中央电视台经济频道播出。这是一场主题为"励志照亮人生,创业改变命运"的商战真人秀,众多参赛选手的精彩表现,赢得了观众的掌声。而最为人乐道的还有一个人,他就是《赢在中国》的评委之一,阿里巴巴的马云。

很多观众甚至表示,看《赢在中国》只是为了看马云。虽然其他的评委也同样出色,比如熊晓鸽,比如史玉柱,但马云无疑是吸引最多眼球的人物。睿智的点评、敏捷的思路、犀利的提问,这一切表现,让参赛者和观众深深地记住了马云。

纵观中国互联网领域的"英雄"，马云绝对称得上"另类"。"土生土长"的马云早年不过是个英语教师，然而，他却一手打造出中国最大的互联网公司。

早在 2006 年 6 月，美国权威财经杂志《Business 2.0》曾公布"全球 50 位最具影响力商界人士排行榜"。马云作为中国内地唯一入选的企业家，排名第 15 位，而同时入选的比尔·盖茨排名第 21 位。

1999 年，马云再次创业，建立了阿里巴巴。这一次，他的创业团队达到了 18 人。这一次，马云并不孤单，这支 18 人的创业团队即使在他最困难的时候，仍不离不弃。这些人都相信，跟着马云一定能成功，马云对他们的承诺也一定会兑现。

这 18 人中，最具代表性的人物应该是蔡崇信。出生于中国台湾，成长于美国的蔡崇信，在认识马云之前，是一家跨国公司的高级投资经理，其年薪高达 70 万美元。在和马云接触过几次后，蔡崇信毅然放弃海外高薪，表示愿意加入马云的创业团队。马云明确告诉蔡崇信："跟着我，一个月只有 500 块人民币。"蔡崇信毫不犹豫地答应了，而且一干就是 10 年。

"十八罗汉"的最初选择，无疑是正确的。马云没有让他们失望，随着阿里巴巴的成功上市，马云缔造了一个"神话"。

在阿里巴巴上市前的内部演讲中，马云说："到今天为止，我都觉得是这个时代给我的机会太好了，我的同事给我的机会太好了。"

有了李嘉诚做榜样，马云在阿里巴巴上市后，他拥有的股份比率不足 10%，他将大部分财富留给了投资者和员工。凡成大事者，必有大胸怀。相比那些创业之初信誓旦旦、一旦套现就作鸟兽散的创业者，马云的魄力和胸怀令人叹服。正是这样的魄力和胸怀，铸就了马云的影响力。

马云常说："心有多大，事业就有多大。"似乎目前阿里巴巴的事业对于马云来说仍远远未够。就像李嘉诚一样，马云的独特魅力来源于他的过往，他对于创业的理解和其特别的经历中所铸造出的成功企业家气质，而这也是其影响力形成的重要原因。

第十章

管理自我

——内在的自我修炼

好的管理在于自我管理

"一个人最要紧的是，要有勤劳、节俭的美德；最要紧的是节制你自己，约束自己。对人却要慷慨，这是我的想法。"这简短的话语不仅是李嘉诚规范自我的衡量标准，同时也是他最终走向成功的重要因素。李嘉诚的自我规范可以分成两个部分来理解：一是对自己的要求，即严于律己；二是对待他人的心态，也就是宽以待人。

严于律己的方式和渠道有很多，勤俭与自律就是其中的两种。身为知名的企业家，李嘉诚的成功当然离不开民族文化的熏陶。中国人的传统美德——勤俭，在李嘉诚身上显得尤其突出。也许有人认为，越是富有的人就越是浪费，然而大富豪李嘉诚却留给人们一个不一样的印象。

李嘉诚在澳门参加一个宴会的时候，他坐在宴会大厅的中央主席台上。就在宴会将要结束时，他看到桌子上的一个盘子里还有两片番茄没有吃完，于是就面带微笑地叫自己的两个助手分吃了。如果说细节决定成败，那么李嘉诚在宴会上的此举就是他成功之路上的一面小小的透视镜。

在任何时候，自律的人都是受人敬重的人。还处于学生时代的李嘉诚就是靠着自己强烈的自律精神，读了比同龄人更多的书，学到了比同龄人更多的知识。他无需家长与老师在身后推动，只要拿出自律的行为规范，就已经能够让自己前行了。李嘉诚的自律不仅体现在学习中，在工作中他也是一个要求自律的人。还没有成长为企业家的李嘉诚，最初还仅仅是一个五金制品的小推销员，然而他却凭着自身的素质在推销员中做到了出类拔萃。这种素质除了勤快与智慧之外，想必自律也是其中之一。有一件事例也能够说明李嘉诚对自律精神的看重。他为自己的孙子取名为李长治，"长"字作为字辈无可厚非，而"治"中正有自律自治之意。修身、齐家、治国、平天下，高远的理想总是建立在自我身性的修养之上。可见，自我管理在成功的道路上扮演着多么重要的角色。

与人为善，用一颗仁爱的心来对待周边的人。自我管理除了要严格要求自己之外，还要求宽厚地对待他人。对他人不吹毛求疵，不求全责备，尊重他人的意见与个性，欣赏和学习他人身上的优点。在相处两难的情况下，选择换位思考的方式，多为对方着想，能够体谅对方的难处。"有容，德乃大。""己欲立而立人，己欲达而达人。""君子成人之美，而不成人之恶，小人反是。"生意不成仁义在，关心员工疾苦，无论是竞争对手还是自己的员工，李嘉诚都能以宽以待人的方式与人相处。

"爱人者，人恒爱之"，自我管理实则是自爱的一种表现。做到自爱的人，就能够受到他人的敬重；做到自爱的人，才是成功的人。勤俭、自律和宽厚，看上去简单的 6 个字，做起来却十分困难。然而，成功人士往往都是突破了重重困难的强者，李嘉诚也不例外。

每个人都追求自由，然而真正的自由却只有在高度自律中才能拥有。所谓自由，就是个体的行为能够充分表达自己的意愿；所谓自由，就是个体在社会现实中的生存自律。每个人都要为自己的行为负责，而这种责任心的培养则必须依靠自我管理的建制。一个能够把自我管理好的人，一定是在工作中得心应手的人；同样地，一个能够做到良好自我管理的领导者，必定是一位成功的上级。而李嘉诚正是靠着良好的自我管理，不仅在员工中建立了威望，而且在企业中做到了好的管理。

傲慢自大是一种能力的"溃疡"

"在今天，我想和大家分享我的一项秘诀，那是终生指引我能凭仗的情感和智慧，超越感受和本能的导航器。"

2008 年 6 月 26 日，李嘉诚受邀在汕头大学参加学生的毕业典礼并发表演讲。李嘉诚的演说风格成熟而富有智慧，毫无夸张之情，更无虚浮的表演。言辞恳切之间展示出了他的人格魅力，让在场的大学生领略了一代富豪的风采。整场演讲

400

都极具吸引力，而其中一段对"傲慢自大"的看法更是让同学们受益匪浅：

"在'卓越'与'自负'之间取得最佳平衡并不容易，因为有信心，'勇敢无畏'也是品德，但沉醉于过往和眼前成就、与生俱来的地位或财富的傲慢自信，其实是一种能力的溃疡。我们要谨记传统智慧，老子的八字箴言：'知人者智，自知者明。'"

朴实无华却又强劲有力，李嘉诚在逻辑递进之中，用简短的语句对"傲慢自大"进行了批判，其中所蕴含的人生哲理激发了在场的大学生对自我人生的思考。

缺乏某方面的能力就应该坦率面对，这不是什么丢人的事情。每个人都有自己的长处，我们不必为自己的短处而感到羞耻。同样地，我们原来具备的才能可能在长期地懈怠下而不再成为自身的优势。这个时候，我们不应该沉浸在过去的自满之中，更不能因为"曾经拥有"而沾沾自喜、骄傲自大。

有自信固然是好事，然而当自身的能力不足以与自信画等号的时候，这种自信很可能就会演变为骄傲自大。越是让人感觉骄傲自满，越是能够暴露自己在能力上的缺乏。正如李嘉诚所讲，傲慢自大在这个时候就是一种能力的溃疡。疾病的困扰会让我们在前进的道路上障碍重重，只有摆脱它的纠缠，我们才能发展真正的能力，才能够重新建立起真正的自信。

"知人者智，自知者明。"那么，如何才能去除骄傲自大的毛病而做到自知呢？首先，要培养谦虚的品质。并不是所有的人有资格谦虚，谦虚需要才能与智慧的支撑。一个没有任何能力的人，当他对别人说诸如"我没什么能力"的话时，这实际上是对自己能力缺乏的承认，而不是谦虚的表现。只有那些具有智慧的人，在办了他人所不能办到的事情时，在受到他人赞扬时，他才能够表示谦虚。谦虚是智慧的表现，谦虚更是通往成功路上的加速器。

当然，除了要做到谦虚以外，时刻反省自己过去的言行也不失为一个很好的办法。李嘉诚在这方面就做得很好。在商场中打磨自己的他时常会反省自己过往的行为。他会回想过去，回想自己是不是曾经因为忠言的逆耳而没有接纳他人的建议；回想过去是不是因为种种原因而没有承担自己言行所带来的后果；回想过去自己在处理事务上面是不是不够睿智，是不是缺乏创见。

缺乏某种能力并不可怕，由于认识不到能力的缺乏而骄傲自满也不可怕，可怕的是我们明知道自身的缺陷但是不愿承认，相反，还自以为是地认为自己真的拥有这种能力。这就如同看病吃药一样，得了病就去检查，检查出疾病不是丢人的事，也不必沮丧。对症下药，就一定能够将疾病消除。最害怕这疾病原本只是小小的溃疡，但是由于当事人不愿医治而最终转变为不治之症。

李嘉诚在汕头大学的演讲中还告诫同学们："要坚守常思考、常反思的守则，并怀着奉献和关怀的心态处事。"看来，我们应该时刻保持对自身的警醒，避免骄傲自大占据自我的心灵，避免以骄傲自大的行为处事，以免让骄傲自大一味地发展下去，而最终迷失了自己，断送了自己的前程。

"自负指数"——倚仗一生的导航器

李嘉诚在汕头大学的演讲不仅提到了"骄傲自大"这个人们口中常见的话题，而且还讲到了"自负指数"这样的新鲜词汇："我想和大家分享的诀窍是什么？我称它为'自负指数'，那是一套衡量检讨自我意识、态度和行为的简单心法。"

李嘉诚用四个因素来计算自己的自负指数，它们分别是：一、常询问自己是否骄傲自大；二、反问自己是否没有接受逆耳的忠言；三、是否没有为自己的言行买单；四、预见、解决事情的周详计划。凡是没有做到这四种因素中的任意一条的，都要为"自负指数"增加数值。"自负指数"越高，那么骄傲自大的程度越离谱；反之，则做到了谦虚恭顺。

在这个竞争残酷的社会中，越来越多的人内心充满了忙乱与恐惧。也正是由于这样的不安心理，使得他们不断地浮夸自我的能力，走向自负，以掩饰自己内心的空虚。然而，"势为天子，未必贵也；穷为匹夫，未必贱也；贵贱之分，在行之美恶"。庄子的话语似乎向我们说明：虽然竞争有愈演愈烈之势，虽然人有三六九等之分，但这些因素都不是造成内心慌乱的真正原因，美德的缺失才是让内心世界失去平衡的真正凶手。而李嘉诚正是通过计算"自负指数"来维持他内心世界的平衡，同时，"自负指数"的运用也让李嘉诚有了一个平和的处事心态。下面我们就对衡量"自负指数"的四个因素来一一加以说明。

谦虚行事，避免骄傲自大。李嘉诚给予谦虚的褒扬足以说明他以谦虚为美德的正确认知："我深信'谦虚的心是知识之源'是通往成长、启悟、责任和快乐之路。在卓越与自负之间，智者会亲前者而远后者。背道而驰的结果，可能是一生净成就得之极少，而懊悔却巨大，成为你发挥最佳潜能的障碍，减弱你主控人生处境的能力。在现今无限可能的电脑时代，大家对'重新启动'按钮相当熟悉。然而，在生命这场永无休止的竞争过程中，我们未必有很多'重新启动'的机会，我相信，给你这个机会，也没有人期望过着一个不断要'重新启动'的人生。"

忠言逆耳利于行。甜言蜜语的确让人沉醉，糖衣炮弹的袭击反而会让很多人感到欣喜。不过，那些真正拥有智慧的高手却都是喝得下苦口良药的人，也是听得进逆耳忠言的人。讳疾忌医只会让轻微的病情变得愈加严重，但如果能够及时治疗，恢复健康的可能性还是很大的。还在发展事业时期的李嘉诚就是因为听取了很多逆耳的忠言，他的企业才逐渐强大起来。

为自己的言行买单。勇于承担责任是衡量一个人是否成熟的标准之一，为自己的言行负责更是理所应当。这项"自负指数"能够鞭策当事人在言行上始终保持谨慎，不该说的话不说，不该做的事不要去做。

预见与解决问题的详细计划。如果说前面的三种因素都是位于人生智慧之列的话，那么这最后一种因素涉及的则是实际的运用能力。能力的培养经过需要时间与事件的历练，除了先天所具备的才智以外，后天的努力也是培养事务预见、解决能力的途径，而且是主要途径。一份全面详细的计划无疑是为能力的提高添加筹码的重要因素。

在李嘉诚的自负指数中，我们可以看到尽管影响成功的因素有很多，但个人自身的修养永远占据着不可忽视的重要地位。自负也许并不完全是坏事，但过度自负一定是自遗其咎。纵使你真的满腹才学，也基于可能会因为盲目的自负而断送。

安德森是个非常优秀的青年，头脑一向很聪明，在大学期间是令人羡慕的"学习尖子"。或许正是因为他太优秀了，所以其他人在他眼里简直不值一提。

他是一个特立独行的人，时时感到自己是"鹤立鸡群"。不仅周围的同学他看不上眼，连一些教授他也不放在心上，因为他们讲的课程对安德森来说实在太简单了。学业上的优秀使安德森逐渐形成了一种优越感，因而在人际交往上常常变得极为挑剔，容不得别人有一点儿毛病。一次，有位同学向他借了一本书，书还回来时弄破了一点儿，虽然那位同学一再向他表示歉意，但安德森仍然无法原谅他。尽管碍于面子，他当时什么话也没说，然而从那以后，他再也不愿理睬那个借书的同学了。渐渐地，安德森成了其他同学眼中的"怪人"，大家不敢再和他交往，甚至不愿意和他交往。当然，这种"集体排斥"并没有阻碍安德森在学业上的成功。安德森的功课门门都很优秀，年年都获得奖学金，还曾代表学校参加过国际性竞赛并获得了奖项。许多老师和学生都一致认为，他是一个难得的"天才"。数年寒窗苦读后，安德森以优异的成绩毕业，顺利进入一家待遇优厚的大公司。他心中对未来充满了憧憬，准备干出一番轰轰烈烈的事业来。不过，上班后的生活远远不像在学校里那样简单，每天都少不了和上司、同事、客户等各种各样的人打交道，安德森对此感到十分厌烦。原因在于，他在与人交往时仍然抱着那种挑剔的心理，一旦与人接触就对他人的弱点非常敏感。毕竟，安德森太优秀了，很少有人能够和他相提并论。他对别人的挑剔越来越严重，逐渐发展成对他人的厌恶。他讨厌那些平庸的同事、低能的上司，有时甚至说不清对方有什么具体的缺陷，但他就是感觉不对劲。长此以往，安德森与周围的人关系搞得很紧张，彼此都感到很别扭。他经常与同事闹得不可开交，也往往因一些微不足道的小事而与上司发生龃龉。终于有一天，安德森彻底变成了一个无人理睬的闲人了。尽管他确实很有才干，但上司却不再派给他任何任务，同事们也像躲避瘟疫一样远离他。安德森百思不得其解，陷入了深深的痛苦之中。

安德森的故事让人惋惜，但也更让人警醒。任何时候，做一个谦虚谨慎、胸怀宽阔、沉稳持重的人，对于自己的成功是大有裨益的。李嘉诚所说的"自负指数"，一直是他依仗一生的导航器，他在演讲中激励青年朋友要摆脱自负，做到谦虚谨慎。当然"自负指数"只是攀登人生与事业高峰的诀窍中的一种，还有许许多多的处事诀窍供我们选用，而且不同的人也有着自己独到的行为准则。无论如何，只要我们能够牢记自己的诀窍，那么峰顶就一定能够到达。

坦率地承认自己的错误

人活一生，不可能不犯错误。面对错误有怎样的反应，这个人也许就有多大的成就。当你不小心犯了某种大的错误，最好的办法是坦率地承认和检讨，并尽可能快地对事情进行补救。

格里·克洛纳里斯现在北卡罗来纳州夏恰特当货物经纪人。在他给西尔公司做采购员时，他发现自己犯下了一个很大的估计上的错误。有一条对零售采购商至关重要的规则是不可以超支你所开账户上的存款数额。如果你的账户上不再有钱，你就不能购进新的商品，直到你重新把账户填满——而这通常要等到下一次采购季节。

那次正常的采购完毕之后，一位日本商贩向格里展示了一款极其漂亮的新式手提包。可这时格里的账户已经告急。他知道他应该在早些时候就备下一笔应急款，好抓住这种叫人始料未及的机会。此时他知道自己只有两种选择：要么放弃这笔交易，而这笔交易对西尔公司来说肯定会有利可图；要么向公司主管承认自己所犯的错误，并请求追加拨款。正当格里坐在办公室里苦思冥想时，公司主管碰巧顺路来访。格里当即对他说："我遇到麻烦了，我犯了个大错。"他接着解释了所发生的一切。

尽管公司主管不是个喜欢大手大脚地花钱的人，但他深为格里的坦诚所感动，很快设法给格里拨来所需款项，手提包一上市，果然深受顾客欢迎，卖得十分火爆。而格里也从超支账户存款一事汲取了教训。并且更为重要的是，他意识到这样一点：当你一旦发现了自己陷入了事业上的某种误区，怎样爬出来比如何跌进去最终会显得更加重要。

李嘉诚年轻时创建自己的公司，因为经验不足，过于冒进，结果犯了质量不达标的错误，给很多客户造成了损失。面对退货的严重情况，李嘉诚没有选择自暴自弃，而是坦诚承认自己的错误，并且积极改正。结果换来了大多数客户的谅解，终于挽回了损失，这才有了日后长江的飞黄腾达。

一个人在前进的途中，难免会出现这样或那样的过错。对一个欲求达到既定目标、走向成功的人来说，正确对待自己过错的态度应当是：过而不文、闻过则喜、知过能改。人们大都有一个弱点，喜欢为自己辩护、为自己开脱。而实际上，这种文过饰非的态度常会使一个人在人生的航道上越偏越远。

闻过则喜、知过能改是一种积极向上、积极进取的人生态度。只有当你真正认识到它的积极作用的时候，才可能身体力行地去闻听别人的善意劝解，才可能真正改正自己的缺点和错误，而不致为了一点面子去嫉恨和打击指出自己过错的人。有了过失并不可怕，怕的是不思悔改、一味坚持，这种人是很难走向人生的辉煌的！

由静态管理延伸至动态管理

从一个名不见经传的小小推销员，到一位拥有巨额资产的大企业家，历经多年在商海中的打拼，李嘉诚已经将他对自身的静态管理成功地延伸至对企业的动态管理。想要了解怎样才能从静态管理成功地延伸至动态管理，我们首先需要知道的是什么是静态管理？而动态管理又是什么？

想要管好别人，先要管好自己。之前我们已经谈到过什么是自我管理以及如何做好自我管理，其实，自我管理就是一种静态管理。自我能力的挖掘首先要建立在对自我正确的认识之上，然后再通过对自我合理的管理一步步地迈向目标，最终达到成功。在这个过程中，我们还要时不时地回过头去反省自己过去的言语行为。哪一些是合乎情理的，哪一些伤害到了他人；哪一些是切合实际的，而哪些又是高估自我能力的；有哪些不良的后果是由于自己的冲动所致，又有哪些成功的案例是因为自己的智慧才最终得来。

李嘉诚在建立自己的公司之前一直努力地做好自我管理，即便是一个小小的职员，他也要求自己做到职员中的精英。在努力工作的同时，年轻的李嘉诚还不忘了在空余的时间里充实自己，阅读书籍一直是他最大的乐趣。然而，当他成立了自己的公司之后，李嘉诚发觉，单靠个人的努力已经不能够保证公司的正常运转。于是，他开始尝试着将自我管理延伸至动态管理。

动态管理指的是企业在运转的过程中，管理者根据内外部的环境因素的变动来适时地调整企业的经营思路，从而保证企业始终能够适应内外部环境的变化，以便发展壮大。李嘉诚认为，通往成功的路子有很多，并不见得都用相同的模式，关键要看哪种方式能够把风险降到最低。动态管理的内部因素有很多，其中比较重要的就是对员工以及整个团队的领导与管理。一个好的领导者就像伯乐一样能够选拔出优秀的员工，为企业的发展作出极大的贡献。而由优秀的员工所组成的团队更是促进企业发展壮大的重要因素。

在注重对内外部因素进行适时调整的同时，对企业的管理也需要掌握良好的管理艺术。李嘉诚在谈到企业的管理艺术时曾经这样说到杠杆原理："不知从什么时候开始，这个概念被简单地扭曲为四两拨千斤，教人以小博大。但聪明的管理者会精确算出支点的位置，因为支点的正确无误才是取得成果的核心。这门功夫倚仗领导人的专业知识与综合能力，倚仗其能否洞察出那些看不见的联系。今天我们看到，很多公司只注意千斤和四两的转化可能而忽视支点的寻找，因过度扩张而陷入困境。"

此外，在找准支点的同时，管理艺术还需要通过新颖的思维来充实。李嘉诚从来不认为自己是一个全能的人，但是他却能够以自强不息的精神来不断提升自我。这里的自强不息并不是所谓的日日加班和夜夜不息，而是让自己的思想与时俱进，甚至还要超越时代的某些束缚，具有超前的思维。勇于开拓，勇于创新，这是企业屹立不倒的前提条件。

李嘉诚说过，他不愿意做希腊神话中的伊卡罗斯，因为翅膀是由蜡做成的而最终悲惨地摔倒在地上。凭借自己的管理智慧，李嘉诚将自己原本只有几个员工的小公司最终发展成为一个拥有二十多万员工的大型企业，其中的辛酸只有他自己知道。然而，一个企业不是单靠员工与领导者的勤恳工作就能成功的，企业的成功更在于领导者的管理水平。在这方面，李嘉诚管理公司的经验就给了我们很好的借鉴。

做"仁慈的狮子"

李嘉诚曾经对自己的孙子说："做人如果可以做到'仁慈的狮子'，就成功了。"狮子，仁慈？狮子是凶恶的食肉动物，在弱肉强食的森林之中，这位在叱咤风云的国王又怎么会变得仁慈呢？

显然，李嘉诚把自己比作了商界的狮子，这一点儿也不为过。自企业创办以来，无论经济形势呈现怎样的走向，李嘉诚所带领的团队都能够在顺境中大步前行，在逆境中迎难而上。创办塑胶厂，李嘉诚成为"塑胶花大王"；踏入地产业，李嘉诚变成"地产大亨"；中评社报道称，未来的李嘉诚很有可能成为"石油大王"。虽然未必是产业的先行者，然而李嘉诚却靠着自己多年总结的经商之道，寻找到企业发展的精准支点，在残酷的竞争中坐上"霸主"的宝座。《远东商业评论》甚至加封李嘉诚以"超人"的称号。

作为森林之王，狮子不仅需要具备高出其他动物的力量与胆魄，还需要具有高超的猎捕技术。做人也是一样，想要做人上人，那除了保证自己具有良好的素质以外，还需要掌握高明的做事艺术。一代富商李嘉诚正是具备了这些特点，所以才成为了商界中的王者。2007 年 12 月，台湾的《商业周刊》邀请李嘉诚担任客座总编辑，向读者介绍自己成功的秘诀。李嘉诚谈到了企业管理的各个主要方面，讲了如何才能在这些方面做到最好。无论是人事还是管理，李嘉诚在各个方面都有一套自己的独特见解。

然而，一提起狮子，人们脑海中立刻就会浮现出一张凶狠的脸、一个血盆大口，还有四只尖利的爪子。为了生存，森林中的各类动物都具有一技之长，而狮子基于自身无与伦比的优势成为了林中之王。同样地，在大鱼吃小鱼、竞争激烈的商场中，也不乏张着"血盆大口"，只顾"吃肉"的商家。他们只顾自己的利益得失而丧尽天良、用尽手段，像吸血鬼一样地吸食他人的血汗。这样的商人能成为王者吗？答案无疑是否定的，这也是李嘉诚为何告诫孙子要做"仁慈的狮子"的原因。

"行大仁慈，以恤黔首，反桀之事，遂其贤良，顺民所喜，远近归之"，这是出自《吕氏春秋·简选》的一段话，说周武王在大败商纣王之后还能够选拔敌国的贤良为我所用。他心存仁慈，满腹气魄，最后远近的人们通通都归顺于他。

回顾历史，我们会发现：越是有成就的人，越是受到人民爱戴的人，越是仁慈。他们都是"仁慈的狮子"。

公元208年（建安十三年）秋8月，曹军大举南下，此时荆州牧刘表病危，形势混乱，治下人心惶惶。9月，曹操至新野，此时刘表已去世，其子刘琮举州投降。此时，刘备屯驻樊城，刘琮不敢将已降曹的消息告诉他。后来，刘备察觉，刘琮才通知刘备。这时曹操大军已到宛城。诸葛亮劝刘备乘机并吞刘琮，把荆州控制在手。但刘备念及刘表情意，没有同意。刘备自知单凭自己的力量是无论如何也抵挡不住曹军的锋芒，只得南撤江陵，以作权宜之计。荆州吏民对刘备颇有好感，纷纷随之南撤，连刘琮的部下也多愿跟从，因而队伍越聚越大，等到达当阳时，"众十余万，辎重数千辆，日行十余里"。而曹军最慢也日行30里，况曹军先锋多为骑兵，不日即可追上行动缓慢的刘备军民。眼看敌军逼近，有人劝刘备说："宜速行保江陵，今虽拥大众，被甲者少，若曹公兵至，何以拒之？"刘备说："夫举大事者，必以人为本，今人归吾，吾何忍弃去！"刘备仍与众人缓慢南行。

刘备对于"仁"有着比一般人更为深刻的体验。不管这种体验是出于内心的自觉还是形势的需要。正如刘备自己说的那样，"操以暴，吾以仁……每与操相反，事乃可成"。这段话可以概括为刘备的为政为人之道，取胜成功秘诀。放到如今这样社会，不也如此吗？

刘备是那个时代的狮子，但他秉承的正是"仁"的思想。愈是居于高位的人，愈应该持有一颗仁慈的心，这在中国古代一直是一种领袖美德。跻身商界的李嘉诚也是如此。除非是对他进行了严重人身攻击，否则，李嘉诚对任何事情都能以平和的心态面对，不跟他人事事较真。李嘉诚的这种修养就源自于他心中的慈悲。在商界的打拼，李嘉诚诚恳待人、诚心做事，从来都不做亏心的生意。李嘉诚的仁慈就是他身上所具有的品质，李嘉诚的仁慈正是中华民族的传统美德的一种延续与体现。

"仁慈的狮子"不仅仅是李嘉诚给自己孙子的箴言，这简短的五个字也是他总结下来的一笔巨大的人生财富。无论是在商界还是其他行业，作为人上人，作为强者，一定要心存仁慈。李嘉诚虽然身居高位，但他却能以平和的心态对待身边的人和事，心怀感恩与仁慈。做一只狮子，但不做张牙舞爪的狮子；做一位高人，但不做自视清高的人；做一代富商，但不做没有德行的商人。李嘉诚凭借自己的勇猛、胆识和仁慈，成为了商界中受人敬重的"狮子王"。

钱可以用，但不可以浪费

古人云："君子以俭德避难。"1995 年 8 月，李嘉诚在接受香港《文汇报》的访谈时说："就我个人来讲，衣食住行都非常简朴、简单，跟三四十年前根本就是一样，没有什么分别。"

三四十年前的李嘉诚，他的事业才刚刚起步，那时候的他如果节俭，是理所应当的。然而，三四十年后的他居然说自己还是跟以前一样，这就让人不可思议了。在一般人的眼里，大多数生活在上层社会中的有钱人都是挥金如土，过着奢侈豪华的生活。可是，我们不能把这种观念强硬地套在李嘉诚的头上。其实，作为一代富商的李嘉诚，从年轻到年老，始终保持着勤俭节约的传统美德。

"一粥一饭，当思来处不易"，李嘉诚对这句话可谓有着深刻的体会。他虽然出生于书香世家，但是由于父亲在他 14 岁时就离世，所以还处于青年时期时，李嘉诚就不得不放弃学业，承担起家庭的重担。身为长子的李嘉诚从此成了一家人的支柱，他上有身体虚弱的母亲，下有年幼的弟弟妹妹，家庭负担很重。为了保证一家人的生计，李嘉诚先是跑去茶楼做事，后来又进了钟表厂做学徒，之后又做起了五金店的推销员。与他同龄的孩子还都在读书，而李嘉诚却不得不终日奔走，辛勤工作以供家庭之需。无论做什么工作，李嘉诚总是尽到自己最大的努力，做到最好。因为他知道只有勤勉地工作，才能多拿薪水，才有可能让家人安心。拿到来之不易的薪水后，李嘉诚绝不会乱花，他的一分一毫都花在该用的地方，花在刀刃上。在那段难熬的日子里，就是靠着李嘉诚的勤俭节约，他的家人才有饭吃、有衣穿，生活也才得以安心。

如今请客办事，哪一个不追求档次，哪一个不是生怕所请之人玩得不够尽兴。然而，李嘉诚却从来不请所到之客到奢华的地方享乐。如果公司来了客人，他就吩咐食堂多炒几个菜，这样就足够了。生活中的李嘉诚也是这般节俭。

据《生活时报》报道，李嘉诚一家四口通常情况下都是四菜一汤，在吃饭方面一点儿都不奢侈。

"静以修身，俭以养德。"李嘉诚不光是在吃饭上面节俭，在其他方面也很节制，从来都不浪费。李嘉诚穿衣服不会追求名牌，只要穿着舒适得体，那他就满意了。这一点从他平日里的穿着就可以看出：一套黑色的西服，看起来还有些旧。李嘉诚说自己的衣服有可能穿上十年八载，鞋子同样如此。从穿戴上最能体现李嘉诚节俭的就是他手腕上的西铁城手表。有一次他还指着自己的手表对来访的人说："你戴的表要贵重得多，我这个是便宜货，不到50美元。它是我工作上用的表，并非因为我买不起一块更值钱的表。"的确，高级手表越来越成为奢侈品的代表，然而在李嘉诚眼中，手表只具有一个功能，那就是把握时间。

再让我们看看李嘉诚的住所。李嘉诚在1962年在深水湾购买了一套独立洋房，那时候的确算得上是高级房子。几十年过去了，已然成为香港首富的李嘉诚却还是住在那所房子中，在外人眼里，这似乎有点儿不合他的身份。然而李嘉诚却不这么想，他念旧，他喜欢住老房子，他勤俭的美德让他不会因为房子的陈旧而再置高档新居。

钱要用在该用的地方，而不是用来买奢侈品的，更不是用来浪费的。巨额的财富固然不是靠节俭省出来的，但是勤俭节约却会让财富的拥有者更有修养，更有品质。"克勤于邦，克俭于家"，"俭，德之共也；侈，恶之大也"，"俭节则昌，淫佚则亡"……无数的经典古语告诉我们勤俭节约的重要性，李嘉诚不仅懂得了这些古语的含义，更是身体力行地做到了这一点，做到了不浪费，不奢华。

建立自我，追求无我

在艰辛的生活中磨炼意志，李嘉诚在辛勤与劳苦中度过了自己的青年时代。这段时光他没有白白度过，他在工作中学会了观察，学会了待人，学会了处事，更加学会了如何谋生。事业刚刚起步的李嘉诚一直在思考，如何让自己的企业兴旺发达？如何让自己更好地管理企业？李嘉诚凭着自身积累起来的知识与经验，凭着诚实的品质，同公司与员工共成长。他在工作与生活中建立起了自我，一个优秀的自我。

任何危机都挡不住李嘉诚前进的步伐，他的智慧让他成为一个强者。李嘉诚是强者，他有着强者的希望，有着强者的理想，有着强者的信念。他在坚强地面对每一次危机时，逐渐建立起一个坚强的自我。终于，他的理想实现了，他的企业成功了。然而，志向有高远，理想有远近，企业的成功并不能阻碍李嘉诚思想的再次升华。如果说李嘉诚之前想的还是如何让公司发展得更好之类的问题，已到而立之年的李嘉诚，思想却如腾云驾雾一般，在高空中呼唤风雨的再次洗礼。

2005年9月25日，人们从李嘉诚的口中听到了他无我的理想："我相信有理想的人富有傲骨和诚信，而愚昧的人往往被傲慢和假相所蒙蔽。强者的有为，关键在我们能否凭仗自己的意志坚持我们正确的理想和原则；凭仗我们的毅力实践信念、责任和义务，运用我们的知识创造丰盛精神和富足的家园；我们能否将自己生命的智慧和力量，融入我们的文化，使它在瞬息万变的世界中能历久弥新；我们能否贡献于我们深爱的民族，为她缔造更大的快乐、福祉、繁荣和非凡的未来。"

　　一个人需要经历多少岁月才能一步步地从建立自我走向追求无我？多数的中国人在自我的面前驻足，健康、平安以及小家的和睦，这些已是我们追求的最高目标。然而，让美国强大起来的民族精神却是建立自我、追求无我。的确，达到无我的境界需要经受更多的历练与磨难。大爱无边，也正是如此。李嘉诚对无我境界的追求更显示出他一代巨商的风范。

　　在汕头大学与学子们的交流点燃了李嘉诚的热情，他意犹未尽地用诗一般的话语激励着青年人。情词恳切之中，我们似乎感受了一种平淡却又超乎寻常的精神境界，那是李嘉诚追求无我的精神境界。

　　内心的强大才是真正的强大，内心的伟岸才是真正的伟岸。企业如何屹立不倒，民族何如长盛不衰，李嘉诚充满了为此理想而奋斗的激情。他"建立自我，追求无我"的精神理念不仅是督促自身向前迈步的动力，同时也与所有的青年人，与所有的中国人共勉。

第十一章

▼

和谐人生

——家和万事兴，金钱难买感情

生活简单，心态端正

"我个人对生活一无所求，吃住都十分简单，上天给我的恩赐，我并没多要财产的奢求。假如此生能做多点儿对人类、民族、国家长治久安有益的事，我是乐此不疲的。"

李嘉诚喜欢简单的生活，他觉得只有简单的生活才能给人以最快乐的东西。他早上喜欢去打高尔夫，空闲了就跟家人和孩子聊天。谈起自己的孙儿，李嘉诚说："我们感情很好的，但玩耍之中我还是比较严格，不对的时候照样会说他们的。我比较希望，无论孙子或是儿子，都是希望他们成才，80%的时间和他们一起，都是和他们讲做人的宗旨，很少讲生意。"

当被记者问及有没有什么休闲活动时，李嘉诚坦言自己比较忙，假期非常少。真的碰上休假，他就会乘船出海，有时候也会在沙滩上享受阳光，或是漫步，或是在海中游泳。李嘉诚对登山也有着很浓的兴致，他喜欢登到峰顶欣赏美景的感觉。

与其他富豪骄奢的生活相比，李嘉诚数十年如一日的简单生活更让我们佩服。一位首富，居然能做到在生活中凡事从简，实为不易。李嘉诚对自己的生活非常满意，他解释道："100个人当中，我敢大胆讲一句，我是最简单的，衣食住行都是简单。只要你自己内心有个世界，人家乱讲你乱攻击你，你一笑置之，笑这些人无知。我的世界很阔，才能令我有这种精神，支持我对51个国家和地区的生意都这么投入。我一心一意过自己的生活，是一个正常人的生活。"这就是李嘉诚的人生哲学，这样简单的生活岂不比纸醉金迷更富有意义？

　　步入老年的李嘉诚，经常会被人问到关于退休的问题，对此，李嘉诚的心态非常平稳。他称自己还没有退休的打算："大家同事都做得好开心，合作好愉快。工作有时做了，停下来反而不会习惯，除非是体力支持不了。目前我健康状况非常好，我现在做得很 fine，精力很好啊，目前还是 full speed！我坦白讲，就算我这一秒钟不回香港，香港的生意也一定 continue nicely，全世界都是！""我完全没有退休计划，我是一个真正的 acting chairman！"

　　虽然李嘉诚还不想退休，但是年龄终归不饶人，不过只要心态端正，即便退休了也有有意义的事情可做。李嘉诚自己也深刻地认识到这一点："没有退休的，只是先退了生意方面，全力去做基金的事。我自己来讲，人生的最后计划，只要脑根清醒，我会做我的基金。"

　　没错，他想做自己的基金，他想为人民造福。"人生求什么呢？我最想做的就是在这个世上种多些好的种子，最大的目的就是有利股东的利益，能够为股东创造更多的财富，让他们认为投资在长江那里不失落。其他就是我赚的所有的钱，利世上，尤其是中华民族的地方。"李嘉诚有着深远的理想，他希望在有生之年为祖国和人民作更多的贡献，这不是虚华之词，这是他的诚心，是他发自内心的真实想法。

　　"我在全世界都有很多很好的员工，非常好的，亦都跟了我好多年，大家负责非常好！"在事业上，腰缠万贯的李嘉诚其实并不觉得长江实业是自己一个人的，他十分感谢自己的员工，认为没有优秀的员工就没有今天的李嘉诚。在谈到是否想让儿子继承父业时，李嘉诚说要根据他们自己的决定，因为孩子们各自的事业都发展得很好。

　　看来，无论是生活上还是事业上，李嘉诚都看得非常清楚，也看得很开。他说："其实我自己内心的天地才是令我最高兴，你有内心的天地，那种阔是阔到世界没有任何东西可以比的。"李嘉诚追求内心的享受，而不是物质上的，好像商界中的艺术家，李嘉诚拥有丰富的内心世界，那里才是他真正的精神天地。

百善孝为先

　　"百善孝为先，万恶淫为源。常存仁孝心，则天下凡不可为者，皆不忍为，所以孝居百行之先。"世间善事以孝敬为首位，世间恶事以淫为根源。心中常怀着仁孝的人，对于那些不该做的事都会不忍心去做，所以孝道是其他行为的领导。

没有多少人知道《围炉夜话》，然而"百善孝为先"却出自此。因为这是最基本的、最根本的人伦与共识，所以数千字的《围炉夜话》抵不过一句"百善孝为先"。

由于父亲离世，家里的一切不得不靠着母亲和李嘉诚来照顾，特别是体质衰弱的母亲，更是成了李嘉诚和弟弟妹妹的精神支柱。母亲的一言一行李嘉诚都看在眼里，年少的他早已默默地下定决心：等将来条件好了，一定要好好地孝敬母亲。生活处于困难时期的李嘉诚，每天拼命地工作，为的就是多赚点儿钱，让母亲不那么操劳，不那么辛苦。

随着李嘉诚的事业逐日升温，他对母亲的孝敬也是一日更比一日深。为了更好地孝敬母亲，也为了能够让母亲安享晚年，事业有成的李嘉诚购置了一座花园别墅让母亲居住。虽然李嘉诚终日为自己的事业奔忙，但是他还是会在百忙之中腾出时间去拜见自己的母亲，聆听母亲的诉说和教诲。不仅如此，李嘉诚还在家乡整修开元护国禅寺，并且多次以母亲的名义进行捐赠。

仔细分析"孝"字的写法，我们会看到，上面一个"老"，下面一个"子"。子在下，老在上，意为子女背负父母。这是长幼尊卑的次序，是天之经、地之义。李嘉诚如果收到了一些母亲爱吃的食品，那他一定会毕恭毕敬地先为母亲奉上。李嘉诚如同照顾自己的孩子一般孝敬着母亲，他的孝敬之心让员工们更加尊重他了。

孟子在描述他心中的理想社会时说道："老吾老以及人之老，幼吾幼以及人之幼。"意思是在赡养自己父母的同时也能对别人的父母加以孝敬，在抚育自己孩子的同时也能对他人的孩子加以照顾。李嘉诚深知这一点，对于公司的员工，他都以仁爱之心加以呵护。特别是那些老员工们，李嘉诚更是照顾有加，很少会裁员或是换人。员工们也因此而更加努力地工作，以回报李嘉诚的恩待。

生命可遇而不可求。父母不但给了我们生命，而且还不辞辛劳地抚育我们成人。如果没有父母的养育，小树苗就不可能长成参天大树。同样地，如果在困苦的时候没有母亲的支撑，李嘉诚也不会成为今天的香港首富。司马迁在《史记》中讲："夫天者，人之始也；父母者，人之本也。人穷则反本，故劳苦倦极，未尝不呼天也；疾痛惨怛，未尝不呼父母也。"父母是天，是我们生命之中最强而有力的支柱。假如一个人连自己的父母都不敬重，那么我们还能指望他去爱戴他人吗？

孝道是中华民族的传统美德，是一种稳定伦常关系的表现。孝即是宽容，而这宽容之心又可以扩展到更远的范围。李嘉诚用自己的孝心感染着公司中上上下下的员工，这种孝心最终成为公司中所有员工的凝聚点。这个凝聚点发散开来，它不仅是孝心，更是善心、爱心，是仁义，是道德，是李嘉诚的管理之道。对父母尽孝，不是让孩子用私心维护自己的家庭。相反，孝道就是从身边的事情做起，由孝敬自己的父母扩展到尊敬其他老者。这种由近及远、由易到难的做法，可以让我们的仁爱之心日益饱满，最终达到心有大爱的境界。这正是李嘉诚所追求的无我之大爱、无我之精神。

洁身自好一身清

　　商界中的诱惑实在是太大了，不过李嘉诚在这莫测的环境中却能够为自己留一方净土，获得一份清静。修身养性最重要的莫过于减少对物质的欲望，李嘉诚虽为香港首富，然而他的境界已经上升到为人民造福，而不是沉迷于自身的享乐。对物质的过分追求最终会走向贪婪，相反，清心寡欲才能如仙人一般生活。

　　商场如战场，激烈的竞争让不少人铤而走险，为了获得钱财而丧失了自己的良心。李嘉诚深知不法经营会给人民带来多大的灾难，也知道这种做法对企业的发展来说是致命的打击。做生意至今，李嘉诚始终远离不法行为，他的良心和道义告诉自己："有些生意，无论有多少钱给我赚我都不赚；有些生意，已经知道是对人有害，就算社会容许做，我也不做。"李嘉诚舍弃了不义之财，换来的是大家给予他"洁身自好一身清"的称赞。

　　战国时期，楚国的屈原因为不愿与朝中的贪官同流合污，不幸遭人陷害而流放异乡。一天，屈原来到湘江边，心中仍旧对祖国念念不忘。一位渔夫认出了他，渔夫说："您不是屈大夫吗？怎么沦落到这个地步？"屈原答："世道如江水一般污浊，而我却如同山泉一般清澈。"渔夫又问："既然世道浑浊，那么你只要搅动泥沙就可以推波助澜，为什么不这么干呢？"屈原无奈答道："一个人在洗干净头后戴帽时，首先要把帽子上的灰尘弹掉；在洗澡后穿衣服时，也要把衣服上的污渍洗净。我又怎能让自己洁净的身躯受到污染呢？"渔夫听后被屈原洁身自好的品质所打动，不再追问，唱着歌离去了。

　　香港人一直都管李嘉诚叫"超人"，然而李嘉诚自己却始终不承认，他觉得自己不过是普普通通的一个平常人。其实李嘉诚对荣誉并不看重，他看重的是自己的清誉。他认为，哪怕是小小的不检点都会给名誉带来损害，这种名誉上的损害随后就会威胁到企业的信誉。跟屈原注重品性的洁净一样，李嘉诚对洁身自好的品质也有着强烈的追求。

在商海的浮尘中保持清誉是件不易之事，有太多原本廉洁的人在环境的招惹下也最终走向了堕落。把持不住自己还在于修行不够境界，显然，李嘉诚之所以能不同流合污，还在于他一直以来的潜心修炼。为人处世，难得以平和的心态去面对。世间万物都有其自身的内在规律，如果人为的痕迹过于明显，那么就很容遭到暴露。正所谓"心底无私天地宽"，李嘉诚的清誉是他努力不受尘埃招惹中的成果。

《孟子·万章上》曰："归洁其身而已矣。"除了在生意上不沾染污秽，在生活作风上，李嘉诚也是一身正气。在香港，富商与女明星的绯闻十分频繁，然而李嘉诚却向来对女明星们敬而远之。甚至还有一家报社声称，如果哪位女明星能够出示她与李嘉诚的合照，那么就以40万港币的价格买下这张照片。遗憾的是，至今也没有谁能够获得这40万的赏金。

李嘉诚的洁身自好来源于父母的教导，他的父亲李云经就是一位育人的教师，李嘉诚因此从小就受到传统儒学的熏陶，深得中华民族传统美德之精髓。父母亲给予李嘉诚的谆谆教诲，李嘉诚一日都不敢忘怀，这些教诲就是他日后行事时留于心间的一杆秤，时时刻刻让自己警醒。

有舍才有得。李嘉诚的洁身自好不仅为自己赢得了清誉的美名，受到了各方的尊重，他的品质同时也是企业的一份重要资产。就是看重了李嘉诚的信誉，许许多多商家都想要与其合作。不与人争抢，从大智慧上看来，是退一步海阔天空；这种表面上的隐退却能在将来转化为强大的前进动力，最终达到没有人能与我争抢的境界。看来，对不良作风的舍弃实际上却为李嘉诚赢来了更多的财富。

教子有方

李嘉诚曾经在汕头大学讲道："教育不应该只是一纸文凭或仅是一个学位，教育是掌握人生的导航器，是一个发现世界和发现自我的旅程，专业知识、语言能力、创意和慎思明辨的思维互相构成了一个平台，让我们可以怀着热诚和稳定的心态争取成就，服务社会、民族和国家。正因如此，教育是一切传统和进步、尊严和智慧的基石，知识可以改变命运，这就是教育的承诺。"

从上面一段话，我们可以看出李嘉诚对教育的重视和热诚。《礼记·学记》中有载："玉不琢，不成器；人不学，不知义。然玉之为物，有不变之长德，虽不琢以为器，而犹不害为玉也。人之性，因物而迁，不学，则舍君子而为小人，可不念哉？"意思是：如果不对玉石进行雕琢，那么它们就不可能变为器物；同样，如果人不学习，也就不懂得道理。不过玉这样的东西有着自己恒久不变的特性，即便是不对其进行雕饰，它也还是玉。然而人就不同了，由于人性容易受到外界事物的影响，所以不学习的人就会舍弃君子不做，而做小人。这难道还不值得我们深思吗？李嘉诚在自己的家乡创办汕头大学，可见他对教育怀有怎样的敬仰之情。

李嘉诚在教育子女方面，有着自己独到的见解。为了培养两个儿子独立的人格，在他们八九岁的时候，李嘉诚就让儿子参加公司的董事会。两个儿子不仅是在旁边听大人们讲话，李嘉诚还让他们发表自己的意见，参与到讨论中来。李嘉诚这样做的目的主要是想让儿子学习到诚信经商的好品质。

李嘉诚说："如果子孙是优秀的，他们必定有志气，选择凭实力去独闯天下。反言之，如果子孙没有出息，享乐，好逸恶劳，存在着依赖心理，动辄搬出家父是某某，子凭父贵。那么留给他们万贯家财只会助长他们贪图享受、骄奢淫逸的恶习，最后不但一无所成，反而成了名副其实的纨绔子弟，甚至还会变成危害社会的蛀虫。如果是这样的话，岂不是害了他们吗？"

秉承自己的理念，李嘉诚亲身教导自己的两个儿子，用自己端正的品行去感染他们。身为巨商，李嘉诚却带着两个儿子出门挤巴士，很少让他们乘坐私家车。有一次李嘉诚带着两个孩子外出，看到路边有个卖报纸的小姑娘正在专心读书，李嘉诚便叫孩子们学习小女孩认真的学习态度。孩子们不理解父亲为何要让他们挤巴士，对此很是不满。李嘉诚就笑着对他们说："在电车、巴士上，你们能见到不同职业、不同阶层的人，让你们能够看到平凡的生活、最普通的人，那才是真实的生活，真实的社会；而坐在私家车里，你什么都看不到，什么也不会懂得。"明白道理的两个儿子从此便乐于坐公交了。

在李嘉诚的悉心教导之下，两个儿子都非常优秀，他们以优异的成绩拿到了美国斯坦福大学的硕士学位。孩子们原本想着要进父亲的公司一展宏图，可是李嘉诚却把他们拒之门外。李嘉诚说："我的公司不需要你们！还是你们自己去打江山，让实践证明你们是否合格到我公司来任职。"在父亲的鞭策下，两个孩子分别都干出了自己的事业，成了出类拔萃的人物。

"对于泽钜和泽楷，我没有一般中国人一定要子孙继承事业的想法。但是，我也会给他们机会，给他们创造继续发展的良好条件，如果最后他们的能力确实无法胜任，那么我认为企业可以继续发展，只是无须李家管理。一个真正优质的企业，只有组织正确，有一套健全的制度和科学的管理，才能生存并继续向前发展。"

作为商人的李嘉诚，无疑是成功中的佼佼者；而作为父亲的李嘉诚，同样也是成功的。

与人方便则自己方便

在李嘉诚的身上，集中了中西两套伦理观念的精华。李嘉诚曾多次声称，他素来不主张古老的家族性统治，而更看重西方公众公司的一套。公司首脑由董事股东选举产生，而非父传子承，这样方可保持活力。如果他的儿子不行，不会考虑让他们接班。他不在乎是家族内还是家族外的人秉掌大权。

按照中国的传统观念，子承父业天经地义。李嘉诚的观念分明已经超越了时空和民族，充分显示出他冷静而理智的一面。而他的冷静和理智更为他自己赢得了大笔的财产和好名声。

1992 年 1 月，中泰宣布第三次集资计划，配售 11.68 亿新股，集资 25 亿港元，用以收购未持有的恒昌 64％ 的股权。荣智健突然向其他股东全面收购，市场议论纷纷，有人说荣过桥拍板，有人说事先与李嘉诚等通过气。李嘉诚极为爽快地接受了荣智健的收购条件，将手中所持恒昌股作价 15 亿港元售予荣智健。恒昌一役，李嘉诚名利双收，既赢得帮衬荣公子的名声，又获得实惠——售股盈利 2.3 亿港元。荣智健完成全面收购后，中泰不仅成为红筹股（中资股与国企股的统称），还于 1993 年上半年进入蓝筹股（恒生指数成分股，由纯种上市公司股标编算恒指，均为各类上市公司的代表股票）。

李嘉诚与荣智健联手合作，成为股市佳话。"与人方便，自己方便。"既让朋友挣了钱，自己也有的赚，这样的事，李嘉诚最乐意做，也经常做。这一方面衬映出其仁和之心，另一方面也折射出李嘉诚通晓大义、长久发达的深谋远虑。

心中有杆秤，寸草报春晖

如今的李嘉诚，其旗下已经拥有四家公司。2009 年，长江实业总市值约为 10000 亿港元。在取得成就的同时，李嘉诚不忘给予其恩情的祖国于回馈，他始终尽着自己的力量，想要为祖国的发展作出一点儿贡献。2009 年 4 月 22 日，李嘉诚旗下的长江集团、和记黄埔联合向 2010 年上海世博会中国馆捐赠人民币 1 亿元。

　　"谁言寸草心，报得三春晖。"子女微薄的孝心报答不了父母的养育之恩，虽然在外人看来，李嘉诚已经做得很好了，然而李嘉诚却从来都只觉得自己对祖国的发展尽到的只是绵力。"我目睹祖国之高速进步，在四个现代化政策的推动之下，一切欣欣向荣，深感雀跃；支撑国家建设，报效桑梓，此乃本人毕生奋斗之宗旨！乡中若有何有助于乡梓福利等事，我甚愿尽其绵薄。"

　　李嘉诚出身于教育之家，父亲的愿望也是能为教育作出贡献。事业有成的李嘉诚为了弥补自己没有读到书的遗憾，也为了为祖国的教育事业尽一些心意，他决意在自己的家乡创办汕头大学。李嘉诚说："我开始创业的时候，原来打算做3年后再从头念书，但现实环境有所改变，我当然有点儿伤心。但我后来想通了，就是我一个人做医生也不过是一个人，假如我的事业成功，我可能每一年也培养了一二百个医生，结果会更加好。这目标我达到了！"

　　其实，在创办汕头大学期间，由于金融危机的影响，李嘉诚也面临着巨大的压力与考验。在大家都认为汕头大学建不成的时候，李嘉诚提笔致信，让公众放心："近年世界经济衰退影响所及，"长实"也面临着极大的困难。各行业倒闭及亏损者甚多，经济损失十分严重。上述捐赠，在个人今后数年之现金收入，已达饱和。但鉴于汕大创办成功与否，较之其他一切得失更为重要，而站在国民立场，能在此适当时间，为国家尽心尽力，即使可能面对较为困难的经济情况，我们也一定要做这件有重大意义的事情。"

　　汕头大学是李嘉诚一生的最大的心愿，他自己也说："我把一生的心血都放在汕大上了。说句心里话，汕大是我一生最大同时也是最重要的一件大事，为了汕大我付出了不少心血，为了汕大我破釜沉舟。"

　　为此事，邓小平对李嘉诚说道："你为祖国作出的杰出贡献，我和香港领导人是理解的，中国人民是理解的，我代表全国人民表示感谢。"面对如此重谢，李嘉诚谦虚地回答："办汕头大学是我人生最重要的事，发展教育事业对于促进祖国科学技术水平的提高是非常重要的，我愿为此而努力。许多华侨和外国人士愿意为汕头大学的建设贡献力量，希望这所学校对外更加开放一点儿。"包括长江商学院在内，自1981年创办汕头大学以来，李嘉诚已经投资超过31亿港币。

　　除了创办汕头大学，李嘉诚还为祖国作出了很多贡献，捐款、行善，李嘉诚事事踊跃，受到国内一致好评。1997年，北京大学一百年校庆之际，李嘉诚基金会向北京大学图书馆捐赠1000万美元，支持图书馆的建设。在四川发生重大地震之后，李嘉诚立即以基金名义捐款 3000 万人民币。看到灾区同胞正在困难之中挣扎，李嘉诚潸然泪下，后又以基金名义捐款 4000 万元，另外长江集团、和记黄埔集团也各捐赠 3000 万元，共计人民币 1 亿元。

　　"我是一个中国人，一个普通的中国人，作为一个中国人对祖国应尽些责任。"在香港居住多年的李嘉诚始终不忘自己是一个中国人，时刻提醒着自己要支持国家的建设，要报效桑梓。身为富商的李嘉诚，其心中始终有着一杆秤，不忘祖国，不忘百姓。

第十二章

▼

富不忘本

——内心真富贵，德财智儒兼备

首先是一个人，再是一个商人

李嘉诚是全球华人首富，如此耀眼的光芒被每一个人捕捉。如果能选择问他一个问题，相信很多人都会说，如何做一个成功的商人？是的，成功对于一个人太重要了，几乎每个人拼搏都是为了成功。然而李嘉诚面对这个询问却说了一句话："很多传媒问我，如何做一个成功的商人？其实，我很害怕被人这样定位。我首先是一个人，再是一个商人。"这就是一个成功者最想说的话。

富不忘本是什么，不是一句轻易许诺的话，不是一个轻易做的姿态，而是一种精神，一种发达不忘当年志的为人精神。商业上的成功常常让人羡慕，然而人们却忽略了成功背后的坚持，没有这种坚持，相信其再有钱也会被人们斥之为粪土。内心真富贵，才能行事有方寸。李嘉诚之所以每年都再捐资办学、助残疾人、帮贫人，用自己的财富回赠社会，并非是一个假意做榜样的行径，而是自己作为一个人心中真正的呼声。这是多么珍贵啊。

对收购，他不是财大气粗了就目中无人。对收购方，无论成与不成，李嘉诚都能使对方心悦诚服。如果收购成功，他不会像许多老板那样，进行一锅端式的人事改组和拆骨式的资产调整，他会尽可能地挽留被收购企业的高层管理人员，照顾小股东的利益，因此被收购公司不会处于动荡不安的状态。如果收购不成，他也不会以自己所持股权作为要价的筹码相要挟，逼迫对方开出高价赎购，他始终坚信：生意不成，仁义在。

对股东，李嘉诚出任10余家公司的董事长或董事，但他把所有的董事年薪全部归入"长实"公司账上，归大家所有。他自己全年只拿 5000 港元，一直如此。5000 港元的董事袍金，还不及"长实"公司一个清洁工 20 世纪 80 年代的年收入。以 20 世纪 80 年代的水平，像"长实"这样盈利极佳的大公司董事局主席，一年最少也有数百万港元薪水。李嘉诚的大商人风范赢得了公司股东的一致好感，这不仅仅是一个做商人的成功，更是一个人的成功，是十分不易的。

万通公司董事长冯仑对此深有体会："李 76 岁，是华人世界的财富状元，也是大陆商人的偶像。大家可以想象，这样的人会怎么样？一般伟大的人物都会等大家到来坐好，然后才会缓缓过来，讲几句话，如果要吃饭，他一定坐在主桌，我们企业界 20 多人中相对伟大的人会坐在他边上，其余人坐在其他桌。饭还没有吃完，李大爷就应该走了。如果他是这样，我们也不会怪他，因为他是伟大的人。

"但是，我非常感动和意外的是，我们开电梯门的时候，李在门口等我们，然后给我们发名片，这已经出乎我们意料——李的身家和地位已经不用名片了！但是他像做小买卖的一样给我们发名片。发名片后我们一个人抽了一个签，这个签就是一个号，就是我们照相站的位置，是随便抽的。我当时想为什么照相还要抽签，后来才知道，这是用心良苦，为了大家都舒服，否则怎么站呢？

"抽号照相后又抽个号，说是吃饭的位置，又为大家舒服。最后让李说几句，他说也没有什么讲的，主要和大家见面，后来大家鼓掌让他讲，他就说我把生活当中的一些体会与大家分享吧。然后看着几个老外，用英语讲了几句，又用粤语讲了几句，把全场的人都照顾到了。

"之后我们就吃饭。我抽到的正好是挨着他隔一个人的位子，我以为可以就近聊天，但吃了一会儿，李起来了，说抱歉我要到那个桌子坐一会儿。后来，我发现他们安排李在每一个桌子坐 15 分钟，总共 4 桌，每桌都只坐 15 分钟，正好 1 小时。

"临走的时候他说一定要与大家告别握手，每个人都要握到，包括边上的服务人员，然后又送大家到电梯口，直到电梯关上才走。"

有人会想，李嘉诚的客气会不会因为他会见的是商人。其实这并不是例外，李嘉诚总是在竭尽所能对任何一个人都保持谦恭，即便是他已经名满天下，是一个成功的不能再成功的人。2007 年，就是《全球商业》杂志的记者采访李嘉诚时也受到了礼遇："在我们抵达之前，他已在会客室等候，见我们抵达，立即站起，掏出名片，双手递给我们。笑容让他的双眼如同弯月，财富并未在他身上留下刻痕，虽拥霸业，却无霸气。"

是的，"每个人一生中都要扮演很多不同的角色。最关键的成功方法就是寻找到导航人生的坐标。没有原则的人会飘浮不定。有正确的坐标，做什么角色都可以保持真我，会有不同程度的成就，并且生活得更快乐、更精彩"。

真正付出时间做慈善

20世纪80年代，拥有雄厚财力的李嘉诚成立慈善基金会，命名为"李嘉诚基金会"。至2010年2月底，基金会已捐出及承诺款项达113亿港元。李嘉诚有过少年失学之痛，因此重视教育投资。父亲因病去世、自己与肺结核奋战多年则使他关注医疗。李嘉诚说："我对教育和医疗的支持，将超越生命的极限。"

1981年，广东潮汕地区第一所大学汕头大学，在李嘉诚的资助下成立。李嘉诚从加拿大、香港挖名师担任各学院院长。其中的医学院是中国最优秀的医学院之一。这种真正付出时间做慈善的行为和细节化的行动为汕大带来了生机。不仅如此，李嘉诚还动用他的国际关系，广邀名人授课，例如请星巴克咖啡创办人霍华·舒尔兹讲授商业道德课程。即便是在李嘉诚的公司面临较大困难时，他也没有停止对汕头大学的资助。

在给汕大筹委会的信中，李嘉诚动情地写道："汕大创办成功与否，较之生意上及其他一切得失更为重要……即使可能面对较大困难的经济情况下，也一定要做这件有重大意义的事情。"李嘉诚到汕头大学访问时，学生和教职员工对他的爱戴和景仰之情溢于言表。

由此可见，在李嘉诚的眼里，慈善并非是一件可有可无的事情，而是一件要真正付出时间去做的事情。在面对重大困难时，能够不为金钱利益而动摇，不故作姿态，不打肿脸充胖子，而是慎重决策，分清轻重，目光长远，并且平和面对公益事业，舍得并且甘心于投入时间，亲自参加建设。这，才是慈善的真正意义所在吧！

在汕头大学之外，香港大学、清华大学 FIT 未来互联网络研究中心和长江学者奖励计划，亦有李嘉诚基金会巨资捐助的轨迹。2007年，中国残疾人联合会/李嘉诚基金会合作的第二期"长江新里程计划"项目同时开展10万名残疾人士安装义肢、就业计划；2008年5月，李嘉诚基金会宣布推出第三轮地震灾区支持计划，全部免费替灾区内所有断肢灾民提供义肢装配服务及轮椅……难以俱述，但从中我们可以看到一个有着毅力与坚持的人，是怎样为自己所倾心的慈善事业添砖添瓦的。

这远没有结束。2003 年，李嘉诚做了一个大胆的决定。有人曾经这样模拟当时的情景：有一段时间里，75 岁的李嘉诚为了基金会的未来，彻夜未眠。他年事已高，但他希望基金会能永远地运作下去。但这需要有一大笔资金做基础，才能钱滚钱，做更多的事。他陷入沉思："几十年的努力工作，每一分一毫都得之不易，都是清白的钱，却要把这么多的钱送给你不认识的人。这样做值不值得？"

在李嘉诚的内心天平上，一端是他的骨肉至亲，他一定不要下一代经历他曾经经历过的苦难；另一端是可实现他认为很重要的善事。他非常矛盾。像 47 年前的那个夜晚一样，李嘉诚再一次大彻大悟："我现在有两个儿子，如果，我不是有两个儿子，而是有三个儿子，我是不是也要给第三个儿子一份财产？"只要将基金会视为第三个儿子，财产分 1/3 给基金会，就理所当然。"这个思想上的突破，让我开心了很多天！那种安慰、愉快的感觉，实在是笔墨难以形容！"

2006 年，李嘉诚宣布捐出 1/3 财产给基金会后，他跟家人说："我一生可以成立这样规模的基金会，心里绝对不会惋惜。捐出来，是高高兴兴捐出来，去做，也是高高兴兴去做，一点儿都不会后悔。"

在李嘉诚的一生里，财富是其攀登的一个顶峰，然而不是终极目标。只有公益事业，似乎才是李嘉诚拼其一生都在进行的事业。他不单做慈善，更是身体力行地付出时间做，从而极大地提高了慈善事业存在的价值。这才是一位真正的慈善家应该做的事情吧！

1 月 20 日，法国总统希拉克在巴黎总统府爱丽舍宫为李嘉诚颁授法国荣誉军团司令勋章，表彰他多年来对社会的奉献、对人道精神的承担和对中国内地、香港和法国之间文化交流的支持。希拉克对李嘉诚说："你的慷慨是举世公认的，对法国也不例外。"这，是一句真正的褒奖。

犹太人也认为，提供帮助是"富人的责任"，获得帮助是"穷人的权利"。在长期流亡的艰苦岁月中，犹太富人往往自觉地替穷人掏腰包，接济贫穷在犹太人中成为一种社会习惯。《塔木德》中这样记载着："有钱是好事，但是知道如何使用更好。"这些传统激励着犹太富人总是热衷于捐助公益事业。

犹太人洛克菲勒成为当时世界首富的时候，别人劝他把这些钱留给他的孩子们，洛克菲勒回答："这些钱是从大众那里来的，因此也应该回到大众那里去，到它们应该发挥作用的地方去。"

洛克菲勒成立了以自己名字命名的洛克菲勒基金会，他帮助成千上万的食不果腹的孩子，让他们可以吃上饭，让他们上学接受教育，让他们成为对社会有用的人。他主要投资在医疗教育和公共卫生上面。他的基金会先后投资达数亿美元，是世界上最大的慈善机构。

提供帮助不仅仅是富人的责任，无论你是贫还是富，只要你能够帮助到别人，就不应该吝啬自己的善心。普通人也可以成为令人尊敬的慈善家。

这一类的故事和比尔·盖茨捐出家产、李嘉诚捐出家产一样让人动容，再平凡再普通的人只要有一颗爱心，一样能做出让所有人感动的善行。富不忘本，穷也不忘本，做一个真正的人，不只捐钱捐物有爱心，也真正付出行动去做慈善、做公益，这才是最真实的回馈社会。

以善小而为

孟子曰："人皆有不忍人之心。"爱人之心，人皆有之；怜悯之心，人皆有之。故而，当同情弱者成为一种天性时，以善小而为才真正称得上善。李嘉诚说，莫以善小而不为。世间任何事都是由小到大，积沙成塔，为小善而成就大善才是每个人都应该做的事情。

有人把慈善捐赠称之为是一种时尚，也是一种习惯。说这不是根本政治制度问题，而是一种生活态度。的确如此，就如同心之天平，根本不是称物的，而是一种平衡的态度一样。要看到自己的力量，走出"我穷，我救济不了别人"的误区。

有人说，为小善亦可以让人幸福，内心得到宁静。的确如此，善待社会，善待他人，并不是一件复杂的事，只要心中常怀善念，自己也会为之欣慰。

1848年，美国南部一个安静的小镇上，一声刺耳的枪声划破了午后的沉寂。刚进警察局不久的年轻助手，听到枪声，就随警长匆匆奔向出事地点。发现一位青年人倒在卧室的地板上，身下一片血迹，右手已无力地松开，手枪落在身旁的地上，身边的遗书笔迹纷乱。他倾心钟情的女子，就在前一天与另一个男人走进了教堂。

屋外挤满了围观的人群，死者的6位亲属都呆呆地伫立着，年轻的警察不禁向他们投去同情的一瞥。他知道，他们的哀伤与绝望，不仅因为亲人的逝去，还因为他们是基督教徒。对于基督教徒来说，自杀便是在上帝面前犯了罪，他的灵魂从此将在地狱里饱受烈焰焚烧。而风气保守的小镇居民，会视他们全家为异教徒，从此不会有好人家的男孩子会和他们的女儿们约会，也不会有良家女子肯接受这个家族男子们的戒指和玫瑰。

这时，一直双眉锁紧的警长突然打破沉默开了口："这是一起谋杀。"他弯下腰，在死者身上探摸了许久，忽然转过头来，用威严的语调问道："你们有谁看见他的银挂表吗？"那块银挂表，镇上的每个人都认得，是那个女子送给年轻人唯一的信物。人们都记得，在人群集中的地方，这个年轻人总是每隔几分钟便拿出这块表看一次时间。在阳光下，银挂表闪闪发光，仿佛一颗银色温柔的心。

所有的人都忙乱地否认，包括围在门外看热闹的那些人。警长严肃地站起身："如果你们谁都没看到，那就一定是凶手拿走了，这是典型的谋财害命。"死者的亲人们号啕大哭起来，耻辱的十字架突然化成了亲情的悲痛，原来冷眼旁观的邻居们也开始走近他们，表达慰问和吊唁。警长充满信心地宣布："只要找到银表，就可以找到凶手。"

门外阳光明媚，6月的大草原绿浪滚滚。年轻助手对警长明察秋毫的判断钦佩有加，他不无虔诚地问道："我们该从哪里开始找这块表呢？"警长的嘴角露出一抹难以察觉的笑意，伸手慢慢地从口袋里掏出了一块银表。年轻人禁不住叫出声来："难道是……"警长看着周围广阔的草原，依然保持沉默。"那么，他肯定是自杀。你为什么硬要说是谋杀呢？""这样说了，他的亲人们就不用担心他灵魂的去向，而他们自己在悲痛之后，还可以像任何一个基督徒一样清清白白地生活。""可是你说了谎，说谎也是违背十诫的。"

警长用锐利的眼睛盯着助手，一字一顿地说："年轻人，请相信我，6个人的一生，比《摩西十诫》重要百倍。而一句因为仁慈而说出的谎言，只怕上帝也会装着没有听见。"

的确，生活中的小小善行，对我们来说或许是举手之劳，但是却能为他人解决莫大的困难，也能为社会增添一份爱的温暖，更能给自己留下付出的快乐和内心的安宁，何乐而不为呢？

以善小而为，才能在任何时刻做出正确的举措。一位作家将人生比作两只相互取暖的豪猪，彼此都渴望得到对方的温暖。无论是谁，只要主动伸出自己的手，为哪怕一小点儿善，也能因此收获心灵的共鸣，内心得到真正的富贵。罗曼·罗兰说过："不知道善意不一定就不能为善。善不是一种学问，而是一种行动。"

做善事不能沽名钓誉

2008年5月12日，四川发生大地震，第二天李嘉诚就以李嘉诚基金会的名义，向四川地震灾区捐助3000万元人民币赈灾。第二轮捐助达到1.2亿元，而这只是李嘉诚慈善事业的冰山一角。这是沽名钓誉吗？有谁会为了沽名钓誉如此迅捷捐助，并且不大张旗鼓？

2006年8月，李嘉诚宣布把其私人持有的约28.35亿股长江生命科技股份悉数捐给李嘉诚基金会，这些股权总值约24亿港元。李嘉诚还承诺，未来还将有巨资投入，"直到有一天，基金一定不会少于我财产的1/3"。据测算，基金会未来收到的捐款将超过80亿美元。这是沽名钓誉吗？有谁会为了沽名钓誉赔上自己一生辛勤打造的财富帝国的大半金钱？

是的，当今随着对善行的推崇，社会上也出现了过分夸张善行，过分强调"付功"的现象。人们从一次次的"博名"、"诈捐"中获得了一个经验，那就是"沽名钓誉"。但是，实际分析后我们便能发现，这只是一种十分主观臆断的行为。

李嘉诚并没有因此而寒心，因为他知道，做善事不是为了给别人看，更不是为了沽名钓誉，所以他低调，很多时候都是过去很多年慈善行为才被挖掘出来。不管顺境、逆境都持之以恒地待人以善心；特别是在受到他人的讽刺、毁骂、误解时也不改为善之心。

在《家园杂志》上曾有一篇人生感悟，名字叫《不管怎样，总是要——》

在加尔各答儿童之家墙上写着这样一段话：

如果你做善事，人们说你沽名钓誉，别有用心，不管怎样，总是要做善事。

你所做的善事明天就被遗忘，不管怎样，总是要做善事。

诚实与坦率使你易受欺骗，不管怎样，总是要诚实坦率。

……　……

将你所拥有的最好的东西献给世界，你可能会被踢掉牙齿，不管怎样，总是要将你所拥有的最好的东西献给世界。

强调内心的感受，而不是沽名钓誉，说些冠冕堂皇的话，让我们可以从侧面发现一个人的内心的真实想法。李嘉诚之所以低调，在很大程度上正是源自于其对自我感受的重视，和对他人话语的宽容。一个人生之如斯，当无愧于天下。

余彭年亦是如此。他欲将毕生财产捐给慈善福利事业。一个人就要80岁了，他为慈善事业捐出自己毕生奋斗得到的万贯家财，您会认为其是在追求名利吗？

曾有记者这样问道：如果有人认为您做善事是为沽名钓誉，您会怎么想？

他很坦率地回答，我做善事不求任何回报，做了那么多善事，我从不接受戴任何帽子（头衔）——除了"深圳市荣誉市民"，这个称号就足够了。我向老家湖南也捐了数千万善款，但一个湖南的头衔都没接受，也没有和湖南做一笔生意，何必要有交换条件呢？

他表示，"我没有什么养生之道，做善事就好有精神。做善事就是我的养生之道。"

一个人一生做几件善事并不难，难的是一辈子做善事，这种不管在任何情况下都要一心与人为善的境界，是需要长期磨炼才能达到的，这种富不忘本、平心静气的情怀才是真正富贵的体现。

奉献乃人生一大乐事

如果说创造财富是一种苦乐相济的体验，那么，奉献财富便是一种情有独钟的享乐，"聚财的苦楚自己揽，创富的甜果大家品"；"钱财之枝结金银之果，美德之树长名望之根"；"赠出金钱心坎富，捡来好话嘴不贫"。只有兼收并蓄，才能不断开拓美好的人生前程。

巨富之后，人们常常面临这样的选择：是为富不仁，还是回报社会？作为华人首富的李嘉诚对此有明确的回答：奉献乃人生一大乐事。

既然财富取之于社会，就该施报于社会。他说："财富到某一个数字，衣食住行都无虞，握在手里的用途就不大。如果你不能做到慷慨割舍、有爱心的话，是没有太大意义的，顶多就是遵照华人的传统观念，一代交给一代，如此而已。"李嘉诚说："但如果，能将建设社会的责任与延续后代一样重要，选择捐助财产有如分配给儿女一样，那我们今日一念之悟，将为明天带来更多的新希望。"

李嘉诚曾经将范蠡作为他《奉献的艺术》中的主要案例。

范蠡是《史记·货殖列传》中所记的第一人，他博学多才，是春秋时代著名的政治家。他有谋略，有渊博及系统化的经济思维，他的经济智慧为他赢得巨大的财富。范蠡的"积著之理"研究商品过剩或短缺的情况，说出物价涨跌的道理；怎样抓住时机，货物和现金流的周转，要如同流水那样生生不息。范蠡的"计然之术"，还试图从物质世界出发，探索经济活动水平起落波动的根据；其"待乏"原则则阐明了如何预计需求变化并做出反应。他主张平价出售粮食，并平抑调整其他物价，使关卡税收和市场供应都不缺乏，才是治国之道，更提出了国家积极调控经济的方略。"旱时，要备船以待涝；涝时，要备车以待旱"。强调人们不仅要尊重客观规律，而且要运用和把握客观规律，应用在变化万千的经济现象之中。

李嘉诚曾拿范蠡与美国富兰克林对比，他说："范蠡改变自己迁就社会，而富兰克林推动社会的变迁。他们在人生某个阶段都扮演过相同的角色，但他们设定人生的坐标完全不同，范蠡只想过他自己的日子，富兰克林利用他的智慧、能力和奉献精神建立未来的社会。就如他们从商所得，虽然一样毫不吝啬馈赠别人，但方法成果有天渊之别；范蠡赠给邻居，富兰克林用于建造社会能力，推动人们更有远见、能力、动力和冲劲。有能力的人可以为社会服务，有奉献心的人才可以带动社会进步。"

他推崇范蠡，但因为时局所困，范蠡的影响范围很有限。而富兰克林用另一条路打开了更为宽广的门：他出身清贫，却以办报、出版展现他对公共事业的热心，他的印刷业为他带来财富，他又利用财富建立图书馆、学校、医院。他在美国成功独立后，却"让位"给华盛顿，从另一方面协助建立美国的民主体制，美国人民称他为"伟大的公民"。

这两种奉献交错展示，我们便能发现富的力量。而富不是根本，根本在于奉献，在于风险的方式。李嘉诚正是致力于社会的幸福与进步，致力于改变公益事业的现状而努力的，也因此，他是一个伟大的企业家。

他走的是经商之路，却成就了富不忘本，成为了亚洲最伟大的慈善家。奉献即是如此，为公益事业，我们无怨无悔，反而其乐可见。

真正的成功者必定也是爱国者

有人说，国家繁荣昌盛，人民安定富足，是李嘉诚最大的心愿。的确如此。江泽民曾在北京人民大会堂接见李嘉诚时就盛赞他"是一位真正的爱国者"。李嘉诚的爱国热忱，使得全球华人都对他表示了无限的钦佩和爱戴。他所取得的成就固然令人惊叹，但是其一个成功者富不忘本的情怀，更值得我们终身学习。

有资料称，在香港《大公报》工作了40多年的年近70的杭州人韩老先生曾感慨万千地说："李嘉诚确实是个能人！确实聪明才智过人！潮汕人真了不起。他能吃大苦耐大劳才有了今天。人们不仅佩服他会做生意、会赚钱，更佩服他有独到的眼光，爱国爱乡呀！"

李嘉诚从不忘家、不忘乡，更不忘国，尽可能地为香港及内地保持乐观的态度，并且竭力致力于香港的经济发展与内地相连，发展中国中药事业，关注慈善事业，躬亲于公益事业，等等，一系列爱国举措无不被人们看在眼里，记在心里。

2008 年是中国的奥运年，作为著名的爱国商人，李嘉诚在北京申办以及筹备奥运会的过程中坚持了自己长期以来的慈善方针，对于北京组委会的工作给予了大力支持。

2000 年 11 月，北京申奥前夕，北京市 2008 年奥运会申办委员会主席、北京市市长刘淇特聘请香港多位知名人士担任北京市 2008 年奥运会申办委员会顾问，李嘉诚先生的名字赫然在列。在担任奥运会申办委员会顾问期间，李嘉诚先生在香港和整个东南亚地区利用自己的影响力为北京申奥积极造势，为北京最终申办成功积聚了广泛的人气。

在北京申办奥运会成功之后，李嘉诚先生以及旗下的李嘉诚基金会此时多次赞助了庆功仪式，将香港地区的奥运会欢乐气氛接连推向高潮。2004 年，在北京人民大会堂举行的奥运捐赠仪式上，李嘉诚更是捐资 1 亿元，用于奥运会的场馆建设，这笔巨资主要被用于奥运会游泳场馆"水立方"的建设。

从当年身先士卒担任北京奥运会申办委员会顾问到捐款 1 亿元帮助北京修建奥运会场馆，李嘉诚充分展现了爱国商人的高尚情操。

与此同时，李嘉诚非常关心我国公益事业，他说，人在无助的时候，得到帮助，是最有益的。早在 1984 年，中国残疾人福利基金会成立，邓朴方首次访问香港，李嘉诚就捐款 200 万元港币。其间的小故事十分有趣：

1991 年 8 月，邓朴方率中国残疾人展能团和艺术团访港。时值华东水灾，港澳同胞纷纷为灾民捐款。邓朴方申明，此次赴港不进行募捐筹款。李嘉诚执意前往看望，在刚刚向华东灾民捐献 5000 万港币后，又当面送给中国残联一张 500 万港币的支票。李嘉诚的捐款，根据邓朴方的口头协定，将被作为启动经费引出 7 倍的配套费，即我们把你的捐款作为"种子钱"，每用 1 元，带动各方面拿出 7 倍以上的配套资金，用到残疾人最急需的项目上。

李嘉诚连声称赞，并索要了残疾人事业的资料回去参阅。后来，8 月 16 日，李嘉诚决定再捐 1 亿元，也作为一颗种子。"你们只需争取四五倍的配套经费，便可帮助更多的残疾人士。我捐钱，你们落实计划，为残疾人办事。"

　　李嘉诚对复明工作情有独钟，特别期望5年把内地400多万白内障患者全部治好。李嘉诚又说："邓，我对于能够帮助残疾人士感到很有意义。你知道吗？上次与你谈了两个小时后，我返回办公室，很兴奋，竟然忘了肚子空着，便拿了杯白兰地喝下，立即感觉有些醉了。"

　　中国残联深入调查后得出的结论是：鉴于中国残疾人事业刚刚起步，百业待举，急需制定实施一个均衡的、务实的整体计划，却苦于缺少资金。为使捐款发挥更大的作用，中国残联期望将其作为更多领域发展的启动资金，成为一颗给各类残疾人带来更多利益的大种子。李嘉诚在了解情况后写信给邓朴方，表示支持他对残障人士所做的决策。

　　1991年12月29日，国务院正式批准颁发《中国残疾人事业"八五"计划纲要》及与其配套的16个业务领域实施方案，这是中国的首个中国残疾人事业与国民经济和社会发展计划同步的系统发展计划。李嘉诚选择其中最急需资金的8个项目投入了他的1亿元。从中央到地方，各级政府也为此投入了十几亿资金，同时，社会各界热心关注。

　　如今，李嘉诚播下的这粒种子结出了丰硕的果实，不仅促进残疾人事业由小到大、从点到面，走上系统发展的轨道，而且使众多残疾人实实在在的受益。

　　不但如此，李嘉诚也曾大利呼吁香港的稳定。对于有一段时间的政改争拗，他呼吁大家为了香港前途好，不要为选票而出位。他也相信，香港绝大部分人都是爱国的，而他个人更是热爱国家、香港与中华民族。爱国不论贫富，李嘉诚认为只要爱国，人人都可以找到自己的表达方式；爱国是与生俱来、无分阶级地位的，一个人一定要有国家及民族观念，不论贫富都要爱国爱家。如果一个人没国家民族观念，即使富有，也实在令人惋惜。

　　世界之大，何其不有？但如李嘉诚般如此坚定地站在一个有国界，爱国爱家的位置上的，却并不是所有富裕发达之人都能办到的。为李嘉诚先生喝彩！